복 들어가요
문어소,
주인 주인
문어소

조춘영 지음

복들어가요 문여소, 좆인주인 문여소

21세기 상쇠들의
풍물굿쟁이 인생 2

풍물 굿을 보시는사람들

머리말

주인 주인 문 여소,
복 들어강께 문 여소, 개갱 갱 매/캥 마주깽 ~

드가요 드가요,
만복이 들어가요, 개갱 갱 매/캥 마주깽 ~

쳐 드리세 쳐 드리세
만복을 쳐 드리세, 개갱 갱 매/캥 마주깽 ~

필자는 전라도, 충청도, 경상도, 경기도, 강원도 그리고 서울 한복판에서 마을과 동네 시장으로 들어가 지신밟기(마당밟이)를 연행한 경험이 있다. 특히 20~30대 청춘 시절 전라남도 섬마을과 산간 오지 마을의 살아 있는 마을굿을 직접 경험할 수 있었던 운 좋은 세대라고 생각한다. 근대 이전의 모습으로 자연과 문명이 어우러져 소박하고 정성스런 바람과 신명의 춤판이 흐드러지던 마당 그리고 굿판….

십수 명의 풍물패가 당산나무 아래서 신성과 위엄을 부여받고 신대를 앞세워 각 가정을 돌며 문을 두드리고 두드린다. 마음의 문이고 집안의 문이고 저 성스러운 신들 세상의 문을 두드린다. 처음 굿을 어룰 때부터 뒷풀이 난장까지 우리의 마음은 하나다. 마을의 자연 공간과, 각 가정, 가정의 여러 처소들 그리고 당산신과 성주신, 용왕신, 처소신령에 잡귀잡신까지 경계를 허물고 마음 내려놓고 놀아 제긴다. 그렇게 허물고 내려놓고 풀어놓고 비워놓고 놀고 나면 새로운 기운과 복이 새록 돋을 것이라 믿으니까…. 그래서 " 하늘 땅을 열어라, 캥마주깽 놀아라, 개갱 갱 매/캥 마주깽 ~ " 춤추고 소리한다.

3년이다. 2018년 2월 4일 마음을 내고 다음날 종일 울먹이며 굿쟁이 선배들께 "힘을 모아 달라고~", "힘 낼 수 있게 도와 달라고~", "책이 나오고 아파하고 힘들어 하면 살펴 달라고~" 전화기에 대고 엄살을 피며 시작한 '21C 풍물굿 상쇠 프로젝트'를 이렇게 두 번째 책을 내며 마무리한다. 3년 만에….

이 작업을 꼭 해 내자고 마음먹게 된 계기는 2018년 1월 구미무을농악전수관 겨울 전수에서 만나고 자극받은 20대 김영윤 상쇠와 젊은 친구들, 그들에 대한 풍물굿쟁이 선배로서의 책임의식이다. 어렵사리 찾아들어간 시골 벽지에서 옛 어르신들의 농악을 받아 그 맛과 멋을 그들의 시대 감각에 맞게 살려가겠다는 결기와 의지를 지켜주고 싶었다. 함께하고 싶었다. 다리 공덕, 기꺼이 징검다리 역할을 해 선배와 후배들을 잇고 엮어서 풍물굿을 통해 기운찬 신명 세상, 따뜻한 복된 세상 함께 만들어갈 수 있기를…. 그래서 김영윤 상쇠가 첫 번째 면담자가 되었다. (1권 『하늘 땅을 열어라 캥 마주깽 놀아라』, 2019)

왜 현장의 굿쟁이, 상쇠들을 찾아가 묻고 답을 듣고자 하는가? 학술적으로는 구비문학 범주에서 다뤄지고 현장예술로서 비언어 퍼포먼스인 풍물굿은 역사가 오래인 것으로 추정되지만 기록 자료가 거의 없다. 특히 연행 주체, 향유 주체들에 의한 기록은 전무하다. 또 아쉽게도 대다수 풍물굿 연행자는 이론 연구나 기록에 인색하다. 그래서 민중사, 민중예술사의 연구방법론을 끌어들여 구술작업을 통해, 그들의 생각과 정서와 실천과 역사를 기록으로 남기고 활자 매체로 유통하고자 한다.

그러나 한편으로 풍물굿쟁이는 말 잘하는 사람들이 아니다. 충분히 아름다운 생각과 드러내 자랑할 만한 행동에 대해서도 정색하고 내어놓는 데는 어색해한다. 말보다 몸이 먼저 움직이고 생각보다 실천이 우선인 사람들이다. 꾸미는 말과 낯빛과 몸놀림을 태생적으로 멀리하는 이들이다. 꾸미는 말과 세우는 낯빛과 나서는 몸놀림은 다른 사람들이 마음을 열지 못하게 함을 그들은 경험적으로 아는 것이다. 풍물굿 정신은 "한 사람도 빠지지 않는다."는 것이다. 두레 공동체 정신으로 우리는 하나다. 풍물굿쟁이는 한 사람도 빠뜨리지 않고 놀린다. 우리는 협화(協和)하는 공생태다. 그래서 굿판을 이끄는 상쇠는 마당과 판 안팎의 모든 사람과 생명과 신들까지 하나되게 놀리는 사제라는 것이다. 그래서 필자는 도발하지 않을 수 없다.

풍물굿 담론가.
풍물굿쟁이들의 말을 담는다.
풍물굿판에서 나온 말을 모은다.
풍물 이야기, 굿 이야기,
사람 이야기, 예술 이야기,
세상 이야기, 내 이야기,
네 이야기, 우리 이야기
이야기를 모아 꿰고 전한다. 풍물굿 담론가는….

전 세계, 전 지구적으로 코로나 19 바이러스 대유행이 오늘도 현재진행중이다. 대유행이 언제 종식될지 알 수는 없지만, 이전의 사회로는 결코 돌아갈 수 없다는 사실만이 명백하다. 코로나 바이러스가 우리에게 깨우쳐 주는 중요한 점은 생명체를 포함하여 지구 내 모든 존재가 연결되어 있으며 상호 교류, 공명, 동조(同調)한다는 것이다. 급격히 악화된 기후위기 또한 이러한 명제를 인간에게 경고한 지 오래다. 우리의 중간 결론은 지구 내 모든 존재는 공생하는 공동체 혹은 온생명이라는 관점을 살리고 모시고 살아가는 것이 유일한 탈출구라는 점이다.

이러한 관점과 세계관은 풍물굿 문화, 세계관과 연속한다. 풍물굿쟁이의 마음, 사유체계와 연동한다. 이전 사회로 돌아갈 수 없다면, 이제 기나 긴 시간이 앞에 놓인다. 아주 멀고 큰 층위에서 바라봐야 한다. 문제는 어느 방향으로 어떻게 나아갈 것인가를 누가 어떤 식으로 선도하냐 하는 것이다. 하나의 세기가 바뀌는 것이 아니다. 인류 문명과 지구 생명체의 절기가 바뀌는 판국이 아닌가? 우리의 풍물굿은 우리 공동체 안에 있는 어떤 존재도 빼놓지 않는다. 하찮은 어떤 이도 빠져서는 안 된다. 우리의 풍물굿은 만물이 신령하고 생명이 깃들어 있어서, 이 존재들이 서로 모시고 함께 놀고 맺힌 걸 풀어내는 매체로 기능해 왔다. 코로나 바이러스와 풍물굿은 인간과 자연이 적대적 관계나 분리된 관계가 아니라고 말하고 있다. 오히려 지구 내 생명체와 존재들이 협화(조화)와 상호 존중의 방향으로 나가길 강제하고 있다. 소리를 울리고 춤 추고 노래하고 놀이하는 존재는 인간만이 아니다. 그러므로 우리 안에 있는 옆에 있는 앞에 있는 존재와 춤 추고 노래하고 놀 일이다.

3년이 지긋지긋하게 부담스러웠던 여정의 종착지 앞에 막상 서고 보니, 지난 세월은 굿쟁이로나 연구자로 영광스런 시간이었고 특히 2018년 상반기는 빛으로 충만한 순간의 연속이었다는 사실이 분명해진다. 내 안에 각인되어 또 하나의 나를 이루는 것 같아 뿌듯하고 고맙다. 잊을 수 없는 얼굴들이 가슴에서 숨 쉬는 것 같다.

정말 고마운 분들은 평생 풍물굿판을 벌이고 사회적 실천을 계속해 온 전국 풍물굿쟁이 상쇠님들이다. 그중에 이 책(1, 2권)에는 모두 25명의 상쇠들을 모셨다. 김영윤 님, 김태훈 님, 정동찬 님, 최용 님, 이승철 님, 김태훈 님, 임승환 님, 손웅 님, 김명수 님, 김인수 님, 이찬영 님, 박희정 님, 이명숙 님,

배관호 님, 이성호 님, 이명훈 님, 배정미 님, 편열우 님, 황길범 님, 임인출 님, 민재경 님, 황순주 님, 구자호 님, 한춘녀 님, 김용범 님.

10리 밖에서 징, 꽹과리 소리만 나도 마음 설레는 필자는 2018년 상반기에 전국으로 상쇠님을 찾아뵙고 대화 나누던 시절이 우리의 영광으로, 풍물굿 역사에서 빅뱅과 같은 대충돌의 기록으로 남을 것으로 기대한다.

마지막으로 프로젝트 초반부터 관심을 가져주시고 오랜 기다림으로 기꺼이 창조의 산통을 함께 나누어 주신 도서출판 모시는사람들 박길수 대표님께 무한한 신뢰와 진실한 고마움을 전하고 싶다. 2019년 영광의 3·1 100주년 광화문 만북울림에서 서로 꽹과리 가락을 주고받고 껴안았던 대표님 역시 풍물굿쟁이(부친)의 핏줄이고 그 자신이 한 풍물패의 상쇠 출신이다. 1권과 2권 출판 마지막 과정에서 밀어주고 당겨주시고 촉박하지만 믿고 기다려 주셨기에 그나마 부끄럽지 않은 글들로 정리할 수 있었다. 새 문화는 언제나 변방에서 시작된다고 했던가. 기층민중의 풍물굿과 풍물굿쟁이들의 실천과 마음, 그 실체를 활자로 세상에 나올 수 있게 해준 도서출판 모시는사람들 직원분들께도 고마운 마음을 전하며 명과 복을 기원드린다.

하늘 땅을 열어라, 캥 마주깽 놀아라, 개갱 갱 매/캥 마주깽 ~

별 따세 별 따세, 하늘 잡고 별따세, 개갱 갱 매/캥 마주깽 ~

갈리소 갈리소, 구경꾼도 갈리소, 개갱 갱 매/캥 마주깽 ~

2020년 12월, 풍물굿연구소 한 연구실에서 문 닫다

면담
녹취록

1. 진안 중평굿 상쇠 이승철

일시 : 2018년 4월 11일

장소 : 진안중평굿보존회 사무실

면담자 : 이승철(남, 50대 중반, 전북 진안)

진안 중평 마을 김봉열 선생님께 배움, 진안중평굿보존회장, 진안전통문화전수관장, 진안예총회장

면담의도 및 상황 : 초기 기획단계에서 면담 대상자를 정할 때 반드시 들어가야 할 상쇠로, 풍물굿 이론과 실천을 겸비하고 지역과 마당판을 지키는 이승철 굿쟁이가 있다. 전라도 지역에서 좌도굿의 명맥을 이어받아 명실상부하게 꽹과리 가락과 부들부포놀음이 자유롭고 멋스럽다. 이승철은 전라북도 진안의 고향 마을에서 어릴 때부터 풍물굿 소리를 듣고 자랐다. 일상생활 속에서 꽹과리 소리를 들으며 명인 김봉열 상쇠로부터 진안중평의 마을굿을 사사받았다. 오랫동안 서예를 공부하여 이제 본인의 필체가 보이기도 한다. 백발 단신이지만 꽹과리 소리는 꿋꿋하며 치배와 구경꾼들의 마음을 두루 품을 수 있는 진정 상쇠다.

진안중평굿보존회 판굿에서 절정은 영산굿에서 이루어지는데, 쇠재비와 장구재비가 서로 어루듯이, 다투듯이 주고받는 가락에 관객들은 헤어나올 수 없는 열락에 빠진다. "영산에는 삶과 죽음이 녹아 있어." 생명의 탄생과 인생의 고난과 소멸의 과정이 영산굿의 세계라는 상세하고도 본질을 꿰뚫는 설명은 다른 굿쟁이에게서 들을 수 없다. 언젠가 진안에 내려가 8월 한여름 술멕이굿에 빠져 진안중평굿 영산 가락에 취해보시길 권해드린다. 최근 진안중평굿 회원들의 오랜 숙원이었던 문화재 지정이 이루어져, 전라북도 무형문화재로서 더욱 발전하고 확산되는 단체가 되길 기원한다.

진안 중평의 굿쟁이 이승철

춘영 저는 '굿 철학이 확고하신 분'으로 소개하고 싶은 굿쟁이가 진안중평굿 보존회장 이승철 상쇠입니다. 본인 소개를 해 주세요.

승철 철학은 뭐… 자연스레 여기까지 온 건데…. 우리 마을이 중평마을이잖아. 어렸을 때부터 김봉열 할아버지를 따라다니다 자연스럽게 굿쟁이가 됐어. 초등학교 5학년 땐가, 학교 풍물패가 대회를 나갔어. 나는 수장구. 우리 마을에선 항상 굿이 있었으니까 굿을 떠난 적이 없지. 늘 굿 소리 속에서 살았어. 좀 더 본격적으로 굿을 치게 된 거는 대학생 때야. 그때 김봉열 선생님을 모시고 마을회관 앞에서 한 보름 동안 굿을 했어. 낮밤 없이…. 내가 스무 살 좀 넘었을 때지. 그때는 다른 어르신들이 거의 돌아가시고 할아버지만 살아 계셔서, 명절 때 지신밟기나 하는 정도지 정식 공연을 못했어. 그러다가 87년도에, 큰 굿판을 우리 동네에서 한 번 했어. 진안 지역 굿쟁이 어르신들이 거의 다 모이다시피 했지. 그때 내가 잡색 중에 포수를 했어. 그땐 아무것도 몰랐지. 포수가 이런 거다, 설명을 해 준 사람이 없었거든. 그런데 그 전에, 그러니까 80년대 초중반부터 대학생 풍물패들이 연수를 왔거든. 그때 내가 선생님한테 코가 꿰서 배우기도 하고, 선생님이 안 계실 때는 내가 학생들 가르치기도 하고, 이러다 보니 자연스럽게 계승이 된 거야. 그러다가 30대 때는 좀 뜸했어. 활동은 안 하고 여름방학, 겨울방학 전수만 했어. 그때 전수 조교하던 청년이 나하고 두세 사람이 있었지.

춘영 활동을 안 한 시기는 어떻게 보내신 거예요?

승철 내가 선생 시험 공부한다고 했다가 때려 치고 서예학원을 한 1년 했어.

20대 후반에서 30대 초반 사이. 그러다가 우리가 '전라좌도진안중평굿보존회'를 결성했거든. 92년도야. '중평굿'이란 이름을 그때 처음 썼어. 그때 할아버지를 회장으로 모시고, 그 이후로는 계속 했지.

춘영 갈래로 보면, 호남좌도 진안중평굿이라고 하는데, 진안중평굿은 어떤 굿이에요?

승철 우리 동네가 좌도 지역이니 좌도굿이고, 중평 마을에서 대대로 이어왔으니 마을굿이지. 상쇠에 따라서 가락은 더 붙여질 수 있어. 우리 선생님, 할아버지 선생님은 "몇 가락은 다른 데서 왔다. 남사당패 가락도 섞여 있다."고 하시는데, 그래도 우리대로의 체계를 제대로 잡아 놨지.

춘영 김봉열 할아버지께서?

승철 그렇지. 할아버지가 다 하셨지. 사람하고 굿하고. 우리가 흔히 "삶이 굿이고 굿이 곧 사람이다."라고 하는데, 이런 가락으로서 그렇게 맞추는 것도 참 드문 일이라고 생각해. 굿 가락 자체가 꼭 세상살이처럼 생겼어. 또 좌도굿은 상모 쓰고 가락도 굵직굵직하고 빠른데, 중평굿도 그래.

춘영 현재 상쇠면서 회장님이시죠? 상쇠가 된 과정을 말씀해 주세요.

승철 할아버지 제자 중에 김태형, 나, 성태일 셋이 번갈아 가면서 상쇠를 맡았는데, 처음에는 집에 있던 김태형이 주로 상쇠를 했지. 그러면서 번갈아 가면서 맡았어. 누가 꼭 정해 주지도 않았지. 그러다가 보존회가 92년도에 결성이 됐고 그때 처음으로 태형이를 상쇠로 정했어. 내가 부쇠를 치고. 그런데 할아버지 추모굿 할 때 계기가 생겼어. 할아버지 돌아가시고 나서 2004년쯤, 그때 보존회장이었는데 회원끼리 얘기를 하는데 "판을 만드는 사람이 상쇠를 하는 게 어떻겠냐?" 하는 제안이 나왔어. 한 사람으로 고정시키지 말고 판마다 그 판을 만드는 사람이 상쇠를 하자는 거지. 그런데 김태형가 그때 몸이 좋지 않아. 여차저차 해서 내가 상쇠를 한 번 해 보겠다 해서 맡게 됐는

2019년 12월 9일 무형문화재 심사중 영산굿

데, 그때 KBS 방송국에서 촬영도 해 갔지. 그런데 그때부터 내가 쭉 상쇠를
하게 됐어.

춘영 예…. 결국 회원들의 추대로 상쇠가 된 거네요?

승철 그렇지. 자연스럽게 이뤄졌지. 내가 태형한테 "내가 이번에 해야 되겠
다." 그러고 나서, 그 이후로 자연스럽게….

춘영 지금까지 풍물굿을 계속 하는 이유가 있다면?

승철 뭐라 그래야 되나…. '소리에 빠져 있다'고 해야 할 것 같아. 더 잘 치려

고, 소리를 더 맛나게 내려고 하는 마음. 쇠뿐만 아니라 장구도…. 이게 사실, 끝없는 나의 욕심이지.

춘영 그 욕심이란 건, 다른 사람과 같이 가겠다는 건가, 나 혼자만이 잘 치겠다는 건가? 어디에 방점이 있나요?

승철 둘 다. 왜 그러냐면, 개인적 성취도 중요하지만, 근본적으로 굿은 혼자할 수가 없는 거잖아? 그러나 기본적으로는 먼저 자기가 갖춰야 할 것이 있지. 스스로는 거기서 쾌감을 느껴. 그런데 주위에서 받쳐 주면 나도 더 상승하고 서로 같이 올라가잖아? 그런 순간에 더 큰 쾌감이 오지. 그리고 판이 벌어졌을 때 여럿이 춤추고 흐느적거리는 모습에서 살아 있는 걸 만끽하게 돼. 내가 상쇠 할 때도 그렇고 다른 사람이 칠 때도 그렇고…. 그런 모습들이 이 굿판에 계속해서 있을 수 있게 만들지.

풍물굿의 명칭에 대하여

춘영 지금 주로 '굿'이라고 말씀을 하는데, 풍물과 연관된 이런 모든 행위들을 진안에서는 본래 뭐라고 불렀나요?

승철 그냥 '굿'이라고 해. '농악'이라고는 잘 말하지 않고 "굿 친다. 굿 보러가자. 굿 한 판 치자…." 다 '굿'이라고 하지.

춘영 풍물이란 말은 안 했나요?

승철 거의 안 썼어.

춘영 매구란 말은 썼어요?

승철 그럼.

춘영 '굿 친다'라는 표현을 주로 썼다…, 그러면 '진안중평농악'이란 말은 어색한 거네요?

승철 그렇지.

춘영 제가 이 프로젝트 진행하면서 상쇠마다 우리가 하는 이 행위의 명칭을 물어봐요. 풍물굿으로 통일해서 불러야 하는지 고민이 돼요. 학자로서. 지역마다 다양한 이름이 있거든요. 무형문화재 단체들은 농악이란 말을 쓰는데 그 이름의 역사성이나 전통성에 대한 생각이 다양해요. 또 명칭을 통일하지 말자는 의견도 있어요. 이 문제를 어떻게 생각하세요?

승철 나는 '굿'이 맞다고 봐. 왜냐면 굿은 그 지역 이름을 붙일 때 가장 힘이 세거든. 농악이라고 하면 '악'에 국한돼. 풍물은 악기를 가리키는 거고…. 바람 풍(風), 물건 물(物)이 합친 이름이란 말이야. 그런데 '굿'은 옛날부터 그냥 '굿'이었어. 지금 민속에서 무당의 푸닥거리를 굿이라고 하는데, 그건 '무당굿'이라고 하고 우리는 '굿'으로 통일하면 좋겠어. 아무튼 우리는 "굿 치러 간다"고 하지 "농악 하러 간다"고 안 하거든….

춘영 저는 전라도에서 굿도 많이 보고 굿판을 많이 경험해서 쉽게 공감하는데, 경상도 지역에서는 '풍물'이라는 이름이 훨씬 친숙하거든요. 유교적인 성향 때문인지 보수적인 성격이 강해서인지 굿이라는 말을 안 쓰는 지역이 많아요. 또 '매구'라는 말도 사실 굿의 역할, 즉 종교적이거나 신앙적인 역할을 포함한 예술 행위를 주로 지칭하거든요.

승철 '매구'는 뭔 뜻이여?

춘영 '맥'은 동이족을 가리켜요. 매구는 동이족의 종교 음악이죠. '매귀'로도 써요. 매라는 글자의 뜻이 몇 가지 있는데 그건 학술적인 거고, 그냥 "매구 친다"고 하면 악귀를 쫓아내고 신을 모시는 거예요. 이런 걸 보면 똑같아요. 그래서 하나로 통일하기 어렵겠다는 생각도 들더라고요.

승철 그래, 굳이 그럴 필요 없지.

춘영 "두레 친다, 풍장 친다, 걸립 간다, 걸궁 간다"는 표현도 많이 쓰잖아요?

승철 그건 그 안에서 다른 장르라고 봐야지.

춘영 풍물을 가지고서 하는데 활동 내용이 다른 거죠. '굿으로 내용이나 명칭을 꼭 통일을 꼭 해야 하는가?' 하는 질문을 왜 드리냐 하면 외국인들에게 설명을 할 때 통일이 되지 않으면 곤란할 때가 많아요. 또 유네스코 문화유산에는 '농악'으로 지정이 됐잖아요? 그때는 전국적으로 분포한 이걸, 한 가지 용어로 설명할 필요가 있어요. 그러니까 '외부와 잘 만나려면 통일된 명칭이 필요하지 않나?' 하는 고민이 있는 거예요. 20세기 맥락에서는 원래 유래에 맞게 쓰는 게 맞겠지만, 21세기 맥락에서는 통일을 해야 되는 건 아닌가? 어느 시점에는 통일해야 할 필요가 있을 수도 있어요.

승철 그리 가기가 쉽지. 가면 농악으로 가기가 쉽지. 명칭은 한 번에 바꾸기가 힘들어. '농악'은 "옛날에 우리가 다 농사짓지 않았냐? 그래서 '농자천하지대본'이란 말도 있고. 그러니…"라는 논리가 쉽게 먹히지. 굿이라는 말은 풍물 악기로서 종교 행위를 하는 걸 말하거든….

진안중평굿 큰 상쇠 김봉열 할아버지

춘영 예, 그 문젠 그 정도로 하고요, 이제 중평마을굿 전대 상쇠이신 김봉열 선생님 소개를 좀 해 주세요. 진안중평굿의 색깔, 정체성을 이해하는 데 핵심이잖아요?

승철 할아버지가 1912년생인가 1914년생인가 그래. 원래 목수였어. 또 침도 잘 놓으셨고….

춘영 농사는 안 지으셨어요?

승철 할아버지는 조금 짓고, 거의 아드님이 지었지. 할아버지는 술, 담배를 안 하시고, 시골 노인양반답게 순박하고 맑은 분이셨어. 그런데 그분은 그야말로 쇠를 칠 때가 가장 인상적이야. 카랑카랑 살아나시지. 쇳소리가 야무지다고 해야 되나? 굴러가는 소리, 멋진 소리가 있어. "야무지다, 옹골지다" 하는 그런 소리. 거기에다가 할아버지의 영산 소리가 일품이지. 내 마음속에서는 영산 가락 때문에 이 굿을 치는지도 모른다고 생각할 정도야. 그 소리가 다른 데서 듣지 못하는 소리야. 다른 데서는 다 올려 치는데 이분은 내려치거든. 그러면 울림이, 깊이가 달라져. 그 울림이 귀에 꽂히고 가슴에 꽂히는 그 느낌이 무지 인상 깊었지. 처음 그걸 느꼈을 때가, 전주에서 걸궁 나갔을 때야. 80년대 중후반쯤. 전주는 마당이 없잖아? 그래서 큰 도로 좀 널찍한 데, 구석진 데, 사람이 많다 싶은 데, 그러면 꼭 영산 가락을 냈거든. 그런데 그때 그 소릴 지금도 못 잊어. 내가 부쇠로 따라다녔는데, 그 영산 소리, 그 울림, '갱~~ 무갱 깨액~!' 잡아채는 맛, '깽~~!' 울리는 맛, 막 휘어잡는 느낌…. '야~~, 꽹과리가 저런 소리도 나는구나!' 이 왼손막음이 '두두깽, 두두깽' 막을 땐 막음이 확실하고, 트임이 또 확실하니까 한마디로 소리가 깔끔해. 그렇게 맑을 수가 없어. 거기에 매료가 됐지. 다른 가락들은 그냥 치면 되는데, 또박또박 치면서, 아까 말한 앙칼진 맛을 내는 건 영산이야. 가슴을 울린다는 말이 맞을 거야, 이 가슴을 후벼 파, 확 잡아채는 거지…. 근데 나도 이제 그런 소리를 내려고 하지.

춘영 김봉열 할아버지는 중평마을을 벗어나신 적이 없으신가요?

승철 없어.

춘영 오롯이 토박이로 진안읍을 벗어난 적이 없다? 외부에서 남사당이 오거나 예술인들이 오면 그런 걸 보면서 익혔다는 말씀이죠?

승철 그렇지. 할아버지 선생님이 또 있거든. 술무지에 김인철 선생님이라고 있었어.

춘영　김인철 선생님은 그 마을 분이신가요?

승철　아니, 거긴 백운이라고 고개 너머에 있어.

춘영　중평마을 고개 너머 백운 마을의 김인철 선생님.

승철　본래부터 동네굿이 있었고, 옆 동네 김인철 선생님이 가락 수가 있으니까 거기서 배웠다는 거야. 여차저차 해서 할아버지가 이것저것 보탠 것도 있다고 봐야지.

춘영　좌도굿이 남원굿, 임실필봉굿, 진안중평굿, 곡성죽동굿이 대표적인데, 장단은 조금 다르지만 좌도끼리 비슷하고 또 영향을 주고받았잖아요? 김봉열 할아버지가 마을에만 있었고, 고개 너머 대봉 마을 김인철 선생님께 배웠는데, 좌도 풍물굿이 대체로 앞굿, 뒷굿으로 판굿이 있고 채굿, 호허굿, 도둑잽이, 노래굿 등등 비슷한 거리가 많은 것에 대해서는 어떻게 생각하세요?

승철　이 지역 내에서 이리저리 소통이 됐다고 봐야지. 실제로 동네에서 칠 때는 그런 것까지 다 할 수가 없거든 가르칠 때나 하지.

춘영　예, 잘 알죠. 그건 간단한 문제가 아니죠. 말씀하신 대로 대회를 염두에 두고 판을 짜다 보니까 그렇게 되는 경우가 많았죠. 구체적으로 이곳에서 소통을 어떤 방식으로 해서 공통적으로 만들어진 부분이 있을까가 궁금해서 여쭤봤습니다. 그러면 지금 진안중평굿 판제는 김봉열 할아버지가 해 오신 것을 거의 그대로 연행한다고 보면 될까요?

승철　그렇지. 보탠 게 없어.

춘영　형님의 풍물 색깔을 만드는데, 김봉열이라는 선생님이 영향을 미쳤나요, 아니면 어릴 때부터 생활 속에서의 풍물이 더 영향을 미쳤나요?

승철　풍물소리. 어렸을 때 들었던 그 소리. 그때야 직접 참여는 못 했지만 그 소리가 나를 잡아 댕겼지. 그 소리에다가 할아버지의 쇠가 가진, 예술성이라고 할까, 그 자연미…. 하~ 이거 참, 말하자면 할아버지가 원타(圓打)를 치거든, 원타. 나는 순환이라고 봐. 소리가 굴러간다는 그 느낌을 주는 소리가. 그냥 박는 게 아니고 박아서 굴려 치는 거야. 착 감아서 도는 거지. 그런 소리가 가락마다 다 깃들어 있거든. 그 소리를 들을 때 쾌감을 느껴. 판굿은 어떻게 보면 영산굿을 치기 위한 또 하나의 과정이 될 수가 있는 거야.

춘영 영산이 꽃은 꽃이네요. 형님에게도 진안굿에서도. 영산이 굿의 꽃이긴 하죠. 굿이 향해 가는 정상. 그러면 영산이 만들어내는 세계가 어떤 것인가? 영산에서 뭐가 이루어지나요?

승철 영산에는 삶과 죽음이 녹아 있어. 말하자면 처음 내놓는 가락과 마무리 가락이 똑같아. "깽~~~무갱 깩!" 이것은 탄생을 의미하고, 우주의 깨침, 죽음, 이게 달고 가는 가락들은 생명이 태어나서 성장하는 과정, 뭔가를 이루어 가는 과정, 인생의 기승전결을 얘기하는 거야. 한 마루, 한 장단, 큰 장단을 얘기할 때 그렇지. 그러다가 마무리 장단이 또 기가 막혀. "개개개므깨개 개개개므깨개~~." 막 달궈 가는 거야. 어떤 정점을 향해 가는 소리…. 마무리 짓기 위해서…. 이것은 어디에다 대입해도 맞아. 삶에 대입해도 맞고 누구하고 관계 맺는 과정에도 맞고, 밥 짓는 과정이나 등등. 이렇게 죽 올라가서 마지막에 결론은, 다시 돌아간다는 거, 순환. 말하자면 "깽 깽 깽 깽~~~무갱 깩!" 죽 가다가 맺고 마지막을 "깽~~~무갱 깩!" 하고 다시 또 시작해. 내가 치고 또 부쇠가 치고 삼쇠가 치고 계속 순환해 가는 거지. 그러면서 자기가 신비적으로 이렇게 빠져 들어가면, 그것도 지극히 집중을 요하지. 스스로 빠져들어 가려고 해야 하고, 지극히 집중적인 가락이야 이것도. 할아버지 말씀대로 한다면 전쟁이 끝나고 편하게 치는 가락이다, 그 편안한 모습이 손을 척~ 내리는 거야. 손을 내리는 거. 우리가 싸울 때, 주먹을 쥐고 손을 올리고 칠 준비를 하잖아? 다른 가락은 다 올리고 쳐. 영산은 그냥 내리고, 싸움이 끝나 손을 내리는 편안한 모습으로 쳐. 영산은 그야말로 자기의 본 모습을 보는 거야. 그래서 영산 소리에는 그 사람이 묻어 나와. 그러니 영산을 치면 사람마다 달라야 제 맛이지. '아, 너도 그렇게 살아 왔구나….' 가락 속에 들어 있지.

춘영 영산을 이렇게 설명해 줄 사람이 별로 없어요. 경상도에도 영산이 있는 지역이 있어요. 영산은 잘 놀아야지 맛이 나는데….

승철 영산은 장구하고 쇠하고 맞아 떨어져야지, 어느 하나가 처지면 안 돼. 기능적으로나 실력으로나…. 특히 장구가 못 받쳐 주면 엄청 지루하지. 그걸 넘는 건 결국 집중력이야. 진심을 가지고 치면 질릴 수가 없어.

춘영 밤새 치는 게 영산 아니에요?

승철 그렇지. 나는 굿 정신이란 말을 그리 좋아하진 않지만, 굿 정신을 못 느낀다는 건 그 굿의 매력을 찾지 못했다는 거라고 말할 수 있어. 영산은 한 사람 한 사람이 각각 치잖아? 그 사람을 알려고 해야지. 왜 저 사람이 저렇게 굿을 칠까? 같이 받쳐 주고 같이 혼연일체로 빨려 들어가기 위해서는 그런 능력이 돼야지.

춘영 그게 부족하면 키워야 되는 거고, 마음으로 서로 맞춰 가려고 하고, 조화를 이뤄 가야 된다, 이거죠?

승철 그렇지. 영산은 가락 자체가 조화야. 이 조화를 정점까지 이루어 가는 과정이지. 그래서 나는 영산이 단순하면서도 기가 막히다고 보는 거야.

춘영 표현하긴 어렵지만 영산을 잘하면 정말 좋죠. 이 가락은 특히.

승철 특히…. 왜 그러냐면, 빈 공간이 있어서 그래. 여음이, 그 울림이 빈 공간에 남지. 빈 공간, 그것을 잘 채워야 어우러짐이 있고 전체 공명이 쫙 퍼져 나가. 그래서 영산 치는 걸 보면 저 사람이 얼마나 쳤구나, 쇠를 어떻게 다루는가가 표가 나지. 그 사람이 영산을 어떻게 가지고 노는지, 어떻게 해석하는지 성격도 드러나고, 공부도 드러나고 다 드러나.

진안중평굿의 종류와 판제

춘영 진안굿은 지금은 보존회가 만들어졌어요. 그런데, 보존회는 마을의 맥락과 다른 것은 아닌가? 지금의 진안중평굿의 정체성은 뭐라고 할 수 있을까? 연희굿이다, 마을굿이다, 신청 걸궁이다 뭐 이런….

승철 다 가지고 있어. 마을굿의 기능을 다 하면서도 또 판굿 형태가 완벽해. 난 완벽하다고 봐. 우리가 정기적으로 대보름굿, 술멕이굿을 하잖아? 그런데 대보름굿도 마당밟이도 하고 당산굿도 해. 마을에서는 옛날에 샘굿을 쳤어. 보름 전날 샘굿을 하는데, 이게 말하자면 음양 이치에 따르는 거야. 샘이 물이잖아? 그다음에 망월의 달집은 불이잖아? 샘굿하고 망월굿이 음양이지. 우리 동네에서 지금도 샘굿을 쳐. 요즘에는 좀 힘들긴 하지. 동네 어른들이 나이도 드시고 손님 맞이하기가 힘들다고 그냥 자기들끼리 한다고 하더라고. 우리가 안 간 지 몇 년째야.

춘영 예전에 했던 샘굿과 망월굿을 좀 더 설명해 주세요. 샘굿이 크고 길게 한 거잖아요? 샘굿을 보름 전날에 크게 했다는 게 재미있네요.

승철 샘굿은 마을 큰 샘에 가서 치는데, 큰 샘이라는 것은 마을의 대표적인 샘이야. 보름 전날은 바빠. 달집도 보름 전날 다 쌓지. 샘굿은 그야말로 샘에서만 치는 굿이야. 상수원이라고 처음 물길을 잡는데 거기서 굿을 치지. 그 사설이 "동해바다 용왕님네, 남해바다 서해바다 북해바다 용왕님네…" 이렇게 불러 모시면서 "아따! 그 물 좋구나, 아들 낳고 딸 낳고 미역국에 밥 마세~" 하면서 시작하지. 이게 어떤 데는 "아따 그 물 좋구나, 꿀떡꿀떡 먹어나 보세~" 그러잖아? 근데 우리는 '미역국에 밥 말세'야. 왜 그러냐면 생명이 거기에 있기 때문이야, 생명. 물론 물이 생명이지만, 우리가 애기 낳으면 미역국을 먹었잖아? 생명의 탄생을 얘기하는 것이거든. '꿀떡꿀떡 먹어나 보세!' 하고는 사설의 차원이 다른 거야. '아따 그 물 좋다 아들 낳고 딸 낳고 미역국에 밥 마세!' 야~ 짓기도 잘 지었다. 이렇게 샘굿을 성대하게 했던 거지. 망월굿은 보름굿인데 달집 태우기야. 거기서는 마당판굿을 벌이지. 그 전날은 샘굿인데 샘굿도 어차피 가락적인 면에서는 보통열두마치라는 지신밟기용 질굿 가락으로 길을 가고. 열 박짜리인데 보통열두마치라 그러거든. "갱 갱 미갱 갱 매 갱~~" 이렇게 쭉 치고 가는데, 명칭이 '보통열두마치'야. '열두마치'라는 개념을 나는 꽉 찬 수로서 12, 그래서 온전하다, 그런 의미로 풀었어. 어떤 액을 쫓는다는 느낌이 들 거야. 판굿에는 '갖은열두마치' 가락이 있지. 그거랑 느낌이 비슷해.

춘영 현재 진안 중평굿의 정체성은 마을굿도 있고 마당판굿도 있다….

승철 주로 정월보름굿, 술멕이굿이지. 큰 연례행사 아니고는, 초청으로 작은 공연을 하면 보통 10분 남짓이야. 판굿은 제대로 보여주지 못하고 보통 10분, 20분쯤 쳐. 그래도 영산은 꼭 들어가지.

춘영 작년에 술멕이굿 하는 걸 봤는데 굉장히 인상적이었어요. 보존회에서 술멕이굿은 왜 하는 거죠? 그리고 중요한 행사는 또 뭐가 있나요?

승철 대보름굿, 술멕이굿이 크고, 대회 있으면 대회굿. 예전엔 발표회도 했는데, 발표회는 주로 추모굿이지. 추모굿은 주기별로 해. 해마다 하는 게 아니고. 올해가 21주년이야. 그런데 올해는 추모굿을 못 하고 있어. 김봉열 할아버지가 95년도에 돌아가셨지. 그리고 술멕이굿은 술 먹고 풀어서 노는 거지. '술멕이'가 술을 먹인다는 얘기야. 옛날에는 농사 끝나면 호미씻이를 하잖아? 그날은 아침부터 마을 사람들을 놀리는 거지. 어렸을 때도 많이 본 장면이야. 느티나무 아래 모정에 모여서 솥단지 걸고 돼지 한 마리 잡고, 두부 넣고 끓이면서 온갖 먹을거리가 나오고 하루 종일 노는 거야. 큰 행사지. 그때 보면 거의 다 술이 취해 버려. 온 마을 사람들이 남녀노소 다 나와서 놀지.

노래도 하고. 풍물은 그렇게 많이 치진 않아. 주로 얘기하고, 그러다가 또 싸우기도 하고, 싸움을 붙이기도 하고, 말리기도 하고…. 요즘에는 '딸기'를 놀아. 요즘 사람들은 잘 모르는데, 옛날에 새 쫓던 긴 채찍을 휘둘러서 "딱, 딱" 소리 내면서 노는 게 있어. 동네 어르신 중에 농사하는 분이 계신데, 체험 활동으로 했으면 좋겠다 해서 하게 됐어. 말하자면, 놀거리를 만들어 놀게 하는 거지. 누구나 와서 마당을 같이 쓰며 노는 자리, 마음껏 마시는 자리, 누구나 위아래도 없고 그렇게 한 번 놀고 나면, 다음날 녹초가 될지언정 마음이 다 풀어지지.

진안중평굿 보존회의 자생력; 무형문화재와 동호회 사이

춘영 진안중평굿보존회의 전수 현황은 어떤가요? 대학생, 일반인, 지역민 대상 전수 상황이요.

승철 대학생은 여름, 겨울 방학 전수가 있어. 여기서도 하고, 장수 장계에서도 중평굿을 전수해. 지금은 대학교 동아리가 많이 망해서 별로 없어. 우리는 여기서 3개 팀, 장수에서 2개 팀. 사회 풍물패는 '봉천놀이마당', 방송통신대 '열린마당' 정도. 이 지역에서는 '월랑울림패'가 진안 지역 풍물패고 '마령풍물패', '성수풍물패' 같은 면 단위 풍물패도 있지.

춘영 현재 보존회 운영에서 어려운 점은 무언가요?

승철 전수관 시설이야 아주 좋지. 근데 사람 모아 굿 치기가 힘들어. 큰 굿은 사람들이 좀 모이는데 애매하게 작은 판, 10명, 15명 정도 하는 판들은 하고 싶어도 못 할 때가 많아. 작은 판이 오히려 사람 모으기가 어려운 거야. 왜? 다 먹고 살아야 되니까. 제도적으로 그런 생각을 하지. 부안에서도 얼마 전에 군립풍물단 만들어서 운영한다는데 그것도 하나의 방법이 되겠지.

춘영 최근 전국적으로 군립, 시립 풍물단이 확산되는 추세인 것 같아요. 진 안에는 생길 가능성이 있나요?

승철 해 봐야지. 가능성이란 건 해 봐야 알지. 부안은 10년 걸렸다고 하더라고, 그 말 꺼내 놓고 만들기까지. 누군가는 총대를 메야지. 물론 단체장이 의지가 있어야지 되는 거고….

춘영 김봉열 선생님은 무형문화재 보유자였나요? 진안굿은 무형문화재였던 적이 없었던 건가요?

승철 할아버지는 보유자가 아니었어. 되기 직전에 돌아가셨지. 다른 분이 무형문화재로 계셨지. 그래서 파벌이 있었고. 할아버지가 돌아가시고 몇 년 후 조○○ 선생이 와서 문화재로 만들었지. 현재 몇 개 면이 그걸 하고 있어. 그런데 그건 개인 문화재라 돌아가시니까 단체가 없어진 거야.

춘영 보존회 입장에서, 풍물의 무형문화재 제도는 필요하다고 보세요?

승철 필요성 면에서 말하자면, 그런 게 아니면 사회적으로 인정을 받지 못하는 아쉬움도 있고 활동하는 데 한계가 있어. 굿 치는 사람들은 알지만, 문화재가 되면 사회적 위상이 달라져. 그래서 하고 싶어 하는 거지. 제도적으로 보장된다는 것 때문에. 인정을 해 준다 그거야. 문화적인 인정, 사회적인 인정. 또 명함이 달라져. 전라도 사람이면 누구나 중평굿이란 이름은 알고, 굿이 좋다는 것도 알아. 그런데 문화재가 아니니까 우리 내부에서 힘이 덜 생기는 건 사실이야. 다른 사람들이 무시하는 것은 아니지만, 우리 스스로가 힘이 약해져. 무형문화재는 어차피 있는 제도니까 꼭 해야 되겠다고 생각을 하지.

춘영 다른 전통문화보다 풍물굿은 그나마 이 시대에 기능을 하고, 사람들이 찾는 편입니다. 이 시대 풍물굿의 기능은 무엇이라고 생각하시는지? 지금 사람들이 풍물굿을 왜 할까요?

승철 일단은 자기만족이지. 그다음으로, 풍물은 사람을 한데 모을 수 있는 힘이 있어. 그 힘이 공동체를 이룩하고 또 지탱해 준단 말이야. 옛날 우리가 데모할 때 사람을 불러 모으고, 또 사기를 진작시키던 그런 용도도 생각해야지. 평상시에도 이걸 하는 건 전쟁을 대비해서 군인들 훈련하는 것과 같아. 위기가 닥쳤을 때, 풍물로 다져진 한마음이라면 좀 더 잘 합심해서 극복해 나갈 수 있겠지. 그러니 우리가 무대만 설 것이 아니라 마당 문화를 다시 살려야 돼. 지금은 너무 개인주의화되고 돈에 매여서 여유가 없어졌어. 여기에 우리가 놀 거리를 제공하고, 틈을 만들어 줘야지 않을까? 놀이마당을 더 만들어서 끊임없이 판을 벌여야지. 잘 치고 못 치고가 문제가 아니라 좀 더 본질적인 풍물이야. 어느 단체든 직장이든 풍물패가 만들어져서 그 안에서 놀았으면 좋겠어. 그런데서 좀 여유를 찾으면 훨씬 좋지.

춘영 전수관이나 보존회에도 지속적으로 사람들이 찾아오죠? 직장을 가진 사람들이 진안까지 와서 중평굿을 계속하는 이유는 뭘까요?

승철 자기가 처음 접한 것이 그 가락이기 때문 아닐까? 처음 접한 데서 느낀 희열이 바탕이 돼서 매력을 느끼고…. 뭐, 사람 봐서 오는 경우도 있고, 가락 따라 오는 경우도 있지만, 어쨌든 한 번 발을 디디면 쉽게 옮기기가 힘들어. 자기만족이 중요하지. 결국은 어울림이라고 어울림.

춘영 혹시 서울의 사회패 봉천놀이마당 공연을 보셨나요? 도시에서의 풍물은 어떻게 생각하세요?

승철 도시는 제약이 있잖아? 특히 공간의 제약. 봉천놀이마당 연습 공간은 좀 답답하더라고. 그래도 탈판이나 풍물판을 낙성대에서 계속 올리는 건 장하지. 놀이마당을 끊임없이 만들어 가니까 볼거리도 있고 즐길 수 있지. 그러다 보면 계속 이어 갈 수 있을 거고…. 공간은 좁지만 그 안의 주체들이 잘 놀아보려고 하니까 극복할 수 있는 거야. 결국은 잘 놀아야 된다는 거지.

상쇠 학습, 상쇠 문화

춘영 이제, 진도를 좀 나갈까요? 상쇠가 되기 위한 수련이나 수업을 따로 받았다든지, 형님의 풍물굿, 예술세계를 형성하는 데 영향을 준 분을 꼽는다면? 혹은 스스로 단련한 거나 찾아서 배운 학습이 있나요?

승철 특별한 수업 과정 없이 자연스럽게 몸으로 배웠다고 봐야지. 기본적인 건 김봉열 할아버지 따라다니면서 부쇠를 한 건데, 그러면서 전주에 걸립 갈 때 가끔씩 본의 아니게 상쇠를 맡으면서 경험을 쌓아 갔지. 어느 시점부터 상쇠 자질을 나름 고민하긴 했지. 결국 자기 수양이지. 기본적으로 기능이, 실력이 뒷받침되어야 하지만, 그 위에 자기 수양을 갖추지 못하면 절대 다른 사람을 이끌 수 없어. 상쇠가 기능으로나 이론으로나 시원찮으면 어떻게 그 많은 사람을 이끌 수 있겠어?

춘영 이론이라 하면?

승철 내가 말하는 건 풍물을 원리적으로 설명할 수 있는 것 외에도, 융합시키는 능력이나 융통성 같은 것도 포함해. 굿을 어떻게 쳐야 하며 이 가락을 어떻게 쳤을 때 공감이 가는지, 그런 걸 공부해야지.

춘영 가락 하나하나에 대한 본질적인 이해죠? 형님이 그런 걸 잘 하시고, 설명도 잘해 주시는 것 같아요. 다른 상쇠들을 보면 좌도굿은 마을굿이다 보니까 삶 속에 녹아 들어가 있는 자기 수양이 있는 반면에 우도권 상쇠나 경상도 상쇠들은 상대적으로 기능적인 부분을 학습하고 선생도 많이 모시는 편이에요. 설장구도 배우고 소리도 배우고 해요. 혹시 중평굿에 고유한 상쇠 문화라는 게 있을까요?

승철 여기는 그런 걸 보지 못했어. 그래도 상쇠 대접 문화는 확실하지. '상쇠 어른'이라고 부르는 것부터 그렇잖아?

춘영　상쇠 어른, 상쇠 영감이라고 하죠.

승철　나이가 어려도 상쇠에게 먼저 술을 따라 주고, 상쇠 먼저 밥상 갖다 주는 게, 사실 상쇠 대접을 크게 하는 거지.

춘영　어른으로 인정해 주고, 나이가 어려도 지도자로 모시는 거….

상쇠의 악기 꽹과리와 부들상모

춘영　꽹과리에 관한 내용으로 넘어갈게요. 이 지역에서는 꽹과리의 상징성이나 의미가 따로 있나요?

승철　특별한 건 없는 것 같은데?

춘영　형님이 주로 추구하는 꽹과리 성음이 있다면?

승철　내 스타일은 중고음? 그리고 맑아야 돼. 나는 따뜻한 소리를 좋아하거든. 우선 내가 따뜻한 소리를 내야 돼. 정다운 소리. 너무 날카로우면 내 스스로도 거기에 치여. 쇠가 부드러우면서 맑고, 너무 높지 않고, 그래야 따뜻한 소리가 나고 내 속이 받아들이는 거야. 마음이, 가슴이 편안해야 치배들도 편안하고 듣는 사람도 편안할 거 아니겠어?

춘영　그 소리를 내기 위해서 기술적인 측면에서 왼쪽 손, 오른쪽 손은 어떻게 운용해요?

승철　왼손으로 소리를 만들고 오른손으로는 가락을 만드는 거야. 중요한 게 왼손 막음이기 때문에…. 박자 개념도 있지만 깊게 막느냐 얕게 막느냐에 따라 소리가 달라져. 오른손은 가락을 만드는데, 어떻게 부드럽게 만드는가도 오른손에 달려 있어. 직타와 원타를 어떻게 섞을 것인가? 직타만 치는 데도 있지. 그때는 가락이 쭉쭉 뻗기만 하고 굴러가는 맛이 없어. 직타와 원타의 조화 이것이 소리를 진짜 아름답게 만들고 따뜻하고 안기는 소리, 깊은 소리를 만든다고 봐.

춘영 오른손과 왼손의 협화, 협업을 통해서 소리를 만드는 거니까…. 특히 왼손이 아주 중요하잖아요?

승철 그럼!

춘영 이렇게 대비해서 얘기하니까 잘 이해가 되네요. 이 주제로 물어보면 상쇠마다 노하우가 정말 다르더라고요. 표현하는 방식도 다양해요.

승철 참말, 가락의 맥을 살리고 죽이는 게 이 왼손에 있어.

춘영 전체적인 맥, 가락의 흐름, 마디…. 좀 더 설명해 주신다면?

승철 결국은 손이 소리를 만들어낸다 이 말이여….

춘영 요리사가 칼로 음식을 만들어도 결국은 손맛이다? 이게 풍물굿 장르의 핵심이거든요. 다른 장르나 무속에서는 왼손으로 안 치거든요.

승철 그러니까 장구 치는 거랑 똑같아. 장구 치는 거나 꽹과리 치는 거나 이 움직임이 똑같고 단지 꽹과리가 미세한 가락까지도 잡아낼 수 있다는 거…. 물론 오른손의 강약이 있겠지만 이 왼손으로 어느 부분에 맥을 짚느냐가 소리의 강약과 완급, 흐르고 머금는 모든 걸 결정하지.

춘영 맥을 짚어서 소리를 만들어 가는 거죠? 마디를 만들고…. 다른 지역에서는 부포라고 하는데, 여기서는 상모라고 해요?

승철 상모. 털은 부들. 전립이라고도 하고, 통칭이 상모야.

춘영 진안은 옛날부터 다 상모를 썼나요? 원래 상모를 썼어요?

승철 그럼 다 쓰지.

춘영 털은 무슨 털을 썼어요?

승철 두루미 털을 썼다고 해. 두루미가 많았잖아? 요즘에는 칠면조 털을 주로 쓰지만….

춘영 닭털을 썼다는 데도 있는데?

승철 여기는 닭털은 안 쓰고….

춘영 그런데 모든 치배들이 다 상모를 써요? 채상모가 원래 있었다고요? 그럼 마을굿이라고 할 수 있나요?

승철 기능들이 다 있었다니까. 우리 동네 소고잽이들도 아주 잘했지. 그런데 일찍 돌아가셨지.

춘영 고깔 소고는 있었나요? 그 말도 없었어요?

승철 별로 없었어.

춘영 그렇다면 무진장(무주, 진안, 장수 권역) 지역은 고깔이 없었다고 봐도 될까요?

승철 고깔을 썼다고 한 사람들도 있기는 하지.

춘영 부들, 부포짓의 여러 동작들에 대해서 동작 이름이나 기술이 어떤 게 있어요?

승철　주로 할아버지가 했던 것은 외사가 기본이고 양상, 사사, 나비사, 전조시, 개꼬리, 그냥 퍼넘기기….

춘영　거의 남원이랑 비슷한 거 같아요.

승철　또 부포새림 없는 거.

춘영　되게 어렵잖아요? 부포새림도.

승철　그냥 올리기만 허지. 기본이야.

춘영　없는 게 안 되더라구요. 필봉굿은 진자에 자전거살을 쓰니까 부포 없기가 어려워요.

승철　여기도 처음에 그랬어. 자전거살 쓰다가 다 실로 바꿨어. 남원처럼 길이를 좀 줄였지. 그러니까 잘 올라가지.

춘영　그리고 뒤에서 탁 세운 다음 이렇게 돌아가는 거 있잖아요?

승철　그건 연봉이라고 하지.

춘영　연봉 세우기, 연봉 돌리기 다 남원이랑 비슷해요. 이런 게 다 명칭이 있고 사위나 기술이 있잖아요? 일반인들이 잘 모르는 거 같아요.

승철　일반인들한테 설명하긴 어렵고….

춘영　풍물굿의 예술적 양식 중에서 상모 짓은 특이해요. 풍물에만 있으니까요. 이런 걸 살리고 강조할 필요가 있지 않나? 그리고 그 각각의 이름들은 '풍물굿이 대충 두드리는 게 아니다.' 하는 증거가 되는 것 같아요. 진풀이도 하나하나 이름이 있고 의미가 있잖아요? 그래서 여쭤보는 거예요. 좀 더 가 볼게요. 꽹과리를 치는 것과 상모를 돌리는 것의 상관성이 있을까요? 어떤 느낌인지, 내 신체를 중심으로 꽹과리와 상모가 연결되는 느낌이나 원리를 설명한다면? 이게 다 분리 된 건 아니잖아요?

승철　통으로 몸을 움직일 때가 있고, 상모만 움직일 때가 있고, 악기만 칠 때가 있고 그때그때 다르지. 이건 부단히 훈련해야 자기 것이 돼. 얼핏 쉬워 보여도, 마음먹은 대로 안 되는 게 상모거든.

춘영 쉽게 안 되죠. 바람이나 컨디션이나 여러 가지로 영향이 많죠.

승철 조금만 삐딱해도 넘어가고 안 서고 그래. 외사, 양사, 나비사 이런 건 비교적 쉽지만 말이야.

춘영 이게 풍물굿의 고유한 표현 양식이기 때문에 계속 여쭤보는데, 지역마다 조금씩 다르잖아요? 개꼬리상모, 뻣상모, 퍽상모, 또 채상이 다 다르고 열두발이 다르잖아요? 꽹과리를 치면서 움직일 때, 미학적인 측면 신체적인 측면이라든지 본인만의 노하우가 있다면 소개해 주세요.

승철 온몸으로 표현하는 것이지. 몸 전체가 움직이. 상모를 안 쓰면 손만 움직일 때가 많아. 그런데 상모를 쓰면 다 움직여야 돼. 온몸이 다…. 그건 몸이 알아서 움직이는 거라서, 말로 설명하기가 쉽진 않지.

춘영 머리에 도구를 쓰고 돌리는 건 전 세계에 없어요. 저도 서울에서 필봉굿으로 상쇠를 했기 때문에 이거 돌릴 때 기분이 좋아요. 그냥 칠 때랑 부들상모 쓰고 칠 때 갠지갱이나 어떤 가락은 달라요.

승철 위에서 꽃이 피잖아. 꽃이 왔다갔다 놀고….

춘영 예를 들어서 필봉굿, 남원굿, 곡성굿을 각각 볼 때 휘모리, 자진모리를 돌릴 때 다 느낌이 다를 것 같아요. 진안에서는 가락의 느낌이나 동작이 독특한 게 있는지 여쭤 본 거예요. 좀 다른 이야기로 전라도에서 좌도굿과 우도굿으로 권역을 나누는 것에 대해서 어떻게 생각하세요?

승철 그건 학자들이 나눈 거 아냐?

춘영 모르겠어요. 우도 하는 사람은 보통 좌도 하는 사람을 무시해요.

승철 무시해 봤자지. 나는 사실 좌도가 더 어렵다고 보거든….

춘영 학자들도 쓰지만 명인들도 좌도, 우도를 얘기하잖아요? 형님도 '전라

좌도 진안중평굿'이라고 정체성을 표현하는 방편으로 쓰시잖아요. 또 '좌도정신', '두레굿 정신이 좌도에 있다.' 이런 표현도 많이 하고….

승철 구분이 일반화되어 있는데 거부할 순 없고, 분명히 좌도의 특징이 있고 우도의 맛이 있어. 근데 나는 좌도 쪽이 훨씬 더 멋이 들어 있다고 보는 거지. 온몸을 쓴다는 것도 그중 하나고. 그리고 일체감…. 그랬을 때 푹 빠지는 경우가 많지. 카타르시스야! 사람 죽이는 거지. 빙글빙글 돌고 막 휘몰아 갔을 때 그 느낌, 우도에 없는 맛이 있다고 봐.

풍물굿의 미래와 전망

춘영 저도 좌도굿을 하니까 좌도굿의 장점이 있다는 건 어느 정도 동감합니다. 시대의식을 얘기했는데, 거창하게 말고 구체적으로 얘기해 보면 촛불집회가 마무리되면서 동시에 새로운 국면이 이어지고 있는 상황이잖아요? 지금 상황에서 풍물의 방향성을 고민하고 계신 게 있나요?

승철 풍물은 매개가 되는 것이지. 동력이 되고 힘을 북돋아주고. 그런데 원래는 풍물이 이끄는 거야. 마무리도 우리가 지어야 하는 거고….

춘영 현장에서 풍물을 연행하는 것과 학술적인 담론을 만드는 건 다른 영역인데, 모든 장르에 담론이나 평론이 있어요. 무용평론가도 있고, 영화평론가도 있고, 교육평론가도 있는데 풍물굿에는 그런 역할을 하는 사람이 없어요. 그래서 저는 지금의 작업을 통해서 '풍물을 이끌고 가는 건 두레정신이다'라든지 '신명성', '풍물굿의 예술양식' '신과 인간의 관계, 인간의 사회적 관계에서 풍물이 담당하는 담론', '풍물의 정신과 예술성' 이런 부분을 정리해 보는 거예요. 그 부분을 공론화할 수 있기를 바라면서요. 저는 풍물굿이 전통문화라는 맥락을 넘어서 대안적인 문화로서의 힘이 있다고 보거든요. 그래서 더 대중화하고 체계화도 해야 한다고 생각해요. 그런 취지를 이해해 주시고요, 질문을 이어가겠습니다. 풍물굿이 옛날에는 많은 사람들이 참여했는데, 지금은 왜 대접을 받지 못하는가? 풍물굿 문화가 왜 쪼그라들게 되었나? 뭐가 문제일까요?

승철 그건 교육의 문제지. 초 · 중등 학교에서 교육하지 않는 거. 교육 과정에 예체능이 필수 과목이거든. 그때 풍물굿은 잘 치지 못하더라도 몇 가락만 가지고도 더불어 놀 수 있는 거로는 최고라고 보는데, 그런 것들을 고려해서 학교 정규수업 과정에 포함시켰으면 좋겠어. 그러면 귀에도 익숙해지고, 한 번 해 보면, 친밀감이 확 달라지지. 이것도 일종의 음악인데 대한민국 사람이 트로트나 발라드만이 아니라 장구나 쇠 하나쯤은 칠 수 있어야 되지 않을까? 모든 학생이 다 해야 한다는 것도 아냐. 공부할 사람은 공부하고 노는 사람은 놀아야지. 그런데, 이런 걸 하는 학생이 전혀 이상하지 않고 당연한 사회가 돼야 한다고 봐. 그리고 웬만한 도시에 풍물을 할 수 있는 공간, 놀 수 있는 공간이 없어. 이걸 우리가 찾아내야 해. 공간이 없으면 빈 공간으로 가서 우리가 소리를 내야 된다는 거지.

춘영 예, 중요한 말씀입니다. 우리가 소리가 울리지 않는 곳으로 찾아가서 소리를 내야 한다는 거…. 그래야 사람들에게 조금이라도 익숙해진다는 거죠. 예를 들어 진안군민들은 다 진안굿 한 번씩은 하게 한다든지…. 하지만 사회적으로 기존의 인식을 바꾸기가 쉽지는 않지요.

승철 결국은 제도적인 문제가 제일 크지. 이제 대장을 만나야 해. 시장이나 군수. 지자체장이 의지만 있으면 할 수 있어. 우리도 한 번 부딪혀 보려고 하고….

춘영 작년 남원에서 있었던 '굿바람'의 새로운 기운들, 진안 술멕이굿의 경우도 굉장히 좋은 굿이라고 봤어요. 또 영광의 마을굿도 사람들이 많이 보러

갔어요. 공연이 아닌 굿이었으면 좋겠다는 생각을 했는데, 술멕이굿이 굉장히 인상적이었고 모범적이라고 생각했습니다. 그렇다면 풍물굿의 미래를 어떻게 보시나요?

승철 풍물굿의 미래? 난 좋아지리라고 봐. 현대 풍물굿에서 지금 우리는 중간 세대잖아? 어르신들이 만들어 오신 바탕 위에 우리는 새로운 판도를 만드는 역할을 맡은 것 같아. 아까 얘기했듯이 굿소리를 좀 내는 모습들. 게릴라 공연처럼, 느닷없이 "우리 만나서 우리 굿 한 번 치자." 하면 몇 명이라도 모여 굿을 칠 수도 있는 네트워크가 있으니까, 그런 자연스러움을 후배들이 본받을 수 있다는 희망이 하나 있고, 또 하나의 근거는 교육제도가 분명히 바뀔 거라는 확신이 있어. 그중 풍물도 대동놀이의 문화와 교육으로 학생들에게 가르치게 될 거라는 거지. '풍물'은 '바람(風)의 사물(物)'이라는 뜻이잖아? 풍물의 바람, 굿의 바람이 불 거야. 그런데 기본적으로 한 사람으로는 약해. 음양 조화를 기가 막히게 이루는 게 우리 굿이야. 가죽하고 쇠라는 음양이 백사람, 천 사람을 움직일 수 있지. 거기에 큰 아우름을 만드는 징까지 가세하면 느낌으로는 우주도 안을 수 있단 말이야. 최소단위로 많은 인원을 움직일 수 있는 게 풍물굿이라는 거지. 반면에 대회굿은 쇼야. 규모는 크게 하지만, 획일성에 얽매이는 게 대회굿인데, 어떤 사람들은 그걸 공동체라고 생각을 해. 그런데 우리 마을에서는 그렇지 않았거든. 다 치는 게 아니라 좋아하는 대여섯 명이 굿을 쳐서 마을 공동체를 만들었어. 옆에서 굿 보는 사람, 술 따라주는 사람 등등 온갖 사람들이 어우러져. 굳이 다 악을 칠 필요가 없다고. 기본적으로 악을 다룰 때는 바탕이 흥이 되지만, 사람을 마당으로 끄집어내는 것은 소리를 잘 내주고 잘 치면 초등학생들이라도 귀에 착착 감기고 가슴으로 다가간다고. 그래서 내공이 필요한 거지. 그게 풍물의 최고 핵심이야. 서양 오케스트라 2, 30명보다도 꽹과리, 장구, 징, 북 사물 악기 네 개가 최소 요

건으로 그 이상을 해 내는 거야. 나는 김덕수 사물놀이를 한편으로는 비판도 하지만 한편으로는 잘 했다고도 생각해. 왜? 사물놀이판도 또 하나의 마당이 거든…. 그 힘을 어떻게 발현할 것인가가 문제야. 너무 무대 쪽으로 갔고 그 틀 안에 갇혀 버렸다는 건 비판 받아야겠지. 잘 쳐야만 된다는 인식을 만들었어. 또 패턴을 만들어 버렸어. 만들더라도 그 패턴을 확장 가능하게 만들어 야지, 사물놀이는 사물놀이 그 자체로서 끝이거든.

춘영 긍정적인 미래를 위해서 범 풍물인들, 풍물굿쟁이가 무엇을 어떻게 준 비해야 할까요?

승철 내가 늘 하는 얘긴데, "마당으로 내려와라. 자꾸 무대로만 가려고 하지 마라." 이거야. 마당에 있어야 같이 호흡이 되지. 무대에 있으면 박수만 받 지, 손잡고 어우러지며 부둥켜안을 수 있는 건 마당밖에 없다는 거야. 무대 는 차근차근 해도 상관없어. 그러니까 몸 팔러 가는 때도 있어야겠지만, 스스 로가 자기 마당을 하나씩 만들어 가는 거 누구나가 그랬으면 좋겠어. 그런 걸 지원금 받아가면서 골치 아프게 하지 말고, 자발적으로 짬 내서 하자는 거야. 지금 우리는 '바람굿 한마당'이라고 전주에서 게릴라식으로 밴드 만들어서 하려고 준비하고 있어. 워낙 연말에 바빠서 못했는데 이게 잘 시간이 안 맞 네. 거기서는 형식 없는 굿, 이런 판을 만들어 가려고 해.

춘영 마지막 질문입니다. 나에게 굿이란, 풍물굿이란?

승철 나는 무엇보다 우선 소리를 잘 내서 사람들을 즐겁게 했으면 좋겠어. 행복한 소리를 내기 위해서 나는 끊임없이 노력할 거야. 말하자면 내 스스로 가 행복해야 그 소리가 행복할 거 아냐? 그리고 듣는 사람도 즐거워야지. 사 람 냄새 나는 소리, 그걸 만들자 하는 게 내 포부고, 내 풍물관이야.

춘영 고맙습니다.

2. 여수 삼동매구 상쇠 손웅

일시 : 2018년 4월 8일

장소 : 손웅 개인 연습실

면담자 : 손웅(남, 50대 중반, 여수)

원광대 국악과 졸업, 원광대 국악과 대학원 졸업, 여수 삼동매구보존회장, 상쇠, 여수 시립국악관현악단 상임 지휘자, 전국고수대회 고수 부문 대통령상 수상

면담 의도 및 상황 : 서울에서 KTX를 타고 여수까지 내려와 어렵사리 만나게 되었다. 여수 삼동마을에서 전해지는 좌도굿이라고 "삼동매구"를 이끌고 있는 손웅 상쇠다. 마을굿에 대한 애착을 가진 입장에서는 흥미롭고 반가운 삼동매구굿이다. 전라남도 해안가와 섬 지역 마을에서는 2000년대 초반까지만 하더라도 실제 마을에서 당산굿, 당굿, 문굿, 용왕굿, 마당밟이 등 풍물로 치루어지는 마을굿이 살아 숨쉬고 있었다. 이름하여 군고, 금고, 매구로 불리워지는 마을풍물굿이다. 인터뷰 사전에 듣기로 사물놀이와 우도풍물굿까지 섭렵한 손웅 굿쟁이의 풍물굿 인생과 삼동매구, 남도의 좌도풍물굿 이야기를 듣고 싶었다. 그의 가락은 따뜻하고 소박하면서도 힘이 느껴지는데 상쇠로 섰을 때 부드럽게 판을 싸안는 포용력이 도드라진다. 아마도 삼동마을에서 나고 자라며 매구, 풍물굿을 자연스럽게 접하였으며 특히 할아버지와 아버지로부터 이어지는 핏줄속 신명 DNA가 힘을 발휘하는 것이 아닐까? 굿쟁이이자 예술가로 다양한 장르를 학습하였는데, 사물놀이와 우도풍물굿은 물론 대통령상을 수상한 판소리 고수 학습과 여수시립국악관현악단 지휘자라는 경력이 이채롭다. 여기에 여수, 순천 무당들을 따라다니며 굿판 화랭이(반주자, 연주자)로 무속음악까지 아우르고 있다. 하지만 결국 어릴 적 따라다니던 풍물굿으로 돌아와 있는, 이리저리 떠돌아다니다 삼동매구로 다시 회귀하고야 마는 자신을 발견한 그는 천상 풍물굿쟁이다. 멀리서 늦은 시간에 찾아온 관계로 인터뷰 마무리를 제대로 하지 못하고 마치게 되어 아쉬움이 남는다.

삼동마을 애기 상쇠 손웅

춘영 형님을 몇 년 전에 뵈었을 때 여수 삼동매구 상쇠라는 걸 처음 알았고, 3.1절 100년 나라풍물굿천북울림(2018)을 준비하면서 좀 친해졌죠. 형님이 우도굿도 하시고 여수 삼동매구도 하시고 다양한 활동하시는 걸 보면서 시대를 고민하는, 풍물굿의 내용과 미래를 고민하는 상쇠라고 생각하게 되었습니다. 그래서 이렇게 찾아왔습니다. 현재 여수 삼동매구의 상쇠이시죠?

손웅 웅. 우리 삼동마을은 본래 지금 여천공단 자리에 있었는데, 집단 이주가 됐어. 그때 마을이 해체되고 우리 마을 이름이 사라지는 게 너무 안타까웠지. 그래서 뭔가 구심점이 될 걸 생각하다가 우리 할아버지 때부터 삼동매구가 전해져 온다는 말이 있었는데 이 기회에 '삼동매구를 다시 만들어 보자!' 하고 발심이 돼서, 내가 나서서 삼동굿을 다시 시작하게 된 거지.

춘영 삼동마을이 여수에 있나요?

손웅 주소가 전남 여수시 쌍봉면 삼동리. 그 안에 세 개 자연 촌락이 있다고 해서 삼동이야. 원 마을이 구정촌이고 동쪽 마을이 풍남쟁이, 거기서 서쪽으로 내려와서 외모리 마을이 있지. 규모는 한 160가구 정도. 상당히 큰 동네야. 여천공단이 조성되면서 마을이 해체가 될 판이라 고심 끝에 문화관광부에 전통문화복원사업을 신청해서 그걸 기반으로 삼동마을굿을 재현한 보고서를 올리면서부터 '삼동매구'가 복원되고 지금까지 공부를 하고 있는 거지.

춘영 예. 현재 삼동매구를 복원해 가는 과정인데, 형님이 가장 핵심적으로 역할을 하고 있다는 거죠? 그러면 간략하게 풍물 관련해서 상쇠님 소개를 해 주시죠.

손웅　내가 중학교 때, 그러니까 열셋, 넷? 그맘땐데, 그때만 해도 체육대회를 하면 각 반마다 풍물 악기를 치면서 입장을 했어. 지금은 그런 걸 잘 안 하는데, 그때는 반별 퍼레이드를 했지. 그때 내가 꽹과리를 쳤어. 할아버지나 아버지가 꽹과리를 치던 분이고, 마을 상쇠였기 때문에 자연스럽게 내 몸에 배어 있었던 것 같아. 누구한테 배워서 한 건 아니고. 나는 아버지나 할아버지가 치던 소리를 그대로 흉내를 냈는데, 일반인들이 볼 때는 잘한다고 생각을 한 거지. 그때부터 체육대회 때마다 상쇠를 했어. 고등학교 때도 줄곧 상쇠를 했는데, 내 몸에 그런 기운들이 흐르고 있었던 것 같아. 다른 친구들은 장구나 북을 치려고 하는데 나는 꼭 꽹과리를 치게 되는, 어떤 운명처럼 그걸 치게 되는 계기가 있었어.

춘영　운명처럼…. 재미있네요.

손웅　어렸을 때 에피소드가 하나 있어. 내가 초등학교 때, 마을에서 보름굿을 했어. 굿을 한참 치다가 어르신들이 쉬는 시간인데….

춘영　술 마시고, 쉬면서….

손웅　그렇지. 그때 아버지가 상쇠였는데, 덕석 위에다가 상쇠 꽹과리를 내려놨어. 그래서 내가 얼른 아버지 꽹과리를 주워들었지. 아버지 거니까. 그런데 꽹과리를 들고 보니까 막 치고 싶은 거야. 그래서 집 뒤란으로 들어가서 꽹과리를 치고 있으니까, 한 동네 어르신이 시끄럽다고 막 혼내는 거야. 그러면서 꽹과리를 뺏으려고 하는데, 내가 안 뺏기려고 버티면서 울고불고 하니까 아버지가 나타나신 거야. 아버지가 "어이, 괜찮네. 그거 놔두소. 이따가 꽹과리 쳐도 시끄럽다 그러지 말고 놔두소." 그러신 거야. 그때 그 말씀이 기억이 또렷이 남아 있어. 그때 꽹과리를 뺏으려고 했던 어르신이 요즘도 나를 보고, "네가 옛날 애기 때 그런 적이 있다"고 하시는데, 나도 그걸 또렷이 기억하고 있거든. 그 장면이 너무도 선명하고 늘 떠올라. 말하자면 나한테는 원

2018년 여수 모래섬 추도 "영등함쎄(영등할머니) 모시다" 중 부엌에서 조왕굿

형의 기억이야. 그때부터 운명이 엮인 게 아닐까?

춘영 꽹과리라는 악기랑?

손웅 응. 그 사건을 계기로 꽹과리 소리나 성음에 대해서 좀 특별히 좀 친해진 거 같다는 생각이 들어. 그런 게 계기가 됐겠지.

사물놀이를 배우러 서울로

춘영 어릴 때 그 계기가 참 특별나네요. 그러다가 사물놀이 학습도 하고 좀 더 전문적인 수련도 했다고 했는데, 그게 언제인 거예요?

손웅 여수에 예림마당이라고 있어. 대학교 2학년 때, 지금 전남도국악협회장이신 정흥수 회장님이 운영하는 예림마당에 찾아가서 "제가 사물놀이를 공부해 보고 싶은데 어떻게 하면 되겠습니까?" 하고 물었어.

춘영 대학교 2학년 때면 80년대 중반인가요?

손웅 그렇지. 그때 정 회장님이 "사물놀이를 하려면 네 명이 있어야 한다"는 거야. 그래서 친구들을 내가 꾀었지. "야, 사물놀이를 하려면 네 명이 있어야 된다는데 같이 한번 해 보자." 마침 동조하는 친구들이 있어서, 그때 시작하게 된 거지.

춘영 정흥수 선생님 지도로?

손웅 아니. 정 회장님이 정성무 어르신을 소개해 줬어. 그분한테 사물놀이를 배웠는데, 우리는 사물놀이라고 생각하고 공부를 한 거지. 한참 공부를 하고 있는데, 그때 88년 올림픽이 시작됐어. 공부한 지 한 3~4년 정도 됐을 때. 그때 성화 봉송 행렬이 제주도에서 여수로 건너왔어. 성화가 여수에 도착할 때부터 여수시청, 여천시청, 순천시청까지 따라다니면서 우리가 계속 사물놀이를 했어. 계속해서 올림픽 기간 지구촌 축제, 일종의 올림픽 부속 축제 같은 걸 모여서 크게 했지. 전국에서 올라왔어.

춘영 예, 전국에서 모였죠. 고싸움도 했고….

손웅 그때 우리도 한 달 계약을 하고 올라왔어. 내가 여수 대표 상쇠로…. 그렇게 해서 무대에서 농악도 하고, 사물놀이도 하고…. 그런데 그게 끝나고 얼마 후 한 후배가 김영태라는 분이 하는 사물놀이 팀 명함을 가지고 왔어. 그걸 보고 우리가 고민을 했지. 서울로 올라갈까 말까? 마침, 당시 500만 원짜리 일거리가 들어왔어. 여천공단 폐수 처리.

춘영 88년도에 500만 원이면 큰돈이죠.

손웅 왜 500만 원이냐면, 서울에 방을 얻으려면 500만 원이 있어야 한다는 소릴 들었거든. 그래서 그때 젊은 패기로 달려들어서, 기계 써서 두 달 동안

할 일을 한 달 만에 끝내고, 돈 500만 원 받아서 서울 답십리로 올라온 거야.

춘영 그게 여수 출신 형님들만 독자적으로 만든 공간이에요?

손웅 그렇지. 우리가 돈을 내서 그 지하를 얻었지. 답십리에. 근데 그 영태라는 분은 안 보이는 거야. 대신 전수덕 선생님이 연결됐어.

춘영 전수덕이라는 분은 그 전에 알고 있던 분인가요?

손웅 알고 있었지. 이분이 그때는 국립국악원엔가 계셨어. 김용배 선생님이 돌아가시고 국립국악원 사물놀이가 해체가 되면서 선생님이 따로 프리랜서로 활동하고 계시던 때야.

춘영 어쨌든 국립국악원에 발 담궜을 정도로 실력이 있는….

손웅 그렇지. 그래서 그분한테 사물놀이를 계속 배웠어. 그때 참 귀중한 경험을 했어. 전사섭 선생님이, 전수덕 선생님 아버님이야.

춘영 그렇죠.

손웅 인간문화재. 그런데 언젠가 전 선생님이, 당신 아버님 아파트로 우리를 데리고 간 거야. 내 기억에는 그 어르신이 허리를 꼬부장히 해갖고 나와, 우리가 장구 연습을 하고 있으면 "아니 그렇게 치는 거 아니야. 와 봐." 하시고는 장구를 매고는 통 통 통 통 하고 뛰어다니면서 장구를 치셨어, 허리가 구부정하신데도 그렇게 아름다울 수가 없었지. 그걸 우리가 마지막으로 본 거지. 전사섭 선생님 장구 치는 모습을. 실제로 본 건 우리가 마지막이야. 전사섭 선생님을 마지막 모습을 봤다는 것만 가지고도 우리는 야, 참 행운이다, 그랬어. 그런데 어느 날 예비군 훈련통지서가 나왔어.

춘영 군대는 갔다 왔으니까.

손웅 그래서 고향엘 내려갔는데, 어머니가 나를 보더니 너무 이상하다는 거야. "너, 서울 살아서 얼굴이 하얄 줄 알았는데, 얼굴이 노랗게 떴다" 그러시는 거야. 그래서 급히 병원엘 가서 보니까 햇빛을 너무 안 봐가지고, 1년 동안 햇빛을 제대로 안 봐서 황달이 온 거야. 서울로 올라간 지 1년 6개월 정도 되는 때였는데, '아 이거, 이래서는 안 되겠다.' 하고 다시 짐을 싸서 고향으로 내려왔어. 그때 유지화 선생님을 만났지.

청년 굿쟁이 우도, 좌도농악을 넘나들다

춘영　다시 내려온 건 몇 년도예요? 유지화 선생님을 만날 때….

손웅　군대를 갔다 왔을 때니까 스물일곱 정도 됐겠다. 유지화 선생님이 그때 순천에 내려오신 거야. 선생님이 그때는 학교엘 나가시지 않고 프리로 정읍농악만 하고 계셨어. 그래서 우리가 순천으로 가서 돈을 내고 정읍 우도농악을 공부한 거야. 그때 순천시에서 유지화 선생님을 초빙해서 강좌를 열고 있었던 때야. 참, 유지화 선생님 만나기 전에 유순자 선생님이 구례에서 유명한 선생님이셨어. 서울서 내려오신 선생님이라고.

춘영　유지화 선생님 만나기 전에?

손웅　그렇지. 그래서 유순자 선생님한테 먼저 가서 배운 게 부포놀음이야. 유순자 선생님도 여성농악단 활동을 안 하시고 그냥 구례에 계실 때여서 마침 시간이 됐지. 우리가 유순자 선생님 집에서 같이 식사도 하고, 거의 살다시피 하면서 친하게 지내면서 수업을 했지.

춘영　유순자, 유지화 선생님 만났던 때가 몇 년도인 거 같아요?

손웅　90년대 초반. 유지화 선생님하고 유순자 선생님도 그때부터 인연이 깊어졌지. 그렇게 운명처럼 우도농악을 하고 있다가, 어느 날 집에 내려왔는데, 마침 보름 풍물굿을 하게 됐어. 웬일로 아버지가 나보고 꽹과리를 치라고 그러시는데, 꽹과리를 쳐 보니 이게 뭔가 어색해. 어른들이 하는 음악하고 나하고 안 맞는 거야. 나는 우도 꽹과리를 치고 어른들은 좌도 북놀이를 하고 있으니 그게 맞아? 담박에 아버지가 "그건 우리 동네 거 아니다." 하시는 거야. 우리 동네는 여수 쪽이라는 거야. 내가 치는 건 정읍 쪽 거고. 그 말씀을 듣는데, 큰 충격이 왔어. 그때부터 여수굿에 대한 인식을 달리하게 된 거야. 여수 것이 뭐냐? 와서 보니까 의식굿, 샘굿, 정지굿, 그리고 문굿, 그다음에 뭐 재앙굿, 이런 의식굿들이 있어. 근데 우도는 의식굿이 아니고 연희굿이잖아? 한마디로 사람들한테 보여 주려고 하는. 내가 한참 그 연희굿을 하다가 좌도굿, 의식굿을 하려고 하니까 약간 좀 촌스러운 느낌이 난 거야.

춘영 형님이 느끼기에도 촌스러웠어요?

손웅 그렇지. 너무 촌스러운 거야. 그래서 처음엔 이걸 안 하려고 그랬지.

춘영 처음엔 삼동매구를 안 하려고 했다….

손웅 그렇지. 시골 굿 하는 거보다 폼 나게 부포 쓰고 화려하게 하고 싶었는데, 아버님이 "야, 그건 우리 동네 거 아니다"라고 하는 것 때문에 마음의 갈등이 생긴 거야. '이걸 해야 돼, 말아야 돼?' 음악은 우도굿을 하고 싶은데 정신적으로 좌도에 대한 미련이 남고, 또 어른들 말씀도 있고…. 그러다 내가 후배 양순이랑 얘기를 나눴어. "양순아, 좌도굿을 어른들이 하니까 좀 촌스럽지?" "그렇죠." "이걸 선수들이 하면 어떨까, 좀 달라질까?" "달라지겠죠." "그러면 선수들끼리 모여서 좌도굿을 한번 해 보자." 그때부터 여수에 좌도굿 전성기가 돌아온 거지. 내가 좌도굿을 시작하면서부터 여수에서는 거의 혁명이라고 했어. 아무튼 우도굿을 그렇게 열심히 하다가 갑자기 좌도를 한다고 돌아서니까 선생님들도 그렇고 주변에 음악하는 사람들도 그렇고 "이 양반이 뭔가 변화가 찾아온 거 아닌가?" 그랬다고 하더라고. 내가 시립국악단 악장으로 10년을 근무했는데, 나이가 들어가니까 '이제부터 나잇값을 하는 일을 좀 해야 되겠다.' 하는 생각을 하게 된 거지. 그래서 사실 굉장히 큰, 깊은 고민을 한 거야. 결국 '아, 우리 동네 걸 하자, 삼동마을 거. 우리가 끝까지 가야 될 건 이거다.' 싶어서 좌도굿을 하기로 결심한 거지. 특히 아버지의 영향을 많이 받았다고 봐야지.

춘영 어릴 때 굿치고, 또 늘 보던 경험이 DNA나 머릿속에 항상 남아 있었던 거죠.

손웅 그렇지. 그게 버릴 수 없는, 변하지 않는 뭐가 있던 거지.

춘영 사실 지역을 떠나서 다른 데에 뿌리 내렸다면 또 달라질 수 있었는데 지역에 계속 있다 보니까 지역의 정체성을 고민하고 거기에 부응하는 게 자연스러운 것 같아요. 여수 전통의, 우리 것을, 원래 있던 걸 찾아야 되겠다고 하는 마음이 참 소중한 거 같아요. 그게 생명력이 있고….

손웅 그렇지.

춘영 전공으로 학부에 다시 들어가셨잖아요? 그게 몇 년도인가요?

손웅 99년도에 원광대 국악과에 들어갔어.

춘영 원광대. 그다음에 석사는요?

손웅 석사는 2001년도에 갔는데 지휘전공이었지.

춘영 그 시기에 다른 고민이 있었던 거예요? 앞서 말한 여수 삼동매구를 하게 된 건 그보다 나중 일이죠? 그러면 여수 삼동매구로, 좌도로 완전하게 전향한 때는 대략 몇 년 정도 될까요?

손웅 내가 여수시립국악단에 10년을 근무한 다음의 일이니까, 2010년이겠네. 좌도를 하려면 여기에서는 안 된다 생각하고, 2010년에 국악단 그만두면서 그때부터 여수 삼동매구 좌도를 끌고 가게 된 거지.

춘영 지금 삼동매구보존회라고 되어 있나요?

손웅 전라좌도여수매구진흥회. 왜 진흥회라고 했냐면, 그때 진흥회냐 보존회 말이 많았는데, 우리한테 어떤 게 맞겠는가, 나는 좀 진취적으로 가자 하고는 진흥회로 했던 거지.

춘영 예, 좋네요. 현재 진흥회의 회원은 몇 명 정도 되나요?

손웅 한 백 명 정도.

예술과 굿의 세계로 나아가다

춘영 지금까지 사물놀이 수업, 풍물 스승님 이야기를 해 주셨어요. 상쇠님 굿 세계의 스승님들이 사물놀이도 있고 우도굿도 있고 아버님도 계시고, 관현악 지휘 쪽도 있네요. 혹시 춤이나 소리도 배우셨어요? 상쇠님의 예술 세계, 굿 세계에서 다른 분야 스승님이 더 계신가요?

손웅 사물놀이는 전수덕 선생님, 우도농악은 유순자, 유지화 선생님. 그 시작은 유순자 선생님한테 했는데 부모님한테 배운 건 여수 삼동매구야. 내 머릿속에는 항상 굿, 음악 이런 쪽이 너무 강하다 보니까 과감하게 시립국악단을 그만두고 나온 거지. 끝까지 가져가야 될 건, 생명력이 긴 것으로 본다면 지휘는 아니라고 봤어. 그래서 과감하게 민속악 쪽으로 뛰어든 거지. 그래서 내가 지금 하는 것 중에 최상위는 풍물, 그중에서도 삼동매구다, 이렇게 말할 수 있어.

춘영 또 굿이라고 하는 거고….

손웅 그렇지. 굿에 대한 것은 숙명적인 거라는 생각이 들어.

춘영 다른 분야의 수업은 특별한 게 없을까요?

손웅 여기 여수가 이순신 장군하고 연관이 많은 데잖아? 그래서 우리가 이순신 장군 공부를 깊이 파고들면서 많이 했어. 내가 이순신아카데미 1기 출신이야. 근데 이순신아카데미 그러면 여수에서는 나름대로 강한 곳인데 거기서 국궁도 해. 지금도 국궁에 심취돼 있어. 그런 게 예술세계와 연관되지 않나 싶어서 계속 공부하고 있어.

춘영 연관이 된다? 국궁도 집중력이라든지 어떤 강조하는 정신이라든지 있을 거 아니에요?

손웅 그렇지. 내 정신 수양 하는 데 가장 중요한 덕목이기 때문에, 그래서 그 것도 공부를 하는 거고. 음악적으로 보면….

춘영 저는 굿을 음악적인 면으로만 보진 않아요. 세계이고 관계이기도 하고, 예술이기도 하고 종교이기도 하고, 문화이기도 하고…. 이순신아카데미와 연관 지어 말하자면, 인문학적이기도 한 거고…. 삶의 총체적인 모습일 수 있는 거지요.

손웅 내가 무서웠던 게 뭐냐면? 순천에 굿을 하시는 어머니가 계셨는데, 그 굿을 할 때 내가 같이 공연을 하는데, 그때는 어머니를 따라다니면 그냥 나도 굿을 할 거 같다는 생각이 든 적이 있어. 이 굿의 세계가, 굿 음악의 세계가 풍물하고 아주 깊은 연관이 있는 걸 그때 실감했지. 그래서 삼설량굿 그 우리 어머니가 공연을 많이 했어. 그때 나는 여수국악협회 부회장으로 있었기 때문에 많이 같이 다녔어. 한때는 그런 음악에 심취한 적도 있었는데, 우리는 풍물 하는 사람이 다른 데 왔다 갔다 하고 다른 걸 배우는 걸 바람핀다고 이야기를 하거든. 근데 그게 이상한 게 그 외도를 했다가도, 바람을 피우다가도 꼭 다시 풍물로 돌아오게 돼. 앞에서 내가 말로 설명이 되지 않는 운명이라고 했던 거, 그게 이런 것까지를 포함하는 거야.

춘영 회귀본능.

손웅 고법도 마찬가지야. 내가 한참 고법도 배웠는데, 거기에 깊이 빠져서 헤어 나오지 못할 정도였어. 고법도 대회에 대통령상이 있고 그러니까 그쪽으로 빠져 버릴 수도 있거든…. 거기도 오만 세계가 있어. 한동안 거기에 발을 담갔어. 그런데도 결국은 또 빠져 나오는 거야. 풍물 쪽으로 다시 오게 되더라고. 그래서 이게 운명 같은 거다….

춘영 조금 더 여쭤 보면, 운명처럼 자꾸 매구 쪽으로 돌아온 거잖아요? 그 원인을 생각해 보면, 타악의 장르 특성이 있을 거 아니에요? 국궁은 무예인 거고, 사물놀이는 음악 공연 양식인데, 자꾸 이쪽으로 회귀하게 되는 것을 그런 특성과 연관 지어서 설명할 여지는 없을까요?

손웅 나도 한번 생각해 본 적이 있는데, 우리 동네에서 삼동매구를 하면 어른들이 다 좋아해서. 박수를 치고, 기뻐하면서 다들 좋아하시는 거야. 그런데 다른 것에 대해서는 그 반응이 시원찮아. 그건 어르신들이 동네 것을 알고 익숙하다는 거야. 결국 내가 하는 굿을 인정해 주는 곳이 이곳인 거야. 그분들이 폭발적으로 성원해 주는 것, 그 어른들이 "맞다." "그게 맞다." "여수굿이 맞다."고 하시는 말을 듣는 게 나로서도 가장 큰 희열인 거지. "음악 잘 한다." "사물놀이 잘 한다." "북을 잘 친다." 이런 소리를 많이 들었지만, "이게 바로 우리 거다." "네가 하는 게 맞다."라고 하는 말을 들을 때 훨씬 더 큰 힘이 된 거 같아. 우리가 삼동매구를 치면 어르신들이 북을 들고 와가지고 우리 자릴 뺏어. 그분들이 쓰러질 정도로 재밌어 하고, "이게 우리 동네 굿이다. 좌도굿이다. 여수굿이다." 어르신들이 그러시는 걸 보면서 자부심이 생기고 신명이 나는 거지.

인생에서 잊을 수 없는 굿판

춘영 그렇게 어르신들이 폭발적으로 응원하고 함께 놀던 굿판을 여러 번 경험하셨잖아요? 그중에서도 인상적인 사례를 말씀해 주신다면?

손웅 여수에 선죽도라고 있어. 그런데 선죽도 화전놀이가 유명하지. 또 거기 할머니들이 되게 노래를 잘해. 그 옆에 초도라는 섬이 있는데 거기 할머니들도 노래를 잘 부르시는데, 그 할머니들도 인정하는 사람들이 선죽도 할머

1992년 유순자 선생님께 우도부포놀음 학습 중(곡성초등학교)

니들이야. 우리도 가서 보고 깜짝 놀랐어. 사실 그 선죽도가 여러 모로 특이한 섬이야. 인물도 많이 나고, 재력가도 많이 나고, 시인이나 예술가도 많이 나왔어. 여수 중에도 기가 센 곳이 선죽도인 거지. 거기는 이장 선거를 대통령 선거 하듯이 해. 복잡해. 격렬하고 서로 대치가 돼 있는 거야.

춘영 대개 보면, 섬사람들 성격들이 굉장히 세고….

손웅 강하고 세지. 근데, 선죽도의 날이 있어. 그때 우리 삼동매구를 초청해서 거길 갔는데 그때가 또 화전놀이 하던 때였어. 우리가 그 동네 집집마다 다녔어.

춘영 지신밟기로?

손웅 그렇지. 온 동네 지신밟기를 하는데 그 안에 있던 100명 되는 분들이 우리를 내내 다 따라다니는 거야. 우리가 이 집으로 가면 이 집에도 그 '쬐깐한' 집에 한 100명이 들어가고, 또 옆에 집 가면 그 어르신들이 다 따라와. 섬 집들이 막 큰 게 아니잖아?

춘영 담 바깥에서도 구경하고.

손웅 그렇지. 담벽 위에까지 올라가고 난리야. 그게 한 4~50년 만에 처음이래. 그렇게 굿을 하는데 이 어르신들이 동네에 있는 풍물, 뭐 북도 들고 나오고 다들 들고 나오셨어. 그렇게 우리가 새벽이 되도록 놀았어. 새벽 서너 시까지. 오후 6시부터 화전놀이굿을 시작했는데 밤새고 4시 정도에 끝났을 거야. 불 켜놓고, 또 공터에 큰 불 질러 놓고….

춘영 하, 환장하지.

손웅 어, 학교에다가 했지. 마당에다가 불 피워 놓고. 그 선죽도의 날은 외지에 있는 사람들이 다 들어와. 사람이 어마어마하게 오지. 선죽도의 날 행사를 하는데 내가 꽹과리를 치다가 상쇠를 넘겨줬어, 그 동네 어르신한테. 동네 어르신이 나보다 꽹과리를 더 잘 쳐. 그 마을의 어르신이. 깜짝 놀랐어. 자기를, 감성을 깨운 거야, 내가. 처음으로 내가 자기 동네 굿하고 똑같은 굿을 치고 있으니까 이분들이 얼마나 놀랐겠어. 그 어르신이 한 40년 만에, 3~40년 만에 쇠를 친 거야. 상쇠를. 근데 귀는 잘 안 들리시는데 이 굿을 알고 계시니까 감각으로 치시는 거야. 내가 꽹과리를 드렸는데, 이분은 그걸 그대로 이어받아가지고 새벽 4시까지, 그때 되니까 한 200명, 300명 정도 돼. 이 시골에 부산에서, 서울에서, 전국 팔도에서 선죽도 출신들이 다 모인 거야. 어마어마하게 많더라 그 운동장을 꽉 채웠어. 거길 크게 돌면서 "깨갱 깨갱 깽 깨개갱" 구음으로 따라 치는 거야. "갱 깨개갱~ 갱 깨개갱~" 나중엔 "덩 덩 궁 따궁~" 이걸 치는데, 그 어르신들이 이 북채고 뭐고 손이 찢어져서 피가 날 정도로 치시는 분도 계셨어. 기억에 가장 남은 게 그거야. 끝나곤 우리 젊은 사람도 지쳐가지고 마을회관에서 잠을 자는데, 아침에 일어나자마자 또 어르신들이 먼저 나와서, 밖에서 굿을 치고 계시는 거야. 할머니, 할아버지들이…. 우리 악기 가지고. 이 분들은 그 여흥이 아직도 안 가신 거야. 밤새도록 놀아 본, 그때가 강렬했지.

춘영 여수나 이 인근에서 삼동매구로 굿을 치면 어르신들의 반응이 그렇게 많이 좋다?

손웅 그렇지. 그리고 삼동매구는 연희굿처럼, 앉아서 구경하는 게 아니고 다들 일어나서 판으로 들어오려고 그래. 우리가 판굿을 하고 있으면, 꼭 그 안에 들어와서 같이 놀려고 하시는 거야. 왜 그러냐면 이쪽 분들은 판굿 개념이 별로 없거든. 굿소리가 나면 다 같이 노는 거지, 연희굿이 어떻고, 굿패로서 행위하는 사람들이 따로 있고 구경하는 사람들이 있다는 개념이 없는 거야. 여수 사람들은. 그게 삼동매구의 가장 큰 매력이고 힘이라고 봐. 어르신들이 느끼는 거지. 젊은 애들은 그걸 모를 거 아냐? 이게 좌도냐 우도냐? 우리 동네 거냐, 너네 동네 거냐? 이런 걸 알지도 못하고 그 어르신들만 알고 있는 거야. 아, 이게 우리 동네 거다. 여수 거다 하는 원초적인 믿음. 그다음에 여수는 뭐니뭐니 해도 북이지. 북소리가 장난 아니지. 그니까 이 앞에 우리가 서울에서 (2018년) 3월 1일 '3.1혁명 100년 천북행사' 할 때도 그 여수의 북을 좀 보여주고 싶었어.

춘영 그때도 반응이 엄청 좋았죠.

손웅 좀, 촌스러웠을 거야.

춘영 아니요, 원초적이고 신났어요.

손웅 여수 북은 그거야. 쿵쾅거리고 행진곡 같고, 땅바닥을 발발 기고, 뺑뺑 돌고 이런 게 원래 여수 북이야. 진짜 재밌는 음악이 그건데, 그래서 여수 그러면 북이지.

풍물굿의 명칭에 대하여

춘영 다음은 삼동매구의 명칭을 좀 물어볼게요. 일단 매구라는 말인데요,

매구는 경상도에서 많이 쓰는 말이기도 하고, 이쪽 군고 지역에서도 매구라는 말을 써요. 이 활동을 지칭하는 개념이 되게 많아요. 매구, 농악, 사물놀이는 조금 다르다고 하더라도 풍물 혹은 풍물굿이 있고, 군고, 두레, 풍장 등등 여러 가지죠. 여기 여수에서 삼동매구라고 하는데, 매구라는 말의 의미나 유래를 어떻게 알고 있나요?

손웅 나는 왜 이걸 매구라고 했는지는 몰라.

춘영 왜 그런지는 모른다?

손웅 어르신들에게 "왜 그랬어요?" 물어보니까 "옛날 어른들이 했다." 그렇게만 알아 온 거지. 여기는 농악이라는 말이나 풍물이라는 말은 쓴 적이 없어. 그냥 매구라고 했어. 근데 내가 배우기로는 매구라고 쓰는 데가 전라도 쪽인데….

춘영 이게 지역마다 달라서 그 의미를 여쭤보는 거예요.

손웅 아버지가 쓰시던 말씀이 이쪽에서는 '잡구잡신'이라고 그래, '잡구잡신'이라고 하는 걸 몰아내기 위해서….

춘영 '잡구잡신'은 귀신인데 '구신'이라고 하는 것처럼?

손웅 그렇지. 이 잡구가 뭐냐? 그게 매구다 매구. 물리쳐야 될, 물리칠 매, 귀신 귀자. 귀신을 물리치는데 어떤 귀신이냐면 잡구야. 우리한테 이롭지 않은 귀신을 잡귀라고 그러거든. 그래서 이 잡귀를 물리치는 굿, 그래서 마당 밟기라고 그래. 이쪽에서는 "매구 친다" 그러면 "마당 밟기 한다"고 말을 해. 그러니까 이 근방에서 가장 흔하게 들은 이야기가 마당 밟기라는 말이고, 그다음에 지신밟기라고 하는 건 경상도에서는 지신밟기라고 이야기해. 나는 아버지한테 그렇게 이야기를 들었어.

춘영 조금 다르긴 해요.

손웅 우리 아버지 이야기야. 우리 아버지가 "경상도에서는 지신밟기라고 하는데 우리는 마당 밟기라고 한다. 근데 이 마당 밟기가 뭐냐? 바로 매구다 매구. 이롭지 않은 귀신을 물리치는 것. 근데 어떻게 물리치냐? 밟기니까, 밟는 거다. 땅을 밟아서 못 올라오게 해서 소멸시킨다. 땅 밑으로 밟아서 넣는다 해서 밟기라고 한다."는 거야. 그러니까 이 지역에서는 '매구 밟기'가 정확한 표현이라고 보면 되는 거지. 나쁜 귀신을 밟아서 땅 밑으로 소멸이 되도록 한다. 매구라고 하는 것을 밟는 것, 마당 밟기를 해서 잡귀를 없애려고 하는 의식이라는 거지.

춘영　의식이다?

손웅　어. 우리 관념으로는 매구는 의식이야. 그래서 마당 밟는다, 매구 친다, 매구를 친다고 그러기도 하고 밟는다고도 하거든. 같은 거야. 매구를 치면서 밟는 거지. 매구, 마당 밟기는 같은 놈이지. 근데 강조하는 행위는 다른 거야. 마당을 밟는 거하고 매구를 치는 게 음악을 연주하는 거하고 발로 밟아서 소멸하는 거하고…. 행위는 밟기가 맞는 거고 치는 것은 매구가 맞는 거지. 그러니까 매구를 치면서 마당을 밟는 것, 그래서 마당 밟기랑 매구 밟기가 내가 볼 때는 같은 의미일 것 같은데….

춘영　설명을 잘해 주신 거 같아요. 이 지역에서 이런 활동을 풍물굿이라고 부를 수 있는 그런 여지가 있나요?

손웅　그렇지. 풍물이나 농악은 어떤 게 맞는지는 내가 정확하게 정의하기는 어려울 것 같아. 그런데 이름의 의미로 봤을 때, 농악이라는 것은 농사를 짓는 데 필요했던 음악이잖아?

춘영　단어만 봤을 때 그렇죠.

손웅　그다음에, 난 풍물이라고 하는 말을 굉장히 좋아하는데, 한문의 풀이로 보면, 바람 풍 자에다 물건 물자를 쓰잖아? 바람의 물건이라고 하는 것은 자연의 물건이라고 이야기를 해야 될 것 같아. 그래서 내가 볼 때는 이건 어른들한테서 나온 이야기가 아니라 어떤 지식인, 아니면 어떤 시인 같은 분들이 만들어낸 말이 아닐까…?

춘영 현장에 있는 사람들이 쓰던, 현장에서 쓰는 말은 아니다?

손웅 그렇지, 이건 인위적으로 만들어낸 말 같고, 농악이라는 말은 확실하게 아니라고 봐. 농악이라고 하는 것은 농사를 지을 때 쓰던 음악, 농사 음악이락 한다면, 이 활동이 농사지을 때만 하던 게 아니거든.

춘영 그렇죠, 저도 그렇게 생각해요.

손웅 예를 들어 의식굿도 있고 쓰임새가 다양한데, 이걸 농악이라고 단정적으로 말해 버리면, 왜곡이 일어나는 거지.

춘영 제가 지금 현장에서 형님이랑 대화를 하는 건데, 저는 형님 생각에 동의합니다. 다만 문제는 지금 농악, 풍물굿이 둘 다 학술적인 용어인데 무형문화재나 유네스코에 농악으로 올라가 있어요. 여기는 매구라는 이름을 쓰는데, 풍물로 통일해서 대체할 것이냐 말 것이냐 하는 거죠.

손웅 나는 옛날 어르신들 이야기가 정확하다고 봐. 난 학자들을 별로 좋아하지 않아. 학자들은 어떤 대상이 있으면, 예를 들어 아리랑이라는 게 있으면, 책에서 그 근거를 찾아보려고 해. 고서에서 '아리'라는 걸 찾아보고, 또 '랑'을 찾아본단 말야. 그러니 고조선 때 아리라고 하는 사람 이름이다 하는 얘기까지 나오지. 그건 학자들이 찾는 거고, 우리 마을 사람한테 "왜 그래요?" 물어보면, 답은 '몰라'야, 몰라. 몰라가 답이야. 왜 그런지는 몰라. 그런데 옛 어른들이 그렇게 했어. 그런 점에서 '몰라'라는 말이 굉장히 중요한 말이거든.

춘영 또 의미심장한 의미가 있을 것 같은데….

손웅 '위의 어른들이 계속 그렇게 불러서 알지. 내가 어찌 안다냐?' 그게 뭐 의미가 있었는지는 모르겠다. 나는 아리랑의 의미는 그 가사 안에 다 들어 있다고 봐. "아리랑 고개를 넘어간다"고 했잖아. 결국 아리랑은 고개겠지. 그런데 왜 아리랑 고개라고 했을까, 난 이런 데서 출발해야 금방 찾아내지 않을까 생각해. 여수, 그러니까 전라도 동부 지역 노래 중에 '사난이타령'이라고 하는 게 있어. 서부권의 진도아리랑에 해당한다고 보면 돼. 여기는 "에야아 디야"라고 해. "에야아 디야 나에헤에 에야 에야아 디여루 사난이로구나."

춘영 진도아리랑이랑 조가 비슷하네요.

손웅 진도아리랑은 음이 올라가고 신나게 가잖아? 우리는 밑으로 벌벌 기어 내려가. 악보를 보면. 그런데 이게 왜 이렇게 비슷하게 들리냐면, 세마치 장단이기 때문에 다 같은 거라고 생각을 해. 장단 자체가 세마치니까 비슷하게 들리지만 실제로 음률 구조는 완전 다른 거야. 이쪽 동부민요 사난이를 이쪽에서는 "사단 났다."고 그래. 근데 이 노래 가사를 보면 다 난리가 난 거야. 전해 내려오면서 이게 해학적으로 바뀌었긴 하지만 원래 노래는 굉장히 구슬프고 난리 났다 이 말이야.

춘영 다시 우리 얘기로 돌아와 보죠. 지역마다 우리가 하는 행위의 명칭이 각각 다르니까 이걸 어떻게 해야 되나? 통일해야 되나 말아야 하나를 물어보는 거예요.

손웅 절대 그러면 안 되지.

춘영 절대 그러면 안 된다! 이유가 뭐예요?

손웅 그 동네의 색깔이 다른 것처럼 그 동네에서 고유하게 불렀던 이름을 보존해야지. 그 이유를 물어보면 정답이 모아지질 않는 거야. 동네마다 다 다르니까. 동네마다 이름이 다른 그거 자체가 우리한테는 자산이 되는 거지. 통일시켜서 그걸 하나로 부른다? 전혀 아니지. 아버지께 들은 이야기로는 우리 쪽에서는 농악이라고 한 적도 불러본 적도 없고 풍물이라고 한 적도 없어. 아버지 이야기로는 농악이라는 말은 일제 때 나오지 않았을까, 나는 그렇게 생각하고 있어.

전라 좌도, 우도 농악 갈래에 대하여

춘영   전라도에 좌도, 우도 개념이 있잖아요? '전라좌도 여수삼동매구'라고 하는 표현도 있는데, 풍물판에서 이야기하는 좌도, 우도 개념이랑 같은 건가요, 다른 건가요?

손웅   당연히 많이 다르지.

춘영   제가 이해하기로는 전라 좌수영, 우수영처럼 전라좌도, 우도에서 나온 개념이 아닌가 싶은데요.

손웅   그렇지. 근데 나는 우도를 이야기하는 게 쉽지 않아. 배울 때도 굉장히 의문점이 많았던 게 좌도, 우도란 말이었는데 우도농악이라고 하는 것은 갑자기 튀어나온 거야. 우도에서도 여기처럼 보름날 집집마다 다니면서 마당밟기라고 하는 의식굿이 있어. 좌도 지역도 하고 우도 지역도 해. 저기 북한에서도 하고 중국에 있는 연변에서도 해.

춘영   그렇죠. 서울이나 도시에서도 해요.

손웅   다 해. 한마디로 이야기하면 의식굿이 연희굿으로 바뀌는 과정에서 우도굿이라는 게 독특하게 튀어나온 거지. 나는 그렇게 생각해. 그래서 연희하는 사람들이 돈을 받고 보여주는데 좀 더 멋있게, 좀 더 화려하게, 좀 더 이쁘게…. 의상도 그렇고, 음악도 그렇고, 행위도 그렇고 돈값을 하려고 하다 보니까 인위적으로 만들어진 거지. 그때 유순자 선생님이 나한테 말씀하신 거야. 부포를 백남윤 선생님한테 배우셨다고 그랬어.

춘영   김제에 백남윤 선생님. 그분 문서가 있어요.

손웅   근데, 백남윤 선생님이 부포를 잘 하냐? 그게 아니야. 그분이 가르치는데 "이건 이렇게 해 봐." "저건 저렇게 해봐." "그것을 이렇게 세워 봐." 그게 문서에 의해서 한 거야. 그때 그걸 만들어내기 시작한 거지.

춘영 백남윤 시대에 뻣상모놀이가 만들어졌다?

손웅 그렇지.

춘영 백남윤 선생님이 1900년대인가, 1890년인가…?

손웅 그분들은 1890년대 생이지. 근데 유순자 선생님도 문백윤 선생님이 손으로 "이렇게 넘겨." 그러면 넘기고, "엎어." 그러면 엎고, "돌려." 그러면 돌리고, 안 돌아가는 걸 억지로 돌리고 막 앉고 그렇게 했다는 거야. 근데 유지화 선생님 보면 상쇠가 앉지를 않아. 상쇠는 앉는 게 아니야. 부포를 쓰고 당당하게 서서 하지. 상쇠, 지휘자가 무릎을 꿇고 하는 것 자체가 없다는 거야. 근데 그게 유지화 선생님이나 유순자 선생님 때 오면 그런 게 만들어져. 그러니까 백남윤 선생님 시대에는 유지화 선생님도 계셨어. 유지화 선생님의 윗세대 분이니까. 그 뒤로 내려오면서부터 자꾸 화려하게 바뀐 거야. 동작도 많이 넣고…. 쉽게 이야기하면 인위적으로 만들어진 거지. 그게 우도농악이라고 나는 봐.

춘영 일단, 알겠습니다.

손웅 그래서 좌도의 의식굿이 보여주는 연희굿으로 옮겨 가면서 농악도 이렇게 구체화된 거라고 보는 거지. 이걸 왜 이렇게 보냐? 지금 남사당패가 그러거든. 남사당놀이의 굿들을 보면 점점 구체화시켜. 땅재주 하나 보여주고, 살판 보여주고, 버나도 있고 자꾸 가미를 시키는 거야. 그런 것처럼 우도농악은 상당히 현대적으로 바뀐 거라고 보는 거지. 근데 처음에는 좌도나 우도나 그런 개념이 없었을 거 아냐? 이게 어디로 형성이 되냐? 김제, 정읍, 그다음에 이리 이쪽이 평야 지역이야. 옛날에 쌀이 하늘이잖아? 하늘이 중심이 되는 곳에 발달이 되는 거야. 뭔 얘기일까?

춘영 평야 지역이 돈이 많이 나지.

손웅 겨울에는 돈 있는 사람들이 이 사람들을 불러서 판을 벌리다 보니까,

연희하는 사람들이 돈값하려고 하니까 뭘 자꾸 화려한 걸 가미하고 멋있게 만들어야 돼. 그래서 우도가 형성돼 있는 곳이 그쪽인 거지. 그럼 전라북도가 우도냐? 그게 아니잖아. 전라북도에서도 좌도를 하는 곳이 아주 많지. 근데 평야 지역에서만 유독 우도의 인위적인 게 만들어진 곳이 심하게 나타나. 연희를 형성하는 곳, 거기를 중심으로 해서 농악이 바뀐 것이라고 나는 보지. 역사가 그리 깊지 않다는 거야.

춘영 그 대신 좌도는 역사성이 깊다?

손웅 깊지. 내 생각이 그렇다는 거야.

춘영 저도 형님이 말씀하신 것에 좌도의 입장에서 비슷한 생각이 들고, 제가 봤을 때는 우도에서도 사실은 여성농악단 이전에, 예를 들어서 그 전사섭 선생님과 전경환 선생님이 신청 출신이고 여성농악단 이전의 연희 형태가 있거든요. 이거를 좀 전면적으로 한번 좀 부각시켜 보려고요.

손웅 유지화, 유순자, 나금추 이 선생님들 때가 전성기였어. 그러니까 그 전에 사람들, 그 위에는 잘하는 사람들이 별로 없어.

춘영 아니 전사섭 선생님이나 김오채, 전경환 선생님 같은 경우는 엄청 잘하시죠.

손웅 음, 잘하시지. 잘하는데 전성기가 아니라는 거지. 이분들 때가 더 전성기라는 거야. 쉽게 얘기하면 여성들이 상쇠를 하면서부터가 제대로 된, 지금으로 이야기하면 아이돌이 생긴 거지.

춘영 걸그룹이지.

손웅 아이돌, 걸그룹….

춘영 그래서, 결론적으로 전라좌도 여수삼동매구의 좌도의 의미가 여기서 얘기한 좌도랑 같은 개념인가, 즉 옛날에 지역을 크게 좌도, 우도로 나눴는데 그 좌도의 좌도인가 아닌가…?

손웅 전혀 그건 아니라고 봐.

춘영 그럼, 우리가 이야기하는 풍물에서의 좌도 우도의 그 좌도다?

손웅 그렇지. 왜 그러냐면 지금 우도라고 하는 게 있는 지역 외에는 다 좌도라고 봐. 우도도 원래는 좌도야. 그러니까 임금이 보는 방향에서 왼쪽은 좌도, 오른쪽은 우도라고 했다는 것은 군사지리적인 것이고….

춘영 행정적인 거죠.

손웅 그렇지. 그런데 음악은 좌도·우도를 나누지 않았을 거 아냐? 아까 내가 얘기한 연희굿이 있기 전에 마을굿, 의식굿이 다 있었는데, 그때는 좌도·우도를 나누질 않았을 거란 말야. 불필요했지.

춘영 저도, 좌도·우도라는 말이 나중에 나왔을 것 같아요.

손웅 그렇지. 음악적으로 보면 한참 뒤에 나온 얘기지.

춘영 그러면 다시 의문이 드는 것이, 왜 여수삼동매구는 전라좌도라는 정체성을 전면에 두느냐 하는 거죠.

손웅 음악으로는 좌도·우도 구분은 없었을 거야. 다만 지역적으로 왼쪽에 치우쳐서 좌도, 오른쪽으로 치웠으니까 우도 이렇게 나눴을 것 같은데, 그래서 여기가 좌도야. 해남은 우수영, 여수는 좌수영 이렇게 나눴던 것을 음악적으로 나눌 때, 우도라고 하는 게 갑자기 튀어나와가지고 사람들이 분리를 해 버린 거라고 나는 생각해. 우도 쪽에 있는 사람들이, 음악적으로 뭔가 분리를 할 수밖에 없는 상황, 연희 쪽으로 강하게 튀어나가야 하는 필요성이 강했던 게 이유가 아닐까?

삼동매구의 정체성 열두 마당

춘영 이제 내용으로 들어가 보죠. 삼동매구의 판제나 가락에서, 특징으로 얘기할 수 있는 건 뭘까요?

손웅 삼동매구는 열두 마당이라고 하는데, 여기 말고 충청도나 경상도나 전부 열두 마당이라고 이야기하지.

춘영 열두 과장이라고도 하죠.

손웅 그렇지. 그런데 열두 마당이라는 건, 내가 볼 때 억지로 뚜드러 맞춘 거야. 십이월령체라고 하는 게 있잖아? 1월은 어떻고, 2월은 어떻고, 3월 어떻고…. 그 과정을 일 년 열두 달에 맞추어 만들다 보니까 그렇게 구성이 됐다는 생각이 들어.

춘영 판이, 판째가.

손웅 그렇지. 근데 삼동매구에 십이채길굿이라는 게 있어. 우리 아버지가 이야기하신 거야. 아주 독특하지. 우리만 치는 게 아니고, 이 근동에서는 다 십이채길굿을 치지. 그다음에 샘으로 갈 때 치는 길굿이 있어. 아버지는 그걸 등청굿이라고 했어. "웅 갠지갱 갱갱갱, 웅 갠지갱 갠지갱갱…."

춘영 잠깐만요, 짧은 길굿인데 등청굿이요? 예, 알겠어요. 이게 열 박자잖아? "웅~ 갠지갱 갱갱갱, 웅~ 갠지갱 갱지갱갱…." 엄청 세련됐는데?

손웅 "웅~" 이건 징이야. "징~ 갠지갱 갱갱갱, 징~ 갠지갱 갱지갱갱…."

춘영 이 열박 장단 재밌어요. 전국에 다 있는데 이야기하자면 한 시간 동안 할 수 있어요.

손웅 아무튼 이게 있고, 그다음에 재밌는 게 '중천액맥이'라는 거야. "어허루 액이야, 어루중천 액이로구나~." 근데 이게 독특한 게, 가사가 "동에는 청제장군, 서에는 백제장군…" 이렇게 나가잖아?

춘영 오방장군, 오방색이 나오잖아요?

손웅 굿에 나오는 것은 오방신장이라 그래. 근데 여기 여수에는 가사가 좀 독특해. 가사 중에 "동에는 청제장군 청마적에 청안장 석갑을 쓰고 석갑을 입고 석에 화살을 손에다 들고 공중에서 떨어졌구나. 이 방에(방위의) 살 막고 예방을 허리오.'라는 게 나오는데, 이게 뭔 말이냐? 동쪽에 서 있는 장군이 천(철)갑옷을 쓴 게 아니고 돌 갑옷을 쓰고, 돌 갑옷을 입고, 돌 화살을 들어. 가사가 이래. 동쪽을 향해서 이렇게 버티고 서 있는 형상인 거야. 그다음에 서쪽도 마찬가지야. 돌 갑옷을 쓰고, 돌 갑옷을 입고, 돌 화살을 들어….

춘영 다 돌이네요?

손웅 다 돌이야. 내가 왜 이걸 강조하냐면….

춘영 오방장군인데….

손웅 나도 그걸 배웠어, 옛날에.

춘영 저는 처음 들어요. 중천액맥이타령은 많이 들어봤는데 이런 가사는 처음 들어 봐요.

손웅 이런 가사가 여기만 있는 거야. 내가 다 찾아 봤어. 다른 데는 어떤지. 그런데 여기가 독특해. 좀 더 공부할 필요가 있어.

춘영 그 의미는 해석을 좀 했어요? 왜 그럴까?

손웅 옛날 어르신들이 가장 강한 게 돌이라고 생각한 거지.

춘영 바람 앞에서…. 바닷가에서 바람을 막을 수 있는 건 돌이지.

손웅 가장 강한 게 돌이라고 생각한 거야, 철이 아니고. 어른들은 그렇게 생각을 했다는 거야.

춘영 철은 구하기 어려웠을 수도 있고요.

손웅 그렇지. 그래서 여수에서는 이런 가사를 쓴다, 그게 여수의 독특한 점이라고 생각하고…. 그다음에 벙어리삼채라고 있어….

춘영 잠깐만요, 정리를 좀 하죠. 삼동매구에 열두 마당이 있고, 이게 일채, 이채 이렇게 전개되는 거예요, 하나씩?

손웅 그렇지.

춘영 그렇게 해서 열두 개, 열두 마당이 다 된다? 혹시 열두 마당의 가락보라든지 정간보라든지, 자료집이 있어요?

손웅 있지. 책을 보면 알 수 있어. 이 열두 마당은 과장이야. 각 과장의 음악들이 다 다르지.

춘영 열두 개 다 들으려면 시간이 많이 걸리니까, 독특하게 재미있는 거 한두 개만 더 들려주세요.

손웅 지금 얘기하는 세 개가 아주 독특한 거라고 보면 돼.

춘영 아, 십이채길굿까지?

손웅 그렇지.

춘영 십이채길굿은 어떻게 쳐요?

손웅 "개갱 갱 갱 개갱 갱 개캥, 갱 개 개캥, 갱 객개 갱 객개, 갠지갱개갱 갠지갱개갱, 갠지갠지갱 갠지갱 갱 개갱 갱 객개 갱 객개…." 좌도에서도 비슷한 게 많이 있어.

춘영 네, 전라도에 비슷한 게 많은데, 징은 몇 번 쳐요?

손웅 열두 번. 그래서 이걸 십이채질굿이라고 하는 거야.

춘영 멋있다. 느낌상 비슷한 거는 많이 있어요.

손웅 많지.

춘영 그런데 혼합법의 구성이 조금씩 달라요. 이거는 고유하게 여기만 있을 수 있고, 다른 지역은 조금씩 또 다르죠.

손웅 다르지. 그러니까 나도 원체 많이 연구해 봤을 거 아냐? 십이채질굿에 대한 거, 그다음에 저쪽 좌도 쪽에 있는 거….

춘영 구음을 다시 한 번 하면서 징 타수만 한번 해 주시죠.

손웅 "개갱 갱 갱 개갱 갱 개캥, 갱 개 개캥, 갱 객개 갱 객개, 갠지갱개갱 갠지갱개갱, 갠지갠지갱 갠지갱 갱 개갱 갱 객개 갱 객개." 여기까지야.

춘영 징이 열두 번, 맞네요. 원래 옛날에는 마을마다, 지역마다 이런 혼합박 길굿 장단이 있었을 거예요.

손웅 지금도 어르신들이 쳐.

춘영 어르신들은 원래 이걸 친다…. 못 하시는 분은 없어요?

손웅 다 쳐.

춘영 여수 삼동매구진흥회의 회원들은 이걸 다 친다는 거죠?

손웅 치지.

춘영 장구로, 북으로 다 쳐요?

손웅 치지. 이건 내가 가르친 게 아니라 아버지가 가르친 거야. 나도 아버지 한테 배워서 내가 그대로 또 가르치지.

춘영 그렇겠지….

손웅 그다음에 중천굿 쳤고. "응 갠지갱 갱캐캐, 응 갠지갱 갱지갱캥~." 중천액맥이가 그렇고. 벙어리삼채는 어떻게 하냐, 첫 박을 징이 먹어.

춘영 "웃 갱~" 이렇게?

손웅 "웃 갠지갱 갠지갱갱 캐, 웃 캐 갠지갱 갠지갱 갱캐~."

춘영 변주가 계속되는 건가?

손웅 그렇지. 가락은 심하게 변주가 되는데 첫 박은 항상 "웃, 응~"이야. 이 먹는 박은 북 치는 자리야. 북이 올 수 있게. "둥~", "꿍~" 하면 꽹과리가 안 나오고 북 소리만 나오는 거야. 그걸 "벅구"라고 그래.

춘영 등청굿 같은 경우는 징이 첫 박을 치면서 도드라질 수 있게 비워 주는 거고….

손웅 그렇지.

춘영 벙어리삼채는 북이 주인공이네요. 음악적 구성이 재밌네.

손웅 그렇지. 북을 이쪽에서는 벅구라고 그래. 벅구라고 하는 건 뭐냐면, 벅수 들어봤어, 벅수?

춘영 벅수는 돌장승 아니에요? 돌벅수도 있고 경상도 오광대에 벅수도 있잖아요?

손웅 돌장승을 벅수라 그래. 근데 이게 말을 못하잖아? 그래서 벙어리라고 그러는 거야. 그런데 북을 치는 걸 '벅구 친다' 그러거든. 이때 벅구가 그 돌장승을 이야기하는 거야. 멍청이인 거지. 그래서 '벙어리삼채'를 '벅구삼채'라고 그러는 거야. 그래서 북벅구를 이야기하는 거야. "궁 갠지갱 갠지갱갱 캐~" 여기 북이 들어가 주는 거지. 그게 독특한 점이야.

춘영 지금 얘기들이 다 의미가 있고 재밌어요. 하나만 더 소개해 주세요.

손웅 아주 특이한 게 하나가 더 있긴 있어. 이쪽에서는 길굿이라고 해. 풍년길굿. "쌍그리싸돈닷돈, 궁싸리싸돈닷돈, 움싸리싸돈닷돈~" 이런 거야. 근데 그게 굿거리처럼 느껴져. 4분의 4박자로….

춘영 근데 굿거리는 아닌가?

손웅 박자는 굿거린데, 굿거리가 가락이 아냐. "닷돈닷돈닷돈, 궁싸리싸돈닷돈~."

춘영 앞에 박자 구성이 "한둘, 셋넷, 다여섯" 이렇게 두 박자씩 자르기도 하고, 다양하게 변주가 이어지네.

손웅 "핫둘셋둘둘셋, 궁싸리싸돈닷돈, 닷돈닷돈닷돈 쌍그리싸돈닷돈~"

춘영 구음이 재밌네.

손웅 쪼개는 게 재밌지. 이걸 '쌍그리싸돈닷돈' 풍년길굿이라 그래.

춘영 제가 봤을 때 지금까지 들은 것만 하더라도 좌도권과 군고권, 혹은 여수 지역의 고유한 옛 형태를 많이 가지고 있네요.

손웅 많이 가지고 있지. 그러니까 내가 이걸 놓쳤을 수도 있다는 거야.

춘영 좌도권에서 남원이나 필봉이나 여기서 휘모리라 하는 것을 여기선 뭐라 그래요?

손웅 나도 휘모리로 들었어. 아버지도 그걸 휘모리라고 하셨어. 그런데 그걸 그 빠르기로 하면 굉장히 재밌는 게 하나 있어. "천천지 북가죽, 기름발라 갯가죽~"

춘영 그거 광양버꾸 향진이 형님네도 많이 써요. 그거는 전라도 남해안 군고 지역에서 많이 써요. 저도 한 2년 배웠어요.

손웅 재밌지? 정말, 이게 내가 여수굿을 함부로 할 수 없는 게 이런 것 때문에 그런 거야.

춘영 아, 좋습니다. 오늘 길게 했는데 여기까지 하죠. 고생하셨습니다.

3. 김포 김포들가락연구회 상쇠 박희정

일시 : 2018년 4월 27일

장소 : 인사동 풍류사랑방

면담자 소개 : 박희정(남, 60대 초반, 김포)

전 '살판' 대표, 김포들가락연구회 대표, 사단법인 터울림 이사, 사단법인 김포민예총 현회장, 사단법인 나라풍물굿 이사

면담 의도 및 상황 : 서울시립대 80학번이며 80년대 중반 군 제대 후 터울림 상근으로 본격적인 풍물굿쟁이로 들어선다. 1987년 6.10항쟁 이후 민주화운동과 풍물굿 현장에서 40여 년을 이어오고 있다. 전문풍물단체 '살판'을 설립하고 이 시대 풍물굿 양식을 실험하고 실천했다. 김포로 들어간 지 20여 년, 김포 지역 풍물굿쟁이 어르신들을 조사, 정리하여 김포 지역 마을굿을 만들어 가고 있다. '세월호진상규명을위한수도권풍물모임'의 주요 인물이며, 이로 인해 블랙리스트에 이름을 올렸고 현재 '문화예술계 블랙리스트 진상조사 및 제도개선위원회' 위원으로 활동하고 있다. 자유풍물가 하애정과 부부 풍물패로 여러 풍물 작품을 선보였다. 광화문과 팽목항을 오가며 촛불시민혁명 풍물굿판을 가장 선두에서 뜨겁게 달구었다. 그의 이력은 전통적 맥락이 아닌 근대 풍물, 대학생 풍물과 궤를 같이 하며 '살판'이라는 전문풍물단체에서 도시의 풍물굿, 현재의 풍물굿이라는 화두로 풍물굿 작품을 만들어 왔다. 전국의 풍물굿 예인들을 두루 만나 사사받았고 현재 김포에 터를 잡고 김포의 마을굿을 꿈꾸고 있다. 그의 아내 하애정과 함께 만든 작품이 다수 있으며, 끊임없는 도전 정신과 문제의식으로 치열한 풍물굿판을 아직도 만들어 가고 있다. 대담을 하던 날 2018년 4월 27일은 두 남북 정상이 판문점에서 만난 역사적인 날이었다. 사단법인 나라풍물굿 이사로 있으며 남북의 분단과 경계를 넘는 통일굿을 꿈꾸고 있다.

대학 풍물패에서 사회 풍물패 터울림으로

춘영 먼저 간단하게 형님 소개를 부탁드립니다.

희정 대학교 다닐 때 탈춤반으로 시작했어. 80년, 1학년 끝날 무렵에 탈춤반의 공동체 문화가 좋아서 가입했고, 선배들이 갑자기 군대 끌려가고 휴학하고 하면서, 2학년 때 탈춤반 리더 역할을 하면서, 자연스럽게 악기를 접하게 됐어. 당시 탈춤은 해학과 풍자가 기본이지만 시대의 아픔을 담아내자 했고, 그러다 보니 사회 구성체 공부도 하고, 한국 사회에 대한 공부도 했지. 졸업후에, 당시 민중문화운동연합이 장르 별로 나뉘면서 민요연구회, 풍물패가 분화되는 과정이었는데, 나는 탈춤보다는 풍물이 맞겠다 싶어서 터울림으로 갔어. 졸업하고 군대 제대하고 바로 터울림 활동가로 86년 여름부터 생활을 했지.

춘영 상근자?

희정 응, 상근자. 86년 봄에 제대해서 8월에 터울림에 가서 보고 활동하고 싶다고 얘기했어. 당시 터울림의 풍물론, 풍물운동론은 터울림을 만든 세력들이 이미 서울대 농대 두레라는 조직에서 몇 년에 걸쳐서 내부 논쟁을 벌여서, "풍물은 사회 현상과 상관없는 하나의 순수예술이다"라는 사람들과, "풍물의 정신은 두레 정신인데 어떻게 사회구성체와 관련이 없겠냐?" 하는 사람들이 있었지. 터울림을 만든 사람들은 두레 풍물론에 입각해 있었고, 선배들의 논쟁 과정을 보면서, '아 이거 해볼 만한 풍물이다.' 생각했지. 그리고 내가 막 들어왔을 때 터울림 창립 멤버들이 빠져나가던 시기여서, 터울림에 오자마자 바로 중심적인 역할을 하게 됐어. 선배들이 취직을 해서 나가는 시기

2017년 1월 28일 설날, 촛불시민만복래 중 진도북놀이

에 내가 활동가로서 들어오는 바람에. 그래서 나를 서울농대 두레패 출신이라고 생각하는 사람들이 많은데, 난 시립대 탈패 출신이야. 그리고 87년 대투쟁이나 노동자 대투쟁 때는 대학가, 노동조합에서 너무 많은 수요가 일어나다 보니까 자연스럽게 풍물 기능 전수 이외에, 건강한 풍물꾼으로서 가져야 하는 시대의식도 같이 얘기하게 되고 또 동학 때 풍물을 어떻게 했다는 이야기도 하면서, 이후 터울림 활동이 노동자 중심으로 가는 변곡점이 있었지. 터울림이 처음에는 운동을 농촌현장에서 하려고 시도를 많이 했는데, 거리 문제로 지속적으로 하기 힘들어서 당시 구로공단 안팎의 노동조합 중심으로 많이 하게 됐지. 다른 사람들한테 터울림이 피디 계열이냐 이런 소리도 들을 정도로. 그런데 우린 정치노선을 바탕으로 한 게 아니고 '풍물은 일하는 계급의 문화 예술이다'라는 데에 집중한 것뿐이야. 굳이 기다 아니다 얘기 할 필

요도 없이 그러러니 했지.

춘영 당시 활동가들은 대개 그런 것을 기반으로 했죠.

희정 사실 터울림 창립 주역의 한분인 목포대 조경만 선배만 해도 학내에서 논쟁 때 "터울림의 뿌리는 두레 조직으로 봐야 된다"고 강하게 얘기했어. 결국 터울림 형성기의 풍물론은 "두레가 뿌리다. 두레가 정체성, 키워드고 핵심이다."라는 것으로 얘기할 수 있지. 터울림 가을굿판이 88년도에 처음 만들어졌는데 그 당시는 판굿이 뭔지 잘 모르는 시기에 우리가 그 모델을 만들면서 처음 하게 된 거지. 그러니까 지역 기반의 전통적인 풍물이 도시로 와서 판을 펼치는 첫 시도를 그때 한 셈이지.

춘영 풍물패에게는 도시가 일종의 새로운 환경인 거죠.

희정 도시 풍물의 제일 큰 문제가, 지금도 풍물패가 판을 벌릴 공간이 없잖아? 소리 때문에. 그때 88년, 89년 딱 두 해 대학로가 차 없는 거리를 했거든, 주말에. 우리가 거기서 판을 벌렸는데, 요새 말로 대박이 난 거라. 도시에서 일반인들이 풍물을 배워가지고 판을 벌린다는 게 처음이니까 호기심도 컸고. 고민도 많았지. 당시 당산굿을 벌인다 할 때 당산이 없는데 어떻게 할 거냐? 당산의 의미로 고사상이라도 놓고 하자, 이런 식으로 해석과 변용을 해가면서…. 88년도에 판굿 하나를 다하자면 3시간 반 정도 걸렸어. 그때 터울림이 고심했던 것 중 하나가 잡색 부분이었어. 잡색놀음을 옛날 그대로 하는 게 아니라 당대 현실의 인물 분장을 시키고 소품을 준비해서 잡색놀음을 펼쳤어. 현 사회를 반영하는 잡색으로 바꾸었다는 거지. 터울림은 풍물의 현재화라는 키워드를 중시했거든.그게 터울림 풍물 판의 큰 특징이었지.

춘영 예를 들어 어떤 잡색들이 있었죠?

희정 당시가 막 전교조 있기 전, 참교육 얘기가 나올 때니까, 학생, 교사를 상징하는 잡색이 나와서 실지 교육현장에서 있을 법한 부조리한 문제를 잡색놀음으로 표현하고, 또 노동자들의 집단의식이나 이런 걸 집단 춤 성격으로 만들기도 하고, 또 김영삼 등이 3당 야합을 하는 과정도 형상화해서 풍자적으로 표현하기도 했어.

춘영 판굿이 3시간 반이면 상당히 긴데, 잡색놀음을 포함해 어떻게 구성이 됐어요?

희정 먼저 길놀이 하고 고사 지내고, 그다음 풍물판굿을 1마당, 2마당, 3마당 가능한 대로 짜고, 개인놀음 넣고 설장구, 소고, 북놀이 같은 부분 연회 넣고, 그다음 잡색놀이 마당 넣고, 마지막으로 대동놀이. 그 당시 비중이 컸던 것은, 대동놀이 판을 열면 구경하던 사람들이 너 나 없이 다 나와서 어울리니까 시간이 엄청 길었지. 그때는 우리가 젊기도 했지만 실제 판을 뛰고 나서도 대동놀이가 벌어지면 한 시간 이상을 놀아야 되는데, 막걸리 서로 주거니 받거니 하며 한 시간 이상을 끌어주는 걸 당연시했던 건, 체력뿐만이 아니라 사람들이 참여하니까 에너지가 생겼던 거지. 지금이랑 다른 점은 사람들이 훨씬 적극적으로 판에 개입했다는 거야. 탈춤판, 소리판, 춤판, 민요판 상관없이 에너지 넘치는 관중들이 함께했다는 거야. 그러니까 대동놀이가 가능했던 거지.

풍물패 터울림, 현대 도시의 풍물굿을 탐색하다

춘영 근대 이후 도시에서는 전통의 맥락이 단절됐잖아요. 풍물 문화가 도시에서 다시 이어진다는 것은 결국은 호응하는 대중이 있고, 참여하는 대중의 동력이 있기 때문인데, 어떻게 이렇게 할 수 있었을까요?

희정 나도 그 문제를 생각해 본 적이 있는데, 그 당시 일상화되었던 가두시위에서 서로 "으샤~으샤"하던 동질감의 에너지 아닐까? 응축되어 있지만 나 혼자 분출을 못 하는 걸, 거리에서 집단화되면서 두려움도 없어지고 용기 있게 되었던 게 아닐까?

춘영 가두시위는 시민들도 참여하지만, 서울에는 대학도 많고, 그러니 대학생의 참여가 많기도 했죠. 그런 시위의 불길에 기름을 붓는 역할을 풍물이 많이 했다는 거죠?

희정 길거리에 나왔을 때는 풍물이 더 위력을 발휘하지. 특히 양쪽에 건물과 건물이 있는 데서 치면 메아리치는 풍물 소리가 우리한테 굉장히 용기도 주고 큰 에너지가 되었던 게 사실이잖아. 시위 현장에는 항상 북 중심의 풍물 소리를 결합시켰는데, 북소리를 들으면 문자 그대로 고무(鼓舞)되고 고취(鼓吹)되면서 큰 해방감을 느끼지 않았을까? 당시 오윤 선생의 판화가 북을 상징화하고 있고 "북을 울려라!"라는 구호는 진군을 나타내는 시어라고 할 수 있었지. 또 현장에서는 밀양 오북춤을 모티브로 한 연행을 하면서 많이 놀았지. 터울림의 상징 그림도 그거잖아. 지금 생각해 보면 당시 군고라는 굿놀이가 유행이 됐더라면 아마 바로 수용이 됐을 텐데, 그땐 아직도 밑천이 일천하다 보니까 기본 굿거리, 자진모리 장단 같은 단순한 게 주를 이루었던 면도 있지.

춘영 80년대 시대 분위기에서 풍물굿이 대학로에서 대박이 나기 전에는 그런 게 없었나? 시위 현장에 풍물이 언제부터 등장했나?

희정 80년 5월을 기준으로 이야기하자면, 그 당시엔 풍물패가 없어서 탈춤패에서 주로 풍물을 했지. 소규모지만 탈패에서 악기를 들고 시위에 결합을 했지. 특히 내가 서울시립대 다닐 때 처음 탈춤패들이 악기를 들고 나와서 길놀이를 하거든. 10명이 채 안 되는 풍물패가 장단이 간소하지만 길놀이를 하면 당연히 사람이 모였고, 그 소리가 곧 '판이 벌어진다' 하는 신호였지. 또 시위 중간에도 시위대를 위문하고 격려하고 고무시키는 선동적인 풍물판을 꾸릴 때 전체적으로 굉장히 잘 받아들였어. 에피소드 하나를 얘기하면 당시 그룹사운드가 있었는데, 탈춤패를 보고 사람들이 환호하니까 우리도 같이 하자고 했지. 그런데 당시 학생 대중들이 "택도 없는 소리 하지 말라"고 전체가 거부해 버렸지. 대학 가요제에 나올 만한 실력 있는 팀들이 풍물에 환호하는 사람들을 보고 이것도 좋아하겠지 했는데, 그때는 서구적인 것에 대한 시위대의 정서가 그런 문화 자체를 미국의 문화적 침탈의 잠재라고 보고, 그런 걸 싫어하고 자주적인 문화를 찾으니까, 당연히 그룹사운드는 배제되는 거지.

춘영 집회 현장, 가투 현장에서 볼 때 탈춤에서 풍물로 넘어가는 시기는 대략 언제쯤일까요?

희정 시점은 정확하게 나눌 수는 없으나, 내가 학교 다닐 때는 실제로 풍물판이 거의 없었고, 다른 학교도 탈춤이 주를 이루었지. 풍물판이 몇몇 학교에서 있기는 했지만, 84년까지는 별로 없었어. 그런데 85년 이후, 86년부터는 오히려 풍물이 중심이 됐지. 내가 85년에 군대 제대하고 들어왔는데, 86년부터는 풍물이 중심이 되어 가는 걸 느꼈어. 특히 풍물 수요가 많아질 때가 87년이야. 87년 들어서는 터울림 활동가로 정신 못 차리고 뛰어다녔으니까. 그때부터는 시위 현장, 노동 현장에 들어가는 게 오히려 풍물 중심으로 바뀌는 거야.

서울의 풍물굿: 살판과 서울지역풍물단체협의회 그리고 민예총

춘영 형님의 풍물 인생을 시대 구분을 해 볼 수 있을까요?

희정 터울림 오기 전에 탈춤반 활동하면서부터 군대 다녀오기 전후로 6, 7년 활동했던 게 우리 전통문화에 대한 생각을 갖췄던 때고, 그다음 터울림은 86년부터 90년까지 한 5년 동안에 풍물이 뭐다, 풍물굿 정신, 풍물의 중심이 뭐다 이런 걸 찾고 실제 현장에서 주도했던 시기이지. 그 다음 91년 들어, 우리가 시대적으로 겪고 있는 아픔을 대중 풍물만으로 풀어내는 게 힘들다고 보고 그래서 전위조직이 필요하다고 생각해서 살판을 만들게 되었지. 소수지만 직업적으로, 전업적 활동가 모임을 만든 거지. 그래서 그때 벌어지는 사회현상을 반영한 여러 가지 양식 실험을 하면서, 특히 풍물을 장단으로만 풀지 말고, 풍물에는 이야기가 있다는 데 착안해서 '이야기 풍물'이란 용어를 썼어. '세상을 살아가는 스토리가 있는 풍물을 만들어 간다.' 이런 거지. 내가 2002년까지 10년 정도를 대표를 하면서 이끌었지. 또 97년부터는 무슨 일을 하냐면, 내가 터울림에 있다가 91년부터는 전업적인 조직 살판으로 가 있기는 했지만, 터울림 같은 자기 판을 갖고 서울이라는 거대 도시 속에서 자기 굿을 만들어 가는 사회 풍물패가 많이 늘어나고 있었으니까, 서울지역풍물단체협의회를 97년도에 조직하게 돼. 이거는 주로 나보다는 이태호라는 활동가가 주도했는데, 그 핵심은 터울림 같은 도시 풍물은 자기 나름의 판을 잘 가지고 갈 필요가 있다는 생각이었어. 다시 말하면, 풍물이라고 하는 문화의 단순한 향유자가 아니라 생산자이면서 향유자가 되는, 즉 주체적으로 자기 판을 만들어 가는 걸 하자는 거였지. 그래서 그때 서울 지역 각 동 지신밟기를 염두에 두고 우리가 처음으로 지신밟기 교육도 하고 같이 공부하고 그랬던 것처럼, 서울 풍협은, 풍물도 공부를 해야 한다고 해서 집현전 모임도 했고, 그다음에 따로 홍사위란 패를 만들어서 진도북을 배웠는데, 진도북놀이는 판굿이 아니고 개인놀이니까 그 나름대로 확장성이 컸던 거지. 그래서 진도북놀이가 서울지역에서 자리를 잡는데 서울풍협이 굉장히 기여했지.

춘영 저도 그때 같이 많이 놀았어요. 정말 풍물패가 많았죠.

희정 신바람도 있고 휘모리도 있고 서울풍협에 많이 있었지. 사람이 많으니까, 일 년에 몇 번씩 모여 체육대회도 하고 줄다리기도 하고 그랬지. 전체 회원이 600명 정도, 행사에 많이 참여할 때는 300명 정도 됐거든. 줄당기기를 할 때도 직접 줄을 만들고 놀이 자체를 만들어 가면서 같이 했지. 그게 서울

풍협의 확산으로 이어졌는데, 어느 순간부터 주민자치센터 같은 데서 너무도 값싼 풍물 교육이 되다 보니까, 우리 같은 전문적 연희패가 그런 일로 단체를 유지하는 데 어려움에 봉착하게 되면서 서서히 흩어지고 말았지.

춘영 살판 이후부터 2002년부터 현재까지 어떻게 풍물 활동 해 왔어요?

희정 살판 대표에서 물러난 이후로는 내가 직접 일을 기획하고 진행하고 평가하는 활동가에서 2선으로 살짝 빠지게 되지. 살판에서도 선배고, 터울림에서도 선배가 되니까 매일 출근할 수가 없고, 그리고 애들 교육 문제 등도 있고 해서 조금 외곽으로 이사를 갔지. 그때 이사 간 곳이 김포인데, 자연스럽게 김포 풍물을 생각하게 된 거지. 김포 지역에서 한 마을은 아니지만 그래도 면 단위를 중심으로 새로운 농촌 마을굿, 새로운 지역 기반의 마을굿을 한 번 해 보자 생각했지. 그래서 풍물 기본 강습을 하면서 한편으로 김포 지역에서 꽹과리 쳤던 사람들을 찾아가서, 옛날에 풍물을 어떻게 했나 물어보기도 하고, 꽹과리를 쳐 보게 하고 또 모셔서 배우기도 하는 과정을 거쳐 김포 지역 풍물을 상당히 많이 찾아냈어. 그런데 그게 생각보다는 오래 걸리더라고…. 그래도 지금 생각해 보면, 경연대회 방식의 풍물이 아니라, 그분들이 젊었을 때 놀았던 모습을 여러 사람 여러 마을 거를 두루 꿰고 보니까 어렴풋이나마 김포가락의 특성도 알게 되고 놀이적 특징도 알게 됐지. 그때부터는 김포 사람들한테 기왕에 풍물을 할 것 같으면 이걸 해라 하고 강습을 했지. 1998년에 김포로 와서, 그 작업을 시작한 건 2001년부터였어.

춘영 그걸 정리해서 2015년 김포들가락 발표회를 하신 거죠? 저도 그걸 봤습니다. 다른 중요한 활동은?

희정 다른 조직 활동은 터울림이 2014년에 30년을 정리한 행사를 하면서 사단법인 터울림으로 바뀌었어. 터울림 창립 선배가 이사장이 되고, 나도 2기 활동가로서 이사로 참가하면서 이제 터울림 활동 제2세대를 어떻게 열어 나갈지를 고민하고 있지.

춘영 앞으로 진행이 되겠네요. 이후 활동은 또 뭐가 있나요? 민예총도 관여 하셨죠? 민예총의 풍물굿 활동 언제 시작되었나요?

희정 민예총은 88년도에 처음 결성이 됐어. 당시 전두환이 호헌 성명을 발 표했을 때, 예총(한국예총)에서 제일 먼저 지지 성명을 냈거든. 그러니 당시 예총 산하에 생각 있는 예술 단체들은 우리가 지지한 적도 없는데, 저렇게 한 국예총 이름으로 예술가 전체가 마치 전두환이를 지지하는 것처럼 하는 건 안 된다, 그래서 그런 생각을 하는 예하 단체가 반대 성명을 내면서 민예총이 만들어진 거지. 물론 그 전에 민중연합 시절부터 관련이 있는 사람들이지만, 하나의 전국적인 조직으로 드러낸 건 그때가 처음이었지. 그리고 민예총 초 기에는 풍물패가 그런 역할을 안 했는데, 영산줄다리기보존회의 조성국 선 생이 초대이사장님을 하셨거든, 이분 생각이 우리는 예총하고 조직적으로 같으면 안 된다고, 우리는 가장 중요한 굿 위원회를 별도로 만들어서 활동하 자 그러면서 풍물이 자연스럽게 결합하게 됐지. 전국 단위로 엮어져 있던 단 체는 사실은 '민족극협의회'가 중심이었기 때문에, 거기와 연결해서 대동장 승굿을 한 게 중요한 동력이 돼. 89년 지리산 인걸령에서 시작해서, 대동장승 굿이란 형태로 만들어 갔지. 그때 풍물패, 풍물인들도 많이 결합했고, 문경새 재에 장승을 세웠던 게 89년이니까 89년 문경새재굿을 할 때는 내가 터울림 소속으로서 전국의 풍물패들 모아가지고 같이 진행을 했지. 그러다가 94년 부터는 민속극위원회 사무처장을 맡았고. 그래서 그때부터 풍물 단위의 대 표로서 민예총에 조직적인 결합을 하게 됐지. 사실 민예총 단위에서 가장 많 은 인원을 보유한 데가 풍물패야. 전국적인 분포 면에서나 또 숫자 면에서 풍 물인들이 제일 많지. 그래서 수준 높은 결합은 아니었지만, 민예총에서 중요 한 축을 풍물패가 담당해 왔던 건 사실이지. 그리고 2000년으로 넘어 오면서 지역 조직들이 생기게 되고. 처음에는 민예총이 장르 조직 중심이었지. 미술, 민족작가회의, 연극, 그다음에 음악, 풍물 등등. 그런데 지역 민예총들이 생기면서, 점차 지역 단위의 비중이 높아지면서 지금은 지역 중심으로 바뀌고, 민예총에서 풍물이 중추적인 역할을 하지 않게 되었지. 그 전에는 서울에서 행사가 있어도 전국 단위로 풍물 훈련된 사람을 모아야 행사가 가능했던 시절이 있었다면, 지금은 세월호 관련 풍물이 필요하다면 수도권 중심으로 연락해서 모으면 되니까, 다른 지역에서 올라 올 필요는 없잖아? 이렇게 바뀌면서 민예총 본부 단위는 상대적인 비중이 낮아졌지. 오히려 지역 민예총에 결합을 하면서 네트워크, 연락 기능만 남기는 걸로 정리가 거의 됐지. 앞으로 이전 전국 단위, 민족굿위원회 방식으로 모으는 일은 별로 필요하지 않다고 판단하는데, 사실 현실적으로 그렇게 모으기가 너무 힘든 것도 중요한 이유지. 오히려 지역 단위로 해서 지금은 본부, 장르 조직은 없고 지역민예총으로 활동을 하는 걸로 보면 되겠지.

춘영 민예총에서 풍물굿위원회, 굿위원회라고 했는데요, 거기서 굿은 무속 굿이 포함됐나요? 어떤 의미의 굿이죠?

희정 모든 굿을 다 총망라하는 거지. 초대 이사장을 하셨던 조성국 선생님 생각이 우리나라 문화는 유기적으로 총체성을 가지고 있으니까 다른 용어보다 굿이라는 용어를 쓰면 된다는 거였어. 그래서 처음엔 다 포함된 굿이었지. 그래서 그걸 민족예술인총연합회니까, '민족굿위원회로 합시다.' 그래서 민족굿위원회란 이름으로 88년에 결성했지.

춘영 지금 형님은 김포 민예총에서 활동하고 계시죠?

희정 지금은 풍물패가 광역 단위로 움직이지. 예컨대, 경기도에서 통일굿한 마당을 한다 하면, 경기도내 각 풍물패들이 김포, 성남 따지지 않고 사단법인 경기민예총 풍물굿위원회, 이렇게 모여 활동하는 거지.

춘영 풍물, 농악으로 이것도 일종의 전국 조직이었다고 볼 수 있나요?

희정 전국 조직이었지. 지금은 전국 조직이 필요가 없으니까 뭐랄까 네트워크 기능만 하지만….

전문 풍물패 살판, 시대를 풍미하다

춘영 형님이 대표로 계시던 살판 얘기를 좀 더 해 보죠. 터울림에 계시다가 살판을 만드신 이유는 어떤 거였죠?

희정 당시 풍물 교육에 엄청난 수요가 있었는데, 터울림이 회원 중심 조직이다 보니까 그걸 따라 갈 수가 없었지. 그래서 전문 집단으로서 노동자, 농민들의 가치관이나 철학을 담아내고, 또 풍물을 과거의 전통문화가 아니라 살아 있는, 다시 말해 현재 사회를 반영하는 풍물을 하자는 취지로 91년도에 살판을 만들지. 그래서 살판에서는 〈하날다래〉라든지 〈바람을 타고 나는 새야〉 〈심심풀이〉 등 창작 풍물 작업을 많이 했어. 지금 살판은 후배 활동가들이 활동하고 있지. 나는 98년도에 김포로 이사를 가면서 김포평야에서 벌어지는 풍물을 연구 조사 하다가 〈김포들가락연구회〉라는 조직을 만들고 활동하고 있어.

춘영 살판의 활동을 좀 더 듣고 싶은데요, 예술 장르로서의 풍물굿 위주로 이야기를 이어 나가겠습니다.

희정 살판은 당대의 시대상을 담고, 새로운 사회에 대한 염원을 담은 풍물판, 연합공연을 만들 때 노래, 연극, 춤, 풍물이 어우러지는 '꽃다지'라는 형식의 공연을 해 왔어. 특히 풍물의 마당극적인 결합을 중요하게 생각하면서 터울림 출신과 극단 현장 출신이 주축이 돼서 만든 게 살판이지. 처음에, 풍물의 이야기 구조, 다시 말해 풍물이 사물놀이로 표현되는 걸 보면 광기어린 연주로만 해석이 되고 전혀 현재의 시대상을 담지 못한다는 문제의식에서 출발해서, 이야기가 담기는 풍물굿이 필요하다는 데로 의견이 모아져서, 살판은 "이야기 풍물을 실천한다"는 모토를 내걸었지. 그 전에는 실험적으로 극단 현장, 민요연구회, 살판 세 군데가 합쳐서 소극장 공연을 했고, 그 이후에는 민요연구회와 살판이 공연을 만들어서 순회하고, 그런 경험들을 만든 작품이 〈하날다래〉야. 당시 크게 문제가 되었던, 전라도와 경상도 지역감정을 어떻게 극복할 것인가 하는 문제의식을 담았지. 즉 우리가 바라는 사회에 어떻게 도달할 것인가 하는 고민을 담았고, 마지막에 한 대동놀이가 지금 촛불집회 도깨비굿을 현재화시키고 실천한 첫 번째 모델이라고 할 수 있어. 도깨비굿은 정희섭 선배가 진도에 교사로 발령받았을 때 조사해서 썼던 글을 내가 읽고 이걸 대동놀이에서 실현하면 되겠다 싶어서 당시 고물상에서 소리 나는 그릇을 구해서 공연이 끝날 때 그걸 무대에 쏟아 붓고 참석한 모든 사람들이 다 들고 대동놀이를 했지.

춘영 그릇과 냄비와 접시들….

희정 그렇지. 그날 임진택 선배, 백기완 선생님이 오셨는데, 임진택 선배 말씀이 "작품은 어설픈 부분이 있는데 마지막 대동놀이는 정말 좋다. 누구 아이디어냐?" 하셔서, 내가 그때는 정희섭 선배 이름을 몰라서 "옛날 선배님들이 쓴 글을 참고했습니다."라고 대답했지. 살판의 활동 경험이 쌓이면서 94년도에 살판을 대표하는 작품인 〈바람을 타고 나는 새야(바람새)〉를 만들었지. 창립 이후 3년간의 경험을 가지고 만든 〈바람새〉는 그 자체가 완벽한 작품이라기보다는 풍물을 현재화할 때 이야기를 어떻게 담아낼 수 있는가 하는 데 대한 모델을 제시하지 않았나 생각해. 〈바람새〉의 구성을 보면, 지신밟기에서 마을공동체의 염원을 표현하는 마을굿으로 첫 마당을 만들었고, 두 번째는 두레굿으로 농사짓는 과정과 농사지을 때 농민들의 염원, 그 마음속 기원이나 희망을 담았지. 세 번째 마당은 싸움굿이야. 우리 민중들은 늘 불합리한 구조와 싸워 나가잖아? 당시는 갑오농민혁명 100주년이라 그 내용의 작품들이 많았을 땐데, 동학농민혁명 봉기를 연상하는 북춤으로 형상화한 게 셋째 마당이고 넷째 마당은 해원굿. 해원굿 마당은 '그럼 우리가 아픔을 어떻게 치유할 것인가?'에 대해서 구체적인 해결점을 못 내놓는다 하더라도 이런 게 반드시 필요하다 해서, 약간 제의성을 담아서 해원굿 마당을 만들었고, 마지막 다섯 번째는 대동놀이 마당…. 또 그다음 해에 〈바람새 2〉를 하는데, 그건 우리 근현대사에서 독립투쟁을 그렸는데 형식은 그대로 가져왔지. 그래서 〈바람새〉는 역사적인 현장을 풍물화할 때는 그 형식을 그대로 가져와서 내용만 바꾸면 되도록 틀을 그렇게 만든 게 의미가 있어.

춘영 예술적인 의의가 있네요.

희정 또 2001년에 〈심심풀이〉를 만들 때는 '왜 풍물은 집단적인 정서만 있고 개인은 없는가?' 하는 문제의식에 천착해서 마을의 개개인의 성격까지도 살리려는 시도를 한 거야. 어떤 사람은 그걸 연극이라고 하는데, 나는 그 자체가 현재화된 판굿의 모습이 아닐까 생각해. 배경은 수몰 지역 마을인데, 마을 사람 전체가 공감하면서 동시에 개인의 성격과 그에 대한 각자의 판단 이런 게 담겼지. 집단적인 감정은 〈바람새〉 정도라고 한다면 〈심심풀이〉는 개인의 정서적인 공감들을 실제로 풀어내고 직접 이야기하고, 춤추고, 꽹과리 치는 것으로 표현했지. 〈심심풀이〉 이후는 현대가 아니고 현재화, 즉 풍물굿의 시점을 과거의 전통문화로서만 바라보는 것이 아니라 현재 우리가 계속 살아가고 영위하고 만들어 가야 할 풍물의 모습으로 만들었다고 평가할 수 있을 것 같아.

춘영 〈심심풀이〉가 살판의 주요 작품 중에 거의 마지막이죠?

희정 단원들이 집단으로 했던 작품이 그게 마지막 작품이고, 그 이후로는 단원이 부족한 관계로 회원들과 함께하는 작품을 하면서, 분위기가 바뀌지. 〈하날다래〉〈바람새〉〈심심푸리〉는 살판이 풍물굿 공부도 하고 경험도 쌓고, 풍물 장르로 표현할 수 있는 역량도 쌓아가면서 만들어진 것이지. 한 단체가 작품을 만들 때, 지나고 보면 웃으며 할 수 있는 얘기지만 당시로는 굉장히 힘들고 어렵게 진행할 수밖에 없었어. 그게 풍물의 현재화, 지금 우리의 이야기를 담는 풍물이었고, 그게 다른 단체에도 많은 영향을 미쳤지. 요즘의 터울림 굿에서도 항상 현재적인 이야기를 하려고 하지. 그러니까 옛날 전통만 가지고 표현하지 않지. 이게 전수관, 보존회 풍물과는 또 다른 하나의 흐름이고, 이게 살판이나 터울림의 공통적인 성과, 특징이라고 할 수 있지 않을까?

춘영 살판 회원은 일반회원, 동호인으로서 회원을 말하죠?

희정 살판 단원들은 직업인이고, 회원은 별도의 자기 직업을 가지면서 취미, 동호인으로 활동하는 거지.

춘영 그 회원들이 같이 운영도 하고, 준비한 게 〈해보내기굿〉이었죠?

희정 당시, 당면한 상황에 따라서 〈해맞이굿〉도 하고, 〈해보내기굿〉도 하고, 특히 시대상을 담아서 계속 이어져 오고 있지. 지금 가장 일상적인 것이 이런 모습이 아닐까?

춘영 살판이 했던 작품, 작업 내용은 상당히 선구적이에요. 풍물굿의 현재화라는, 지금 우리 이야기를 풍물 양식으로서 계속 형상화했던 것은 살판이 거의 최초인 것 같아요. 다른 단체들도 그런 작업을 했나요?

희정 비슷한 단체로 청주에 '씨알누리'가 있었는데, 전문인 4, 5명이 있을 때 거기서는 〈땅도 땅도 내 땅이다〉라는 작품에서 농부들의 모습, 농민들의 4계절을 담으려고 했고, 이후에 씨알누리 나름대로 창작을 많이 하고 있지. 풍물로 현재의 민중 이야기를 담아내려고 했다는 점에서 비슷한 면이 많지. 그런데 우리나 그네들이나 많은 사람을 유지할 수 없어서 4, 5명 전업집단으로 치중했던 게 있지. 또 당시에는 전반적으로 풍물 연주 능력이 떨어질 때인데, 그 부분을 다른 단체들보다는 먼저 극복했다고 볼 수 있지.

춘영 기량을 좀 올려야 된다. 전문적으로 할 수 있게?

희정 전업으로 하려면 그게 필요했거든. 일주일에 한두 시간 연습한다고 극복할 수 있는 문제가 아니지. 전업으로 해 보자 하고는 웃놀음까지 했던 거고, 풍물이 이야기 구조가 필요하다는 건 풍물을 배울 때부터, 터울림 선배들이 해 온 것도 배우고, 김원호 선배나 박철 선배들이 해 왔던 것을 많이 차용했지만 실제로 지역에서 누가 꽹과리 칠 줄 안다 그러면 거기 가서 같이 배우고….

춘영 전국의 풍물판을 찾아가서 직접 보고 배우고….

희정 이 마을에서 보다가 '저 밑에 마을에 누가 꽹과리 잘 친다' 그러면 또 찾아가서 들어보고…. 실제 그분들과 얘기를 하면서 느끼는 건, 풍물이 단순히 손재주만으로 악기를 연주하는 게 아니라는 거지. 풍물의 본질은 악기를 치고 풍물판을 엮어 가는 사람들의 마음에 있다는 거, 잘 하는 건지 못 하는 건지 잘 몰라도, 예를 들어 지신밟기를 보면 저분이 복을 빌고 액을 물리치는 데 정성을 다하고 있는지 대충 하는지는 안 배운 사람도 안다는 거지. 풍물로 어느 정도 기량을 쌓고 공연을 하다 보면 박수를 받는데, 그때는 기량 때문이 아니라 그 판에서 일어나는 감동 때문에 박수를 받고 싶은 거지. 감동은 공감이 있어야 되고, 그건 내가 꽹과리나 장구 잘 친다고 되는 게 아니라 마음으로 관객들에게 다가갔을 때, 즉 가장 좋은 풍물판을 봤을 때 사람들이 박수 치고, 웃기보다는 울게 되지 않을까? 짠하게 우는 부분이 풍물로서 가능하다고 생각을 했고 담고 싶었어. 또 실제 그 판에 있는 사람들의 이야기와 정서가 담기지 않고 공허한 울림이라면 공감은 없을 거다, 하는 점도 늘 생각한 거지. 그래서 역사의 현장이나 의식의 현장을 지금도 시간 될 때마다 찾아가. 그런 과정들이 하나의 공동 정서를 만들어 가는 살아 있는 과정이 아닐까? 특히 꽹과리 치는 사람이 아무래도 풍물 판굿의 진행자니까 그 사람이 어떤 마음으로 하는가에 따라 풍물 판 모습이 많이 달라지잖아? 앞으로 추구하는 풍물도 계속 그런 원칙으로 이끌어가고 싶어. 그다음에 나랑 풍물굿 준비하는 사람이 누구든지 내가 좀 더 고생하더라도 그 사람들이 좀 저 마음 편하게 참여할 수 있도록 해야겠다고 생각해.

춘영 형님 말씀이 참 공감이 돼요. 형님이나 살판에서 추구했던 게 풍물굿의 현재화, 우리 시대 우리 이야기를 풍물굿으로 표현해 보자, 현재의 풍물 양식으로 만들어 보자, 이런 의지의 표출인 거 같아요. 제가 하는 작업은 그걸 어떻게 장르화할 것인가, 명칭을 어떻게 붙일 것인가, 라는 문제를 한 번 생각해 보자는 겁니다. 예를 들어 풍물굿을 뿌리로 해서 음악 예술화하고 무대 중심으로 만든 게 사물놀이라고 한다면, 판소리를 연극 형식으로 현재화한 창극, 국극이 있어요. 또 마당굿, 마당극은 풍물굿이 춤+연극과 이야기가 결합한 형태인데, 그럼 풍물굿을 기반으로 살판에서 했던 작업의 장르를 어떻게 이름 붙일 수 있을까요?

희정 나는 우리가 하는 게 판굿이라고 명명할 수 있다고 봐. 판은 장소적인 의미이고 바로 마당이거든. 마당에서 이루어지는 굿이란 말야. 마당굿을 풍물 식으로 표현하면 판굿이지. 지금 풍물의 판굿은 가락 배치가 있다고 해서 매번 똑같이 해야 되냐? 그건 아니야. 왜 그러냐면, 판이라는 건 그날그날 길이나 절차가 달라질 수 있거든. 상쇠가 운영하면서 어떤 때는 2시간을 하기도 하고 어떤 경우에는 10분짜리 판굿도 해. 판굿에서 고정시키는 것은 잘못됐다고 봐. 무형문화재인 고창굿의 경우, 나는 그게 무형문화재 지정되기 전부터 그분들을 많이 뵀고 실제로 황규언 상쇠 만나면 많이 물어 봤어. "판굿이 매일 같습니까?" 선생님 말씀이 "그럴 수는 없지." 그러시는 거야. 그날 치배로 누가 오느냐에 따라서 그 구성은 달라지는데, 지금 무형문화재로 편재되면서 그 당시 만든 것이 고정된 틀인 양 우리 풍물굿을 고착화시키는 게 아닌가, 하는 문제의식이 있지. 판굿이란 말은 지금의 판이야. 옛날에 짚신을 신었으니 지금도 짚신을 신어야 된다, 이런 건 처음부터 안 받아 들였지. 예를 들어 진도북놀이 가서 선생님한테 "옛날에 조끼가 어디 있었습니까?" 물었더니 "남자는 장가 가면 다 조끼가 있는 거야. 나도 장가 갈 때 조끼를 해 입었는데, 풍물은 자기가 가지고 있는 좋은 옷을 입고 하는 거니까 치배마다 자기 조끼를 입고 와서 했기 때문에 똑같은 게 없었어. 그 이후에 행사를 하려고 보니까 맞추게 되는 거지."라고 하셨어. 그 이전에 당신들이 할 때는 후원가가 후원을 해서 제작해 주지 않는 한 돈을 모아서 한다는 건 힘들었다고 해. 가끔 우리가 한량이라고 하는 사람들, 놀기 좋아하고 통 크고 의리 있는 사람들, 전국적으로 그런 사람들이 많았어, 그런 분들이 동네 청년들이 풍물하고 싶은데 악기가 없다 그러면 사 주고, 이런 이야기들이 있어. 김포들가락 증언하는 어르신들이 분명히 그런 말을 해. "건달로 불리는 사람이 인천에서 악기를 다 사 와서 청년들에게 나눠줬다." 이런 이야기들이 전해지고 있어. 그런 경우가 동네별로 많이 있었어. 그때는 '우리'가 늘 먼저였던 거지. 또 풍물 하는 옛날 어른들한테 물어보면 전부 다 자기 동네굿이 최고라고 얘기해. 그건 필요한 마음이고 자부심이지. 왜냐하면 당신 동네에서 하는 굿이 최고고 자기가 직접 하는 공연이 최고지 아무리 좋은 기량의 공연이 온다고 해도 그걸 최고라고 하진 않는 거지.

춘영　판굿을 너무 확정적으로 볼 필요가 없다는 얘기는 참 공감이 됩니다. 지금까지 여성농악, 고창농악, 이리농악 등 고정된 형식으로 연행하는 걸 판굿이라고 생각했는데, 살판에서 작업해 온 작업이야말로 판굿이라고 볼 수 있겠어요. 이 시대의 판굿으로 함께 만들어 온 것이니까 이야기 형식이건 음악 형식이건 제의 형식이건 여러 가지가 녹아 들어갈 수 있으니까 판굿이라고 명명하는 게 공감이 됐어요. 그럼에도 불구하고 "그게 무슨 판굿이야?"라고 하면 싸우거나 설득해야 하는 과정이 필요하겠다는 생각도 듭니다. 처음에는 풍물극이라고 생각하시나 했는데, 역발상으로 뒤집어서 풍물굿을 옛날 형태가 아니라 지금 우리의 풍물굿으로 만들면 이게 판굿이다, 라는 거잖아요. 판 안에서 사람들과 같이 이야기를 나누잖아요? 굿을 가지고 하기 때문에 풍물 판굿인 거잖아요?

희정 그렇지.

박희정 굿쟁이의 스승과 굿 학습

춘영 박희정 굿쟁이에게 영향을 준 스승은 어떤 분이 있었나요? 그리고 풍물굿 학습 방법은 어떤 게 있었나요?

희정 처음에 학교를 다닐 때는 선생님보다는 사실은 선배들한테 배웠지. 나는 탈춤 한 가지만 한 게 아니고 굉장히 많이 배웠어. 어디나 탈춤에는 반주가 있어. 반주를 얼마나 잘 해주냐에 따라서 춤이 달라져. 그 당시 첫 선생님이라면 풍물판 선생님이 아니고 탈춤 전수관에 있던 선생님들이야. 예를 들면 부산 수영야류의 윤수만 선생님, 통영오광대의 꽹과리 치는 강 선생님, 고성오광대 상쇠 이금수 선생님. 또 서해 은율탈춤보존회는 손으로 반주하는 장구가 있어. 나는 노래나 춤을 추면 나도 모르게 그 장단이나 가락에 신경이 더 가는 경우가 많았지. 내가 반주를 많이 하다 보니까 거기에 더 신경이 쓰이고 집중할 수 있었던 거지. 그다음 터울림에 와서는 나이 차이가 많이 안 나지만 방승환이란 분, 그분이 초등학교부터 자기 동네 굿을 했기 때문에 그분과 그 친구 분들이 도움이 됐고, 살판으로 와서는 신만종이라고 나보다 두 살 많은 선생님이 있어. 이런 분들을 선생님처럼 모시고 같이 배우고, 또 많은 얘기를 나누면서 정해진 장단, 규칙보다는 그 원리를 많이 이해하게 됐지. 또 이분들을 통해 만난 분들이 전수덕 선생, 장구 김영태 선생, 민속촌의 정인삼 선생, 국악고 계시던 임광식 선생님, 이런 선생님들께 직접 물어보면 그분들도 스스럼없이 악기를 꺼내서 설명과 함께 실연해 주시곤 했어. 그다음에 농민 활동에서도 많이 배웠지. 당시 터울림에서 안성 고산면 가유리에 활동을 하러 갔을 때, 꽹과리 치는 어르신이 나오면 따라 쳐 보고 물어 보고 배우고, 전라도나 내가 살던 경상도 진주에 가면 장구 치는 박염 선생이나 채상을 잘하고 상쇠를 했던 김선옥 선생님께도 많이 도움을 받았지. 또 진주 '큰들'에 있던 친구들이 자기들이 조사한 것들을 스스럼없이 나눠주고, 이런 교류를 굉장히 많이 해 왔고 그걸 통해 배워 왔기 때문에 특별히 누구한테 따로 배우고 이런 건 없다고 봐야지.

춘영 아주 훌륭하고 좋습니다.

희정 근데 구체적인 작품을 만나면 정확하게 선생님이 계시지. 예를 들면 진도북놀이는 장성천 선생님, 또 이분을 이어받은 김길선 선생님 두 분이 지금은 고인이 되셨지만, 이분들이 서울서 여기까지 왔다고 돈 한 푼 안 받고 다 나눠주시던 분들이잖아. 이분들께 진도북놀이를 배우는데 나보고 하시는 말씀이 "자네가 서울 가서 멋지게 꾸며서 해라. 얼마든지 열려 있으니까, 여기서 배운 걸 고집하지 말고 더 발전시켜라"라고 얘기를 하셨어. 그다음에 문정숙 선생님을 만나서 '설장구를 저런 식으로 치는구나. 다른 움직임과 춤이 있구나!' 하는 걸 느꼈고, 2005년도에는 윤중임 선생님을 만나서 '윤중임 설장구'를 시작했지. 그분의 기억을 도와드리면서 순서는 선생님이 짜서 가르쳐 주시는 게 아니라 선생님이 한 부분 한 부분 하면 우리가 실연하면서 순서로 엮어 내는 방식으로 전수를 받았어. 진도북놀이도 마찬가지지만 작품을 짤 때 선생님을 모시고 같이 짠 거지, 선생님이 모든 걸 정해 놓고 순서대로 이렇게 쳐라 한 부분은 없는 거야. 그리고 김포에 들어가면서 김포의 꽹과리 잘 치시는 분들, 동네 어르신들이 찾아와서 배우고 이런 식으로 접근을 했지. 이렇게 보면, 내 선생님이 아마 100여 명은 넘을 거 같은데….

춘영　예, 말씀을 들으면서 굉장히 마음이 좋습니다. 그런 분들께 받은 영향이 형님의 굿 세계에 다 녹아들어가 있는 거군요. 순식간에 많은 선생님들 정리가 됐습니다. 형님을 보면 이론 학습도 상당히 많이 하신 거 같아요. 누구한테 어떻게 이론을 학습하셨어요?

희정　이론도 여러 가지가 있는데 처음에 하는 게 풍물이 뭐냐 하는 거지. 당시 터울림 풍물자료집을 보면 첫 페이지가 '풍물이란? 풍물을 어떻게 봐야 하는가?'야. 이 규정은 터울림을 만들기 전에 서울농대 풍물패 선배들이 모여서 풍물의 사회적인 역할과 두레와의 관계 등을 주제로 논쟁을 벌이면서 정리된 걸 받은 거지. 그걸 가지고 터울림 활동을 시작하는 동료들과 공부했지. 그때 정리한 것 중에 두 가지 얘기하자면, 먼저 풍물은 종합예술이라는 거. 가락과 춤만이 아니라 극도 있고 미술도 있고, 악기의 다양성, 대동놀이도 있고, 제의성 이런 게 다 포함되어 있는, 장르 통합적인 것을 풍물의 주요한 특징으로 봐야 한다는 거지. 그다음에 풍물은 결코 생활과 분리될 수 없다는 거. 현재 살아가는 사람, 특히 근로 민중들의 생활이 녹아 있지 않으면 풍물이 아니라고 봤어. 당시엔 더 선언적으로 생각했는데, 생활과의 일체로서 풍물굿을 봐야 한다, 그렇기 때문에 풍물은 굿이다, 굿이란 놀이와 예술과 제의를 다 녹아 있는 것이다 하는 거지. 정희섭 선배 필명이 정이담인데 〈차이코프스키 풍물론〉, 김원호 선배가 썼던 〈풍물굿과 공동체적 신명〉 이런 것도 있었지. 그 당시에는 풍물 하는 사람으로 이런 걸 모른다면 굉장히 자존심 상해하고 그랬지. 만약 확인할 내용이 있으면 직접 찾아가서 술 마시면서 그 얘기를 할 수 있는 그런 정도로 공부를 했지. 사실 이 생활이 작품 짜고 공연하고 풍물 활동을 하다 보니까 이론적인 걸 떠나서 그 사람들이 가지고 있는 철학적 배경까지를 알고 싶었던 거지. 그리고 또 하나, 나는 미술 하는 김봉준 선배가 사실은 풍물굿 0기라고 생각해.

춘영 풍물굿의 0기요?

희정 풍물굿의 0세대. 처음에 풍물꾼, 농악대로 불리는 사람들은 논리성보다는 기능적인 부분이 우선했다면, 선에 대한 집착이나 그림들을 보면 이 미술 하는 분들이 찾아낸 게 굉장히 크거든. 김원호 선배도 아마 미대 출신일 거야. 나중에는 서울농대에서 농사, 농업, 노동 관련 얘기를 했던 거나 신용하 선생님 자료도 나한테 도움이 됐어.

춘영 예, 몇 편 있어요. 주강현 선생님 자료도 많고….

희정 신용하 선생이 썼던 두레 관련 글과 서울농대에서 공부했던 내용, 미술 하던 선배들이 종합적으로 사물을 보는 능력과 제의성을 주목했던 것, 특히 김봉준 선배는 신화에 집착하셨는데, 그런 분들이 나한테 굉장히 도움이 됐지. 나는 항상 마당극하는 단체하고 가까이 있었으니까, 마당극과 마당문화가 가장 한국적인 연극 방식이지 않은가, 라고 생각하면서 그 영향도 많이 받았어. 마당극에서도 새로운 작품이 나오거나 새로운 표현이 나오면 유심히 보고…. 그때, 무용 말고 춤꾼들이 많았거든. 내가 악기를 잘 못하지만, 가끔 춤꾼들이 반주를 해 달라고 해. 내가 그냥 구경하는 것보다 그분들의 몸짓을 보면서 반주하면서 박자를 안 놓치려고 집중하면서 '저거는 춤이다' 이런 걸 많이 느꼈지.

춘영 이론 공부도 많이 하셨어요. 형님은 옛날 마을굿 맥락이 아니라 대학생 풍물의 1세대라고 하셨는데, 당시에는 풍물굿에 대한 학습, 이론이 어려웠을 거예요. 선행 자료가 별로 없었기 때문에. 그나마 김원호, 김봉준 선배님들이 계셨으니까 다행이었네요. 저는 살판 작품 하나하나에 관심이 있어요. 작품을 만들어 간 과정도 궁금하고요. 살판 초창기 인적 구성이 풍물꾼 말고 연극 하시는 분이나 민요패도 있었다고 하니까 자연스럽게 풍물, 연극, 소리의 종합이 가능했겠구나 생각되고, 또 연출 파트도 필요했을 텐데, 살판의 인적 구성과 역할 분담을 어떻게 했어요?

희정   처음에는 나하고 지금 야단법석 대표를 맡고 있는 홍인호, 이 두 명이 터울림 활동을 하면서 연행창작국을 맡고 있었어. 터울림 내부적으로는 사물놀이도 싫고 보존회 위주의 풍물굿도 싫어했지. 현대적인 풍물을 하겠다는 게 터울림이니까. 그때 임재해 선생이 "법고창신, 옛것을 바탕으로 새 것을 만든다."라는 말씀을 하셨어. 그리고 당시 터울림에서도 풍물, 소리, 춤을 다 같이 배운 이유가 종합예술이 되지 않으면 풍물을 제대로 못한다고 생각했기 때문이야. 그런데 터울림 안에서 그 일을 하기는 회원 조직이다 보니까 어려움이 있었지.

춘영   일반인으로는 심화되지 않는 게 있죠.

희정   우리 쪽에서 풍물 전업을 꿈 꿀 때, 극단 현장에서도 풍물 쪽으로 고민하는 사람들이 있었어. 김용만 선배하고 지금 원주에 있는 이바우, 또 '노동의 새벽'에서 데뷔한 박배진이라는 친구가 있었어. 이렇게 다섯 명이 만들었다가 나중에 김영란 선배가 먼저 빠지고 첫 작품 〈하날다래〉할 때는 박희정, 홍인호, 이바우, 박배진에다가 신입단원 이경인 다섯 명이 작품을 짰지. 그때 대본이나 작품은 철저하게 공동창작으로 만들었어. 다행히 홍인호가 중앙대 국문관지, 문예창작관지 그래. 86학번이니까 홍인호가 전체 대본 정리를 하고, 연극 쪽은 박배진이 연기력이 있었지. 이바우는 마당극 밥 좀 먹었다고 해서 연출 감각이 있었고. 내가 맡은 부분은 풍물 부분. 가능한 건 찾아내고 모자란 건 다른 데서 빌려 오더라도 이런 식으로 공동창작 방식으로 했지. 당시 터울림에서 공부할 때는 '풍물이 뭐냐?'에서 출발해서, 용어를 굉장히 고민했어. 그때까지만 해도 마을굿, 두레굿이라고 주로 썼는데, 이게 어떤 말인지 알 수가 없는 거지. 그래서 〈바람을 타고 나는 새야〉 할 때는 우리가 마을굿이 뭔지 모르니까 공부해서 만들자. 싸움굿은 그 전에 표현해 봤잖아? 북춤이라든지 깃발춤이라든지 표현이 되니까. 그다음에 해원 부분을 위해서 당시 서해안 굿도 배웠어. '무당들이 해원하는 방식이 뭐냐?' 그다음 대동굿은 터울림 때도 같이 놀아 제끼는 문화가 이미 있었지. 뭘 알아서 한 게아니라 공부하는 과정으로 만들었지. 필요하니까. 그리고 이런 걸 작품화한다고 할 때 "연출 내가 도와줄게." 하고 맨발로 뛰어 온 친구가 남기성. 그 친구도 "마을굿을 작품으로 만들어? 두레굿을 작품으로 만들어? 같이 해 봐야지." 하고 적극적으로 뛰어들었지. 당시 집세를 22만원 낼 때고, 터울림 월세는 30만원 정도였지만 그 밖에 인건비는 사례할 수 없던 때야. 워낙 가난한시절이었지. 그런 공부들을 통해서 작품 창작에 들어갔던 거지. 이런 작품을하나하나 할 때마다 악기를 다루는 능력, 전체 판을 어울러 가는 능력이 조금씩 커져 나갔던 거고. 그중에서도 꾕과리는 웬만큼 다뤄야 판을 진행할 수 있으니까, 그런 부분에서 진행에 대한 안목도 생기고, 좁은 공간에서 연습하다가, 진풀이 같은 것은 실제 공연장에서 해 보는 과정을 거쳐서 실력이 조금씩더 쌓여 가지 않았나 싶어. 〈바람새〉 공연이 그런 공연 외적인 의미가 크지. 그다음이 〈심심풀이〉. 그때 또 하나의 과제는 '풍물에서 과연 갈등이 표현될수 있느냐?' 하는 거였어. 그걸 〈심심풀이〉에서 표현했지. 갈등 부분을 북 치는 박배진이 표현을 했어. 갈등을 북으로 표현했다는 게 큰 의미가 있었지. 〈바람새〉에서는 이야기를 온전히 풍물 판굿 안에 담을 수 있는가에 집중했고〈심심푸리〉에서는 개인의 개성이나 정서 표현에 집중했지. 다양한 사람이사는 마을에서, 제각각 다른 생각을 가진 사람들이 한 마을을 이루어 살듯이 풍물에 참가하는 치배가 가진 개인의 정서를 표현했다는 거야. 이게 각 작품의 큰 의의라고 생각해.

춘영 살판의 여러 작품들을 이 시대의 판굿의 핵심 계보를 이루는 셈이네요. 그런 식의 판굿이 계속 이어질 수 있다고 보시나요?

희정 앞으로는 더 다양한 방식이 요구되겠지만, 어쨌든 계속되고 있다고 봐. 다만, 최근 10년간 너무 어려웠지. 풍물패의 생존, 연습실 유지가 힘든데 무슨 작품을 하겠어. 그래도 살판에서는 전동일 대표 중심으로 여러 방식으로 계속 시도하고 있기는 하지. 또 고창굿에서 한 〈풍무(風舞)〉 같은 것도 보면, 필요한 작업을 하고 있어. 전수관 활동을 주로 하지만, 거기에 머무르지 않고 어쨌든 새로운 시도를 하고 있다고 봐.

춘영 고창에서 감성농악이라고 해서 계속 하고 있죠.

희정 그것들이 살판이나 터울림에서 진행했던 현재화 작업의 일환이라고 봐. 여건은 점점 어려워지지만, 반면에 표현방식 다양해지고 능력들이 쌓이니까 그게 다양한 방식으로 풀어지고 있다는 거지. 지원 부분이 조금만 받쳐주면 좀 더 많은 작품으로 나타날 수 있을 거라고 봐. 또 기존 풍물이랑 지형이 달라진 게 있어. 우리 때는 전공이란 개념이 없었거든. 지금도 나는 '전공' 개념을 믿지 않는데, 어쨌든 그 부분은 현실이니까 어쩔 수 없지 않나 하는 것도 있어. 전통연희과 졸업생들이 많이 배출되다 보니까, 지금 전통공연예술진흥재단 공모 프로그램을 보면 사물놀이, 모둠북 한 판 이런 건 차별성이 없으니까 남사당놀이도 들어오고, 판소리 아니리까지 들어와. 그런데 판소리는 혼자 공연하는 대서사시잖아? 이것들이 사람들을 구경꾼으로만 보는 게 아니라 판에 참가시키는 거거든. 풍물판에서 마지막에 소싸움을 한다 그러면, 처음부터 소탈을 씌워서 관객들을 참여하게 하지. 또 버나놀이, 죽방울놀이는 이미 들어와 있는 거고. 굉장히 표현이 다양해지는 점이 고무적이고,

좋은 방향으로 가고 있다고 봐. 이게 한 번 더 진화하면 남들 방식을 따라하는 게 아니라 자기만의 방식이 나오지 않을까 하는 기대를 하고 있어.

춘영 의정부 살판의 '맘마미스' 외에 또 몇 개 단체가 있습니다.

희정 의정부 살판에서 한 달에 한 번 하는 판을 열고 있잖아? 매월 마지막 주 금요일에 공연한다고 해서 '매마금'이라고 하는데, 이것도 살판이 소극장 공간을 아예 운영하고 있으니까 가능했거든. 또 하나 얘기할 거, 우리가 악기를 잘 다루어야 한다는 거야. 누가 들어도 악기를 잘 다룬다 하는 느낌이 들고 스스로 열고 다가오게 해야 해. 소리도 돼지 멱따는 소리가 바로 소리가 되는 게 아냐. 소리를 계속 하는 사람들이 시대의 이야기를 담아내는 걸 늘 염두에 두어야 해. 실제로 촛불정국에서 최은희 소리꾼이 탁월한 역할을 했잖아? 민요연구회 소리꾼 김회영 선배나 김포 유주연 씨도 새롭게 등장했고, 살판에도 젊은 친구가 판을 보태주니까 깊이가 생기고 표현도 다양해지면서 호응이 좋았지. 이렇게 가면서 각자 나름대로 진화 중이지. 아까 말한, 씨알 누리 마당은 연주 능력이 입이 딱 벌어지는 수준이 돼 있지. 또 반주에서는 청주 몰개의 유인상이 대표적인 반주자가 돼 있고. 이런 가운데서 각자 어떤 식으로 소통이 되고, 서로 어떻게 만나느냐에 따라서 새로운 문화가 나온다고 봐.

춘영 살판의 작업이 많지는 않더라도 풍물굿 역사나 이론 부문에서 선도적인 활동이라는 의미가 있기 때문에 그 중심인물인 굿쟁이 박희정의 입장, 그리고 앞으로 방향이나 계획을 여쭤보고 있습니다. 지난 10년간 정말 모든 예술가들이 배제와 억압과 방해 속에서 어렵게 버틴 거 같아요. 앞으로 풍물을 포함한 예술 활동이 더 많이 꽃 피어나기를 바라는 마음이 있죠. 그런데 형님은 살판만이 아니라, 김포들가락연구회, 터울림, 나라풍물굿위원회 작업도 하고 있잖아요? 그런 가운데 박희정이란 굿쟁이는 어떤 악기가 가장 편하고 또 청중들 호응이 좋은가요?

상쇠의 악기 꽹과리, 성음과 타법

희정 사람들이 편한 거랑 내가 편한 거는 좀 다른데, 내가 부담스러운 악기는 꽹과리야. 그런데 다른 사람이 나에 대해서 편하게 생각하는 악기가 꽹과리야. 예를 들면 최용 이 친구가 영광 지역 옛 어른들이 나 꽹과리 치는 거 보고 최고의 칭찬을 했다고 그래. "세상에 저런 상쇠가 있었나?" 그러셨대. 다른 사람들이 자꾸 꽹과리를 치라고 하는데 사실은 진행을 해야 되니까 갈수록 마음의 부담을 느끼는 악기가 꽹과리야.

춘영 어떤 의미에서 부담이 되죠?

희정 내가 전체 판을 진행해야 하니까. 치배들 상황이나 공간 조건, 모인 사람들 분위기를 모두 파악하고 그때그때 판 운용을 해야 되니까.

춘영 악기만 치는 게 아니라 현장의 분위기, 관객과의 소통, 잡색을 놀리고 판을 끊고 다시 이어가는 거…. 마당 판굿 흐름을 전체적으로 진행해야 되는 부분이 부담된다는 말씀이죠?

희정 그렇지. 예를 들면 길을 가다 멈추고 놀다가 다시 진행하는 경우가 많으니까 주로 쉬운 가락을 치게 되는데, 꽹과리가 가락을 내준다거나 할 때 박자만 맞춰 가는 게 아니라 그 리듬 안에서 가락의 변화를 줘야 지루함이 없게 되지. 그러면서도 타법은 기본이지. 석운 윤병하 선생한테 설장구 배울 때 그분이 함축적으로 표현하기를 "때리지 마라. 쳐진다." 그랬어. 꽹과리를 옆에서 누가 때리면 귓구멍이 터질 것 같거든. 꽹과리가 워낙 날카로운 악기니까 조금만 잘못 쳐도 다른 사람을 찌른다는 거야. 상처를 줄 수 있는 거야. 꽹과리의 날카로움을 감추기 위해서 소리를 부드럽게 내려고 노력을 해야 된다는 거야. "때리지 마라. 쳐진다." 그 말 한마디로 내가 마음을 갖추고 다른 사람한테 좋은 말을 듣고 싶다, 그리고 그 사람들이 내 소리를 좋아하게 만들고 싶다 하는 생각을 했지. 이런 게 꽹과리 성음에서 필요한 게 아닌가? 영산줄다리기 하시고, 민예총 처음 만든 조성국 선생님은 "문화에서 왜 서로 밀어 내냐? 그게 아니다. 줄다리기를 봐라. 내가 뒤로 물러날수록 이기지 않느냐?" 하셨어. 그다음에 "상대편을 감화시켜서, 동화시켜서 한 명이라도 내 편을 만들면 내가 이긴다."라고도 하셨지. 이 말은 "내 말 들어!" 하고 밀고 나가는 게 아니라, 꽹과리라는 악기를 사용해서 치배 한 명이라도 내 편으로 끌어오는 게 가장 필요한 철학이라는 거야. 그런 점에서 나는 꽹과리를 처음 배우려는 사람한테 "꽹과리는 날카로운 악기니까 죽기 살기로 연습해서 최대한 부드럽게 만들어라." 하고 강조해. 그런데 꽹과리를 칠 때 부드럽게 치는 거만 얘기하면 초보자는 도대체 뭘 치는지 모를 정도로 소리가 작아져. 작게 치는 게 부드러운 건 아니라는 거야. 한없이 부드럽다가도 깜짝 놀라게 하는 변화를 줄 땐 쥐야 하고, 상쇠가 신호를 주면 대열 끝에 있는 사람도 알아들어야 되니까 정확하고 강한 소리가 나가야 되거든. 그런데 그게 소리가 크고 시끄럽다고 되는 건 아니란 거야.

춘영 참 어려운 얘기예요. 부드러운 거랑 작은 거랑, 강한 거랑 큰 거랑 섞여 있으니까 어려워요. 형님 성음의 노하우를 가르쳐 주세요.

희정 나는 어른들한테 꼭 입장단을 물어 봐. 입장단 거기에는 치는 방법, 분위기, 빠르기가 다 들어 있어. 그걸 그대로 표현하는 게 중요해. 다음에 꽹과리는 혼자 치는 게 아니고, 내 소리 중심으로 하되 전체를 아울러야 하니까 그 부분도 중요하지. 반면에 소리로 통일성도 유지하지만 나만의 개성으로서 '아, 저 소리가 상쇠 소리구나~' 이걸 누구나 알 수 있게 자기 소리를 만들어 가야 하지. 이건 왕도가 있는 게 아니라, 상쇠가 되어 가는 수련 과정에서 스스로 터득하는 자기만의 길이라고 봐. 선대의 상쇠 어르신들, 선배 상쇠들한테 물어 보고, 꽹과리를 드려서 치시는 거 보고, 그분들 노시는 자리에서 잘 보고 있다가 끝나면 "제가 한번 잡아보겠습니다." 하고 그분들 하신 걸 따라해 보는 거야.

춘영　눈썰미를 가지고 보고 따라해 본다?

희정　그러면 꼭 말을 보태 주시지. "야, 뭐가 참 좋다." 옛날 어른들은 일방적으로 "너 참 못한다." 이런 얘기 절대 안 했거든. "어떤 부분은 더 했으면 좋겠다." 이런 말씀이 굉장히 큰 가르침이지. 그래서 타법을 어떻게 하느냐? 내가 본 어른들은 타법이 똑같은 분이 한 분도 없었어. 내 눈에 들어오고, 이것저것 따라해 보다가 나한테 제일 편한 타법이 어느덧 터득이 되는 거지.

춘영　자기 타법을 스스로 찾아간다는 거죠?

희정　손가락 하나 들고, 두 개 들고 이게 아니야. 내 생각에 꽹과리 소리를 제일 맑게 내는 분은 소고 고수이신 황재기 선생님이야. 황 선생님 꽹과리는 나도 못 따라 해. 우리는 손가락에다 꽹과리 올려놓고 치는데, 이분은 어느 손가락도 꽹과리에 닿아 있지 않고 꽹과리 끈만 들고 있거든. 그러니 이 꽹과리 울림이 하나도 방해 받지 않고 가장 맑은 소리가 나. "땅!" 쳤을 때 소리가 길게 나가는 거야. 옛날에 박홍주 선배가 황재기 선생님께 물어봤거든. "선생님, 꽹과리는 옛날 김용배가 잘 치지 않았습니까?" 했더니, 선생님이 "음, 용배가 꽹과리는 좀 쳤지." 하시는 거야. 그건 무조건 잘 한다는 표현이 아니거든. 그 사람의 세계를 인정하고 긍정하는 거와 그 사람이 전부가 아니다 하는 게 모두 있는 거지. 꽹과리라는 게, 꼭 "이렇게 쳐라!"라고 얘기할 수는 없다는 거지. 상쇠는 이렇게 꽹과리 성음도 신경을 쓰지만, 또 한편 판 전체를 보면서, 다시 같이 악기를 치고 있는 각 치배의 피로도라든지 가락의 선호도를 잘 파악해야 돼. 굿거리, 자진모리, 자진가락을 적절히 배분해야 돼. 그냥

"나만 따라와!" 하는 독재형 상쇠가 되면 재미가 없지. 민주적으로 하되 신호 넣을 때는 단호하고 정확하게. 이게 상쇠의 역할이 아닐까? 꽹과리를 새로 살 때도 그런 점을 염두에 두고 신중하게 쳐 보게 되지.

춘영 귀가 얼얼하고 멍멍해지죠.

희정 꽹과리를 "땅!" 쳐 보고 기본 소리만 듣고 골라. 하나 고르고 나서 담배 한 대 피우고, 커피 한 잔 하고 다시 쳐 본다고. 그만큼 꽹과리 자체 소리의 느낌이 중요하다는 거야. 그래서 나는 "꽹과리는 타악기가 아니다" 이런 말도 해. 정확하게는 우리 풍물 악기들이 공명 악기라는 거지. 울려서 나는 소리로 이루어진 게 풍물이라는 거야. 윤병하 선생님이 말씀하신 게 정확한 거지. "때리지 마라. 쳐진다." 때리지 마라는 건, 타악기가 아니라는 얘기거든. 우리가 그냥 서양 악기 분류의 타성에 젖어서 타악이라고 하는 거야. 그래서 나는 "우리 풍물 악기에 타법은 없다. 타법이 아니라 다루는 법이다."라고 말하는 거지. 다루는 건 꽹과리 드는 위치, 각도, 채의 위치, 소리 막음 이걸 다 포함해. 웃다리 칠 때는 꽹과리 채가 서 있어야 되잖아? 그것도 뒷막음을 어떻게 해야 되냐? '두벅두벅', '갠지갠지' 사람마다 입장단이 다르니까. 그러면 어떤 게 좋은가? 그중에서 좋은 건 내가 듣기 좋은 거지. 나는 이 가락이 더 좋다. 예를 들면 '미깽'이 좋냐 '지갱'이 좋냐? 진안 가면 '미깽' 해야 되고, 필봉 가면 '지갱' 해야 되는 거지. 그건 정할 수 없는 문제야. 당대 상쇠들이 많았지만 어느 소리가 최고라는 건 자기 나름의 생각을 가지는 건 맞되, 남한테 강요하면 안 돼. 그래서 좋은 소리는 무수히 많이 있다고 말할 수 있지.

춘영 예, 꽹과리 다루는 법 좋습니다. 저도 비슷한 생각인데, 꽹과리랑 나랑 어떻게 만나고 관계를 맺냐 하는 문제인 거죠.

희정 터울림에서 꽹과리를 잡게 된 사연이 있어. 88년 6월에 대학로 차 없는 거리 할 때야. 그때 우리가 연구반이란 이름으로 좀 더 깊이 공부를 하던 중이었어. 그때 판굿도 하자고 해서 판굿, 설장구, 북춤, 소고춤 막 배우다가, "대학로 나가서 해 보자." 하는 데까지 얘기가 됐지. 그런데 당시 백수진 상쇠가 갑자기 취직을 한 거야. 그래서 장구 치고 있던 내가 갑자기 꽹과리를 들었던 게, 그때부터 내가 터울림 상쇠가 된 거야.

춘영 자연스럽게.

희정 대학생 때는 탈춤반 애들 모아서 하다 보니까 내가 4학년 때, 83학번 숫자가 많아서 "너는 장구 쳐." "너는 꽹과리 쳐." 이렇게 배정하다가 내가 상쇠가 된 거지. 그렇게 터울림에서 꽹과리를 치게 됐는데, 살판을 만들 때는 김영남 선배가 주로 꽹과리를 쳤어. 나는 또 장구를 치고. 그다음 이바우가 꽹과리는 잘 치지.

춘영 형님은 당시 대표를 하신 거고요? 부포 수업은 어떻게 했어요?

희정 부포를 처음 쓴 건 89년에 교황이 한국에 왔을 때 가톨릭에서 성체대회가 있었어. 그 전야제 총연출을 임진택 선배가 맡았는데, 그 당시에 1억이 들어가는 행사였으니까 초대형 프로젝트지. 89년도에 나도 풍물을 조직해서 거기에 들어갔는데 그때 김영동이 음악감독을 했고, 터울림 외 다른 풍물패하고 같이 성체대회에 참가자를 새로 모집해서 53명으로 풍물패를 조직해서 성체대회를 하게 됐지.

춘영 그때도 상쇠를 했다?

희정 그때 처음 부포를 썼어. 그 당시에 부포가 비쌌어. 그때 대개 거위털로 된 부포를 썼는데 나는 칠면조 털 부포를 사서 썼지. 그때는 익힐 시간도 없어서 부포를 실로 묶어 버렸어. 안 돌아가게. 그 부포를 쓰고 성체대회 공연을 했지. 그때 전라도 지역을 여행하면서 상쇠들을 만날 때 딱 두 가지를 들었거든. "상쇠는 웃놀음을 잘해야 된다." 허리 위가 중요하다는 거고, 또 하나는 "상쇠가 사설을 잘 해야 된다."는 거야. 구라를 잘 쳐야 된다는 말이지.

그다음에는 부포놀음을 잘 해야 된다는 거야. 89년, 내가 29살 때니까 상모를 안 배우면 안 되겠다 해서 배우기 시작했지. 당시 부포하는 방승환 선배나 왼손으로 치는 정철기한테 물어보고 나름대로 부포놀음 구성을 했어. 그때 〈바람새〉에도 부포를 하는 게 나오지. 〈바람새〉는 마을굿 장면이니까 부들상모를 쓰고 마지막 대동판을 했지. 그 이후로 꽹과리 치는 사람들이 웃놀이가 일상화되기 시작해. 그때 유명철이라고 하는 상쇠가 부포 돌리는 거 보면 기절할 수준이잖아? 이건 광주 김태훈 상쇠가 깊이 잘 배웠으니까, 태훈이는 잘하지. 그때 유명철 상쇠 걸 잘 배웠고, 나금추 상쇠 부포는 지금 많이 배우고 있지. 지금은 부포 쓰는 걸 상당히 싫어해. 부포가 무거워서 목이 너무 아프거든. 실제로 10년 전에 목 디스크 치료를 받고 나니까 이젠 나도 못 쓰겠어.

지금은 이쪽에 북상이 있으니까, 김포들가락에서 가끔 써 보는데….

춘영 김포들가락 발표회 할 때 북상을 하셨죠?

희정 대구에 북상 잘 돌리는 배관호 상쇠한테 "야, 친구한테 하나 만들어 줘 봐." 하니까 바로 북상을 하나 보내주더라고. 그래서 지금도 10년째 쓰고 있지. 이제 낡아서, 새 거 달라고 찾아가야지. 이 부포라는 건 선생님한테 직접 설명을 들으면서 배우는 게 제일 좋아. 그 과정에서 끝에 가서는 자기만의 몸짓, 째가 나와야 되는 거고. 자기만의 머리, 자기만의 춤, 자기만의 구성이 있어야지. 요새는 과도기여서 자기 선생을 따라하는 게 많기는 한데, 어차피 거쳐 갈 과정이고 열심히 배우는 친구들이 자기 패에서 하다 보면 자기 게 나오겠지. 그래서 어느 부포가 꼭 좋다고 말할 수는 없고, 부포 역사를 따져 보니까 뺏상모, 버끔질 많이 하는 부포가 그렇게 오래 되지 않았다는 걸 현장에서 많이 듣긴 했지.

풍물굿 상쇠의 역할과 덕목

춘영 다음 질문이요. 21세기라는 오늘의 맥락에서 상쇠의 역할과 상쇠의 덕목 세 가지를 여쭤 볼게요.

희정 지금은 풍물판에서 상쇠 역할이 많이 약화돼 있지. 이 판을 축구에 비유하면 감독이 누구냐? 대포수거든. 그럼 완장 찬 주장이 누구냐? 그게 상쇠라고 봐. 경기가 급하다고 감독이 축구장 안으로 들어가서 할 수 없잖아? 전체의 틀을 운용하는 건 판 안에서 리드를 해야 하는데, 그게 상쇠의 역할이지. 이렇게 정확하게 알아야지.

춘영 맞습니다. 저는 이해가 됩니다. 앞으로도 풍물굿판은 그래야죠. 지난 3.1절 100년 행사에서 최봉규 대포수가 원래 대포수 역할을 상당히 했다고 봐요.

희정 그분이 원래 탈춤을 했던 분이라서 그냥 말채 돌리는 것 같지만 다 의미가 있어. 대포수가 의미 없는 행동을 하면 안 되거든. 그다음에 꽹과리 치는 사람이 꼭 기억해야 되는 게 있어. 전라도에는 '상쇠 대접'이라는 게 있어. 이건 예를 들어 설장구를 잘하든, 어떤 사람이 소고놀이를 기차게 하든 간에 인사는 상쇠가 받는 거야. "오늘 설장구 너무 좋았습니다." 하는 인사를 상쇠에게 하는 거지. 상쇠 대접이라는 게 굿이 끝나고 마을 사람들이 이 굿패를 대표해서 상쇠를 불러서 "고맙다"고 대접하는 거거든. 그럴 때 마을 노인이 정말 맛있는 갈비찜은 있는데 "오늘 상쇠가 판을 돌리면서 인상을 찌푸리고 짜증을 내면서 했다. 이런 사람은 갈비찜을 먹을 자격이 없다" 그러면 갈비찜을 빼 버려. "이 사람은 북 치배 놀릴 때 가락이 삐었다." 또 빼버려. 그래서 판을 잘못 돌린 상쇠는 간장에 밥만 먹고 나왔다는 얘기가 있을 정도로 그만큼 책임지는 자리야. 상쇠가 갖춰야 되는 건 누가 점수를 매기는 건 아니겠지만 내가 운용하는 판에 대해서 책임감이 없으면 안 된다는 거야. 그런 상쇠 대접 전통을 계승해서 오늘 한 공연, 판에 대해서 상쇠 대접을 받을 때 내가 반찬을 몇 개나 얻어먹을 것인가, 이런 걸 항상 생각해야 되지 않을까? 상쇠가 어떻게 하느냐에 따라서 열심히 준비한 걸 개판을 만들 수도 있고, 좀 덜 준비했지만 치배들 사기를 북돋아서 멋있는 판을 만들 수 있거든.

춘영 저도 필봉굿 치면서 상쇠 대접 얘기 많이 들었습니다. 이제 풍물굿 상쇠 덕목 세 가지가 있다면?

희정 사람의 말이라는 건 감성을 전달하는 건데, 똑같은 표현노 말을 어떻게 하느냐에 따라서 달라지거든. 그래서 같이 판을 뛰는 사람이나 모인 사람들한테, 모든 게 만족스러울 순 없지만 말을 좀 잘해야 된다는 게 1번이야. 상대방을 기분 좋게 해야지, 상대방을 깎아 내리는 말보다는 상대방의 기분을 살펴보고 말하라는 거야. 그렇다고 그냥 의미 없이 칭찬하는 건 애들도 싫어해. 칭찬할 거리를 자세히 잘 찾아서 구체적으로 기분 좋게 칭찬하는 거, 이게 기본이지. 두 번째 내 스스로 항상 어떤 마음으로 할 것인가? 내가 누구고, 내가 어떤 생각을 가진 사람이라는 걸 말로서가 아니라 꽹과리를 들고 진행하면서 그걸 표출하는 거. 내가 항상 중심이 바로잡혀 있어야 한다는 거지. 세 번째는 끊임없이 이 사회 현실을 파악하려고 노력해야 된다는 거야. 상쇠가 다른 사람 주장에 대해서 "난 잘 몰라." 하고 빠지면 안 돼. 그만큼 우리가 살고 있는 사회의 첨예한 문제에 직면하면서 살아간다는 마음을 가져야 하는 거지. 단지 표현을 부드럽게 할 뿐이지 현실을 날카롭게 주시하면서 현실에 안주하지 말고 계속 내 실력을 쌓아 나가야지. 이 세 가지가 어우러질 때 멋있는 상쇠가 될 수 있지 않을까?

시대와 풍물굿, 풍물굿의 시대의식

춘영 시대와 풍물굿, 풍물굿의 시대의식 주제로 넘어갑니다. 형님 인생에서 의미 있는 굿판을 꼽는다면?

희정 내가 어설픈 시절이었는데, 88년 4월 초파일에 구파발 진관사란 절에를 놀러갔어. 그때 악기를 가지고 갔거든. 거기 주지스님한테 "절 입구에서라도 한 번 치겠습니다." 말씀드렸더니 좋다고 해서, 절 입구에서 한 번 치고 절밥 잘 얻어먹고 내려왔어. 내려오다 보니까 거기 마을 사람들이 느티나무 밑에서 우릴 잡는 거야. "그냥 못 간다." 그래서 잠깐 쳤는데, 또 잡아. "그냥 가는 거 없다. 다시~." 일정이 있는 것도 아니니까 최선을 다해서 한 번 해보자 싶어서 판을 벌렸지. 판을 벌리고 개인놀음도 하고 있는데 나중에는 할머니들이 손으로 꾸깃꾸깃 천 원짜리를 막 던지는 거야. '저걸 오늘 다 털자.'라는 생각으로 신명나게 놀았지. 그래서 총액이 3만 얼마였던 걸로 기억하는데 대부분이 천 원짜리였어. 그렇게 주민들과 어우러지고 해질녘에 인사하고 왔을 때, 옛날에 말로만 듣던 풍물판에서 관객이 어쩔 수 없이 돈을 던지게 하는 판을 만들었던 그게 참 좋았던 것 같아. 참 어설픈 수준으로 했지만….

춘영 어떤 부분이 구체적으로 좋았다는 거예요?

희정 일단은 우리가 배운 풍물을 현재의 사람들에게 보여주는 거. 보여준다고 해서 다 돈이 나오는 게 아니고, 사람들을 적극적으로 놀리기 시작했거든. 이분들이 빠른 리듬으로 가면 펄쩍 뛰고 하다가 금세 지쳐. 그러면 천천히 굿거리로 가고. 그렇게 사람을 놀리는 걸 직접 처음으로 실험해 봤던 거지. 어른들께 말만 들었던 걸, 내가 악기 치고 리드하면서 사람들을 놀리고 그 사람들이 참지 못하고 춤추게 하고….

춘영 서로 주고받았다. 다 같이 하나 됐다.

희정 풍물은 보여 주는 공연이 아니라 같이 주거니 받거니 나누는 거라는 걸 직접 확인하고 경험했기 때문에 가장 좋았어. 두 번째는 얼마 전에 〈1987〉 영화를 봤는데, 80년대 그때 상황이 급박했잖아? 풍물의 사회적 역할이 필요할 때인데, 노동과 시민 투쟁 현장에서 그걸 직접 결합시켰던 거. 항상 투쟁 현장의 자욱한 안개 속에서 풍물을 쳤지. 급변하는 정세에 아픈 일이지만 열사들이 나오는데 강경대 열사나 김귀정 열사들 장례식에서 100명, 200명 모아서 풍물을 쳤지. 특히 강경대 열사는 이틀이나 장례 풍물을 치르고 광주까지 풍물을 치고 갔다 왔어. 실제 자욱한 안개, 최루탄 가스 속에서 새벽에 전체 시위대를 깨우는 역할에서 끝내는 마무리까지 풍물이 결합했어. 아마 연세대로 기억하는데 세계 노동자 100주년 기념행사 같은 경우도 터울림 위주로 다른 학생, 노동자 풍물패들이랑 최루탄 가스 속에서 하루 종일 풍물을 쳤어. 이런 것들이 지금도 나한테 기억에 남는, 인생에서 뭘 생각하고 살아야 되겠다를 가르쳐준 현장이지. 여기에 장례풍물, 시국풍물이 계속해서 오늘날까지 이어지다 보니까 결국은 촛불정국까지 오게 됐지. 또 대동놀이로 가는 모습. 터울림, 살판이 "다 함께 놀아 제끼자."는 이 기본 정서는 안 바뀌거든. 그런데 2014년 세월호 사건 나고서는 풍물로서 할 게 없었어. 너무나 큰 아픔이고 나도 애들 키우는 입장에서 뭔가 해야 되는데 대입이 안 되는 거지. 나라 전체가 슬픔 도가니에 빠져 있는데, 누구나 풍물은 잔치 때 치는 것으로 알고 있는데 "꼭 풍물 쳐야 되니?" 하는 얘기가 누구랄 것도 없이 튀어나오는 거지. 그때가 터울림 30주년 준비할 땐데. 그리고 김포청소년수련회 야유회 가서도 결국 악기를 안 쳤어. 다른 진행만하고 돌아왔지. 그러다가 어느 날 안산에서 동 단위 촛불집회를 갔어. 우리 부부가 갔을 때 "우리는 김포에서 왔습니다. 가지고 온 게 장구 밖에 없습니다. 장구를 쳐도 되겠습니까?" 하니 치라고 해서, 진짜 쉽지 않은 심정으로 설장구를 둘이서 했어. 끝나고 희생된 학생 엄마 두 분이 우리 손을 잡으면서 "오늘 너무 시원했다."고 하시는 거야. 그 말을 듣고 나서는 그 이후 세월호 광화문 광장에서도 풍물을 과감하게 시도할 수 있었지. 물론 피해자, 유가족들에게서 "이런 분위기에 당신들이 꼭 풍물을 쳐야 되냐?" 하는 항의도 많이 받았지. 하지만 끝나고 나면 우리랑 동화되는 걸 느끼고 '제대로 했구나.' 하는 안도감을 느끼지. 풍물꾼으로서 나도 그분들과 아픔에 동참하고 뭔가 나눴다는. 공연이 5분 남짓한 설장구지만, 그래서 가장 기억에 남지 않나 싶어.

춘영　지금 말씀과 연관해서 형님이 생각하는 풍물의 시대의식은 뭔가요?

희정　가장 중요한 게 '나는 누구인가? 나는 왜 하고 많은 일 중에 풍물을 시작했나?' 거기서부터 출발이야. 내가 누군지, 내가 살고 있는 동네가 어디고, 지금 현재, 내가 살고 있는 세상에서 일어나는 일이 상식적으로 어느 게 옳은 길인가를 항상 생각하고, 옳은 길에 동참하고 내 가까운 사람들한테 "이 일이 옳다." 제안할 수 있는 거, "이 옳은 일을 같이 하시겠습니까?" 하고 말하는 이 마음이 시대의식이 아닐까? "혁명의 전선에 함께 하자." 이건 20대 때 썼던 말이고, 좀 더 현실적으로는 내가 있는 사회를 밝고 따뜻한 곳으로 만들어 가는데 앞장서고 "같이 합시다." 하고 권유할 수 있는 게 시대정신이지. 내가 요즘 전시를 준비하고 있는데 주제는 생명, 평화, 통일이야. 왜냐면 김포라는 지역이 며칠 전까지 대포 쏘고 남북 간에 확성기 틀고 이런 동네다 보니까 그걸 뛰어넘는 소재가 없어. "그냥 꽃이 예뻐서 그렸습니다." 이거 아니라고, 꽃이 예쁘면 왜 예쁜가를 설명할 수 있는, 화가의 철학이 들어 간 그림, 그런 전시가 있듯이 풍물도 무조건 이 가락이 좋다는 것을 넘어서 "나는 이런 분위기에서 이 가락을 이런 의도로 치겠습니다."를 분명히 하는 게 풍물이 적용할 수 있는 시대정신이 아닐까?

춘영　아주 공감이 됩니다. 거대담론이 아니라 나로부터 시작하고, 내 주변으로 확장되고, 인간답게 살 수 있는 사회를 함께 만들어간다는 말씀이죠. 시대의식이란 게 사람마다 표현이 다를 수 있어요.

희정　당연하지. 언어 정의보다 자기 느끼는 대로 표현하는 거니까.

춘영　시대의식이랑 연관이 될 수도 있지만 오늘은 역사적인 날이잖아요? 2018년 4월 27일 바로 오늘 북한의 정치적 수장이 남한에 내려와서 두 정상이 만나고 있습니다. 소감은 어떠세요?

희정　서로 '침범'했지. (웃음) 문 대통령도 넘어 갔다가 왔잖아? 이거는 그 선을 하나 넘은 행위 자체가 문제가 아니라 우리가 젊은 시절에 외쳤던 '국가보안법 폐지'와도 관련이 되지만, 이런 표현이 죄송하지만, 양국 두 정상께서 애들 놀이하듯이 선을 왔다 갔다 했어. 이건 엄청난 사건이지. 저렇게 쉽게 허물 수 있다는 걸, 강박관념 없이 애들이 고무줄놀이 하는 기분으로 넘어갔다 왔다고 생각하거든. 그만큼 역사적인 날이지. 풍물 치는 광대들은 저런 식으로 해야지, 논리적으로만 해결할 게 아닌 거지. 우리 풍물 표현에, 요새는 잘 안 쓰지만 '상징의식'이라는 말이 있는데, 예컨대 여현수 친구가 큰 깃발 세우고 돌리는 게 굉장한 상징이거든. 또 김원호 선배가 하는 정화수 의례, 이거 하나로 사람들 마음을 모으고, 소지할 때 불을 보면서 자기 마음 정리 안 된 것을 소지로 모아내고 찌꺼기들을 태워 없애는, 이런 것들이 심각하고 어려운 분위기가 아니라 놀이 분위기에서 이루어진 거야. 오늘 어떤 발표가 나올지 모르겠지만 지금까지 보여준 거 하나만 해도 엄청난 사건이지. 애들이 손잡고 노는 것 같은 그 마음과 행동으로 거대한 장벽을 허물어 버렸잖아? 이런 경계를 넘는 게 우리 풍물에도 있지. 문굿. 문을 열기 위해서 여러 가지 과정을 거치지만 휴전선도 결국 하나의 벽인데, 그 벽에 문을 뚫은 거야.

춘영 보이지 않는 문.

희정 문은 경계인 벽을 뚫고 만든 통로잖아. 그걸 장난처럼 뚫어냈는데, 거기에 풍물소리를 넣었으면 얼마나 좋았을까 하는 생각도 해 봤어!

춘영 오늘이 아니라도 함께 놀 수 있는 판을 만들어서 놀았으면 좋겠습니다. 안 그래도 오늘 인출이 형 굿패가 광화문에서 한 시간 놀았답니다. 풍물굿이 나아갈 길, 풍물굿의 놓일 자리가 21세기 풍물굿 상쇠론과 연동된다고 생각합니다. 그런 면에서 실천적으로 평생을 살아오신 형님을 존경하고 있습니다. 풍물굿의 나아갈 길이라는 질문이랑 실제적으로 지금 나라풍물굿조직위원회가 대안으로 한 방향으로 나아가고 있다고 보는데, 나라풍물굿위원회에서 준비하는 것을 좀 말씀해 주시죠.

희정 풍물의 방향은 그래. 결국 풍물은 공연의 성격이 강하지. 그러다 보니까 남을 위해서 풍물을 치게 마련이야. 내 말은 그게 필요 없다는 게 아니라, 그 속에서도 반드시 필요한 게 자기 자신을 위해 풍물을 치는 거야. 모든 게 나를 위한, 나로부터의 출발이어야 한다는 거야. 나는 없고 남들만 존재하게 되면, 관객이 없으면 풍물판이 없어져 버려. 그렇게 돼선 안 된다는 거야 내 말은. 스스로가 풍물에서 간절하게 기원하는 게 있다면 혼자라도 해야지. 나를 위하고 내 자신이 좋아서 한다는 게 기본이 되어야 해. 그러나 또 거기서 끝내지 말고 항상 같이 하고자 하는 열린 마음을 잃지 말아야지. 두 명이든 스무 명이든 자꾸 같이 가는 거, 나로부터 출발해서 같이 엮어 가는 거, 내가 먼저 양보하고 열어주고 동화하려고 노력하는 게 필요해. 두 번째는 지금 많은 풍물쟁이들이 자기 선생에서 배운 거에서 멈춰요. 좀 더 과감하게 틀을 바꾸고 자기의 색깔을 드러내는 풍물로 나아가야 해. 선생님은 앞 시대 사람이니까 도움을 받았고, 그 소중한 가르침을 존중하는 마음은 영원히 잊지 않되, 한 걸음 더 나아가서 "내가 선생님한테 배워서 이렇게 새롭게도 합니다." 하고 당당하게 말할 수 있어야 된다는 거야. 그리고 지금은 나라굿을 위해서 풍물이 모아지는 과정인데, 대단한 걸 하자는 게 아니야. 가장 기본적인 거부터 해야 되고, 서로 믿고서 천천히 함께 앞으로 간다 하는 게 기본이지. 오늘은 역사적인 날이지만 놓치지 말아야 하는 게 우리의 목표가 비핵화가 아니라는 거야. 종전협정을 넘어 평화협정까지, 궁극적인 평화가 필요한 거지 비핵화가 최종목표가 아니야. 현실적으로 비핵화는 할 수도 있고 안 할 수도 있어. 그런데 비핵화 안 하면 아무것도 못하는 걸로 프레임을 던진단 말이야. 거기 빠지면 안 되지. 우리는 평화가 필요한 사람들이에요. 자꾸 단어에 끌려 들어가면 안 돼. 풍물도 마찬가지야. 우리가 필요한 풍물은 대동, 전체가 다 같이 어우러지고 서로 연대해서, 결과만이 아니라 과정도 같이 만들고 같이 엮어 가는 게 오늘 역사적 사건에 즈음하여 앞으로 풍물꾼이 나아갈 방향이라고 생각해.

춘영 풍물이 나아갈 방향을 오늘 열린 판문점 남북 정상회담과 연관해서 말씀해 주셨습니다. 나라풍물굿조직위원회에서 현재 어떤 걸 준비하고 있는지 소개 부탁드립니다.

희정　개인이 하면 개인굿이고 마을이 하면 마을굿이고 그게 커지면 고을굿이 되잖아. 그런 맥락에서 나라 전체에서 기념할 굿이 뭘까 고민하는 데서 나온 게 나라풍물굿이야. 한때 역사맞이굿이란 말도 썼는데 틀린 개념은 아니지. 예를 들어 5.18이 되면 광주분들이 중심이 돼서 타 지역 분들을 맞이해주는 것도 역사맞이굿이 되겠지. 나라풍물굿은 거기서 더 나아가서 우리나라를 위해서, 더 크게 전체가 동의할 수 있는 풍물굿을 만들자는 거야. 그러니 만드는 과정을 같이 하지 않으면 의미가 없어. 어느 날 갑자기 뚝 떨어지는 결과물이 아닌 거지. 다행히 지금 그 방향으로 같이 만들어 가고 있다고 봐. 이전보다 시간의 여유가 없지만, 인터넷 상으로도 안내하면서 더 동참 의지를 불러내려고 해. 아직 결정적으로 정해진 건 없지만, 지금 나라풍물굿조직위원회를 출범하고 준비하고 있으니까 여기에 많은 풍물꾼들이 동참해 주시면 좋겠어. 여기에 조직위원이나 회원이나 후원회원으로 들어오셔도 되고, 그 밖에도 여러 방법이 있지. 여기 들어온다고 특별한 혜택은 없지만 우리가 좀 더 큰 틀에서 나라다운 나라를 만드는 데 동참할 수 있는 굿을 준비하려고 해.

춘영　이제 마지막으로 하고 싶은 말씀이 있을까요?

희정　상쇠는 자기가 노는 게 아니고 잘 놀리는 사람이 좋은 상쇠라고 봐. 나보다는 남을 먼저 배려하고 내가 조금 모자라더라도 남을 우선 세워줄 수 있는 사람, 이게 상쇠다! 마지막으로 이 말을 강조하고 싶어.

춘영　네, 여기까지 하겠습니다. 고맙습니다!

4. 달성 다사농악 상쇠 배관호

일시 : 2018년 5월 4일

장소 : 배관호 개인 연습실

면담자 : 배관호(남, 60대 초반, 대구)
　　　　달성다사농악보존회 상쇠, 금회북춤 보존연구원장, 배관호류 사물놀이 음반 출시

면담 의도 및 상황 : 평소 힘차고 경쾌한 경상도 북춤으로 유명한 달성다사농악의 배관호 상쇠를 항상 만나 뵙고 싶었다. 전국의 상쇠 면담 대상자 선정 기준으로 지역과 세대에 대한 안배가 중요하였고 잘 아는 경상도 굿쟁이가 별로 없었다. 상쇠론 프로젝트를 핑계로 용기를 내어 대구 배관호 상쇠 연습실을 처음 방문했다. 미지의 세계를 동경하는 탐험가처럼… 달성다사 마을에서 꽹과리를 치던 아버지의 피를 받아 가락이고 춤이고 재담이고 모자람이 없는 굿쟁이로 근현대 경상북도 풍물굿판을 몸으로 버텨 온 증인이다. 낮부터 시작된 면담은 다섯 시간을 훌쩍 넘겨 저녁 식사 즈음에 마무리하지 않을 수 없을 정도로 흥미진진했고 절절했다. 모든 질문에 대하여 본인의 경험을 바탕으로 거리낌 없이 술술 풀어내는 굿쟁이의 인생과 풍물굿의 노곤함 그리고 신명. '경상도 풍물굿도 근현대의 시대적 변화와 질곡 속에서 잘도 버텨내어 왔구나.' 한참을 이야기했지만 책에 다 싣지 못한 다사농악의 범나비고깔과 각종 상모들, 달성다사농악의 여러 질쇠(길굿) 가락들, 무형문화재 지정 신청과 좌절 등을 글로 상세하게 소개하지 못해 아쉽다. "아버지 북춤 우야면 잘 칩니꺼?", "북 가는대로 따라가라." 상쇠인 아버지께 물었더니 돌아오는 말씀이란다. 이는 수원 이성호 상쇠께 들은 "북놀이는 각기 마음대로 논다."는 진도북놀이 어르신들의 가르침과 다르지 않았다. 풍물굿 정점의 미학이 마음 가는 대로, 북 가는 대로 자유롭게 따라 흐르는데 다름이 없구나. 인터뷰를 마치고 상쇠님 댁에 방문했는데 며칠 째 접고, 자르고, 만들고 있는 하얀 고깔꽃과 종이들이 거실에 널려져 있어 장인의 소박한 마음씨도 엿볼 수 있었다.

아버지로부터 이어지는 농악(풍물굿)의 핏줄

춘영 우선 달성다사농악을 전반적으로 소개해 주세요.

관호 아버님이 신가락을 잘 쳤어요. 그냥 공부만 많이 해서 지식이 있는 게 아니고 타고난 끼가 있었어요. 아버지가 경대 철학과 나왔거든요. 공부를 많이 한 편이죠. 그리고 기획 쪽에도 일머리가 있으시고 농악경연대회도 많이 참여했죠.

춘영 아버님 함자가 어떻게 되시죠?

관호 배기순. 4대 상쇠 되십니다.

춘영 배기순 선생님, 세련되고 신가락을 많이 하셨던….

관호 그렇게 될 수밖에 없는 계기가 아버지가 상쇠를 중학교 2학년 나이에 어른들 뒤에서 따라다니면서 상당히 일찍 했거든요. 그렇게 하면서 공부도 하고 이래 가면서 전국농악경연대회도 참가하고…. 당시에는 농악경연대회가 흥행 사업이었어요. 입장료를 내고 구경했거든. 그거 말고 크게 볼 게 없으니까. 그래서 비슷한 대회도 많이 하고, 대회장에서는 포장굿, 포장을 쳐요. 요즘같이 공설운동장 같은 곳이 없으니까 옛날 말로 가설무대, 가설극장이라 하는데, 포장을 크게 쳐 놓고 대회를 붙여서 순위를 매겼죠. 저는 다섯 살 때부터 했어요. 지금 생각하면 참 재밌었어요. 그땐 아버지가 좋아서 따라 나섰는데, 대회에 나가 보면 전국에 유명한 팀을 초빙을 한단 말이죠.

춘영 전국적으로 전라도도?

관호 그렇죠. 그 당시 여성농악단도 오고, 또 옛날부터 전라도 농악이 예능으로는, 연예농악, 보이는 화려함 이런 게 상당히 뛰어났죠. 그러니까 이 동

2010년 한국민속예술경연대회 대구시 대표 달성다사농악

네에서 경연대회 할 때도 전라도 농악팀 안 오면 구경을 안 온대요. 화려하게 장구다 뭐다 갖춰가지고 오니까….

춘영 이 지역도 화려한데요. 경상도에서도 전라도 농악이 통했다는 말씀이죠?

관호 또 여성농악도 인기가 많았어요. 여성들이 하는 데다 열여덟 정도 한창 예쁠 나이에 풍물 기량도 굉장히 뛰어나고, 전라도 가락 화려한 것들에 머리에 부포 쓰는 게 이쪽이랑 다르단 말이야. 모든 게 다 화려하죠. 짜임새도 다 좋고. 그러니 그게 구경거리가 돼서 전라도 어느 팀을 꼭 불러 옵니다.

춘영 흥행도 되죠.

관호 농악대회 해서 돈 버는 사람은 따로 있었죠. 경찰 출신인데 퇴직하고 이쪽 일에 나선 백팔룡이란 사람이 대회를 많이 붙였죠. 신문사 기자들도 많이 아니까 홍보도 많이 하고 포스터를 엄청나게 붙여도, 경찰 출신이라 떼지도 못했고…. 그 사람이 대회를 한 번 열면 돈을 헤아리지 못하고 가마니에 몇 가마씩 가져가요. 다른 사람들은 그렇게 못 했죠.

춘영 아버님께서 주로 하신 일은 기획도 하시고, 공연도 하시고?

관호 그렇죠. 전문 걸립을 시내로 다니셨어요. 경상도 전역에서 지신밟기를 많이 하셨죠. 그런 대회를 많이 가다 보니까 요즘처럼 뭐 문화재 지정이다, 전통이다, 그런 개념 자체가 없었죠. 그거 등록하라 할 때도 안 할 때니까. 그러니까 각 지역의 여러 팀들을 서로 만나면 다 서로 좋은 가락을 따가지고 조금 바꿔서 자기 가락으로 만들어 쓰고 그랬어요. 좋게 말하면 상당한 발전인데, 나쁘게 말하면 서로 섞이게 되는 거지.

춘영 대회에서, 서로 만나다 보니까?

관호 대회에서 주로 그렇게 하죠. 당시에는 직접 교류가 아니면 자료가 별로 없었잖아요? 만나면서 서로 많이 발전하게 되었죠. 아버지는 다른 사람보다 지식이 있다 보니까 그걸 따서 좀 더 새롭게 만드는 것도 능숙했던 거죠. 어른 대 상쇠 중에 옛날 남사당에서 활동하신 분도 있거든요.

춘영 아버님의 윗대 어르신 중에 남사당 활동하셨던 분이 계시다? 성함이 혹시 어떻게 되시죠?

관호 그분이 추학엽. 어느 이름이 본명인지 몰라도 추한길이라고도 하죠. 우리가 보존회 상쇠 계보를 정리하면서 윗대 어른들은 생몰연대를 몰라서 빼고 생몰연대를 아는 부분에서 1대를 추수호, 추학엽은 2대로 계보를 매겼는데, 이런 분들이 있으니까 다른 농악보다 체계적이고 세련된 요런 것들이 있어요. 그런 부분들을 아버지가 대회를 많이 가면서 더 살을 붙이고 내용이 풍부해지게 된 거죠.

해방 이후 경상도 농악판에 대한 단상

관호 해방 이후로 우리나라 전체 농악이 상당히 변화 발전됐어요. 옛날엔 풍물을 종합예술이라고 그랬잖아요? 그런데 후대로 오면서는 종합예술보다 음악적인 부분으로 주로 접근이 되었죠. 저희들만 해도 옛날 풍물을 하면 뭐 병신춤도 추고, 나름대로 몸을 좀 쓰는 사람들은 별 거 아니라도 좀 웃긴 몸 재주도 부리고 했었는데, 그것조차도 다 없어졌어요. 병신춤 같은 경우에는 88올림픽 때….

춘영 공옥진 선생님.

관호 그게 외국에서 비판의 대상이 되니까….

춘영 장애인을 왜 그렇게 비하하느냐?

관호 우리나라는 원래 장애인을 데려다 놓고 그 장애인 흉내를 내면서 울고 웃고 같이 놀고 그러는데, 그 사람들은 이상하게 생각하는 거야.

춘영 우리는 전통예술이나 풍물에서는 아프고 힘든 사람들이랑 같이 놀았던 전통이 있거든요.

관호 지금의 풍토에서는 '병신'이라고 하면서 흉내 내고 그러면 기분 나빠하고 사회적으로도 문제가 되고 그러는데, 예전에는 그게 기분 나쁜 게 아니라 그 사람을 흉내 내면서 웃기고 울리고 같이 마음을 다지면서 함께 살아가는 한 과정이었어요. 우리도 본래 희줄뱅이춤, 곱사춤, 앉은뱅이춤…. 들어봤죠? 그런 게 많았어요. 그런 걸 풍물 하는 사람 아니더라도 마을마다 웃긴 사람, 잘 하는 사람들이 있었어요. 지금은 그런 것도 없어지고 그러니까 결국은 농악만 남는 거죠. 대회에서 진법도 많이 발전하고 한 해 가고 나면 그 다음 해에 보면 저기 거는 여기서 따고 여기는 저기 거 따서 서로 가져갔어요. 그래도 그 지역 주특기들이 있잖아요? 특히 상모가 본래 경상도가 원조라 그러잖아요? 원조라고 해도 사실은 경상도에서도 상모 잘 돌리는 사람은 귀했죠. 그만큼 어려웠지.

춘영 경상북도, 남도 두루 많이 돌렸죠?

관호 두루 많이 돌렸는데 기능 쪽으로 발전한 건 경남 삼천포 쪽, 합천 초계 그쪽이 많이 발전했어요. 옛날에 삼천포 어른들도 그러데요, "옛날에는 합천 초계 농악이 더 셌다." 그런데 요즘은 초계 농악은 죽어 버리고 삼천포 농악만 남았어요. 합천 초계 마지막 상모잽이들이 대구에서 활동했죠. 그러니까 합천이 경남인데도 불구하고 옛날에는 생활을 대구에서 하거든, 대구랑 가까워. 여기 초계 밤마리 있잖아요? 거기 생활권이 전부 대구 쪽이었어요. 상모잽이 네댓 사람이 합천 초계 사람이 상모, 자반 뛰기도 잘하고 그 사람들이 결국 대구에서 활동하고 대구에서 다 죽었어요. 마지막까지 활동한 박덕구라는 사람이 있어요. 박덕구 하면 옛날 농악을 전문적으로 하는 사람들은 다 알죠. 그 당시에는 자반 뛰기가 그 사람만 한 사람이 없었어요. 그 위로 선배들은 그 사람보다 더 잘 뛰었다 그러지만 보질 못했고…. 그 사람이 대구에서 살다가 죽은 마지막 사람이죠. 그 사람이 대구 상모에 영향을 가장 많이 끼친 사람이고 그런 식으로 발전한 게 대구 풍물판이에요. 지역마다 특징이 있는데 특히 경상도는 북이라고 그러잖아요? 그중에서도 대구가 북의 본고장이라. 어른들이 하는 말이 경상도가 북을 잘 치는데 그중에 대구 사람들이 잘한다 그래요. 특히 전수하다 보면 대구 애들은 장구 잘 안 배울라 해요. 장구 치면 재미없대요. 북이 재미있다고 북을 많이 해요. 저도 쇠잽이인데도 북을 제일 좋아해요. 쇠에 대한 자존심보다 북에 대한 자존심 더 강하고 북이 더 자신감이 있고 그러더라고요.

춘영 사람들도 선생님 북을 더 좋아하는 것 같아요.

관호 어떤 사람들은 내가 본래 상모인 줄 알고 어떤 사람은 북잽이인 줄 알아요. 쇠잽이이긴 한데 쇠를 생전 안 치니까. 어느 날 내 쇠 치는 거 보고 "북잽인 줄 알았는데 쇠도 잘 치네." 하는 사람들이 있어요. "상모잽인 줄 알았는데 쇠는 언제 배웠어요?" 이런 사람도 있어요.

춘영 사람들이 "상모 잘 돌리네." 이렇게 표현해요?

관호 상모는 경상도 식으로 잘 한다고 그러죠.

춘영 경상도 식으로 잘 돌린다는 걸 어떻게 설명해요? 어떻게 돌리는 게 경상도 식이에요?

관호 경상도에서 하는 동작이나 경상도 풍물에 맞는 디딤이나 힘이 있어요. 경상도 가락에 맞게끔 몸짓이나 상모 짓이 잘 나오죠. 상모를 아는 사람들은 상모 돌리는 방식을 보면서 "경상도 방식으로 잘 하네." 그래요. 그런데 요즘 상모는 대부분 웃다리 식이잖아요?

춘영 사물놀이 영향을 많이 받아서 너무 세련돼서 투박하고 원초적인 느낌이 없죠.

관호 옛날에 최고 잘 하는 사람 이상 실력으로 전국이 다 평준화됐어요. 옛날에는 진짜 잘하는 사람은 드물었는데, 지금은 최고 잘하는 걸로 평준화됐어요.

춘영 기능은 많이 늘었다고 생각하시는 거예요?

관호 지금은 상모를 대개가 웃다리 식, 사물놀이 식으로 해요. 그것 때문에 발전도 많이 있었는데 본래 지역 맛은 없어져 버렸죠. 뒤늦게 경상도 상모놀음을 그때 눈 뜨기 시작했어요. 경상도에 대한 관심을 안 가지다가 여태까지 못 본 그런 동작이나 못 본 너름새가 있으니까 늦게 경상도 상모를 알았지. 전문적으로 상모 돌리는 사람들 보면 사물놀이 우도굿, 웃다리굿 식으로만 하지 경상도 식에는 관심 안 가졌잖아요? 그런데 경상도 상모놀음이 독특하거든. 뒤늦게야 요즘 경상도 상모놀이에 관심을 가지고 배워서 사물놀이를 다시 짜는데, 결국 관심은 제일 늦게 받았죠. 남사당 같은 경우 송순갑 선생님이 상모놀음 하는 걸 봤거든요. 쇠 부포놀음. 그게 부포 돌리는 거는 웃다리굿 식으로 하는데 몸짓이나 동작이 경상도 식, 삼천포 식이었어요. 그 당시만 해도 삼천포나 경상도 상모가 상모잽이들한테 전국적으로 영향을 많이 끼쳤구나 하는 걸 알게 됐죠. 남사당 하는 사람들도 그걸 알고 하는 걸 보면… 경상도가 다 그런 건 아닌데 군사 성격이 강해서 빠른 가락이 많아요. 그래서 상모를 빨리 돌리기가 힘들죠. 가락이 보편적으로 빠르다고 해도 우리 쪽에서 봤을 때 좀 느리고, 우리는 상모 물체가 깁니다. 빠른 쪽은 물체가 짧아요. 보니까 김천농악이나 다사농악이 빨라요. 삼천포도 빠른데 우리만치 빠르진 않아요.

춘영 삼천포가 여기보다는 확실히 느린 것 같아요.

관호 결국 빠른 쪽은 경상도 북부 쪽이 많아요. 경상남도 쪽은 가락이 경쾌하고 세련되고, 이 지역은 뚝배기처럼 거칠고 힘이 넘치게 쳐요. 그걸 보면 옛날 대구 쪽이 보통 농사굿을 해도 빨라요. 농사굿 형태로 하는데도 빠르기는 군사굿처럼 "자그자그자그~" 억수로 빠르게…. 그런데도 물체를 길게 쓰는 사람도 있고 물체를 짧게 쓰는 사람도 있어요. 저희는 물체가 원래는 짧아요. 물체가 다른 데 비해서 짧고, 아예 긴 거는 완전 개꼬리 상모를 쓰지. 개꼬리 상모, 어떤 건지 알지요?

춘영 개꼬리 상모는 꽹과리가 쓰는 거 아닌가요?

관호 여기는 채상을 개꼬리 상모라 해요.

춘영 개꼬리 상모는 특이하게 좌도 쪽에서 털 있는 부들부포를 개꼬리 상모라고도 해요. 여기는 개꼬리 상모가 다른 지역이랑 다른가요? 뭘 개꼬리 상모라고 해요?

관호 여기는 적자 부분에 징자가 아예 축 쳐져 있으면 그걸 개꼬리 상모라

하고, 바로 세우면 반개꼬리라 하고, 우도 식 채상을 뻣상이라 해요. 경상도 부포는 부들부포라 하기도 하고 개꼬리 부포라고도 해요.

춘영 부들부포, 개꼬리 부포라 하는데, 형태상으로 보면 웃다리 북상이랑 비슷하지 않습니까?

관호 웃다리 식이죠. 경상도는 부포를 길게 쓴다는 게 조금 다른 정도. 물체가 길고 종이도 길게 쓰고….

춘영 형태는 비슷해요. 뻣상모도 아니고 앞쪽 털이 좌도처럼 부들상모도 아니잖아요? 강원도에는 픽상모도 있어요. 털이랑 비슷한데 털이 아니고 핫도 그처럼 생겼는데, 이거는 지역마다 이름이 조금씩 달라요.

관호 여기서 부들부포라고 하는 건 흔히 말하는 채상이나, 반개꼬리 그거하고 같은 거예요. 그거 쓸 때 약간 뒤로 넘어가는….

춘영 쓸 때요?

관호 쓸 때 약간 뒤로 넘어가는 걸 부포로 써요. 반개꼬리, 채상 반개꼬리하고 부들부포가 같은 식인데 채상은 돌리면서 많이 꺾이면 안 되지만, 부포는 많이 꺾여야 돼요. 그래서 잘 쓰고 있어야 돼요. 이게 부드러워서 뒤로 저절로 넘어가거든요. 또 돌림부포도 있어요. 놀음이 아니고 돌리는 데만 사용하는데 징들이 많이 해요. 상쇠가 쓰는 게 아니고. 김천 빗내농악하고 똑같아요. 물체 없이 적자에 그냥 바로 달아 놓은 거요. 우리는 돌림부포를 징이 쓰는 거고 김천에서는 상쇠가 쓰죠.

춘영 부포를 이렇게 다르게 하는 이유는 악기와 동작, 그리고 빠르기마다 다 다르게 조정하기 위한 거잖아요? 그럼 현재 달성 다사농악의 부포 종류가 여러 종류네요.

관호 두 종류죠. 상쇠는 부들부포, 징이 쓰는 거는 돌림부포. 상모는 상모잽이들이 쓰는 개꼬리 상모하고, 반개꼬리 채상모가 있어요.

달성 다사읍 세천리의 어린이 상모잽이

춘영 다음으로 선생님의 학습 과정에 대해 여쭤 보겠습니다.

관호 나는 엄마 배 속에서부터 풍물을 듣고 자랐어요. 실제로 풍물을 손에 잡은 건 5살 때부터였는데, 아버지가 4대 상쇠이고, 또 보존회 회장이고 단장이 되다 보니까 모든 악기가 저희 집에서 나가고 끝나면 저희 집으로 악기가 모였던 게 직접적인 이유가 됐어요.

춘영 집이 어디인가요?

관호 번지는 모르겠고 달성 다사읍 세천리예요. 거기서 태어나서 동네 안에서 이사를 했죠. 태어난 집에서 이사해서, 그 집에서 지금까지 계속 살고 있습니다. 소질이 있었는지, 듣고 보는 것만으로 나름대로 따라 치게 됐으니, 결국 그때 당시 분들이 전부 다 선생님이라 할 수 있죠. 어릴 때 저는 상모 무동을 했어요. 지금 기억으로, 처마 밑에 옛날 말로 뚜럭이 있어요. 뚜럭에 상모하고 악기를 말린다고 하나? 아무튼 죽 늘어놓고 말려요. 어느 날 제가 상모를 떡 쓰고 그냥 쓰고 돌린 거예요. 그때 마침 어른 한 분이 그걸 보고 애기가 상모를 돌릴 줄 아니까 아버지한테 "집에 관호 상모 돌리던데, 쟤 데리고 나갑시다." 한 거야. 그게 계기가 되가지고 상모를 계속 돌리게 됐어요.

춘영 무동은 무등을 타고 위에서 상모를 돌리는 거잖아요?

관호 다섯 살 때. 그렇게 시작한 게 전국 걸립 순회를 나갔죠.

춘영 단체 이름이 뭐예요?

관호 그때 동네에서는 세천농악이라 하고, 다른 지역 나가면 다사농악이라 했어요.

춘영 다사농악이란 이름으로 전국순회를 한 거예요?

관호 그렇죠. 그때 순회를 전국으로 다녔는데 내 기억으로 서울 국회의사당 앞에서도 했어요. 아버지 아시는 분이 정계에 계셔서 인사도 하고 도시락 싸서 먹고 수건 받았던 것도 기억나고…. 지금 지하철, 옛날에 전차라 했던 그걸 탔던 기억도 나요. 아버지는 상당히 지식이 있는 사람이고 나름대로 체계가 있는 분이었어요. 그렇다고 특별하게 배운 게 아니라 어른들, 선배들 보면서 자연스럽게 익혀서 갔죠. 그런 학습을 했죠. 그런 학습에서 첫째로 판이 돌아갈 때 진법을 알게 되고, 장단 이름은 모르는데 어떻게 진행되는지 그것만 알거든. 그다음에 신호가 뭔지 알고…. 그러다가 초등학교 3학년쯤 되니까 가락을 이해하면서 하게 되더라고….

춘영 초등학교 3학년 때 뭐를 맡았어요?

관호 그때 상모였죠.

춘영 초등학교 3학년이면 열 살인데?

관호 열 살. 그때 대회 따라간 게 마지막이에요. 대구 금호강에 성주와 대구를 이어주는 강창교가 있는데 그 다리 개통식 할 때. 그때 혼자 열두발 상모하고 무동 상모 두 개를 했어요. 또 그 시절에도 우리가 걸립패다 보니까, 지신밟기도 많이 하고 다녔어요.

춘영 선생님도 지신밟기를 많이 하셨다고요?

관호 하다 보니까 가사, 창법을 알게 되더라고. 어른들 흉내 낸다고 소리도 기억나는 대로 하고 가락도 치면서…. 그러다 보니 나이 열여덟 살 되니까, 당시 4H라고 있는데, '청소년 4H 오락 경진대회' 1등을 하면 달성군 대표로 경상북도로 대회 나가고 그랬거든. 그걸 준비하면서 동네지신밟기 한다고 친구네 마을에 가서 지신밟기도 해 주게 된 거지. 하다 보니까 진법이라든가 많이 기억하고 신호도 아는데 정확하게 가락을 잘 모르는 문제가 있더라고. 나이가 열여덟 살 먹고 대회를 다니다 보니 '이거 정리를 해야 되겠다' 하는 생각이 들었죠. 그때만 해도 아버지 농악대가 해체되었거든…. 그때 아버지가 사업을 실패를 하다 보니까 도피를 하게 됐어요. 제가 직장 생활 할 때 자취하는 방에서도 같이 생활하고. 그때 부쇠 치시던 어르신은 서울로 가서 일찍 돌아가시고, 동네 어른들이 계시니까 지신밟기도 하고, 이제 4H 오락경진 대회에 참여하는데, 내가 판을 이끌어 보니까 어른들 따라서 할 때만큼 잘 안 되는 거야.

춘영 그때 상쇠를 하신 거죠?

관호 상쇠를 했지.

춘영 이전에는 선생님이 혼자 터득을 해서 따라다녔고?

관호 그렇죠. 그때 어떤 일이 있었냐면, 나는 겹가락이 어떤 건지 몰랐어요. 어른들이 치니까 원래 치는 줄 알았지. 어느 날 학원에 배우러 찾아가니까 농악 장구, 꽹과리를 지도하고 있더라고, "꽹과리 좀 배우러 왔다." 하고, 며칠 뒤에 꽹과리를 치니까, 그 원장이 "꽹과리 잘 치려고 하면 장구를 쳐야 된다. 장구 잘 치면 꽹과리 잘 치게 된다." 이러더라고. 그러면서 장구 가락이 어떻고 겹가락, 삼겹장, 오겹장이 어떻다고 말을 해요. 그런데 원장이 말은 해 놓고 자기 가락을 안 가르쳐 주더라고. 원장 나간 사이에 같이 배우는 아줌마들한테 "아줌마 겹가락이 뭐에요?" 하니까 "총각 잘 치대." 하는 거야. 내가 치고 있는 게 겹가락인 줄 난 모른 거야. 그런 식이야. 그러니, 내가 정리를 안 하고는 안 되겠더라고.

춘영 그제서야 겹가락을 안 거네요.

관호 그 전까진 겹이다, 홑이다 그런 개념이 없지. 내가 하는 것도 채가 움직이는 거, 소리 내는 거 그걸 흉내 내서 치는 거지 이름을 알고 타법을 따로 배워서 한 게 아니거든. 그렇게 몸으로 익힌 걸 가지고 실제 대회를 가면서 판을 짜서 해 보려니까 뭔가 좀 이상한 거예요. 그래도 그때까지는 어른들이 많이 살아 계셨어요. 완전 촌 동네에 사시니까 새벽같이 일어나 골목길 같은 데 나와 계신단 말이야. 오다가다 뵈면, "어르신 이 가락 뭡니까?" 하고 물으면 가르쳐 줘요. 그걸 종이에 적어 가면서 하나하나 정리한 게 모두 11년 걸렸어.

춘영 그거 정리하는데 11년 걸렸어요? 마을에 살면서?

관호 적어 놨어도 어떤 거는 무슨 장단인지 모르는 거야. 모르는 거는 또 아버지한테 물어보는데 잘 안 가르쳐줘요. "나도 모른다." 하고. 기회 봐 가며 혼자 정리하다가 자꾸 물으니까 조금씩 이야기해 주는 부분이 있어서 맞춰 보면서 정리를 한 거죠. 그제서야 좀 답답한지 "가락이 이렇게 치면 멋이 없고 이렇게 쳐야 된다." 또 "농악은 그렇게 마구잡이로 치면 안 된다." "가락을 쳐도 체계가 있어야지 체계가 없으면 안 된다." "어떤 진법하고 어떤 동작을 할 때는 어떤 가락을 치고, 상쇠가 치배들한테 신호를 해 주고, 상쇠라 하면 판을 전부 둘러보면서 판단하고 신경 쓰면서, 아무데나 눈길 줘도 안 된다." 그런 이야기를 하더라고. 한 번은 외지 나갔다가 아버지가 오랜만에 동네에 들어오셨어요. 동네 어르신들이 상쇠가 오랜만에 왔다고 그날 밤에 풍물을 치고 노는 거야. 그런데 가락이 들려오는 맛이나 흥겨움이나 상쇠가 움직이는 몸짓 하나, 채를 타법으로 움직이면서 접지하는 방법이라든가 치배들하고 북 앞에 가서 막 어루다가 가락 멕이는 모습들 그런 것들을 기억하고 계시더라고. 나도 정리를 하면서 다시 그 모습을 보니까 완전히 새롭고….

달성다사농악 판제의 기본 구조와 운용

관호 그렇게 해서 판제를 따지다 보니까 우리 동네에서는 마치라는 말을 써요. 세마치 가락이 있어요. 세마치는 막 치는 게 아니고 순서가 정해져 있어요. 세마치는 세 장단을 말해요. 그 정해진 가락을 계속 치는 걸 돌림마치라 그래요. 여덟 마치를 친다 그랬는데 여덟 개를 다 못치고 다섯, 여섯 마치만 치면 "가락이 빠진다."고 그래요. 한 마치는 한 장단을 말하고 두 마치는 두 가락, 두 장단을 말해요. 우리 가락 중에서 반마치길굿이란 게 있어요. 자진모리 "땅도 땅도 내 땅이다" 있잖아요? 그 가락까지 하나만 치는 걸 단마치라 하고 "조선 땅도 내 땅이다." 여기까지를 두 마치라 그래요. 여덟 마치 하면 자진모리 여덟 장단을 치는 걸 말해요. 그런 부분을 채마치라고 하는데 정해진 체계대로 친다는 거야.

춘영 자진모리 여덟 개를 여덟 마치라고 하는 건 이해하겠어요. 장단이라는 게 여러 의미로 쓰이고, 가락도 또 마치도 여러 의미로 쓰이고 12차냐, 12채냐에서 '차', '채'라는 말도 지방마다 의미가 달라요. 또 마을마다 장단이 다 다르잖아요?

관호 삼천포도 여기랑 또 다르더라고요.

춘영 삼천포 12차 말이죠? 그래서 상쇠님이 말씀하시는 걸 대략은 이해를 했어요.

관호 나중에 생각해 보니까 농악 과정 8차 중에 '영풍굿'이라고 있습니다. 그 가락이 여덟 마치를 돌림마치로 친다고 하면 1,2,3,4,5,6,7,8 해서 계속 돌려 친다고 해서 여덟 마치라 하거든요. 정해진 가락을 치는데 여덟 마치를 정해진 대로 쳐야 되요. 한두 장단이라도 빠지게 치면 안 돼요. 그 대신, 막가락이라고 있는데 그건 정해진 거 없이 치는 거고….

춘영 허튼가락처럼?

관호 여기는 막가락이라 그래요.

춘영 허튼가락처럼 완전히 사유롭게 진나?

관호 체계적으로 정해진 걸 '채마치' 가락이라 그러고….

춘영 막가락이란 말 참 좋네요.

관호 막친다. "누가 막가락 참 맛있게 치더라." 이런 식으로 써요

춘영 여기 길굿이 재미있는 게 많더라고요. 어떤 길굿들이 있어요?

관호 처음엔 아버지가 길굿 가락, 질쇠 가락을 가르쳐 주는데 그게 한 가지인 줄 알았는데 나중에 보니까 두 가지가 있더라고요. 같은데 치는 방법이 다른 거야. '단마치질굿' '질굿' '먼질굿' '군악질굿' 등이 있어요. 아버지에게 왜 그런지 여쭤봤더니, 동네에서 처음에 치배들 모을 때 집합굿을 쳐요. 약속은 되어 있으니까 다 나서면 그걸 '집합굿 가락'이라 해요. 삼천포에서는 이걸 '모여라굿'이라 해요. '모여라 모여라 다들 모여라' 말하고 똑같은 박자로 쳐요. 그걸 치면 다들 모여요. 모이고 나서 처음 나갈 때는 '길굿'을 쳐요. 동네에서 나갈 때는 진짜 먼 길을 가야 되니까 제일 단순하고 수월하게 치는 걸 '먼길굿'이라 해요. 먼길굿을 치다가 마을에 도착하면 '행진굿'을 쳐요. 가까이 다 와 가면 좀 경쾌한 가락으로 '행진질굿'이라는 걸 쳐요.

춘영 집에 다 도착해서요? 목적지에 도착해서요?

관호 가까이 다 가면 경쾌하게 '행진질굿'을 쳐요. 행진질굿은 전라도에서 동살풀이라고 하는 종류고, 여기는 완전 뽕짝 가락 맛이에요. "장장 장자그 장짝 장, 장장자그자그 자르르르~ 장짝"을 주고받고 해요.

춘영 그게 경쾌한 행진질굿이죠?

관호 예. 그다음 '군악질굿'은 마을굿, 서낭굿 할 때 써요. 그것도 처음에 당산굿이라고 하는데 경상도에서 당산이란 말 쓰면 안 맞아요. 여기서는 성황이라고 하든가 서낭이라고 하든가? 서낭당에 가서 내림굿 받고 내려올 때 군악질굿을 하죠.

춘영 군악질굿을 구음으로 한 번 해 주세요.

관호 먼길굿을 가다가 군악질굿으로 가는데 "당 그당 당 그랑그랑 당, 당 그랑 당 그랑그랑 땅, 당 당 그랑 당 그랑 당, 다다당 그당 당그당딱, 당 당 당 딱, 당 당그당 다당 당그당, 다다당그당 다당당땅 당그당땅, 당 당그당 다당

당그당 다다당그당 당그당닥 딱, 당 당그당 다당당그당, 다당 땅 땅 당 당그
당 다당 땅!" 이런 식으로 가죠.

춘영 한 장단이 이렇게 길어요?

관호 한 장단이지.

춘영 군악질굿에서는 징을 몇 번 쳐요?

관호 징이 여섯 번인가? 여섯 번이네.

춘영 군악질굿은 언제 쓰인다구요? 서낭굿 치고 나서?

관호 서낭굿 치고 서낭 받아가지고 내려올 때, 신 받고 간다 그러잖아요? 신
대가 가는 대로 막 뛰면서 따라가야 되는데 그때 군악질굿을 쳐요.

춘영 질굿을 다 들어 보죠. 단마치 질굿은 구음이 어떻게 돼요?

관호 "당 다 당 다 당그라 다당, 당 다 당 다 당그리 다당!"

춘영 보니까 군악질굿도 혼합박이고 지금 질굿도 혼합박이네요.

관호 다 혼합박이지.

춘영 단마치 질굿은 자진모리배고.

관호 군악질굿은 3분박짜리고. "당 당그당, 다당 당그당, 다다당 당그당, 다
당 웃당당."

춘영 아 3분박, 3분박인데 혼합박 느낌이 많이 나네요.

관호 질굿은 5박 개념이고, 결국 25박인가?

춘영 먼질굿은 어떻게 되요?

관호 먼질굿은 가장 단순 편안하게 "당그당당, 당그당당" 질굿 칠 때 이 가
락을 가지고 편하게 "당그당당 당그당당" 요 두 개만 쳐요. 쇠만 치고 나머지
악기를 앞에만 쳐요. 다 쉬고 편하게….

춘영 아 10박이네요. 앞에 5박은 세게 치고 뒤에 5박은 작게 편안하게….

관호 편안하게 흘려 치고…. 박자가 있는 거는 단마치하고 군악질굿이 박자

가 있죠.

춘영 군악질굿 4번이고, 5번 행진굿은 동살풀이 느낌으로 친다….

관호 "당당 다다다닷따." 처음을 상쇠가 내 주면 부쇠는 계속 요 가락만 받아치고, 상쇠는 변주를 쳐요. 장구는 "덩 덩 덩다다따" 북은 "궁 궁 궁 궁 따따다따" 퇴장할 때 주로 칩니다. 그 외에는 말 그대로 다음 마을에 도착할 때가 되면 신명나는 가락이 들리게끔 분위기를 내죠.

춘영 전체적으로 봤을 때 다사농악의 질굿이 다양한 용도가 있고 거기에 따른 박자, 리듬 형태가 다르잖아요? 그래서 아주 고유한 것 같아요. 박자가 다르기는 하지만 경상도 다른 지역의 질굿이랑 비슷한 것도 있어요. 제가 이해하는 바로는 대여섯 가지는 고유하고 특이해서 고유성을 가질 수 있다는 생각이 드네요.

현대 풍물굿: 원형과 창조의 길항

춘영 어릴 때부터 자연스럽게 마을굿 학습을 하셨는데, 이제 선생님 중심으로 발전적으로 재구성해 가고 있는 거잖아요? 저는 상쇠가 자기 창조력으로 장단, 몸짓, 판제, 노래, 연극 이런 것들을 창조할 수 있다고 봐요. 그래서 전국을 다니면서 상쇠님들 말씀을 듣고 있습니다.

관호 그렇게 하는 건 맞는데 위험요소가 있어요. 모든 게 본래 있는 전통은 아니거든요. 어느 시점에 형태가 갖추어지고 규정을 짓는 시점이 있다는 거죠. 그걸 원형이라고 하고 제도도 결국 그런 데서부터 시작하죠.

춘영 이건 무형문화재를 염두에 두신 말씀이잖아요? 저는 달성다사농악이나 상쇠님의 이런 말씀을 긍정적으로 보는 거예요. 지금은 풍물굿 창작이 체계가 없어요. 결국 옛것을 가지고 새로운 것을 만드는 거잖아요? 그러면 앞으로 창조를 할 때 무엇을 가지고 갈 것인가, 하는 거죠.

관호 '변해야 된다. 변하지 않으면 퇴보한다.' 저도 이렇게 생각해요. 원형이란 말 쓰는 거 자체가 잘못됐지만 그래도 쓸 수밖에 없는 현실이에요. 더 이상 근본이 변하지 않도록 남겨 놔야 된다는 거죠. 근본 바탕이 있어서 언제라도 재학습하고 창조할 수 있게 해야 돼요. 그것도 생각 안 하는 사람이 너무 많아요. 나도 지킨다고 하지만 지나고 나니까, 더 이상 변해서는 안 된다는 생각도 가지고 있죠. 근본이나 바탕을 지켜야 하는 부분이 있고, 그걸 제대로 알고 창작을 해야지, 근본을 버린다든가 잊으면 안 된다는 겁니다. 그런데 우리도 잊어버릴 수 있기 때문에 2011년도 문화재 심사할 때 스튜디오에 의뢰해서 "우리 판굿 촬영 좀 해 주쇼." 했죠. 제대로 기록을 남겨야 되겠다고 생각해서. '기준, 표준은 하나 있어야 되겠다.'는 생각을 하고 찍었어요. 뭘 해도 근본 자체까지 버려 가면서 창작한다면 위험하다는 겁니다.

춘영 상쇠님 마음을 잘 이해하겠습니다. 원형이란 단어보다도 원형을 찾고 뿌리를 잊지 않으려는 의지가 중요한 것 같습니다.

관호 다사농악은 남들보다 일찍 대회를 나가다 보니 화려하고 체계가 있게 짜게 됐지만, 이제 더 이상 변해 가면 안 좋다고 봐요. '더 이상 변화하지 않게 원형을 두고 가야지 표준 없이 가서는 안 된다.'고 생각해서 영상을 찍은 거죠. 아버님께 "어떻게 어린 나이에 상쇠가 되셨습니까?" 했더니, 어릴 때 마침 지신밟기 갔는데 상쇠가 없었대요. 아버지가 소질 있고 잘 치니까 할아버지가 추천을 했대요. 그래서 어른들이 뒤에 서고 아버지가 상쇠 치고 나가는데 생각 이상으로 잘 했다는 거예요. 그렇게 아버지가 상쇠가 되셨는데, 저도 피를 받아서 그런지 금방금방 듣고 보고 따라하게 되더라고요. 그렇게 오다가 하루는 "아버지예, 북춤은 우야면 잘 칩니꺼?" 하고 물었어요. 아버지가 북춤 잘 추시거든. 그런데 아버지는 한마디로 잘라서 "방법이 없다. 북 가는 대로 따라가라.” 요 말만 하시는 거야. 그 소리 듣고 '얼마나 가르쳐 주기 싫으면 저러겠나?' 했는데 세월이 한참 지나고 나니까 어느 순간에 '아, 이 말 아닌가?' 하고 느낌이 와서 무릎을 탁 쳤죠.

춘영 아버지의 피와 정신과 끼가 그대로 상쇠님께 이어졌네요.

달성 다사농악과 경상북도 농악의 협주와 변주

춘영 저는 이런 이야기들이 참 소중하다고 봐요. 그래서 경상도 농악을 포함해서 전국의 상쇠를 만나면서 풍물의 깊은 속살, 속 얘기 굿쟁이들이 살아온 인생 얘기들, 그 말씀을 기록하려고 하는 거예요.

관호 저도 나름대로 전통을 지켜 가고, 발전시키려고 노력하고 있습니다. 같은 경상도권 내에서도 사투리, 억양이 달라요. 같은 경북인데도 다르죠. 그 말의 억양에 따라서 이 쇠가락이나 맛을 달리 낸다는 것도 많이 생각하게 되더라고요. 결국 말 억양이 다른 건 그 주변 지역, 다른 생활 문화권에서 영향이 있다고 봐야죠. 강원도 말씨를 보면 경상도 말 같은데 이북 말 같기도 하고, 김천이나 저쪽은 경상도 맛이 조금이고, 대신 충청도 맛도 나고….

춘영 그런 느낌이 있죠.

관호 그런 것도 지켜 나가면서 구분을 하는 학습의 방법이라고 생각하죠. 날뫼북춤도 있고 고산농악, 욱수농악도 있는데 다사농악은 왜 다른 현상이 나타날까? 가락의 쓰임새나 여러 가지 몸짓들이 왜 다를까? 지역적으로 다사는 어느 쪽으로 속하는가? 다사 지역은 대구에서 서쪽에 위치하고 있어서 서남쪽하고 서북쪽 영향이 있다고 생각했죠. 다사가 완전 동쪽인데 비산농악은 북쪽 영향이 크죠. 북쪽으로 가면 선산, 무을이나 빗내를 볼 수밖에 없거든.

춘영 다사농악이 무을농악, 빗내농악이랑 비슷하다는 거죠?

관호 예. 그쪽이 웃대 어른들 간에 서로 유대 관계를 가졌다고 생각해요. 경상도는 그 동네만 특기로 잘 쓰는 가락들이 있어요. 특기로 잘 쓰는 건 좋은 가락이야. 가락 쓰임새로 보면 비산에서 쓰는 살풀이장단, 딴 데서는 '굿거리'라고 하는 걸 경상도 농악에서는 다 '살풀이'라 그래요. 이 지역 어른들은 다 살풀이라 그러죠. 그런데 유독 비산농악 살풀이 가락이 독특하게 달라요. 딴 데 가면 "장자ㄱ자ㄱ 장 자르자ㄱ" 이런 느낌이 기본인데 비산농악은 "캥 캔지개개 캔 캔지개개 캔 캔지개개 캥 캥 캥!" 요게 기본이거든, 가락 느낌이 좀 달라요. 빗내 쪽으로 가면 가락은 경상도 맛인데 타법은 웃다리 타법이고, 가락은 좌도 가락이야. 맛이 달라서 다른 거 같은데 자세히 들어 보면 좌도 가락이야. 김천 가면 삼도봉 있잖아요? 산 하나가 경상도, 전라도, 충청도 경계선을 같이 가지고 있어요. 김천은 추풍령이나 저쪽으로 가면 충청도로 좌도에 가까워요.

춘영 빗내농악의 김천 지역이 정말 남한 한가운데 있어요. 그래서 빗내농악이 재미있어요.

관호 왜 다사농악은 가까운 비산농악, 날뫼북춤, 고산농악에 비해서 독특하게 다른 꼴이 더 많을까? 오히려 진법은 경남 합천 쪽이랑 가깝죠. 경남 쪽 영향이 많은 거죠. 내가 죽 돌아보니까 다사농악 가락 쓰는 건 비산, 날뫼에서 쓰는 타법, 가락하고 차산, 밀양 쪽 타법하고 비슷해요. 그리고 남달리 농악 경연대회를 기획, 주최할 수 있는 자체적 역량을 가지고 있고, 그 영향으로 주최를 했을 때 받아들이는 역량이 있으니까 "유달리 옛날 치고 다사농악이 상당히 세련된 가락이고 판이 세련됐다." 이런 얘기가 있었어요. 그런 걸 생각해 보면 빗내농악 가락이 저렇게 칠 수 있는 게 연계성이 있겠다는 생각이 들죠. 그리고 다사농악에서는 남사당 활동한 사람이 두 사람 있는데 정동영, 추학엽이란 분이에요.

춘영　여기 분 중에 남사당 활동을 하신 분이 있었다고요?

관호　정동영, 추학엽 어르신들이 짧게라도 남사당 활동을 했어요. 그 영향하고 대회의 영향을 생각했을 때 다사농악이 남달리 세련되고 신가락을 잘칠 수밖에 없는 환경이 있고 자체 능력 여건이 됐다고 봐요.

춘영　오랫동안 해 오신 걸 정리해 보니까 그렇다?

관호　말만 들었던 걸 잘 정리해서 생각해 보니까 다사농악이 그런 영향권에서 이만큼 활약을 하고 발전을 해 왔다는 거죠.

꽹과리 타법과 성음

춘영　이제 '달성 다사농악의 꽹과리'라는 주제로 이야기해 볼게요. 꽹과리 성음이랑 타법 이야기입니다. 성음은 추구하는 소리고요, 다사농악의 타법과 접지 방식을 듣고 싶습니다. 이거는 다른 상쇠한테도 다 여쭤보는 거예요. 풍물굿이 다른 음악과 다른 색깔을 내는 거는 꽹과리잖아요? 그만큼 풍물굿 장르에서는 꽹과리가 중요하다고 봅니다.

관호　쇠의 질 자체는 찰박거리는 소리를 잘 맞는 것으로 보죠. 쨍그랑거리는 게 아니라. 우리는 그걸 "철철철 한다."고 표현해요. 그게 좋은 소리인데, 그 맛을 잘 내는 핵심이 접지 기술이죠. 그런데 그 접지를 잘하는 곳은 남사당입니다. 손이 빠르게 잘 돌아가는 건 경상도 쇠잽이의 특징이라고 할 수 없어요. 쇠가락이 빠르다 보니까 접지를 가지고 남사당처럼 그 맛을 다 낼 수 없죠. 경상도, 다사농악에 맞게끔 맛을 내는 타법과 접지법은, 빼고 치는 겁니다. 보통 접지를 다 치지 않고 빠르거나 타법에 맞게끔 빼면서, 흘리면서 접지를 해줘요. 그런 맛에 자글자글하게 치는 맛이 있죠. 또 부드럽게 흘려 치면서도 강한 타법으로 한 번씩 박아 쳐서 소리가 탁 튀게 만들죠. 그런 타법이 많이 이루어지고, 흘려 칠 때는 타법을 세 번 할 거 두 번 하거나, 앞 접지를 뒷 접지를 쓴든가 어느 한쪽을 빼면서 흘려 치는 맛을 아주 흥겹게 만들어 줍니다. 또 장구는 옛날에는 본래 크기가 크고 궁채 없이 손장구를 쳤다고 해요.

춘영 옛날에 손장구를 치면서도 진풀이랑 가락이 빠르게 진행되는 거 따라갔어요?

관호 그렇죠. 손장구를 매는데, 막 움직이니까 매죠. 여기서 덧뵈기 가락에서 보면 북과 장구와 흘러가는 몸짓하고 굼실거리면서 흥을 내고 노는 그 분위기만큼 쇠도 흘려서 자글자글하게 치죠. 그러다 보니까 접지 맛을 내는 남사당하고 똑같은 가락을 쳐도 여기서는 다르게 접지를 빼는 방식으로 성음을 하죠. 그래야 경상도의 탈춤이나 덧뵈기춤과 맞아요. 덧뵈기 가락이 자진모리거든요. 북과 장구들이 놀고 몸짓하고 잘 어울리는 게 그런 타법들이죠. 자글자글 비비면서 흘리고 치고 살짝 끊어주는, 좀 묘해서 어떻게 보면 우는 소리를 내 주기도 하고….

춘영 어쨌든 맛을 내는 건 접지에서 완성하는 거잖아요?

관호 예. 타법은 가락을 쳐서가 아니라 흐름에 따라서 타법을 구사할 때 성음이 만들어지는 거라 접지가 안 들어갈 때 타법이 들어간다고….

춘영 양손이 음양처럼 이쪽이 채워지면 저쪽이 비워주고….

관호 명확하게 소리를 내지 않고 어물쩍거리면서 흘러 넘어가는 이런 맛을 내주는 게 잘 어울리는 소리예요. 타법하고 소리를 내고자 하는 생각, 마음에서 나오고 분위기를 잘 읽어서 조절해야 되는 게 있어요. 진짜 뚝배기 같이 투박하고, 찰지고 아주 영근 그런 느낌을 주면서, 빠른 데서 타법과 접지를 동시에 끊어주는 그런 강한 맛도 있고…. 뭐랄까, 흥청거리는 덧뵈기의 맛과 달리 좀 빠르게 욱적하고 움쭐거리는 맛의 성음을 내 주면 좋죠. 보통 "쇠를 무식하게 치면 무슨 맛이 나노?"라고 하지마는 그렇게 해야만 그 맛이 나온다는 겁니다. 거기에 맞는 타법하고 접지를 해야 빠르기하고 같이 가고, 그래야 북하고 장구가 그에 맞게 치는 거고, 몸짓이나 동작도 따라와요. 모든 성음이 그냥 만들어지는 게 아니라 상쇠가 가락을 치면서 북, 장구들이 치는 가락과 몸짓들하고 느낌이 맞게끔 상쇠의 능력으로 성음이 만들어져야만 북, 장구하고 맞아떨어집니다. 그래서 성음이 결국 판 전체의 흥을 만들죠.

2008년 11월 24일 대구 '2008 젊고 푸른 명인전' 중 금회북춤

춘영 쇠를 기준으로 볼 때 왼손과 오른손이 협업해서 장단을 만들어 가잖아요? 타법과 접지는 오른쪽 손과 왼쪽 손이 꽹과리를 가운데 두고 만들어지는 건데….

관호 칠 때 소리와 타격이 손에 닿는 느낌과 접지를 할 때 느낌하고 맛이 다르죠. 그 맛을 느끼는 만큼 내가 저 사람한테 어느 정도 소리를 받쳐 주는가를 판단하게 돼요. 그게 맞아줘야만 상대도 그 맛이 내 북과 장구와 맞으니까….

달성 다사농악의 머리쓰개들

춘영 악기 부분은 여기까지 하고, 다음 부포 이야기를 좀 해 보죠. 꽹과리 연주를 하면서 윗놀음과 아랫놀음이 일체가 돼야 하잖아요? 윗놀음을 하는 건 전 세계에 어디에도 없고 우리나라 연회의 다른 장르에도 없어요. 오직 풍물에만 있기 때문에 핵심 중에 핵심이 아닌가 해요.

관호 제가 상쇠로서 부포를 돌리기는 하는데 판굿 할 때마다 돌리는 건 아닙니다. 그런데도 항상 부포를 쓰는 건 일단 어른들한테 그렇게 들었거든요. 상모도 어떤 경우 안 돌리는 때도 있는데 상모를 계속 돌리는 건 좀 잘못 되었다고 봐요. 돌려야 할 부분과 돌리지 말아야 될 부분을 구분해야만 상쇠가 제대로 할 수 있습니다. 상쇠가 가락 칠 때는 안 돌리는 게 맞아요. 또 신호를 줄 때 부포짓을 해 줘요. 가락을 새롭게 할 때는 부포도 신호 역할이 있으니까, 그럴 때에 돌리는 겁니다.

춘영 상쇠가 순간순간 판단해야 될일도 많고 해야 될일이 많죠.

관호 쇠가 북한테 뛰어가서 치다가 빠져 나올 때, 나온다고 신호할 때 몸과 가락을 같이 해줍니다. 이때 부포도 같이 한 역할을 하는 거죠. 또 쇠끼리 동작을 맞춰서 놀기도 하고, 자기 역할에 맞게끔 놀음을 할 때는 놀음을 하는 게 상쇠 부포의 역할이라 보면 됩니다.

춘영 부포만 놓고 봤을 때, 이것의 상징성, 문화적인 내용들이 궁금해요. 전립, 벙거지, 물체, 털 같은 여러 가지 사물의 상징성. 뻣상모 털을 여자의 성기라고 보는 경우도 있고, 재료가 털이니까 새의 상싱으로 보아서, 새가 하늘과 땅을 이어주는 것처럼 상쇠가 어떤 메신저 역할도 한다고 얘기하는 지역도 있어요. 그런 점에서 달성다사농악에서 부포의 특별한 상징들이 있나요?

관호 농악 성격에 따른 지역성을 볼 때, 복장하고 풍물판의 느낌, 또 진법의 종류, 가락을 치는 맛과 빠르기, 여기서 이루어지는 치배들의 동작들을 볼 때 우리는 대체로 군사굿에 비유를 하거든요. 그런 부분에서 상모라는 부분은 깃에 달려 있는 계급장 같은 것….

춘영　예, 계급장. 이걸 뭐라고 하죠?

관호　훈령끈. 이것의 색깔 등으로 계급을 표현한 것이라고 보죠. 그리고 갑옷투구라고도 하고. 그런 식으로 계급을 나타냅니다. 쇠들이 이렇게 쓰는데 징은 색깔이 다르고, 부포도 돌림부포죠. 역할을 구분하고 하나의 체계로 계급을 나타내는 게 부포라고 봅니다.

춘영　계급장. 저기는 은색인가요?

관호　예 은색. 이건 반개꼬리 부포. 개꼬리 부포는 완전히 처져서 징자가 모자에 닿아요. 보통 부들부포 하면 이 자체는 반개꼬리로 만들죠. 요즘 상모도 반개꼬리라고 하는데 멍에가 너무 빡빡해요. 부드러워야 되는데…. 채상도 요즘은 너무 빡빡해요. 우리는 내 손으로 다 만들어 쓰니까, 저는 파는 상모 징자는 잘 안 쓰거든요. 사 오면 다 뜯어버리고 요것만 옛날식으로 내가 다 만들었어요.

춘영　다른 데서는 꼬두바리라고 하는데….

관호　우리는 멍에라고 해요. 빡빡하게 해서….

춘영　징자와 적자 사이를 이어주는 거죠.

관호　그 실을 멍에라고 하죠. 돌아갈 수 있도록 고정하고 직접 만들지 않으면 이렇게 나오지가 않아요. 완전하게 빡빡하게 감아야 돼요. 부드러운 느낌도 다르고. 그래서 직접 만들어서 부포 물체를 경상도는 길게 쓰죠.

춘영　예, 상쇠 건데 물채 길이가 소고 채상모보다 길지는 않은데….

관호　초등학생용 물체보다 조금 짧죠.

춘영　북상보다 좀 더 긴 거 같아요. 웃다리보다 더 긴 거 같아요.

관호 그런 건은 돌리는 용도라기보다도 거의 세우고 신호 줄 때 한 번 보여주고 놀음이 예쁘게 잘 보일 수 있도록 하는 용도로 쓰이죠. 그리고 부들부포라는 거는 물체가 짧죠. 적자도 짧고 물체도 짧게 해서 부들부포하고 비슷한데, 부들부포는 끝에다가 물체 자체에서 묶어 놓은 거고, 물체 끝에 짧게 해서 그냥 달랑달랑거려요. 놀음하고 빠른 장단에서도 돌릴 수 있게 만들죠.

춘영 그걸 무슨 부포라고 하죠?

관호 부들방울부포. 돌리는 용도하고 놀음을 같이 할 수 있도록 만들었죠. 돌림부포는 놀음보다 돌리는 거죠.

춘영 다른 지역보다 여기는 머리쓰개, 상모랑 부포 종류가 다양하네요.

관호 머리 쓰는 거는 크기가 다르지, 모양은 똑같은 거 아닙니까?

춘영 그 얘기는, 채상모 종류를 정리하면서 하죠. 달성다사농악에서 부포, 채상모 종류가 몇 종류가 되는지 정리를 해 볼게요. 일단 상쇠가 쓰는 반개꼬리부포, 부들방울부포 두 가지가 있고, 쇠가 쓰는 부들놀음부포, 부들방울부포가 있어요. 그다음에 징이 쓰는 부들돌림부포, 그리고 상모잽이가 쓰는 개꼬리상모.

관호 예. 원래 개꼬리상모는 놀음을 할 수 있게 만들어진 게 아니고, 그냥 돌리는 것만 해요. 반개꼬리는 놀음을 할 수 있게 한 거고. 이거는 양상, 외상 다 하죠. 그 외에 여러 가지 하는데 이게 본래의 우리 전통이에요. 경상도에 원래 있었고 모든 상모가 원래는 다 개꼬리상모죠. 그런데 우리는 반개꼬리상모를 초계상모라고도 불러요.

준영 조계는 뭐죠? 합천 초세리?

관호 합천 초계상모. 반개꼬리는 초계상모라 그러더라고요. 거기서 반개꼬리를 제일 먼저 썼나 봐요.

춘영 그럼 부포와 연관된 게 네 종류인가요? 다섯 종류인가요?

관호   상모만 두 가지. 요즘 쓰는 건 다 반개꼬리고 원래는 개꼬리상모.

춘영   제가 볼 때 다른 지역에서는 두 개가 최고예요. 예를 들어 우도농악 쇠는 뺏상모, 나머지는 채상모 두 가지이고, 좌도도 부들상모 하나고 채상이 들어가요.

관호   여기도 부포하고 채상 두 갠데 채상의 원래 전통은 개꼬리 상모고 나중에 놀음이 발전되면서 반개꼬리, 초계상모가 들어오죠. 쇠잽이 거는 부들부포 종류인데 징만 놀음을 하지 않고 돌림부포 식으로 돼 있어요.

춘영   정리를 하자면 달성다사농악의 머리쓰개가 굉장히 고유하고 쓰임새에 따라서 다양하게 발전한 것 같아요. 여기에 있는 여러 문양이나 재료, 형태들이 역사성이 있다고 생각이 됩니다. 훈령끈 안에 계급을 상징하는 표상도 있고요.

춘영   이제 고깔 이야기를 해 보죠. 달성다사농악에서는 고깔을 뭐라고 불렀어요?

관호   그냥 고깔이라고 그러죠.

춘영   아까 말씀하신 게 범나비 고깔인가요?

관호   '범나비곳갈'이라고도 하죠. '곳갈'이 아니고 '고깔'입니까? 여기는 '곳갈'이라고 합니다.

춘영   곳갈이요? 이름이 지역마다 이렇게 조금씩 달라요.

관호   곳갈(고깔)도 만들면 모양이 달라요. 흰 고깔을 만들어도 방식을 범나비곳갈로 만드니까. 범나비고깔 방식은 같은 종이를 가지고도 일반 고깔 크기보다 모양도 크고 꽃이 하나 쑥 빠져도 표가 안 나요. 보통 고깔 만들 때는 종이 25~30장을 한 번에 접어서 묶어 펴면 그게 한 송이가 되죠. 그 다섯 송이를 가지고 모자 하나를 만듭니다. 범나비 고깔을 만들 때는 서른 장을 한 몫에 하지 않고, 작은 꽃 한 송이를 우선 종이 다섯 장으로 만들어요. 그렇게 다섯 송이를 만들면 스물다섯 장. 그럼 종이 다섯 장이 줄어들죠. 다시 그 작은 꽃 다섯 송이를 가지고 접치고 재단에서 묶었다가 펴면 큰 꽃 한 송이가 나옵니다. 그렇게 큰 꽃 다섯 송이를 만듭니다. 그걸 다시 뭉치면 두 송이, 두 송이하고 한 송이를 결합시키면 종이가 실제로 일반 고깔보다 다섯 장이 줄어듭니다. 일이 좀 많지만 같은 길이면서도 꽃은 더 커집니다. 그걸 다섯 개를 만듭니다. 한 송이에 작은 꽃 다섯 송이 들어가고 전체에는 스물다섯 송이가 들어갑니다. 그게 모자 하나가 되죠.

춘영 예, 그렇게 고깔 하나 만드는데 며칠 걸리는 거죠?

관호 한 3일 걸립니다. 꼬박 하는 건 아니고, 자다가 만들다가….

춘영 '범나비곳갈'이란 명칭은 어디서 들은 거예요?

관호 마을 어른들한테 들었죠.

춘영 이 지역 어른들한테 들은 것이다?

관호 범나비 색깔을 내려고 할 때 범나비곳갈을 만들죠. 호랑나비 색깔이 얼룩덜룩 하잖아요? 그런 걸 보통 그 색깔을 물감으로 직접 만들어요.

춘영 특이한 '곳갈' 말씀 들으니까 반갑고 좋습니다.

상쇠의 윗놀음, 부포놀음

춘영 다음 주제로 상쇠의 윗놀음을 몇 가지 소개해 주신다면?

관호 보통 신호 주기 전에는 돌리기보다 꼭지상모를 치죠. 빠른 가락이니까. 치다가 신호 넘이갈 때 외싱을 다시 치고 꼭지를 하고 빠저 나가면 신호 가락하고 몸짓하고 같이 가죠. 놀음으로 들어가는 건 꼭 정해진 게 아니에요. 덧배기 할 때는 악기들 보고 신명이 난 사람 쪽으로 가서 가락을 놀리다가 넘겨주고, 그렇게 같이 놀아줍니다. 그러다가 부포 치는 사람이 덧배기에서는 모듬가락을 주기 전에 쇠들이 중간에서 꼭지상을 치면서 미지기를 합니다. 미지기 같은 건 정해져 있고 나머진 자기 마음대로 해요. 살풀이에서도 마찬가지로 거의 자유롭게 놀고, 상쇠가 놀면 다른 이들도 같이 놀아요. 상쇠가 놀다가 한쪽으로 오면 같이 하고, 가락 맞춰서 뒷걸음치면 다 같이 뒷걸음치고. 나머지는 자기 알아서 놉니다.

춘영 주로 신호가락이 많네요? 계속 돌리는 건 아니고요?

관호 그렇죠. 계속 돌리는 건 아니죠. 영풍굿에서는 꼭지상을 치고 빠져나올 때 꼭지 치고 신호 주고 안에 들어가서 쇠들이 외상 주고, 보통 경상도 농악에서 하는 앉았다 반자반 도는 동작을 맞춤식으로 합니다. 오방진 끝나고 나눔진 할 때는 특별한 거는 없고, 두 줄 다 서서 가세치기 끝나면 자진가락 빠르게 치고, 그때 상쇠와 부쇠 중간쯤 가서 둘이서 마주보고 꼭지상모 치고, 그런 게 다 놀음할 때는 상쇠가 자기 식으로 하고, 경상도 앉은상 하면서 나비 치는 그런 것도 있어요.

춘영 이런 모든 행위의 대표 명칭을 '매구'라고 했잖아요? 이 행위를 말하는 이름이 또 어떤 게 있었죠?

관호 그냥 풍물 치는 거를 '매구 친다', '풍물 친다', '풍장 친다'고 하죠. 이게 다 농악이라는 말이랑 같은데 우리는 보통 전체를 '매구 친다'고 해요. 꽹과리만 쳐도 매구, 다 어울려서 풍물을 쳐도 매구 친다 그러지. 대신 걸립을 할 때는 '매구 친다'고 안 하죠. 걸립은 지신밟기를 말해요. 그때는 "걸립하러 간다"고 말해요.

춘영 용도가 다른 거죠. 복 빌어 주러 가는 거니까. 지신밟기를 옛날 어릴 때 많이 했다고 했죠? 주변 지역으로도 가고….

관호 어릴 때 많이 돌아다녔죠.

춘영 걸립이나 지신밟기를 왜 간 거예요? 그 행위를 왜 한 거예요?

관호 보통 동네마다 잘하든 못하든 풍물패가 있잖아요? 그 패가 정월대보름이면 자기 동네 지신밟기를 하는데 그건 동네 기금 모으기 위한 것이 많고, 저희는 사당패같이 전문 걸립패였죠. 지역 내에서 하는 게 아니라 타 지역까지 순회하죠. 거기서 수익도 내고….

춘영 그건 풍물패 수입이죠? 말하자면, 공연 단체인 거죠?

관호 예, 그런 방식이죠.

춘영 그때도 서낭굿이라고 했나요? 굿이라는 말을 일반 대중들은 대개 미신으로 생각하잖아요?

관호 예, 서낭굿이라고 하죠. 풍물패들이 올라가서 쳐요.

춘영 굿이라는 말을 썼네요?

관호 굿이라는 말을 쓰기는 하는데, 주로는 그냥 풍물 친다 하고, 그 말을 붙였다 안 붙였다 그래요. 호남에서는 그냥 "굿 친다" 그러잖아요? 우리는 그보다 꼭 풍물이나 다른 말을 붙여서 '(풍물)굿'이라는 말 써요.

풍물굿 상쇠의 역할과 덕목

춘영 상쇠의 역할은 무엇이고, 상쇠에게 어떤 덕목이 필요할까요?

관호 예전에 어른들이 있을 때와 처음 제가 할 때는 구조가 다르죠. 요즘은 단장이 있고 보존회 회장이 있지만, 옛날에는 상쇠가 모든 걸 결정하니까, 상쇠가 결정을 내려야만 뭐든 할 수 있었죠. 상쇠의 권한과 지위가 엄청 컸어요. 그래서 옛날에는 누구도 상쇠한테 함부로 못하죠. 나이가 어려도 상쇠가 되면 어른들이 말을 들었다고 해요.

춘영 상쇠가 아이라도 어른인 거죠? 계급적으로 높다.

관호 지금도 상쇠가 나름의 역량이 있기는 있죠. 그런데 옛날과 달리 회원들 중심으로 하는 편이죠. 회원들이 안건을 내면 회의를 해서 결정을 하는 구조. 많이 바뀐 거죠. 다만 여전히 상쇠만이 결정할 수 있는 건 치배를 구성하는 거. 치배들의 역량을 파악해서 적절한 자리에 배치해서, 전체적으로 어우러질 수 있게 하는 게 상쇠의 역할에서 가장 중요한 거죠. 치배들이 신명을 제대로 낼 수 있도록 여러 모로 안배하고….

춘영 지도자 역할도 하면서, 교육자 역할도 해야 되고….

관호 회장과 단장하고, 상쇠랑 의견이 안 맞을 때가 있어요. 그때는 회원들의 마음을 잘 파악해서 그 쪽으로 갈 수 있도록 해야 돼요.

춘영 단체가 잘 운영될 수 있도록 조율하고 협상하고….

관호 회장하고 단장은 판에 대해 문외한이 맡을 수도 있거든요. 또 대외적으로 다사농악을 하는 단체들이 있어요. 그러면 가끔은 다사농악을 제대로 하고 있는지, 지원이 필요한지 등도 살펴야 해요.

춘영 다사농악에 잡색이 어떤 역할들이 있나요?

관호 잡색 중에 포수 역할이 제일 크죠. 포수가 길잡이 구실을 하고, 대열을 오가면서 간격을 맞추도록 알려 주고…. 그 과정에서 포수나 색시 같은 잡색들이 판의 흥을 돋우고 치배와 관객, 안과 밖을 연결시켜 주는 역할을 하죠. 그다음에 광대, 양반, 광대색시가 있어요. 광대색시는 옛날에 남자가 여장해서 웃기려고 한 거고, 색시는 진짜 색시가 하죠. 잡색은 소리도 좀 하고 춤도 추고 했어요. 전라도만큼 극적으로 하지는 않죠. 경상도는 좀 웃기게 하는 게 많고, 색시는 소리 한 자락도 하고 놀이마당 가서 춤도 한 번 추고, 광대양반이랑 광대색시는 주로 웃기는 역할이죠. 광대색시는 인형이고, 양반은 불구자. 상반신은 인형색시고 양반 다리는 여자 치마 입고 다리가 나오게 되는 인형입니다.

춘영 이런 캐릭터가 다른 지역에도 있나요? 저는 처음 들어봅니다.

관호 옛날 사진이 있을 걸? 하반신은 인형인데 불구된 다리 모양으로 만들어서 색시가 양반을 업고 있어요. 그런데 이거 안 한 지가 오래됐어요. 인형이 다 망가지고 나서 새로 만든다고 만들었는데 못 생기게 만들어서…. 또 지금은 '병신' 이런 걸 잘 안 하는데, 예전에는 동네마다 사람들을 웃기는 재주 가진 이가 있었는데, 요즘은 그게 많이 약하죠.

춘영 다시 상쇠 얘긴데요, 미래지향적인 상쇠 덕목 세 가지를 든다면?

관호 상쇠의 덕목이라면 먼저 본인은 전통을 지켜 가는 역할을 하고, 대신 창작은 자유롭게 하게 해 주고, 그다음에 전통과 창작을 접목할 때 그걸 잘 지도해 주는 그런 역할을 해 줘야 하지 않나 생각해요. 그다음에 나만 해도 다음의 계승을 생각해야 할 나이인데, 내가 기본을 바로 가르쳐주고 또 거기에서 새롭게 발전해 나갈 수 있도록 도움을 주고, 다듬어주고, 전통과 현재와 미래가 끊임없이 이어지면서도, 발전해 나갈 수 있는 역할을 해 줘야 해요. 상쇠의 기본자세는 근본을 잊지 않되, 다음 세대가 하고 싶은 걸 도와줄 수 있는 그런 상반된 역할을 해야 해요.

춘영 이제 마지막 질문입니다. 풍물굿의 미래와 전망. 풍물굿이 어디에서 어떤 역할을 해야 되나 이런 주제입니다. 무형문화재에 대해서 불만이 있거나 다른 전망이 있는지, 또 달성다사농악이 문화재로 지정되지 못한 현실에 대해서는 어떻게 생각하시는지…?

관호 문화재 심사를 몇 번 받으면서, 위원들에게 조언을 받아 보면, 그분들이 농악이나 풍물을 제대로 이해 못하고 있다는 생각을 하게 돼요. 전문가라고 하지만 나만큼도 잘 알지 못한다는 거죠. 이론만 가지고서는 안 된다는 거죠. 결국은 생각이 안 맞다 보니까 저희는 우리 생각대로 가야겠다고 결정했어요. 그분들이 고치라는 것 중에 도저히 아닌 것도 있으니까…. 심사위원으로서 이론적인 건 말할 수 있지만, "이런 걸 고쳐라"고 단도직입적으로 말하는 거는 문제가 돼요. 문화재위원 위촉 때 민속학을 제대로 연구하고 그 분야에 적합한 사람들을 선정해서, 심사가 제대로 될 수 있도록 해야 합니다. 대학교수 같은 타이틀 중심으로 심사위원이 되다보니까, 그 동네의 서열이나 위계에 따라 결정되는 경우도 생깁니다. 여러 가지 회피제도도 있지만 요청을 잘 안 받아 줍니다. 우리는 심사위원을 제대로 위촉해서 다시 심사가 이루어지기를 바라고 있어요. 그런데 담당 공무원들 하는 걸 보면, 소통이 잘 안 돼요. 그분들은 지금 풍물패도 마치 옛날 어르신들, 못 배우고 순박한 어르신들 다루듯이 해요. 또 한편으로 짬짜미로 의심되는 안 좋은 사례들도 있죠.

춘영 그동안 많이 답답했겠어요. 달성다사농악의 경우만 문제가 아닌 것 같아요.

관호 선생님같이 현장 경험이 풍부하고 학문도 오래 한 분이 더 많이 나와서 활동할 수 있도록 저희도 노력해야 됩니다.

춘영 무형문화재 제도의 문제점과 한계가 있네요. 개인 배관호 혹은 달성다사농악의 배관호로서 앞으로 이루고 싶은 일이 있다면?

관호 현실에서 상당히 어려운데, 모듬북이나 창작보다는 전통의 풍물 그대로를 가지고 완성도를 최대한도로 높인 풍물을 만들어 내는 겁니다. 기능적인 거든 뭐든 자꾸 대중성만 지향하다 보면 전통을 잊어버리고 가치도 떨어지고 그래요. 그러나 전통을 지키면서도 대중들에게서 소외되지 않으려면 음악적 완성도를 높이는 게 급선무죠.

춘영 오래 건강하시길 기도하겠습니다. 고생하셨습니다. 고맙습니다.

5. 인천 강화열두가락 농악 상쇠 황길범

일시 : 2018년 5월 22일

면담자 : 황길범(남, 60대, 인천 강화)

강화열두가락농악단 대표, 강화용두레질소리보존회 대표, 인천무형문화재 제12호 강화용두레질소리 예능보유자, 제57회 한국민속예술축제 및 제27회 전국청소년민속예술제, 청소년부 대통령상 수상(총연출), 강화전통풍물보존회/강화열두가락연구회 창립, (사)인천무형문화재총연합회 이사, (사)대한민국농악연합회부이사장, 강화문화원 운영위원

면담 의도 및 상황 : 황길범은 "하나님을 사랑하자" 라는 가훈과 "시간을 아끼고 언제나 긍정적으로 생각하자"라는 생활철학으로 사물을 바라보는 통찰력이 뛰어나고 풍부한 정감을 지닌 인사로 강화전통열두가락 전승 및 보존과 보급을 위하여 노력하고 있는 인천무형문화재 제12호인 강화용두레질소리 인간문화재(예능보유자)이다. 인천시 강화군 송해면 양오리 기독교 가정에서 태어나 우리 민족의 오랜 정서와 애환 등의 희노애락이 알알이 베어있고 민족의 정감과 혼이 스며있는 귀중한 문화유산으로서 민족의 동질성을 계승하여 민족정기를 발휘시켜 민족의 융화와 단결을 공고히하는 정신적 자양소이기에 귀중한 것임을 강조하며 민족문화 보급에 일익을 다하고 있다. 강화의 고영환 선생과 고창문 선생, 최성원 선생으로부터 강화열두가락과 황인범 선생의 돌모돌리기를 전수받았다. 2001년 강화전통풍물보존회를 창립하고 2003년 제44회 한국민속예술축제 인천시 대표로 참가하여 기량을 발휘하였으며 2010년 인천무형문화재 제12호 예능보유자로 인정받았다. 그는 가장 한국적인 것이 가장 세계적이라는 선언적 주장과 열정이 충만한 사회적인 리더로 활동하면서 다양한 곳으로 길을 만들어가는 인사로 2007년부터 강화열두가락농악단 대표로 활동하면서 강화전통열두가락 전승을 위해 노력해오며 강화지역 전통문화 지킴이로 학교 및 지역 관내기관 등에서 강의와 강습을 통하여 강화지방의 전통문화를 알리는데 전념하고 있다. 독실한 기독교 장로의 삶을 영위하며 부인과 슬하에 딸, 아들을 두고 있다.

강화열두가락농악과 용두레질 소리의 연혁

춘영 강화열두가락 상쇠 황길범 님을 모시고 이야기 나누겠습니다. 황길범 상쇠님, 활동하시는 단체 소개를 부탁 드려요. 강화열두가락과 강화용두레 질소리가 같이 있잖아요?

길범 우리 단체가 어떻게 생겼는지 먼저 말씀드리겠습니다. 제가 97년도에 강화에 와서 최성원 선생님을 만나면서, '아, 이건 강화의 굉장히 귀중한 문화유산인데 이걸 정리하고 보존해야 되겠구나.' 하는 생각에서 그분을 따라 다니면서 배우기 시작했어요. 그때는 새마을금고 지하 주차장 아주 허름한 데서 하고 계시더라고. 그래서 내가 한 2~3년 지켜보니 이렇게 해서 안 되겠어요. 단체를 구성해서 관의 지원도 받고 체계적으로 정리도 해야 되겠다 해서, 2001년 6월 23일 강화도전통풍물보존회를 만들었어요. 그때부터 2, 3년 열심히 하니까 공무원들도 뻔히 알잖아요? 지원이 안 되면 없어진다는 걸. 나도 그때 30대 후반 40대 초반이어서 생활전선에도 뛰어 다니니까, 온전히 할 수가 없잖아요? 그때 시에서 "문화재를 지정해야 된다. 문화재 심사를 받아라." 하는 논의가 되어서, 급진적으로 2002년도에 풍물보존회에서 활동한 사람들 주축으로 문화재 심사를 받았어요. 그때가 월드컵 하는 핸데, 그해 8월 29일 초지대교 개통의식을 했고 한 달 후에 그 멤버들 그대로 문화재 심사 심의 공연을 했죠. 그때 강화의 독특한 가락이라든가 정서가 있기 때문에 대표할 만한 게 하나 있어야 되겠다는 데에 지역의 전통문화 연구하시는 분들도 뜻을 같이 했어요. 그런데 전통풍물보존회 회원 중심으로 심사를 받으니까 시에서 "용두레질 노래로 하든 농악을 하든 하나로 만들어서 해라." 하는

거예요. 그런데 최성원 선생님이 1986년도 민속예술경연대회 나갈 때 훈련 대장도 하셨어요. 그때 대통령상을 받아 오셨어요. 그런데 용두레질노래로 2003년도 11월 10일에 무형문화재 지정을 받으니까 풍물보존회 이름을 쓸 수 없잖아요? 그래서 '용두레질노래보존회'로 명칭 변경이 됐어요. 그런데 '용두레질노래'라고 하면 민요잖아요? 근데 우리가 실제로 하는 건 농악이거 든. 농악 판 안에서 황인범 선생님이 춤추는 게 있고 다른 요소들이 들어 있 었어요. 그래서 "이거 안 되겠다. 농악을 다시 심사를 받자." 하는 얘기가 됐 어요. 그때 지역에서 우리가 농악으로 많은 활동을 하고 있었는데, 이걸 객관 화하고 정리해야 되겠다 해서 내가 다시 전 강화를 다니면서 수집하고 정리 를 했어요. 강화 가락을 정리하다 보니까 우리 황인범 선생님의 농악이 순 강 화의 농악이야. 그래서 '열두가락연구회'라는 이름으로 2007년도에 다시 발

족을 했어요. 이제 11년 돼 가네. 처음에는 열두 가락이면 어떻고 열세 가락이면 어떠냐 하고 상관없이 진행이 됐어요. 그런데, 강화도가락이라고 하면 영남가락이나 호남가락이나 차별이 안 되잖아요? 영남이 얼마나 넓은데 그걸 가지고 영남가락이라고 다 얘기할 수가 없잖아요? 강화도에서 치면 강화도가락이지만 '강화도 특색은 뭐다.' 하는 게 있어야지. 그래서 내가 '강화도는 전통적으로 열두 가지를 가지고 농사지으면서 놀았으니까 열두 가락이라고 이름을 붙여서 후배들한테 물려주자.' 이렇게 정리한 거지. 노는 모습이나 치는 거나 장단의 빠르기 이런 건 같지만 그걸 우리 지역의 정체성을 가지고 가자. 예를 들면 우리 강화 사투리로 인사가 "안녕하셔시까"예요. "안녕하세요"가 아니라. 그런 것처럼 강화도 식으로 가락으로 치면 '저럴 땐 저렇게 치는구나.' 이렇게 이해를 하겠지. 그래서 열두가락연구회라는 이름으로 활동해요. 인천 지역은 통틀어서 부평의 삼산두레농악하고 우리 강화가 있고, 강화에는 열두가락하고 갑비고차 두 개가 있죠.

춘영   둘 다 강화농악인가요?

길범   그렇죠. 열두가락하고 갑비고차. 그런데 영종두레농악, 인천읍내걸립농악이라고 하면서, 그 사람들 거를 문화재 심사를 보겠다고 연락이 왔어요. 그래서 연구회란 이름으로 열두가락농악으로 문화재 심사를 보는데 농악이라는 것도 다양하잖아요? 그래서 내가 "두레농악인데 정월대보름에 하는 취군농악으로 해서 문화재 심사를 보겠다." 그랬어요. 취군농악이라고 해서 여기 강화에서는 취군패를 꾸민다고 하거든요. 다른 데선 취군이라고도 하더라고요.

춘영   전통적으로는 명칭을 취군패라고 했다?

길범   근데 그걸 언제 묶었냐? 정월대보름이라는 거야. 정월대보름에 일반적으로 지신밟기하고, 덕담하고, 쌀 받아가지고 돌아다니면서 걸립을 했잖아요? 그게 취군패들이 한 일이에요. 그래서 그 농악을 무형문화제 심사를 받는데, 나는 이미 용두레질노래를 2003년도에 받았거든. 그때 내가 전수조교였어요. 그런데 거기 황인범 선생님이 농악을 하니까 같이 넣으라는 거야. 결론이 어떻게 나냐면 평가에서 '이거 용두레질 노래 안에 있는 거냐?' 하고 물어요. 제일 중요한 게 가락이라는 거야. 가락도 있고 춤도 있고 판제도 있지만 결국은 용두레질노래 안에서 놀아야 한다는 거야. 그래서 당시에 강화도 열두가락취군농악으로 심사를 했는데, 심사위원들이 노래도 있고 농악도 있으니까 용두레질소리로 가자고 해서 문화재 명칭이 '강화 용두레질소리'로 바뀌었어요. 그때 소리에는 민요도 있지만, 꽹과리, 북 소리도 포함되는 거야. 그리고 농악을 하면 춤도 추게 되니 결국은 가무악이 다 있어요. 그래서 내가 지금 농악도 하고 소리도 하는데 대중적인 건 아무래도 농악이에요. 노래로 하면 초청공연에 안 와. 유지가 안 돼요. 그래서 농악으로 활성화하면서 노래를 끌어들여서 거기 온 사람들에게 농요도 가르치는 거예요. 그렇게 해서 농악 단체가 '열두가락농악단'이란 이름으로 하고 '강화용두레질소리보존회'가 연관돼 있는 거예요.

춘영 그러니까 단체가 같은데 두 가지 이름으로 활동을 하고 있다?

길범 그렇죠. '열두가락'이 홍보가 되니까 각 면에서 가르쳐달라고 오잖아. 이거 아무나 안 하잖아요? 재밌고 흥 많고 끼 있고 이런 사람들이 주로 배우러 와요. 그러다 보니까 면마다 농악단이 생겼어요. 이분들은 또 배웠으니까 놀고 싶을 거 아니에요? 그럼 자기들이 섭외해. 요양원이다 동네잔치다 다니면서 놀고 그래요.

춘영 정리하면 정확하게 주관하시는 단체 이름이 뭐예요?

길범 여러 개라니까. 그중에서 '강화열두가락농악단'하고 인천무형문화재 '강화용두레질소리보존회' 두 개가 가장 기초적인 거. 그리고 사단법인 인천시 무형문화재 총연합회에 감사로 있고….

춘영 상쇠님 활동이 엄청 많아요….

길범 많지. 정규 공연으로 시에서 하는 거 해 줘야지, 대회 나가야지, 또 학생들도 교육하지. 그 밖에도 초청공연 일 년에 한두 번씩 들어오지…. 그러니까 많아지는 거예요. 근데 어려운 점은 그렇게 해도 운영이 잘 안 되잖아? 시에서 돈 백만 원 줘 봤자 운영하기 어려워요.

황길범 상쇠의 풍물굿 인생

춘영 순서가 좀 바뀌었지만, 황길범 선생님 인생 내력 이야기를 좀 듣겠습니다. 어디서 태어나셨어요?

길범 태어난 데는 강화도 송해면 양오리.

춘영 어릴 때부터 이런 문화를 자주 접하셨어요?

길범 약간 봤죠. 초등학교 다닐 때. 근데 그 무렵에 아버님을 따라 서울 이태원초등학교로 전학 갔어요. 할머님은 여기 계시고.

춘영 외지에 나갔다가 다시 들어 왔네요? 다시 강화도로 들어온 거는 이것 때문에 들어오신 건 아니죠?

길범 그건 아니죠.

춘영 그러면 어떤 상황 때문에?

길범 서울에서 조그마한 사업을 하는데 어려웠어요. 집사람이랑 애들이 있으니까 뭐라도 해야 되겠다 하는데 마침 처남이 여기서 학습지 사업을 하다가 자기는 딴 거 한다고 이걸 해 보라고 한 거야. 처음엔 집사람만 했는데, 하다 보니 관리를 해야 해서 내가 어느 정도 도와주고 배달도 해 주고 여기저기 다니다 보니까 강화가 이래선 안 되겠구나 하는 생각이 들었어요. 그러던 중에 명절 때만 되면 내가 그랬거든, "아니 농악단 안 하냐?" 그런데 할 사람이 없다는 거야. 아쉬운 생각을 가지고 있다가 최성원 선생님이 새마을금고에서 가르친다는 얘기를 듣고 찾아갔어요.

춘영 그러니까 1997년도에 강화에 내려오시고 그다음에 최성원 선생님 뵌 것도 1997년이죠?

길범 1998년도 정도.

춘영 그럼 단체를 만든 것이 언젠가요?

길범 2001년도에 강화도풍물보존회를 만들었죠.

춘영 2001년도까지 최성원 선생님께 많이 배웠겠네요?

길범 그럼요. 일주일에 한 번씩 다니면서 배운 거죠.

춘영 그리고 황인범 선생님 만난 건 언제죠?

길범 그때 그 풍물보존회를 만들면서 황인범 선생님 만나 같이 활동하게 된 거죠. 가락을 치면 놀아야 되잖아? 그 어르신이 와서 해야 된다고….

춘영 황인범 선생님 주로 하신 건 뭐예요?

길범 돌모상쇠에요. 돌모상쇠라는 게 뭐냐면? 꼬꾸매 돌리면서 쇠 들고 뛰어다니는 게 강화에서는 쇠 '상공'이라 그러더라고….

춘영 상공은 두레에서 상공이라고도 해요.

길범 예, 그렇죠. 지금 경운기가 고장 나면 기술자가 와야 되잖아? 그 기능공에서 공 자가 기술 공(工) 자 아니에요?

춘영 그렇죠.

길범 마찬가지로 두레기가 나가야 되는데 20명이 두레기를 앞세우고 김매러 나간다고 할 때, 거기에 꽹과리 상쇠가 없으면 두레기가 안 나가는 거야. 그러면 상쇠는 기술자야. 옛날에 열두가락연구회 하면서 다니는데, '아유 그 사람은 기술자야.' 그래요. 우리보고 기술자라는 거야. 기계 잘 고치는 사람이 기술잔 줄 알았더니, 놀고 돌리고 하면서 가르칠 줄 아는 사람을 기술자라고 하더라니까. 그러니까 '최고의 기술자가 상공이 아니겠느냐?' 그런 생각을 해 봤어요. 그러니까 상쇠는 잘 놀아야 되고 가락도 잘 쳐야 되고 전체를 다 끌어나갈 수 있는 리더십이 있어야 된다는 거지. 그게 상공이에요. 우리 두레에서는 사람들을 다 상쇠를 앞잡이쇠, 앞고잽이쇠라고 해요. 누구든지 상쇠 잡으면 "앞고잽이 해 봐. 니가 이번에 해 봐." 그러는 거지. 그렇게 놀았어요. 그 앞고잽이 상쇠 꽹과리를 황인범 선생님이 하다 보니까 그분은 돌리는 거는 잘 돌리고 춤추는 거는 잘 논단 말이야. 그런데 뛰어다니는 것만 되는 거야. 그러면 또 가락은 최 선생님이 보강해 주고. "그럼 다 상쇤데 돌모상쇠, 가락상쇠 그러면 이거 어떻게 된 겁니까?" 하고 내가 물어보니까 최 선생님이 "가락상쇠, 돌모상쇠 이렇다." 하고 얘기를 하시더라고. 그래서 그때 우리가 정리를 해 버렸어. 가락상쇠가 끌고 나간다 하는 걸로.

춘영 그렇죠.

길범 그런데 다녀보니까 돈이 생겨, 밥이 생겨? 이게 그냥 놀기만 하는 거지. 일단 개념 정리를 하자면 열두가락은 12가지를 연행한다. 노동을 할 때, 김매러 다닐 때, 사람 모으는 가락이 있고 나갈 때 하는 가락이 있고, 또 빨리 갈 때 하는 가락이 있고, 끝날 때 하는 가락이 있다. 도착해서 하는 가락이 있고, 흥나게 놀 때 치는 가락이 있고 여러 가지가 있다…. 근데 강화는 어촌이니까 배치기도 있고, 뱃가락도 있다. 열두가락이라는 이름으로 12가지를 얘기한 거지 다른 음악적인 건 없어요.

춘영 제가 청도 자산농악 심태훈 상쇠를 만났는데, 지역에 고유한 내용을 많이 가지고 있다는 느낌이 들었고 그런 것을 후세대, 학생들한테 잘 전해주는 것 같았어요. 여기 강화열두가락도 보존하고 공연할 내용이 정말 많네요.

길범 그걸 이제 '생활화해야 한다.' 하고 내가 20년 전에 그 생각을 했던 거예요. 그래야 좀 활성화가 된다…. 그때 운이 맞은 게 김대중정부가 들어서면서 주민자치센터를 만들었어요. 그래서 강화의 많은 주민자치센터에서 내가 그걸 가르치게 됐지.

춘영　시대를 잘 타고 나셨네요. 원래는 이게 상쇠님 직업이 아니었잖아요? 이 일에 대한 확신, 직업을 넘어서 분명한 확신을 가지게 된 게 언젠가요?

길범　저는 강화도가 고향이고 마냥 좋아했고, 서울에 살면서도 오히려 강화를 자주 다녀갔어요. 내가 좋아서 강화에 돌아와서 학습지 사업을 하면서도, 오토바이 타고 지역에 돌아다니면서 사람을 만날 때마다 사람들한테 말해요. "'강화' 하면 뭐가 생각나요?" 근데 모르는 거야. 이 사람들이 토박이라고 하면서도 기껏해야 마니산, 강화인삼이야. 그건 제주도 사람들도 알고 있는 내용 아냐? 남들이 모르는 걸 알고 있어야지. 그때 최성원 선생님한테 가락을 배우러 다닌 거예요. '야, 이거다.' 지역에서 정치 할 것도 아니고, 문화예술에서 확신이 든 거예요. 그때 '내가 희생을 해서 잘 정리해 놓으면 후대들이 나를 좋아하겠지.' 그런 생각을 가졌어요.

춘영　좋습니다. 상쇠님이 활동을 해 오신 내용은 강화를 넘어서는 의미가 있는 것 같습니다. 강화든 어디서든 전통과 문화예술을 만들어 간다는 게 쉬운 게 아니거든요.

길범　그렇지. 내가 아픔도 많았어요. 사실 당시 내가 30대 후반인데 먹고살아야 되니까, 신념이 없어서 쉽게 못 덤비는 거야. 내가 집사람한테 뭐라 그랬냐면? "남자가 태어나서 목숨을 걸 때가 있는데, 나라를 위해서도 목숨을 걸어야 되고, 자기가 옳다고 하는 신념에 목숨을 걸기도 한다." 그때 내가 선택을 한 거야. '결국엔 죽을 건데 뭔가 한번 저지르고 죽는다.' 군인은 나라를 위해 총 맞아 죽는 게 명예로운 거 아니에요? 올바른 신념을 가지고 내가 우리 열두가락 농악을 보존해야겠다. 그러다 보니까 내가 문화재가 된 거야.

문화재 전수조교로 있으면서 내가 가락이랑 내용을 다 정리했어요. 조교 하면서 2008년도에 문화재 심사를 받았죠. 그렇게 해서 2년 후 2010년도에 인천시에서 문화재 지정을 해줬어요.

춘영 빠르게 진행을 하신 거예요. 얼마 전에 전국청소년민속예술경연대회에서 여기 학생들이 대통령상도 탔잖아요? 제가 그 현장에 같이 있었어요.

길범 우리가 대를 이으려면 그것도 하나의 연속성을 가지고 노력을 해야 되요. 대를 이으려면 학생들밖에 없다. 덕신고등학교를 빨리 잡았죠. 제가 장기적인 목표를 세웠어요. 학교 지정을 해서 강화 가락이랑 농악을 전수시키자. 한 방편으로 청소년민속예술경연대회를 나간 거예요. 그게 2016년도야. 인천시 대표로 우리 학생들이 청소년민속예술경연대회 나갔어.

춘영 한국 청소년민속예술경연대회가 16개 광역에서 다 나와요. 덕신고등학교 학생들이 인천시 대표로 나갔다는 거잖아요?

길범 인천시 대표로 나가야 하니까 일단 소품만 준비하자. 천만 원 가까이 들여서 당시 용두레 20개를 준비했어요. 그해 8월이 또 얼마나 더웠다고…. 당시 군수님, 군의장님을 찾아갔어요. 군의장이 덕신고등학교 선배니까 찾아가서 그랬어요. "이번에 우리가 30년을 한 대로 볼 때, 청소년부가 장관상이라도 한번 받아오면 우리는 강화의 대를 이었다고 떳떳하게 얘기하며 살아 갈 수 있다. 이게 우리가 할 일이다. 이거 좀 도와주쇼." 군수님이 알았다는 거야. 자기가 직접 돈은 못 주지만 방법을 찾아보겠다고 격려해 주는 거야. 그다음에 응원부대가 있어야 되잖아? 그때 응원부대를 모집했어. 그때 전주까지 차가 몇 대가 간 거야. 사람을 모았어요. 응원단을 5월부터 10월까지 모으기 시작한 거예요. 모으고 또 조금씩 나가는 격려금도 모아서 차를 한 대 딱 마련했어. "한 400~500만 원씩 마련해서 우리 한번 갑시다. 10월에. 이거 안하면 강화사람들 아니다." 반 협박을 해서 사람들 다 모아 놓은 거야.

춘영 그때 무형유산원에 황토 깔아가지고 분위기도 좋았어요. 제가 황토 깔고 천막 치는 것까지 봤다니까요. 그때 현장에 제가 있었어요. 강화열두가락보존회에서 정말 잘 준비했고, 학생들도 정말 잘 했어요.

길범 그때 5톤 차 1대와 버스 4대 총 5대가 내려왔다니까. 이제는 힘들어요.

춘영 사실 대통령상 타기도 엄청 힘들죠.

길범 힘들어요. 농악 하는 사람이 악기 가지고 나와서 노는 건 쉬워. 근데 그런 소품 준비하고 강화지역민들의 여론을 모으고 힘을 모아서 같이 "지역의 전통문화를 가져가서 전국에 한 번 알리자." 이런 것을 끄집어내는 과정이 있었는데, 강화열두가락소리 전체 과정이 다 들어가야 되거든. 그때 많은 사람들이 좋게 봤을 거예요.

강화열두가락보존회의 한 해 살이

춘영 상쇠님 강화용두레질소리 혹은 강화열두가락보존회의 1년 과정에서 빼놓지 않는 중요한 활동이 어떤 게 있나요? 지역적인 맥락이든 예술적인 맥락이든 교육적인 맥락이든 중요한 활동들 소개해 주세요.

길범 제가 아까도 얘기했지만 강화의 전통문화를 저변 확대를 해야겠다는 게 우선적인 목표예요. 이것이 지역에서 생활화가 되려면 전수라는 개념보다도 같이 어울려야 되잖아요? 그래서 매주 각 문화원이나 삼산면, 화도, 하점, 강화읍의 노인복지관 다니면서 지도하는 것이 중요한 제 일이에요. 또 결국은 배워서 뭐 할 거야? 행복해야 하잖아요? 두들기며 놀고 즐거워야 되잖아요? 즐거운 놀 거리를 마련해 주니까 지역의 행사, 축제 때 들어가서 놀게끔 만들어주는 거…. 그다음에 공개발표회를 해야 되잖아요? 일 년에 한번 마니산 개천 대축제를 해요.

2019년 5월 28일 강화용두레질소리 시연중 길놀이(사진 양종훈)

춘영 공연이 많네요. 일 년에 공연을 몇 번 해요?

길범 2017년 작년에 봉사 공연까지 모두 54회를 했어요.

춘영 공연 내역을 다음카페에 다 정리를 하시잖아요?

길범 그 카페에다가 다 그대로 올려요. 내가 다 찍어서 편집도 하는데 이거 힘들어요. 집사람보고 좀 도와달라고도 하는데, 내가 정리하고 편집을 해가지고 혼자서 다 올려요.

춘영 저도 자료가 많지만, 조사한 자료 편집까지 하고 매번 올리는 건 정말 어렵죠.

길범 그것도 잘못 찍어서 올리면 사람들이 내려달라 그러고, "나는 왜 안 올렸나?" 이러고 말들이 많아요. 사진, 영상에 음악도 깔고…. 아무튼 SNS에 홍보가 다 되니까 좋아요. 그나마 요즘 스마트폰이 좋아서, 설치해 놓으면 자동으로 촬영이 되어서….

춘영　단체의 성격은 기본적으로 무형문화재인 거잖아요? 근데 제가 이 프로젝트에서 황길범 상쇠님을 모시게 된 건, 활동하시는 내용을 보면서 굉장히 모범적이라는 생각이 들었기 때문이에요. 미래에의 전망을 가지고 비전을 가지고 활동하시는 것 같다는 인상을 받았습니다.

길범　지금 현재진행형이에요. 그래서 이미 20년 전에 캐릭터를 만들어냈어요. '콘텐츠화하고 이미지화해야 한다, 결과적으로 이득이 있어야 사람들이 온다, 명예가 됐든 돈이 됐든 자긍심이 됐든 뭘 심어줘야 한다….' 그래서 그때 캐릭터를 이미지화 했어요. 당시에 문화산업으로 해서 강화군하고 연계해서 '이걸 가지고 가면서, 거기서 나오는 걸 조금만 우리한테 떨어뜨려 주면 문화예술진흥기금으로 강화에 활성화되지 않겠냐?' 하고 생각한 거예요. 그걸 이제 실행시킬 거예요. 그래야만이 후배들이 '야 저기 들어가니까 노는 것만 아니라 뭣도 생겨 그러면서 문화적인 보람도 있다.' 그러니까 이 사람들이요 달라지는 거야. 돈하고는 상관이 없는 거야. 거기에 명예를 가지고 긍지를 가지고 덤비더라니까. 그걸 심어주려고 작업을 해 놨으니까, 앞으로 그거를 잘 더 활성화시켜야겠다는 생각이지.

춘영　여러 놀이와 노래, 파접농악, 취군농악 이런 명칭들에 대해서 설명을 해주세요. 활동하고 있는 명칭들의 갈래를 지어주신다면?

길범　전체적으로 말하면 가락은 바탕에 깔리는 거예요. 농악가락은 절기마다 하는 내용이 달라요. 파접농악은 농사지을 때 하는 거야. 김매기가 7월 백중날 끝나잖아요? 그날 노는 게 파접이야. 다른 데서는 호미씻이라고 그런다더라고…. 그다음 9월, 10월부터는 탈곡 다하고 나서 정월대보름 때까지 한 5~6개월 동안은 논단 말이에요. 그때는 굿 준비 한다고 고깔도 만들고 옷도 준비하고 삼색 띠 가사도 빨아서 준비해요. 그렇게 해서 정월에 다니는 게 취군패야. 그게 취군농악이에요. 그리고 용두레질노래는 농요죠. 들노래, 김 매는 노래, 모 찌는 노래가 있어요. 농악하고 민요는 전혀 다른 분야예요. 근 데 우리가 김맬 때 노래하면서 놀기도 하지만 나와서 꽹과리치고 놀기도 한 다고. 그래서 노는 내용이 같으면서도 다른 거지. 사실 예전에는 '용두레질노 래'라고 하지도 않았어요. '물 푸는 노래'지. '물들 푸세요.' 그래서 물 푸는 노 래야. 물 풀 때 바가지나 맞두레 가지고 푸지 않고 용두레 가지고 펐으니까 용두레질 노래라고 하는 거예요.

춘영 어쨌든 농악과 노래가 가장 핵심적인 거 아니에요?

길범 예, 농악이랑 소리하는 게 핵심적이죠.

강화열두가락농악의 판제와 장단

춘영 다른 지역에 없는, 강화열두가락에만 있는 장단 몇 개만 소개 해주시 죠.

길범 장단의 빠르기는 전국적으로 비슷해요. 이쪽에서 치는 거는 잔가락이 좀 많이 들어가 있어요. 느린길가락 같은 경우 논에 나갈 때는 빨리 갈 이유 가 없잖아? 어떻게 치냐면 "땅그당땅 땅그당땅 땅그당땅그당그당 땅~, 땅그 당땅 땅그당땅 땅그당땅그당그당 땅~ "

춘영 지금 치신 게 길가락이죠?

길범 이건 느린길가락이에요. 길을 멀리 갈려면 시간도 없고 빨리 가야 되 니까 빠른길가락이라고 해서 칠채로 치고 이건 느린길가락이에요. 이게 기 본가락이에요.

춘영 빠른 길가락은 어떻게 쳐요?

길범 빠른 길가락은 이 칠채에요. "땅 그당땅, 땅 그당땅, 땅그당 땅그당, 땅

그당땅, 땅 그당땅, 땅 당그당 당그당땅~~" 빠른길가락도 끊어 치기가 있어요. 빠른길가락 끊어치기는 "땅 그당땅, 땅 그당땅, 땅그당 땅그당, 땅 그당땅, 땅 그당땅, 땅당그당 땅 딱~~" 칠채 빠른길가락을 다 치고 들어오잖아요? 목적지에 다 와서 마당에 왔다고 치는 마당일채가 있어요. 마당에 다 왔으니까 인사 한다 그래서 '인사가락'이라고 그래요. 그러면 집에서 밥상도 내오고 술상도 보고 준비하는 거예요. 마당일채는 칠채 맨 뒷부분이에요. "땅 당그당 당 따당, 땅 당그당 당그당땅, 땅 당그당 당그당땅~~" 이거는 많이 안 쳐요. 그다음에 이채로 올라가는 거야. '탱탱 가물어'를 쳐요. "탱탱 가물어, 가물어 가물어, 탱탱 가물어, 가물어 가물어~~." 이채 하다가 다음으로 삼채로 넘어가야 될 거 아니야? '삼채 삼동주'는 "당그다 당그다 당 다 당그당~, 당그다 당그다 당 다 당그당~, 다당그 다당그 당그다다당." 이게 '삼채 삼동주'에요.

춘영 얼쑤~! 맛이 다르네요.

길범 또 '찔러매기'라고, 쉴 때 치는 가락이 있어요. 춤추고 논 사람들도 한시간 정도 치면 쉬어야 될 거 아니에요? 그러면 느린찔러매기는 느리게 찌르고, 자진찔러매기는 자주 찌르는 거야. 느린찔러매기는 아까 사채길가락 치다가 "당 당그당 당그당 딱, 당그당 당그당그당 딱, 당땅 떡 떡, 떵 그닥 그닥 딱, 땅~ 좋다, 땅 그당 그딱 땅, 당그당그당그 당그당그당그 당그당그당그 당그당 당땅 얼쑤~, 당그닥 떡 떡, 땅~ 좋다!" 이러면서 끝내는 거야. 쉬었다가 마지막에 그 가마솥에 뜸 들인다 그러지. 풀어준다. 가락은 보통 그거 가지고 다 노는 거예요. 이거에 우리가 자진찔러매기도 하고 느린찔러매기도 하니까 가락으로 따지면 쓰임새, 용도가 놀 때마다 다 다르니까 열두 가지가 있다고 하는 거예요. 거기에 배치기도 있고 기절가락도 있어요. 기절가락은 기가 절할 때 치는 거예요. 그거는 우리가 월드컵 때 많이 했던 "대한민국~!" 이거야.

춘영 들어보니까 특이한 가락이 엄청 많네요.

길범 가짓수가 좀 돼요. 농사지을 때 했던 거니까, 농사일의 마디마다 조금씩 달라지는 거지. 아까 기절가락은 여기 이 논에서 두레기가 나가잖아? 저쪽에 영자기(영기)가 있어. 저쪽 딴 데서 왔으면 기절가락을 시키는 거야. 저쪽에서 영자가 와 가지고 "기 절 한 번 받아라." 그러면 기 한 번 휘둘리고….

춘영 기가 두 마을에서 나오니까 두 개인 거죠?

길범 기가 두 마을에서 각각 나와 두 패니까 서로 절하는 거야. 1986년도에 대통령상 받을 때 거기 기절가락도 나와요. 내가 다른 데 행사할 때 보니까 강원도인가 그 사람들이 농사풀이 할 때 이 기절가락 비스무리하게 치더라고…. 기가 기세를 과시하는 거거든요. 마을의 세력을 과시한다고 보는 거예요. 근데 기절가락이 어떻게 월드컵 때 응원구호가 됐을까? 희한한 거야. 그게 자동으로 우러나왔을 거 아냐? 기절가락 치다 보면 기운이 막 불어나요. "대-한민국, 대-한민국, 짜작짜작짝!" 근데 그 앞에만 해서 "깽 깨갱깽, 깽 깨갱깽, 깽 갱 갱 갱, 갱 깽 깨 갱!" 이렇게 쳐요.

춘영 그런데 고무 뽕 있는 이 꽹과리채는 언제쯤 만들어졌을까요?

길범 오래됐어요. 제가 그때 강화열두가락연구회 다니면서 공연할 때….

춘영 누가 만들어주신 거예요?

길범 그 동네에서 치던 거를 가져온 거지. 수집한 거야. 이거까지 세 개. 이게 삼산 거던가? 강화에선 공통적으로 다 이렇게 썼던 거예요. 이걸 왜 고무로 만들었냐면, 뽕이 작잖아요? 왜 그러냐면 쇠가 얇잖아요, 그러니까 세게 치면 쇠가 깨져. 그니까 쇠채도 이렇게 잡고 세게 안 쳐요. 젖어 들어가게 치지, 튀어나가게 안 쳐요. 그래서 제금 울려주듯이 "장가랑 장가랑" 하게 울려주지. 이렇게 치니까 깨지지 않아. 다른 건 확실히 금방 깨져. 이렇게 쓰면 세게 못 쳐요. 그렇다고 이것이 우리가 신명을 못 일으키는 건 아니야.

춘영　재미있어요. 채 잡는 법이 정말 특이해요.

길범　옛날 어르신들이 그렇게 치더라니까….

춘영　쥐는 게 신기해요. 쥐는 건 어떻게 쥐세요?

춘영　상쇠님 이제 꽹과리란 악기 중심으로 들어가 볼게요. 꽹과리 악기에서 상쇠님이 추구하는 성음, 추구하는 소리가 있잖아요? 어떤 소리를 추구하는지 말씀해 주세요.

길범　일단 이걸 배우려고 사람들이 오잖아요? 뭐 잡을래, 물어보면 다 꽹과리 잡으려고 해요. 성격상 꽹과리 잡으려고 설치는 사람이 앞서려고 하는 사람이에요. 나서려고 하는 사람들이 북 잡고 나설 순 없잖아요? 사실은 가죽악기 북이 중요한데…. 난 꽹과리를 양적인 악기로 봐요. 음양으로 보면 쇠소리는 다 양이고 가죽소리는 다 음이에요. 음양이 만나면 신명이 나잖아? 좋잖아요? 그니까 쇠가 장구하고도 어울리고 북하고도 잘 어울리는 거예요. 대신 징하고는 안 어울려. 혼자 치면 외롭고….

춘영　꽹과리 혼자 치면 좀 그래요.

길범　그니까 쇠와 가죽이 음양이 맞아야 잘 어울린다니까…. 그래서 나는 그런 쪽에서 봐요. 또 꽹과리 소리가 신명을 내야 되잖아요? 신명의 소리에, 그 잔가락에 특히 신경이 예민한 사람들, 까다로운 사람들이 풀어줄 수 있다고 보는 거예요. 막 잔가락을 쳐주면 그 소리의 주파수가 우리한테 좋아. 여기에 가죽악기가 들어가면 서로 어울려가지고, 예를 들면 된장국에 호박이나 두부, 무가 들어가서 이런 맛이 나는 거야. 그니까 꽹과리가 혼자 튀면 안 돼요. 꽹과리가 중저음에서 젖어서 북하고 어울리게끔 스며드는 그런 소리여야 된다는 거죠. 중저음에서 이게 그런 느낌의 소리예요. 그러면서 꽹과리 자체에서 잔가락 소리가 나야 돼요. 여기서 "짱가락 짱가락~" 소리가 나잖아요? 근데, 요새 나오는 꽹과리는 "깽깽" 강하게 소리가 나서 너무 이기적이야. 혼자만 잘났다고 생각해. 농악은 판에 들어가서 같이 어울리고 소통하려고 하는 소리 아닙니까? 결과적으로 나는 꽹과리에서 중저음의 소리가 나야된다고 봐요.

풍물굿 상쇠의 역할과 덕목

춘영 이제 상쇠론에 대한 질문입니다. 꽹과리 연주자와 좀 다른 차원에서 상쇠의 역할은 뭡니까?

길범 상쇠의 역할은 가장 우선적으로 앞서서 끌고 가는 리더라는 거예요. 누군가는 전체 판을 책임지고 끌고 나가야 되는데 그 사람이 상쇠란 거죠. 가락을 못 쳐도, 예를 들어 목소리가 크다든가, 재력이 있어서 들어와서 이 판을 끌고 간다…, 그러다 보면 결과적으로 그 사람이 상쇠가 되는 경우도 있어요. 쇠 잡았다고 다 상쇠가 아니라. 상쇠의 역할은 모든 걸 다 아우르고 끌고 나갈 수 있는 덕을 갖춘 사람이라야 한다는 거죠. 이건 큰 리더십이지. 거기에 또 재능도 있어야 하잖아요? 재능이 없으면 누가 따라주겠어요. 인정 안하죠.

춘영 당연히 재능도 있어야겠죠. 이 재능이라는 부분을 세부적으로 말씀해주세요.

길범 우선 눈에 띄는 것은 음악적인 재능이지. 예능적인 재능. 이게 덕목으로 들어가요. 그런데 실은 순서가 그렇지가 않아요. 상쇠의 덕목에서 첫째는 열정이야. 열정이 없으면 되냐고? 조 박사님도 열정이 있으니까 이렇게 다니는 거 아니에요?

춘영 그럼요.

길범 열정이 있되 그 안에 고집이 있어야 돼요. 그다음에 인내인데, 그건 어울림으로 나타나요. 인내를 못하면 어울려지지 않아요. 나도 이거 가르치다 보니까 조금 상처 받잖아? 나와 버려. 그럼 어울려지나? 안 어울려지지. 근데 열정이 있고 참을성 있는 사람은요 무슨 얘길 들어도 와요. 이게 혈액형하고도 관계가 있더라니까 A형이나 O형 이런 사람들은 좀 그래도 무던해. 근데 AB형이나 B형은 계산이 빨라가지고 뭐가 안 맞으면 나가 버려. 여기 뭐 돈이 나와, 밥이 나와? 사람들이랑 어울려지지가 않아서 결국 이걸 못 배워요. 근데 무슨 얘길 듣더라도 끝까지 버티는 놈이 있어요. 끝까지 남는 자가 승리한다니까. 내가 그런 거예요. 인내가 있다는 건 의지가 있는 거야. 신의가 변하지 않아요. 그니까 결국은 열정 있어야 되고, 참을성 있어야 되고, 마지막에 재능이야. 음악적인 재능. 재능은 경험을 많이 하다보면 판을 익히게 되고 전체적인 판을 읽어서 끌고 나가게 되더라고…. 이게 상쇠의 덕목인 거 같아요.

춘영   다른 상쇠들도 많이 비슷합니다.

길범   나도 상처로 말하면 얼마나 많았겠어요? 우리 강화에서 전통문화의 맥이 끊겼었잖아요? 전국적으로 다 그랬죠. 한동안 산업화다, 새마을운동이다 하면서 다 끊겼잖아요? 끊긴 그 세대가 바로 내 윗세대예요. 내가 어려운 점이 그거야. 내가 20년 전에 '이 전통문화는 누군가 보존해야 된다.' 그런 생각을 가지고 덤볐는데 윗세대에서 너무 많이 끊겼어요. 그 사람들은 그걸 안 한 거지. 간과해 버린 거예요. 근데 지금 지나고 보니까 이게 좋은 거야. 그때 분들은 이미 다 돌아가셨어요. 이제 배우려면 나한테 와야 돼요. 내가 그걸 전수 받아서 다 정리해 놓으니까, 나를 통해서 다시 이어지는 거야. 지역 선배고 후배고 나한테 와서 선생이라 해야 되고…. 선배들이 나한테서 배우는 건 껄끄러우니까, 내가 그걸 지혜롭게 풀어 가려고 노력하고 있어요.

춘영   지혜롭게 잘 하고 계시는 것 같습니다. 한편 이런 현실이 슬프기도 하고…. 다음은 상쇠 학습을 여쭤볼게요. 황길범 선생님은 상쇠가 되기까지 어른들께 전수 받은 내용이나 본인이 스스로 노력한 내용을 말씀해 주세요.

길범 내가 이 일에 뛰어든 목적은 이 전통문화를 살려서 전승해 나가야 된다는 거였어요. . 내가 생각한 바가 있어서 최성원 선생님을 찾아가서 혼자 배울 때 '야, 이거 이대로 놔 둬선 안 되겠다. 누군가는 이거를 보존시켜야 되겠다.' 느낀 게 있거든. 내가 꽹과리가 뭔지 리듬이 뭔지는 모르지만, 어느 날 북을 쳤는데 그 양반이 처음부터 끝까지 다 한번 치잖아요? 이렇게 연행을 한단 말이야. 근데 다 따라 쳤어요. 무슨 가락인지는 모르지만 그냥 다 따라 쳤어요. 그랬더니 선생님이 이걸 계속 배우라는 거야. 강화군 당산리 양당에 양당초등학교가 있는데 내가 11회 졸업생입니다. 동창들이 여기 많이 살아요. 정월에 그네들을 만나면 화투나 치다가 싸움이 나는 게 다반산데, 내가 그랬어요, "우리끼리라도 동창회 때 만나면 정월이나 명절 때 풍물 치고 놀자. 최성원 선생님한테 가서 이걸 익히자." 그렇게 시작이 됐어요. "넌 북 배우고, 넌 장구 배우고, 난 꽹과리 배울 테니까…." 그렇게 해서 내가 꽹과리를 시작했어요. 내가 꽹과리 들고 들어가서 쳤어요. 최성원 어르신이 나한테 딱 한 잔 주더니 "야, 그래 많이 쳐 봤어?" 이러는 거예요. "아니 처음이에요." 했더니, "많이 쳐본 거 같아. 자네 꽹과리 되겠는데?" 이러는 거예요. 지금 내가 20년 동안 지도를 해보니까, 꽹과리 칠 사람은 따로 있는 거야. 아무나 안 돼. 가르쳐도 안 되는 사람이 있어요. 근데 이렇게 딱 보면요. 오자마자 될 놈이 있어요. 되면 빨리 그쪽으로 몰아야 돼. 그래서 묵기(자기 몫을 챙기거나 어떤 일을 행하는 것, 강화도 방언)가 있다니까…. 저놈은 북이요, 저놈 꽹과리라고 내가 알아요. 그래서 난 이제 딱 보면 알아. 답이 나와.

춘영 말씀 들어 보니 선생님이 거꾸로 제자를 쫓아 다녔네요.

길범 나랑 같이 하게 하려고…. 내가 시간은 자유롭잖아? 내 맘대로 할 수 있잖아? 관하고도 관계가 좋지. 막 쫓아와서 '나하고 같이 하자'고 그러면서 내가 배우려고 그러는데 상쇠 공부를 따로 할 수가 없잖아요? 겨우 일주일에 한 번 만나야 되니까, 그래서 못 배우겠다고…. '아, 이건 안 되겠다.' 그래서 군청에 들어가서 공연 섭외를 해 달라 그랬어요. '개업식, 기념행사, 건물 기공식, 준공식이 있으면, 그냥 가서 칩시다. 이걸 쳐야 액운이 물러가요.' 하면서…. 군청 담당계장이 내 동창이야. 그래 가지고 연락을 계속해서 공연 섭외를 했어요. 최성원 선생님한테 가서 말씀 드리면, 공연 연습해야 될 거 아니야? 그렇게 연습하면서 하나 배우고, 공연하면서 또 배우고, 그렇게 익혀나간 거죠. 그게 상쇠 학습이지 나는 특별한 방법이 없었어요.

춘영 제가 쉽게 물어본 건데, 우문현답으로 말씀해 주시네요.

길범 아니, 그러면서 매도 많이 벌었지.

춘영 누구한테요, 선생님한테요?

길범 누구를 때려서 매가 아니라 마음의 상처, 이런 걸 주는 그 양반이 상쇠 아니야? 옛날에 영상산업단지 기공식이 있었어. 내가 부상쇠로 들어갔어요. 테이프 커팅 한다고 사람들 다 빠져나간 다음에 내빈석이랑 객석이 텅 빈 상태에서 무대에 나가서 치게 생긴 거야. 그러면 우리는 꼴이 말이 아니잖아요? 사람들이 행사(테이프 커팅)하는 데로 다 가 버렸으니 분위기는 이미 끝난 거 아냐? 그래서 내가 최 선생님 저기 갔다 오는 걸 보면서 먼저 쇠를 울렸어요. 어떻게 됐는지 알아? 그 이거(꽹과리채) 잡아봐. 이거 있잖아. 여길 팍 쳐 가지고 뽕이 뚝 떨어졌다니까.

춘영 성깔 있으시네요.

길범 아우 성깔 있지. 그니까 왜 먼저 치고 나가냐 이거야.

춘영 풍물굿의 법도가 전라도나 이런 데선 상쇠가 가락을 내지 않으면 함부로 칠 수 없어요. 그런 거예요.

길범 근데 나도 모르게 그 순간을 놓치기가 싫은 거야. 그래 가지고 내가 올림가락 있잖아? 그거 휘모리장단을 치고 있는데 상쇠가 와서 팍 치는 거야. 그때 이제 상쇠의 중요성, 여러 가지 법도를 알았지.

춘영 그게 현장에서 상쇠 학습인 거잖아요?

길범 그것이 상쇠 학습이에요. 그게 하나의 학습이고 경험이고 그랬죠. 또 많은 대화를 하면서 배웠어요. 그 어르신한테…. 지혜롭게 사람을 다루는 법도, 판 이끌고 가는 것도….

춘영 최성원 상쇠님께 학습한 게 또 있나요?

길범 그분은 춤은 못 춰. 근데 이게 놀이를 하려면 춤을 추고 놀아야 되잖아? 그건 또 황인범 어르신이 있어요. 상쇠 학습 중에 돌모 돌리기가 있는데 그건 황인범 어르신이 가르치셨지. 이 어르신은 황해도 분인데, 최성원 선생님하고 맨날 싸워요. 왜냐면 둘이 서로 상쇠 잡고 리더를 해야 되니까. 황해도 피난민들이 아주 까다로워요. 그만큼 생활력이 지독한 거야. 왜? 객지에 나와서 터 잡고 살려면 인색해야 되거든. 황 어르신이 그렇게 성깔은 있어도 돌모를 잘 돌렸어요.

춘영 돌모가 뭐예요? 그 형태와 쓰임새를 설명해 주세요.

길범 강화에서는 농악 모자도 상모, 고깔도 상모라 그래요. 특히 돌모는 돌모상모라 그래. 황인범 어르신 댁에 가니까 돌모 뒤에 늘어진 걸 '갈기국상'이라 그래. '갈기국상' 또는 '갈기'라 그래요. 그리고 갈기 맨 끝에 있는 걸 '총꼬리'라 그래요.

춘영 어떤 게 돌모예요? 총꼬리가? 아니면 전체를 돌모라 그래요?

길범 아니, 전체가 아니라 위에 쓰는 건 상모고 거기에 달려 있는 걸 돌모라 그래요. 그래서 돌모상모, 고깔상모 이랬다니깐…. 돌모가 끼면 돌모 상모고 고깔 꽃이 5개가 들어가면 고깔상모가 되는 거예요. 우리는 돌모상모를 써야 폼이 나잖아? 돌아가니까 더 기술적인 거 같고….

춘영 예능적인 기술이죠. 전 세계에 이런 게 없어요.

길범 고깔 상모는 고개 안 흔들어도 되잖아요? 대강 쓰고 있으면 되니까 이쁘기만 하지. 고깔상모는 기술자가 아니고 돌모상모가 기술자야. 그래서 상공이라 그래. 돌모 돌리는 사람들을 기술자라 그랬어요. 그것이 돌모죠.

춘영 형태는 제가 봤으니까 이해를 했고, 어떻게 돌리는 건지 설명을 부탁드려요.

길범 어떻게 돌리냐면, 오금질하면서 돌리는 게 제일 중요해요. 다른 지역도 뛰는 거지만 특히나 뛰는 거…. 그래서 나도 이걸 고민을 했어요. 다른 데는 이걸 뛰지 않고도 이런데 보통 다 뛰지만 우리가 공동으로 만신이 뛰듯이 뛰면서 돌리는 거지. 그니까 우린 도약무예요. 아까 운마춤 잠깐 얘기 했잖아요? 그게 운마라는 악이 강화에 개천, 단군 이런 걸 연구하는 대학교수가 있는데 조선시대에 '운마악'을 했다는 거야. 조선시대 중종 때 마니산에서 비가 오라고 기도를 드릴 때 "왕이 신(臣)에게 명을 내려서 놀았는데 그때 운마악을 했다."라는 문헌기록이 있는 거야. 조선왕조실록에 운마악이라는 음악과 춤이 있는 거예요. 그 안에서 했던 음악이 어떤 거겠느냐? 그래서 강화곶창굿에 가서 우리가 듣잖아요? 그러면 거기서 "탱탱 가물어 덩덩쿵덕쿵 덩덩쿵덕쿵 덩덩쿵덕쿵 그래 탱탱가물어~." 이 가락을 치면서 기우제를 지내요.

춘영 가물어요?

길범 가물어. 날이 가물다고. 땡땡 가물다고. 탱탱 가물라고 치는데 이게 근데 "왜 비가 와야지 탱탱 가물라고만 쳐요?" 그니깐 예를 들어서 어린애를 기르는데 밖에 나갔다 시장 갔다 오니까 애들이 방안을 다 어지럽혀 놨어. 그럼 와가지고 뭐라 그러냐면 엄마가.

춘영 '참 깨끗하네?' 그러죠?

길범 '잘 논다 잘 놀아.' 그러잖아요. 잘 논다는 게 사실 잘못 놀았다는 얘기야. 강한 부정은 강한 긍정을 얘기하듯이 "탱탱 가물라고 얘기한 건 비가 오라는 얘기다, 오히려 더 와 버려라." 하는 얘기라는 거야. 비가 안 올 때 비를 오라고 하는 그런 기우제예요. 비가 안 와서 너무 가무니까 거기서 무슨 음악을 했겠냐? 탱탱 가물어 가락을 치지 않았겠어요? 우리 강화곳창굿이나 무속인들이 그 음악을 쳐요. 거기서 뛰는 게 경둥경둥 뛴단 말이에요. 그니까 구름이 말처럼 몰아 와가지고 비를 내리게 해 달라, 운마악에 대한 이런 기록이 있는데, 그 가락을 우리가 춤으로 승화시키자 이거야. 그니까 내가 계속 해 온 건 이런 거지. 아까도 무대화 얘기를 했잖아요? 무대화되면 안 된다. 농악 가지고 무대화하는 건 말이 안 된다 하는 게 내 생각이에요.

춘영 이야기 하시는 김에 농악이 무대화가 안 된다는 이유를 조금 더 말씀을 해주세요.

길범 농악이 무대화가 되면 일단은 서로 간에 협동, 대동이 안 돼.

춘영 왜 그럴까요?

길범 마당에서 농악 판을 벌이면 관객하고 협동하고 어우러지는 게 자연스럽지 않아요? 여기서 지나가면서 꽹과리 치잖아? 그럼 옆에서 보는 사람도 춤추고 놀아요. 서로 빚 있는 사람도 놀고, 서로 미워하는 사람도 놀고…. 그래서 서로 화해도 되고 이런 맛이 있어요. 판이 바뀌면 고정돼 있지 않아서 항상 새로운 거예요. 항상 새로워야 돼. 무대에서 내가 꾸려 나가려면 걱정이라고…. 이번에도 똑같은 거 하면 안 되거든. 그래서 나는 항상 새로워. 그래서 내가 무대에서 요구하는 게 있잖아? "'운마악'이라는 이름으로 춤을 만들어서 똑같은 농악이지만 차별화를 하자. 그래서 이걸로 우리 강화도의 전통 놀이 문화를 발전적인 방향으로 가자." 하는 거예요. 전승도 하지만 계승 발전도 해야 하잖아요?

춘영 창작의 차원에서 새로운 운마춤도 조금만 더 설명해 주세요.

길범 그렇지. 근데 똑같은 농악을 가지고 하지만 그 안에서 '말이 구름을 몰고 오는 느낌의 모습을 형상화했다.'라고….

춘영 문헌적 근거를 가지고서 창작해 간다.

길범 좀 웃기는 게 황인범 선생님은 갈기라 그래요. 돌모에서 돌아가는 게 털 아냐? 돌모 촉꼬리. 총꼬리를 촉꼬리라 그래요. 총꼬리가 뭐야? 총채 뭐 이런 얘긴 들어봤어요? 그거는 말꼬리, 말총이 아니겠느냐? 아 이거는 희한하다. 우리가 더 밝혀 봐야 되겠지만, 옛날에 운마악이 있었으니까 황 선생이 "열두가락농악에 운마춤이 들어오면 그거는 개천제, 천제 지낼 때 마지막 대동놀이가 될 겁니다. 우리 후세대들이 그거를 끄집어냈다는 것도 중요하지만 엮어 나가는 것도 중요합니다. 창조해서 엮어나가서 후대들에게 전해주는 것도 중요하기 때문에 그것도 중요해요." 하고 말씀하시더라고….

춘영 황인범 선생님이 대단하시네요. 그리고 상쇠님도 돌모춤을 하시는 거 잖아요?

길범 그럼요.

춘영 그럼 꽹과리 치면서 돌모춤 추는 걸 설명해 주세요. 어떤 노하우나 원리가 있나요?

길범 원리는 어떻게 하냐면 꽹과리를 가락상쇠와 돌모상쇠로 나눠요. 우리가 가락상쇠는 가락만 쳐주는 거야. 노래하는 가수가 있으면 뒤에서 춤추는 무용수가 있어야 흥이 나잖아요? 말하자면 가수가 가락상쇠인 셈이고, 그다음에 놀아야 될 거 아니야? 앞에서 전체 놀이판을 끌고 나가는 게 돌모상쇠인 셈이죠. 근데 실제로 이 일을 하다 보면 내가 가락도 지도해야 되고, 가락도 쳐야 되고, 돌모상쇠 역할도 알려줘야 해요. 근데 그걸 내가 다해 버리면 가락상쇠 칠 사람이 없는 거야. 그래서 내가 돌모상쇠를 여기다 놀기 편하도록 자리 배치해 주고, 내가 가락상쇠 역할로 판을 이끌어 나가게 된 거죠.

춘영　네, 여기에는 상쇠도 그런 차이가 있네요..

길범　분리를 시켜야지. 근데 가락상쇠가 하든 돌모상쇠가 하든 농악에는 리더는 있는 거예요.

풍물굿의 미래와 전망

춘영　상쇠님 강화열두가락보존회의 21세기 비전은 어떻습니까?

길범　얼마 전에 우리 마을 면장을 만났는데 면에 출생신고가 안 들어온다고 해요. 아예 가임여성이 없어요. 여기는 전부 60대 이상만 사는 거야. 노인들만 있으니, 출생신고가 없지. 이제는 4차 산업혁명에 로봇이 일을 하고 사람이 일을 안 하면, 나라에는 돈이 쌓이지만 그 돈을 누군가는 써야 될 거 아니야? 그런 면에서도 이런 문화예술을 직업화해야 된다고 봐요. 노는 게 일이 되어야 한다는 거지. 이게 일인 거야.

춘영　맞아요. 문화예술이 일이죠.

길범　나는 그걸 정책으로 만들어 내라고 요구해요. 강화에서 먼저 시작을 해야 된다. 군청에 "쓰레기 주우러 세 번 가면 돈 주는 것처럼, 꽹과리 배우는 사람에게 돈을 줘라." 얘기해요. 가르치는 사람에게 돈을 주지 말고 배우는 사람한테. 미장하면 돈을 주듯이 미장 배우는 사람에게 돈을 주면 사람들이 안 오겠냐? 온다. 그럼 관에서는 검증 장치가 필요할 거 아냐? 배운 사람들이 발표도 열어야 되고 대회도 나가면 더 풍성해 진다. 대회하면 나이든 사람이 일등 할 수 있어? 젊은 사람이 일등을 하지. 결과적으로 강화로 젊은 사람들이 들어온다. 트럼펫을 하든, 전통 농악을 하든 예술을 배우러 다니는 사람한테 돈을 주라는 말이야. 지금 문화예술인들이 다 대학 나와서 할 일이 없는데, 이제 예술로 노는 게 직업이 된다고, 만나는 사람한테 다 그 얘기를 해요. "노는 사람에게 돈을 줘라. 강화가 먼저 하면 전국의 젊은 예술가들이 여기 와서 애 낳고 살 거 아니냐? 인구가 는다." 일자리는 어디서 찾아야 돼? 문화예술에서 찾아야 돼.

춘영　저는 상쇠님의 말씀이 지금 이 시대에 절실히 필요한 얘기라고 봐요. 예술가들이 지금 심각한 상황이죠.

길범　강화군의 고위직 회의에 가서 동창한테 얘기하니까, "좋은데?" 그러는 거야. 결국 똥줄 타는 사람이 좋은 아이디어가 생긴다고 봐요.

춘영　그렇죠. 목마른 사람이 우물 파는 거죠.

길범　그렇지. 생각난 걸 행동으로 옮기는 게 핵심이야. 그런 식으로 끌고 가자. 앞으로 세상은 이렇게 된다. 다른 지역보다 우리가 먼저 하면 된다. 전국 유명한 예술가, 젊은이들이 "강화 가면 먹고 산다. 정책적으로 밀어 준다고 그러더라." 하는 소문이 나면, 이 강화가 젊은 사람들 천지가 될 거 아냐? 그러면 여기가 르네상스가 되죠.

춘영　게다가 공기도 좋고 경치도 좋고….

길범　이 마을에 남자 분들이 다 돌아가셨어. 여기가 아마조네스야. 그런데 어머니들이 다 80대야. 10년 지나면 다 없어져. 그러면 어떻게 할 거냐? 내가 여기다 '열두가락의 집'이라고 걸어 놨어요. 진달래축제 때 여기를 다 꾸며서 놀러 오게 해요. 마을 전체를 마을공동체로 만들어서 이런 식으로 바꿔 나가야 되는 거예요. 그걸 하는 젊은이들이 같이 준비하고 움직이고 여기서 노는 거야. 우리 걸 가지고 여기서 애 낳고 살고 그게 일이에요. 지자체에서 젊은 친구들한테 돈을 줘야 돼요.

춘영　이런 건 가치를 만들어 내는 거고 미래를 이야기하는 거지, 전통과 과거를 이야기하는 게 아니거든요. 저도 상쇠님 생각과 비슷합니다.

길범　주변 사람이나 관에 가서 "이걸 꼭 해야 됩니다. 그래야 강화가 비전이 있습니다." 그래요. 내가 강화를 바꿔 놓으려고 그래.

춘영　이제 무형문화재 제도와 정책에 대해서 여쭤보겠습니다. 무형문화재가 좋은 점도 있고 발목 잡고 있는 일도 있잖아요?

길범　무형문화재는 역시 장단점이 있는 것 같아요. 장점은 그걸 통해서 없어지는 무형문화를 지킬 수 있다는 거. 무형문화재보존회도 부담이 되니까 일 년에 한 번 정기공연도 해야 되고, 가르쳐야 되고…. "저 사람 문화재래!" 하는 소리도 들리니까 지역에서 노력도 해야 되고…. 그런데 이걸 하면서 그것만 목적이 되는 건 좋지 않아요. 문화 예술하는 사람, 특히 전통문화하는 사람들이 돈이 어디서 나? 민요하고 춤 가르쳐서 돈이 돼? 이걸 하면 지원도 되고 그 이름 팔고 다니면 프리미엄 붙어서 공연도 많이 다니고, 그걸 영위하려고 여기에 목매는 거야. 결국은 남은 떨어지고 내가 올라가야 되잖아? 서로 미워해야 되고, 남을 깎아 내려야 되고…. 보존회 내에서도 사실 전수 장학생, 이수자, 전수조교가 서로 얼마나 싸워요? 나도 참 조심스러워요. 그게 문화재 제도의 맹점이에요. 예를 들어서 어느 지역 농악이 문화재가 됐다 그러면 다른 것들은 다 무시해 버려요. 문화에서 다양성 확보가 안 돼요. 고무신 신은 놈 있으면 구두 신은 놈도 있어야 되고, 그렇게 서로 비교가 되어 어울리면 살 만 하잖아요? 그런데 문화재라 그래서 한 단체만 전폭적으로 밀어주면 다른 건 아예 잽이 안 되니까 죽어 버려요. 결국 지역의 전통문화가 죽을 수도 있어요. 그걸 잘 조율해야 되는 거죠.

춘영　21세기 이 상황에서 사실 명인들이 다 돌아가시고 지금은 별로 없어요. 기능이나 실력이 비슷해요. 보유자만 전승을 하고…. 이걸 실질적으로 앞으로도 전수를 해 줄 수 있냐, 하는 문제도 있잖아요?

길범　강화용두레질소리가 2003년에 문화재로 지정됐어요. 저는 인천이나 강화에 다른 문화재가 지정되고 싶다면 적극적으로 밀어주려고 해요. 예전에 인천 민요 부문에서 문화재 신청이 올라왔어요. 그런데 인천에 있는 사람들이 그 사람이 하면 안 된다고 민원을 넣어서 종목 선정도 안 된 거야. 공무원 입장에서는 좋잖아요? 자기네들이 꼭 해야 되는 것도 아니고 일도 줄고…. 우리가 더 활성화시키고 밀어줘야 될 판인데, 아니 병사 없는 장군이 어디 있냐고? 문화재가 되고 싶으면 하는 거고, 필요없으면 안 하는 거야. 내가 신념을 가지고 올바른 일을 할 때는 이런 걸 따지지 않아요. 무형문화재가 무슨 필요 있어요?

춘영 예, 맞습니다. 이제 아까 잠깐 이야기 했던 굿문화의 본질적인 문제에 대해 여쭤 볼게요. 저는 상쇠님이 기독교인이라고 그래서 깜짝 놀랐어요. 기독교인이 풍물과 어떻게 만날 수 있었는지 궁금합니다.

길범 초창기에 힘들 때 집사람이 부흥회 가서 열심히 기도하고 응답을 받았는데, 하나님이 "내가 그를 사랑한다."고 하셨대요. 그게 2002년 2월 11일이야. 사랑하니까 결국은 좋은 일이 많이 생기지. 때를 잘 만난 거지. 결국 문화재까지 지정돼서 순탄하게 잘 왔잖아요? 앞으로 강화 지역 교회에서 풍물 문화가 뿌리 내릴지는 모르지만 일단은 하나님께서 나를 잘 인도하시고 여기까지 왔다고 생각해요. 강화에 200개 동네마다 다 교회가 있어요. 교회 없으면 생활이 안 되는 거야. 거기에 생활문화가 같이 움직이잖아? 교회 중에서 강화중앙교회가 제일 크고 감리교회가 동서남북으로 있어요. 이 농악을 교회 내에서 활성화시켜야겠다고 생각했죠. 그래서 우리 인산교회 담임목사님한테 얘기했어요. "지원 좀 해줘라." 지원금으로 악기를 사서 교인들을 가르쳤어요. 배웠으니까 써먹어야 되잖아?

춘영 기독교와 풍물문화가 충돌할 수도 있잖아요? 또 기독교인들과 안 맞을 수도 있습니다. 상쇠님께서는 어떻게 극복하고 화합적으로 만들어 오셨나요?

길범 성경 안에도 다윗이 꽹과리 치고 소고치고 춤추고 찬양했다는 내용이 있어요. 이 모든 영광을 하나님께 돌린다. 교회 내에서 생활화, 저변확대를 위해선 교인들을 설득시켜야 되는 거야. 일단 학생들을 데리고 들어가서 부흥회 때 사물놀이를 보여 줬어요. 북, 장구만 들고 다니면 박수무당이라 뭐라 이상한 소리를 하니까. 학생들이 사물놀이 멋지게 보여주고 나중에 배치기 노래가 나와요. 배치기에 '임장군님 전에서 도장을 받았네' 이런 가사가 있어요. 그 다음 날 장로가 전화해서 "교회 십자가 밑에서 이런 얘기를 하면 되냐?" 그래요. 무속적인 얘기가 나왔다는 거야. 내가 "그게 아니구요, 임경업 장군은 조선시대 해군 총사령관인데 강화 바다를 지키다가 강화 동검도 쪽으로 올라가는 배에 도장을 찍어줬던 사람이 임경업장군이라는 뜻이에요." 라고 해명을 했지. 그랬더니 말이 쏙 들어갔어요. 그 다음에는 교인들이 농악에 직접적인 참여를 해야 되잖아? 교인들을 열댓 명을 모아서 교회 안에서 풍물을 가르쳤어요. 주위 사람들한테 계속 얘기하고 일상생활화하는 거죠. 그러고는 교회 행사 때마다 치게 했어요. 또 크리스마스 때 산타 모자 쓰고 꽹과리 치고 나갔어요. 그러니까 사람들이 "교회에서도 꽹과리 치네." 하고 신기해 해요. 그렇게 교인들하고 일반인들한테 3년 동안 접근해 나갔어요. 그렇게 하니까 이제는 사람들이 되려 "올해는 안 해?" 이러는 거예요. 바뀌었죠. 교회에서 신명 있는 사람이나 이거 쳐서 막 뛰는 사람이나 몸에서 뿜어져 나오는 에너지는 비슷해요. 교회 다니는 사람도 이걸 아주 좋아해요. 엊그저께는 하점면 12개 교회연합회에서 주일에 풍물패가 고깔 쓰고 삼색띠 매고 놀았어요. 굿거리장단에 국악 찬양 있잖아요? "하나님은~ , 예수님은~" 이걸 치면서 찬양하고 "얼쑤 좋다!" 하고 판 짜서 놀았지. 그렇게 한 거야. 그러면 신이 나고 그러면 성령이 들어오면 된다. 악령이 아니라. 이렇게 바꿔놓고 이제 "농악을 치자." 이렇게 된 거지.

춘영 강화의 선구자이신 것 같아요. 강화에서 하나의 역사를 만들어 가고 있는데, 풍물을 크게 보면 또 굿이에요. 또 근원적으로 보면 기독교나 굿이나 다 하다 보면 신명이 올라오는 것 같습니다.

길범 아까 성령이라 그랬잖아요? 교회 부흥회에서는 은혜를 받았다고 해요. 성령 받으면 펄쩍 뛰면서 뱅글뱅글 돌아요. 근데 무속에서도 신명을 받으면 뛰어. 내가 풍물을 가르치다 보니까 이 소리를 좋아하는 사람들이 있어요. 그런데 교회 안에도 그런 사람이 있어요. 결국은 성경이 맞느냐, 코란의 교리가 맞느냐 그거하고 똑같은 얘기야. 교리는 전혀 다른 거야. 근데 그 안에서 추구하는 건 같은 거야. 우리가 꽹과리 치고 놀고 무속에서 신명 풀고 놀잖아요? 스스로 풀어 나가는 거고, 교회 안에서 성령 받아서 하나님께 은혜 받았다, 이게 추구하는 건 똑같아요. 몸에 그런 유전자가 있어요. 타고나요. 그래서 태교가 중요해.

춘영 마지막 질문입니다. 상쇠님은 앞으로 강화열두가락농악을 어떻게 이끌어 가고 싶으신가요? 미래에 대한 전망이 있으신가요?

길범 우리는 농악, 풍물, 악기 이것 때문에 만난 거예요. 사람이 만나서, 좋아야 해요. 돈도 있어야 되고 거기에 삶의 대소사가 있고 사람이 모이는 일을 연속적으로 이어가야 돼요. 그런 과정을 생활 속에서 만들어 나가는 것이 우리 전망이죠. 재밌게 놀려면 사람이 있어야 되고, 사람이 있으려면 전수를 시켜야 되고, 전수시키려면 이걸 발전적으로 비전을 보여줄 수 있는 자긍심과 긍지를 심어 줘야 돼요. 그런 관계를 내가 만들어 나가야 돼요. 그게 내 할 일이에요.

춘영 이 작업을 하는 저에게 하고 싶은 말이 있으실까요? 혹시 제가 질문은 못 했지만 후대에 꼭 남기고 싶은 말씀이 있으시다면?

길범 강화열두가락이 가락은 열두 가지인데 사실은 하나입니다. 그것은 인생 가락이에요. 인생가락을 쳐야 된다고 생각해요. 그 인생 가락은 곧 어울림이에요. 어울리지 못하고 소통을 못 하는 사람은 풍물굿을 못 합니다. 풍물 배우러 온 사람들 보면 한국 사람은 누구든지 악기를 쳐요. 결국은 악기 치는데 엔딩은 일어나서 춤추고 노는 사람이 최고입니다. 결국 우리의 풍물굿, 농악은 소통이자 어울림이라는 겁니다. 인생 가락은 어울림이다, 이게 결론입니다.

춘영 네, 어울려야지 혼자 못 살아요. 오늘 긴 시간 고생하셨습니다. 좋습니다. 얼쑤!

6. 서울 풍물굿패 한풀
상쇠 민재경

일시 : 2018년 5월 31일

면담자 : 민재경(남, 40대 초반, 경기 고양)

　　　전 풍물굿패 '한풀' 상쇠, 원광디지털대학교 전통공연예술학과 졸업

면담 의도 및 상황 : 필봉풍물굿의 공동체, 마을굿 정신을 서울 대학로에서 뿌리내려 잘 이어가고 있는 풍물굿패 '한풀'을 소개한다. 80년대 대학로 흥사단에서 강습으로 시작한 모임이 88년 독립된 공간을 마련하며 공식적으로 창립되어 30년을 넘기며 건강하고 왕성한 활동력을 보여주고 있다. 봄가을 정기공연은 물론 정월대보름 맞이 대학로 지신밟기와 석가탄신일 즈음 연등축제의 메인 풍물패로 독특한 이력을 지닌 사회동호인 풍물패다. 이 단체는 풍물굿을 전문, 전업으로 삼는 회원이 한 명도 없는 취미, 생활풍물을 지향하는 풍물패다. 민재경 상쇠는 누가 뭐라해도 풍물굿패 한풀의 증흥을 이끈 청년 상쇠다. 20대 중반 대학생인 민재경이 2000년 처음 한풀을 방문했을 때는 회원이 채 10명이 안 되었다. 민재경이 들어와서 다음 카페 운영지기가 되고 신입회원을 대거 영입하면서 급속도로 젊은 회원들로 공간을 가득 채우게 된다. 그로부터 20여 년이 지난 지금 10년 차 상쇠이지만 여전히 단체에서는 어린 축에 속한단다. 대학을 졸업하여 안정적인 직장에 들어가고 결혼하여 가정을 꾸리면서도 빠듯한 한풀 활동을 이어가는데, 다른 회원들도 마찬가지다. 현대 도시에서 직장, 사회생활과 풍물굿패 활동을 병행하고 있는데 모두들 참 열심이고 즐거워 보인다. 회원들이 어떻게 연중 바쁘게 돌아가는 일정을 소화하는지 알 수 없으나 그들은 즐기고 있고 따뜻한 공동체를 유지하고 있으며 새 회원들을 열린 마음으로 맞이하고 있다. 어리지만 성실하고 겸손하며 열정과 실력을 갖춘 상쇠는 한풀의 발전과 자기개발, 두 마리 토끼를 놓치지 않은 것으로 보인다. 그와 비슷한 연배의 다른 회원들도 경제생활과 취미활동의 균형을 잘 잡아가고 있다는 인상이다. 서울 도시 한복판에서 꽃피워지고 열매 맺고 있는 필봉풍물굿이라는 씨앗이 바로 오늘 풍물굿패 '한풀'이다.

서울 풍물굿패 한풀의 민재경 상쇠

춘영 2018년 5월 31일, 5월의 마지막 날 서울 종로에 있는 풍물굿패 한풀 민재경 상쇠님을 모시고 인터뷰를 진행하겠습니다. 본인 소개 부탁드립니다.

재경 저는 1999년 대학교 동아리에서 풍물굿을 처음 접하면서 큰 흥미를 느꼈고요, 더 배우고픈 뜻이 있어서 2000년 풍물굿패 한풀에 가입하고 어느덧 20년차 굿을 치고 있는 한풀 상쇠 민재경입니다.

춘영 벌써 30년이 넘었죠. 풍물패 '한풀'을 간단하게 소개해 주세요.

재경 한풀은 87년경에 시작되었습니다. 한풀에서 '한'은 크다 '풀'은 기운이라는 우리말로 '큰 기운'을 일으킨다는 의미로 지어졌습니다. 흥사단 서울지부에서 문화강좌의 일환으로 실시한 풍물문화강좌 초급, 중급 과정을 수료한 회원들이 "더 하고 싶다. 건전한 우리의 놀이문화를 정착시키고, 흥과 신명을 함께 나누는 공동체 의식을 가지고 패를 꾸려 나가고 싶다." 해서 공식적으로는 88년 3월 12일 창단하였습니다. 서울 종로 혜화동 로터리 부근에 연습실을 두고, 정월 보름이나 단오 같은 절기굿도 치고, 강습도 하고 정기발표회를 꾸준히 하면서 현재까지 왕성한 활동을 하고 있습니다. 매주 월요일에 정기모임을 하고, 중요무형문화제 11-5호 호남좌도 임실 필봉농악을 하고 있습니다.

춘영 한풀이 왜 만들어졌는지 듣는 건 처음인 것 같아요. '공동체 의식'이나 '흥과 신명', 선배들이 이런 얘기를 많이 했나요?

재경 선배들이 자주 하신 말씀이 흥과 신명을 가지고 그걸 지속하기 위해서, 회원들하고 나누고 싶어서 만들게 되었다는 거예요.

2016년 풍물굿패 한풀 봄 정기공연 중 상쇠 연행

춘영 그런 이야기를 자주 하신 인상적인 선배가 있나요?

재경 잘 기억나지는 않는데, 초대 상쇠였던 김동원 선배를 만나면 "야, 한풀 내가 만들었는데…." 하시면서, 그때 얘기를 해 주시죠.

춘영 그럼, 한풀은 지금까지 상쇠가 몇 대까지 이어져 온 거예요?

재경 30년 전으로 거슬러 올라가서 김동원, 남기원, 이성주, 김태종 형님. 김태종 상쇠부터는 알 수 있어요. 한 7, 8년 하셨고 다음에 최지호 형이 4년, 2009년부터 2018년까지 제가 하고 있습니다. 올해 10년 차네요.

춘영 서울에서 30년이면 오래 됐네요. 민재경 상쇠님은 풍물을 언제, 어떻게 시작하셨나요?

재경 제 여동생이 저와 세 살 차이가 나는데, 제가 대학을 입학할 즈음에 동생이 국악고등학교에 입학했습니다. 동생이 국악고 진학을 위해 준비하는 과정이나 진학 후 모습을 보면서 저도 사물놀이나 국악에 매력을 느끼게 되었죠. 물론 어렸을 때는 풍물 소리가 시끄러워서 귀 막고 싫어했죠. 하지만 언제부터인가 나도 '장구 한번 두드려 보고 싶다, 꽹과리 한번 쳐보고 싶다.' 라는 막연한 생각을 하다가, 대학교 1학년 때 풍물 동아리에 들어가 풍물을 처음 접했습니다. 그때가 99년도. 동아리 이름은 '한터소리'였고, 역시 필봉 굿을 전수받는 동아리였어요. 동아리에서 공연도 하고, 여름과 겨울에 당시 남원에 있던 필봉전수관에 전수도 일주일씩 가고, 사람들과 굿을 치면서 풍물의 매력에 점점 더 빠지게 되었습니다. 학교에서 배우고 나누고 했던 것도 좋았지만, 당시 '꽹과리를 더 잘 치고 싶다. 굿을 더 잘 치고 싶다. 굿을 더 많이 느끼고 싶다.' 생각이 있었어요. 학교 말고 혹시 다른 사회패가 있을까 물색하던 중에, 마침 종로에서 필봉굿을 하는 태종이 형을 우연히 만나고 한풀을 알게 됐어요. 자연스럽게 2000년 9월에 한풀 카페에 가입하고 11월에 저 혼자서 처음으로 한풀 연습실을 찾아갔어요.

춘영 2000년 11월 어느 날 한풀 방문. 어쨌든 마음속에서는 사회 풍물패를 하고 싶어서 방문을 했다는 거죠?

재경 정확하게는 사회 풍물패를 하고 싶어서라기보다는 '굿을 잘 치고 싶다. 꽹과리를 잘 치고 싶다. 더 느끼고 싶다.' 그런 마음이었죠.

춘영 근데 그 당시에는 한풀에 사람이 많지 않았죠?

재경 맞아요. 제 기억으로는 처음 정기모임에 갔을 때 대여섯 명쯤이었어요. 그때 뵈었던 분이 이성주 선생님, 상길 형님, 동현 형님, 민경만 회장님, 태종 형님, 경원 형님 등 대부분 저보다 10살, 또는 그 이상 차이 나는 형님들이었어요. 처음에 '이 20대 초반 아이는 어떻게 알고 여기 왔나? 이런 애가 오래 하겠나?' 하고 신기하게 보신다는 느낌이었어요. 그래도 예쁘게 봐 주셔서, 막내 역할 하면서 거의 빠지지 않고 갔어요. 마침 제가 2001년 1월부터 서울에서 공익근무요원 근무를 시작하게 됐어요. 그리고 2001년도에 젊은 사람이 저밖에 없으니까, '젊은 피를 수혈 해야겠다'는 필요를 굉장히 많이 느꼈던 것 같아요. 그래서 인터넷 카페 운영자를 시켜달라고 말씀드렸고, 이성주 선생님이 흔쾌히 허락하셔서 '풍물굿패 한풀'이라는 인터넷 카페를 만들고 운영자가 되었어요. 온라인 카페로 들어오는 사람들, 풍물을 배우고 싶거나 특히 고등학교 대학교 때 풍물을 접했으나 사회에 나와서는 풍물 활동을 못하는 사람들 글에 댓글도 달아드리고 오프라인 모임으로 유입될 수 있게 노력을 많이 했죠. 누가 시킨 게 아니라서 아주 즐거웠어요. 그렇게 근 3~4년간 많은 사람들의 노력 끝에 이삼십 대 분들이 한풀 온/오프라인에 참여해 주셨고, 한풀 제2의 중흥기의 토대가 그때 만들어졌어요. 그때 들어와서 열심히 활동하신 분들이 광철이형, 정환이형, 진우형, 지호형 등 너무나 많습니다. 저는 사람들이 들어온 걸 너무 고맙게 생각하면서, 지금까지 잘 오고 있지 않나 생각합니다.

춘영 내가 봤을 때 재경 상쇠가 들어오기 전에는 완전히 하락기였어요. 왜냐하면 내가 98년도에 필봉굿 서울전수관 활동도 하면서 한풀도 같이 활동을 했는데, 99년, 2000년에 두세 번 부쇠를 쳤던 기억이 나요.

재경 예, 그리고 2001년부터 제가 어린데도 불구하고 상쇠를 보좌하는 부쇠를 했어요.

풍물굿패 한풀의 한 해 살이: 혜화동 마당밟이

춘영 척박한 서울 도시 속에서 풍물패가 살아남기가 참 어려웠을 텐데, 제가 봤을 땐 참 모범적으로 활동했던 것 같아요. 지금도 활발한 활동이 이어지고 있는데 1년 중 한풀의 주요한 활동을 소개해 주세요.

재경 첫 번째로 정월대보름날 마당밟이를 해요. 경상도에서는 지신밟기라고 하죠. 이 행사를 제일 먼저 해요. 주로 서울 혜화동 일대에 저희가 주로 가는 음식점, 술집, 떡 맞추는 방앗간을 대상으로 하고, 한풀 사람들뿐 아니라 저희가 들르는 많은 곳들의 액운을 몰아내고 한해 좋은 일만 있기를 기원하는 마음으로 하고 있습니다.

춘영 제 기억하기로는 2000년, 2001년 즈음에는 마당밟이를 안 했던 것 같은데 언제부터 시작한 거죠?

재경 아마도 2000년대 중반 이후에 한풀 2세대들이 많이 들어오면서 회원들도 많아지고, 가는 음식점이나 술집도 많아지면서 자연적으로 좋은 취지로 행사가 생기게 된 것 같아요. 2008년 이후로 현재까지 빠지지 않고 매년 진행하고 있습니다.

춘영 회원들이 이 정월 대보름 마당밟이를 대하는 자세나 마음은 어떤가요?

재경 사실상 서울이라는 공간에서 정월 보름에 맞춰서 마당밟이를 하는 것이 쉬운 게 아니에요. 겨울이라 춥기도 하고 환경적으로 많은 제약도 있죠. 봄가을에 하는 판굿보다는 참여율이 약간 적기는 합니다. 그런데 우리 운영진이나 상쇠인 저로서는 매년 마당밟이를 빠지지 않고 하는 이유가 첫 번째로는 정월에 액운을 몰아내고 만복이 들어오게 염원을 하는 풍물굿의 제의적인 성격을 생각해요. 또 대체 마당밟이는 어떻게 하는 것인지, 상쇠가 덕담이나 사설은 어떻게 하는지, 문굿이 무엇인지, 술굿이 무엇인지, 조왕굿이 무엇인지, 당산제가 무엇인지를 회원들에게 풍물굿 학습의 기회를 열어주는 것에도 뜻을 두고 있어요.

춘영 제가 보기에도 의미를 알고 목적의식적으로 하는 것 같아요. 저는 언젠가 한풀에서 정월 보름굿을 맞이해서 회원들이 고깔을 직접 만드는 풍경이 인상적이었어요. 한풀에서는 고깔을 이때 만들지 않나요?

재경 맞아요. 정월보름굿 때 만든 적도 있어요. 요즘에는 보통 가을굿 준비하면서 고깔 만들어요. 정월보름 즈음 주말에 날을 잡고 마당밟이를 나가요. 마당밟이 나가기 전에 한풀에서 고사를 먼저 해요. 한 해가 잘 됐으면 좋겠다는 바람이 있잖아요? 예를 들어서 한풀 공간에서의 마당밟이, 제도 올리고 회원 각각의 명복도 비는 굿을 치고 나서 혜화동으로 가요. 아시겠지만 혜화역 4번 출구 앞으로 가면 나무 한 그루가 있어요. 보통 정월 보름굿 하면 당산굿을 하잖아요? 실제 당산나무는 아니지만 형식상, '당전에 문안이요!' 하면서 제도 올리고 굿도 칩니다. 말씀하셨듯이 잘 모르는 사람들이 학습하는 분위기도 있어요.

춘영 우리 마음의 당산이죠. 마음의 중심이고 기원과 바람을 이 대상에 비는 거죠. 큰 나무가 중요한 게 아니라 여러 사람들이 함께 기원을 올리는 당산굿 풍경은 무대공연이랑 다르게 의미 있는 거라고 봐요. 특히 이 도시에서, 대학로에서…. 저는 그런 굿이 참 아름답고 한풀 회원들의 마음이 예쁜 것 같아요.

부처님 오신 날 연등회의 메인 풍물패 한풀

재경 그렇게 고사 지내고 당산제 지내고 3~4군데 지신밟기 밟고 돌아오죠. 보통 2월에 첫 행사가 시작되고요, 3월 즈음에 교외로 단체 모꼬지를 1박 2일로 다녀옵니다. 그때는 꼭 굿을 칠 수 있는 곳을 물색해서 갑니다. 일정이 되는 20-30명 정도가 가서 굿도 치고 이야기굿도 나누고, 맛있는 것도 먹고 그렇게 즐겁게 놀다 옵니다. 산에도 가고, 바다도 가고 섬에도 가죠. 가끔은 외부 산악회가 매년 3월에 시산제를 지내는데 같이 자연스럽게 굿을 쳐주고 공연도 하죠. 한 7~8년 한 것 같아요. 4월에는 한풀 봄 정기공연을 합니다. 역시 매년 빠지지 않고 하는 큰 행사고요, 5월에는 부처님 오신 날에 '연등회, 연등축제'를 해요. 주말 이틀 동안 진행되는 아주 큰 행사에 메인 풍물패로 참여합니다. 조계사 공식 풍물패 대표로서 단독으로 참여해요. 이틀간 연등 행렬, 길놀이, 무대 공연 등을 대표 격으로 주도적으로 하고 있어요.

춘영 혹시 이 행사를 조계사에서 섭외를 하잖아요? 섭외를 하는 단체 이름이 뭐예요? 무슨 보존회 아닌가요?

재경 아마 연등회보존회일 거예요. 국가무형문화재로 지정되어 있고요, 매년 3~4월이면 회장님에게서 연락이 와요. 이 연등회는 돌아가신 이성주 선생님과 연이 닿아 시작되었던 것으로 알고 있고요, 여담이지만 본인께서 작고 하더라도 꼭 우리 한풀과 지속적으로 행사를 진행했으면 하는 부탁을 연등회 보존회 측에 여러 번 하셨던 것을 돌아가신 후에 전해 들었습니다. 현재도 꾸준히 매년 아주 많은 회원들을 대동해서 주말 이틀간 잘 해내고 있습니다.

춘영 아, 이성주 선생님 저도 잘 알죠. 한풀의 정신적인 지주이셨고 한풀의 전설이죠.

재경 그 얘기를 보존회 담당자한테 들었어요. 그래서 그 인연을 지금까지 이어오고 있습니다. 이게 한풀의 큰 행사, 대표적인 행사여서 인원도 많이 필요하고 대학생이나 외부 인원도 많이 동원해요. 그렇게 5월은 가고요, 하절기로 들어오면서 큰 공연은 없지만, 때때로 종로구나 각 지역 혹은 회원의 지인 등 의뢰해 오는 소소한 공연들을 합니다.

춘영 그런 공연이 일 년에 몇 번이나 있죠?

재경 일 년에 적어도 다섯 번은 있는 것 같아요. 그보다 더 많이 있던 해도 있었습니다. 한 10년 전에는 여름 여행을 다녀왔어요. 최송현 회원 고향이 완도 금일도거든요. 송현 형 고향 섬마을에 두 번 연속 가서 마을 사람들이랑 같이 굿도 치고 잘 놀았죠. 지금 한풀 회장인 선범이네 고향인 전라북도 장수

도 갔어요. 장수에서도 마을 사람들이랑 같이 굿도 치고 술도 먹고 했죠.

춘영 완도나 장수도 풍물굿이 꽤 있는 걸로 알고 있는데, 회원들이랑 마을 분들이 잘 놀았다는 이야기 많이 들었습니다. 이런 일정에 저도 같이 가고 싶었던 기억이 있네요. 그다음에는 어떤 일정이 있죠?

재경 다음으로, 가을에는 두 가지 행사를 하는데, 한번은 한풀 초창기 멤버이신 김형대 선배님의 의뢰로 경기도 일산에서 초청공연으로 작은 판굿을 해요. 4~5년 정도 계속 했어요. 다음은 역시 가을정기공연입니다. 한풀 정기판굿은 봄, 가을에 있는데요. 저희가 서울 종로구에 오랜 기간 있었기 때문에 되도록 가까운 대학로 마로니에 공원이나, 인사동에 있는 남인사마당에서 하고 있습니다. 그리고 12월에는 송년회를 합니다. 다 같이 한 해를 되돌아보기도 하고, 어떤 이슈들이 있었는지 공유도 해 보고, 회원들이 선물을 각자 준비하여 선물에 번호를 매긴 뒤에, 제비뽑기를 해서 나눠가지는 즐거운 순서도 있습니다. 또 한풀 임원과 상쇠는 통상 2년 임기이기 때문에, 2년에 한 번씩 연말 혹은 연 초에 임원을 선출하는 총회를 엽니다. 이 외에 시간이 되고 여력이 되면 여름 필봉굿 축제나 정월 대보름굿을 보러 필봉으로 내려가기도 하고, 사선제 대회에 참가도 합니다. 이렇게 일 년을 보내네요.

춘영 저는 강습도 굉장히 중요한 활동이라고 생각하는데요, 이런 말이 맞는지 모르겠지만 자체적으로 회원 재생산이 계속되어야 하잖아요? 한풀의 강습 활동은 어떻게 진행되고 있나요?

재경 2010년에 이성주 선생님이 돌아가셨는데 돌아가시기 전까지 매주 수요일 초급강습을 수년 동안 이성주 선생님 혼자서 해 오셨어요. 정말 많은 노력을 하셨죠. 돌아가신 이후에 과연 어떻게 이어 나가야 할까 많은 고민 끝에 우리가 활성화를 시켜 보자고 해서 2011년 1월부터 강습을 다시 열었어요. 상쇠인 저와 최지호 형님, 허정순 누나 이렇게 초급반, 중급반, 장구반을 화, 수, 토요일 진행했습니다. 꽤 오랜 기간 지속되었고 이때도 마치 붐처럼 많은 인원들이 들어와서 회원 가입으로 이어졌어요. 그러다가 제가 2014년 직장을 파주로 옮기면서부터 강습을 할 수 없게 됐어요. 현재는 다른 회원들이 이어서 일반 강습이나 설장구 강습을 하고 있어요.

한풀 정기공연 필봉 판굿과 도둑잽이굿

춘영 일 년에 정기공연을 두 번 하는데, 내용은 어떤 건가요?

재경 예, 저희는 필봉굿을 연행해요. 필봉굿이 하는 길놀이, 고사, 앞굿, 뒷굿, 뒷풀이까지 '판굿' 형식 그대로 거의 빠짐 없이 하죠.

춘영 공연 시간은 얼마나 되나요?

재경 통상적으로 4시간 정도를 하고, 중간에 휴식시간이 30~40분 정도 있습니다.

춘영 그 정도 시간이면 긴 편이에요. 제가 봤을 때 한풀에서 정말 재미있고 잘 하는 분들이 잡색이라고 생각해요. 한풀의 잡색들이 정말로 잘하기도 하고 고민도 많이 하면서 도둑잽이굿도 만들어서 하는 걸 많이 봤는데, 최근 했던 한풀 도둑잽이굿에 대해서 말씀해주시겠어요?

재경 도둑잽이굿이라는 것은 필봉 판굿 뒷굿의 한 형태, 한 꼭지잖아요? 저희가 실질적으로 접했던 건 옛날 영상을 보거나, 글로써 보거나, 말로만 많이 들어왔었죠. 한풀 10주년 공연 때는 기존의 대본 대로만 해봤는데, 이것을 창작으로 해 보자는 의견이 오랫동안 있었어요. 형님도 아시겠지만 한풀의 잡색들은 우리 패의 큰 자랑이잖아요? 그래서 근년에는 한풀에서 창작 형태로 도둑잽이굿을 실현해 보고 있어요. 2015년도에 최송현 대포수의 아이디어로 처음 시작했어요. 같이 새로 대본을 짜고 따로 잡색 모임도 하면서 이제는 정기공연 때마다 다른 레파토리의 도둑잽이굿을 만들어 가고 있어요. 전통적인 도둑잽이의 내용은 대포수가 도둑이 되고 상쇠가 마을에서 나쁜 기운이나 나쁜 세력을 처단한다는 형태인데, 그것을 바꿔서 대포수가 총을 가지고 있으니까 앞장을 서고 나쁜 세력을 별도로 정해서 처단하는 형태로 바뀌가면서 했죠. 각색은 많이 비슷했어요. 예를 들어서 어떤 마을에 호랑이가 내려와요. 마을의 각시를 잡아갑니다. 이 대포수가 호랑이가 어디 있는지 찾아서 잡아가지고 처단하는 내용입니다. 예전에 마을에서는 도둑잽이굿을 많이 했다고 들었는데 도시 풍물굿에서는 도둑잽이굿 연행을 보기 어려워요.

춘영 정말 없어요. 얼마 전까지만 해도 풍물에서 도둑잽이나 잡색문화가 많이 있었는데….

재경 우리가 전문적으로 하는 사람들이 아니지만 뜻을 모아서 여러 차례 했고, 또 준비하는 과정도 재밌잖아요? 회원들이 따로 모여서 연기 연습하고 합을 맞춰가는 과정도 하나의 굿이니까요. 그렇게 해서 창작 도둑잽이굿을 최근에 여러 번 했습니다.

춘영 좋습니다. 한풀에서 경연대회도 몇 번 나갔잖아요?

재경 대회는 2000년대 중반 이후에 전북 임실의 '소충사선제' 외에는 없었어요. 그리고 최근에 '필봉풍물굿축제' 때 몇 번 나갔어요. 소충사선제는 전국에서 필봉굿 치는 단체들이 모여서 경쟁보다는 함께 즐기는 분위기잖아요? 그래서 회원들이 연습하고 즐길 수 있게 판을 만들어요.

잊을 수 없는 인생의 굿판

춘영 풍물굿 인생에서 가장 인상적이고 좋았던 굿판이 있을까요? 그런 인상적인 굿판 경험이 굿을 계속 이어갈 수 있는 힘 되잖아요?

재경 어려운 질문인데, 제가 상쇠인 모든 굿판이 다 소중하고 인상적이었다. 그런데 사실 상쇠 처음 되었을 때 2009년에는 우리 패가 좀 힘들 때였어요. 그래서 내가 잘 할 수 있을까 고민이 많았는데, 자연스럽게 만들어 나가고 회원 간 신뢰를 주고받는 게 중요하잖아요? 그런 어려움을 극복하는 과정에서 굿들이 다 의미가 있었죠. 그래도 하나만 뽑으라고 한다면 2015년 가을 굿이었던 것 같아요. 그냥 준비부터가 잘되었던 것 같아요. 아까도 말씀드렸지만 2015년 가을에 창작 도둑잽이굿을 처음 시도했고, 그 준비를 하면서 회원 단합이 정말 잘되었던 것 같아요. 치배와 상쇠가 서로에 대한 신뢰가 특히나 가득했던 것 같고, 서로 많은 힘을 주었던 것 같습니다. 역시 잘 준비한 굿판은 그대로 잘 나오는 것 같아요. 순간순간 희열과 행복이었고 모두가 좋은 굿이었다고 얘기합니다.

춘영 내가 인상적인 기억은 민재경 상쇠가 2001년 1월쯤에 남원 전수관에서 전체 상쇠를 한 거예요. 왜 기억이 나냐면 그날 내가 활동하던 서울전수관 회원반이 영종도로 모꼬지를 갔었어요. 눈도 오고 엄청 추워서 바다까지 얼었던 날이거든요. 그래서 당시 "과연 남원전수관 이번 주 전체 상쇠는 누구였을까? 눈도 오고 추운데 참 힘들었겠다." 이런 얘기를 했는데 나중에 알고 보니 민재경 상쇠였더라고, 그때 얘기를 조금 해 주세요. 그때 필봉농악 전수관에서 전체 상쇠를 하고 싶었나요?

재경 네, 하고 싶었어요. 물론 전수관을 가는 모든 학생패들의 상쇠는 누구나 해 보고 싶은 자리이고 로망이라고도 할 수가 있었죠. 그 주간에는 특히 전수관에 온 학생들이 정말 많았어요.

춘영 얼마나 왔어요? 한 200명?

재경 예, 200명도 넘었던 것 같아요. 그때 상쇠 뽑기를 하는데 지원자가 20명 가까이 된 것 같아요. 제가 순서가 13번이었어요. 당시에는 대학패 상쇠가 개인 전립과 부포를 제대로 갖춘 경우가 없었어요. 제가 마침 한풀 전 상쇠인 김태종 상쇠가 직접 제작해 주신 전립을 쓰고 상쇠 뽑기에 나갔어요. 운 좋게 전체 상쇠가 되었지만, 그날 눈이 너무 많이 와서 운동장 바닥도 미끄럽고, 너무 추워서 좋은 굿이 나오기 힘든 상황이었던 것 같습니다. 무식하게 장갑도 끼지 않아서 3~4시간 판굿이 끝나고 나니 막음쇠를 하던 왼쪽 네 번째, 다섯 번째 손가락이 하얗게 얼어 있더라고요. 손가락이 동상이 걸렸죠. 그날 이후 2주 동안 엄청 고생했습니다. 너무 추웠지만 이 역시 아주 좋았던 추억이 되긴 했습니다.

풍물굿 상쇠는 굿의 지휘자다

춘영 본격적으로 상쇠론 관련된 질문을 하겠는데, 현재 풍물굿패 한풀의 상쇠로서 어떤 역할을 하고 계신가요? 그러니까 상쇠의 역할이라는 게 어떤 게 있나요?

재경 한풀에서 상쇠도 다른 풍물굿패 상쇠랑 비슷해요. 상쇠는 굿의 지휘자죠. 굿패의 얼굴이기도 하고. 그래서 저를 돌이켜보면 우리 한풀의 스타일을 보여주려고 했어요. 제 개인적인 것보다는…. 1988년 창립 후 긴 역사 속에서 전통성을 지키는 데 초점을 두고 있는 것 같아요.

춘영 상쇠는 모임을 주재도 하고 강습이랑 교육적인 역할도 하잖아요?

재경 그렇죠. 교육 측면에서는 제가 몇 년간 초급, 중급 강습을 전임 상쇠와 함께 맡아 진행했고, 때때로 재능 기부로 주말에 꽹과리반을 운영했어요. 정기모임 날에는 아무래도 대부분이 직장인이고, 굿이 그립고 그 굿으로 신명을 찾고자 오는 사람들이 대부분이에요. 그래서 정모 시간에는 최대한 즐겁고 스트레스를 해소시키는 방향으로 상쇠 역할을 하고 있습니다. 보통 정모는 7시부터 시작하면 9시 반까지 해요. 중간에 쉬는 시간을 15분 정도 두어, 굿에 관해서 혹은 타법이나 원론적인, 꼭 지켜야 하는 학습들을 공유하면서 서로 호흡을 맞추고 있어요. 상쇠를 처음 시작할 때는 제가 한풀 안에서 어린 편이어서 이런 굿적인 대화를 할 때 어려움도 있었지만, 해가 지나면서 조금 수월하게 됐어요.

춘영 지금도 젊은 상쇠인 것 같습니다. 한풀 내에서 상쇠가 전승되는 방법, 전 상쇠에서 신임상쇠로 넘어가는 절차와 과정을 소개해 주세요.

재경 어떤 패에서는 현 상쇠가 차기 상쇠 지명을 하잖아요? 한풀은 전통적으로 2년마다 있는 총회 때 정회원들의 투표에 의해서 회장과 상쇠를 선출해요. 임원진도 마찬가지고, 투표 결과에 따라 연임은 가능합니다.

춘영 그럼 임기는 2년인 거죠?

재경 예. 2년. 제가 지금 10년 차로 상쇠를 다섯 번째 연임하고 있어요. 8년

차 상쇠 임기가 끝나고 나서, 다음 주자에게 기회를 줘야 한풀도 발전도 된다는 생각이 많아서, 정말 그만하려고 결심하고 상쇠 퇴임사까지 준비해서 총회에 갔는데 누군가 또 저를 추천한 거예요. 제가 또 투표에 의해서 되어 버린 거예요. 저는 진짜 그날 넘기려고 했었어요. 준비했던 퇴임사는 더 멋지게 수정해서 다음번에 하려고 마음먹고 있습니다.

춘영 한풀 내에서 상쇠학습, 말하자면 이전 상쇠가 다음 상쇠에게 예능적이거나 조직적으로 교육시켜 주는 학습의 문화가 있나요?

재경 한풀에는 정형화된 상쇠 학습의 문화는 딱히 없다고 생각합니다. 대신에 바턴을 터치하고 난 이후 일정 기간 혹은 시간이 날 때마다 논의하고 대화하곤 합니다.

춘영 상쇠가 되기 위한 노력들이 여러 가지가 있을 텐데, 민재경 상쇠는 어떤 노력들을 하셨나요? 예를 들어서 나는 이런 상쇠가 되고 싶고, 내가 부족한 점이 있기 때문에 이상적인 상쇠가 되기 위해서 노력을 했다. 이런 것들이 있지 않나요?

재경 상쇠의 스타일은 여러 가지가 있을 수 있다고 생각합니다. 예를 들어 굉장히 권위적이고 압도적인 카리스마가 있는 상쇠가 있을 것이고, 그와 반대로 판 안에서 많이 웃고, 신뢰를 주고 자신을 낮추면서 부드러운 면모를 보여주는 상쇠가 있다고 생각합니다. 저는 한풀이라는 조직 안에서 상대적으로 어린 상쇠이기도 했고, 성격상 카리스마를 보여 줄 수는 없었어요. 그런데 상쇠에 대한 이상이 있었기 때문에 그렇게 되기 위해 꾸준히 노력을 많이 했던 것 같아요. 예를 들어서 정기공연, 정기모임, 강습시간에 "꼭 이렇게 해야 합니다. 그 부분은 틀렸습니다."라고 말하기 보다는 "이렇게 하면 훨씬 듣기가 좋겠네요. 이렇게 한다면 더 좋은 음악을 만들어 낼 수 있겠네요."라는 화법으로 꾸준히 지속적으로 여러 치배와 대화를 시도했어요. 그리고 상쇠

수련은 따로 있지 않았지만, 저의 스승님들은 세 부류로 나눌 수 있어요. 처음에 입문할 때 명칭이나, 타법이라든지 풍물굿에 대한 기초적인 이해는 대학교 동아리 선배들한테 배웠어요. 두 번째는 필봉굿 남원전수관 조교님들한테 전수 기간에 학습을 했죠. 세 번째는 한풀이라는 풍물굿 단체에 와서, 내가 이 도시에서, 사회생활을 하면서 어떻게 시간을 할애하고 어떻게 서로의 갈등을 해소하고 또 공동체 생활을 해야 하는지에 대해서 배웠죠. 그런 걸 바탕으로 오히려 상쇠를 하게 된 이후에, 좋은 상쇠가 되기 위한 여러 가지들을 많이 배웠던 것 같습니다.

춘영 기능적인 부분은 기본적으로 깔고 가는 거다? 회원들과의 신뢰와 한풀의 자부심을 위해서 혼자서 많이 학습도 하고, 고민도 하는 노력들을 많이 해왔다….

재경 많이 한 편이라고 생각해요. 다른 회원들이나 치배들이 어떻게 생각하는지 저도 궁금해요. 한풀에서 오래된 사람들의 공력을 보면서 많이 느꼈어요. 오래되면 굿 공력들이 생기잖아요? 연주 형태보다는 선배들끼리 치면 왠지 굿 같은 느낌들 있잖아요? 신나고 끈적끈적한 그런 것들을 선배들한테 많이 배웠고, 그런 것들이 상쇠가 되면서 많이 힘을 받았죠. 많은 상쇠가 그렇겠지만 다른 현장 판굿들을 빠지지 않고 보려고 노력했고, 인터넷에서 많은 동영상들, 특히 필봉굿 관련된 동영상들을 지금도 자주 보는 편이에요.

필봉풍물굿을 학습하다

춘영 그래도 민재경 상쇠에게 풍물굿으로 영향을 많이 준 사람의 실명을 거론한다면 어떤 분들이 있을까요?

재경 양진성 관장님은 물론이고, 당시 필봉굿 남원전수관 최호인 조교님이 동경의 대상이었다고 말할 수 있어요. 전수 기간에 녹음도 많이 하고 녹음한 가락을 많이 따라 쳤죠. 적극적으로 혼자 학습을 많이 했어요. 그리고 한풀에 처음 들어갔을 때 상쇠였던 김태종 형님과 굿에 대한 생각도 많이 나누고 가락을 비교해 보면서 한풀에서는 어떻게 굿을 쳐야 하는가에 대한 영향을 많이 받았습니다. 상쇠로서 어려운 점, 가락의 느낌 이런 걸 많이 이야기했어요.

춘영 현대 사회에서의 동호회 풍물패니까, 생활하면서 그런 부분들을 태종 이형한테 받았다…. 그럼 영향 받은 내용들을 얘기해 준다면? 예를 들어 대학 동아리 선배인 서신석 형한테 받은 내용은요?

재경 대학 때 신석 형님이 공연하는 걸 많이 봤죠. 형이 이끌어 가는 모습을 보면 가락 전개나 판단이 빠르기도 하고, 부드러운 카리스마를 많이 느꼈어요. 그리고 필봉굿보존회의 최호인 조교님은 가락을 치는 자체가 멋있고, 말하고 대화로 풀어가는 모습이 좋아서 두루 영향을 받았다고 봐야죠. 양진성 관장님 같은 경우도 두 말하면 잔소리죠.

춘영 태종이 형한테는 어떤 내용을 들은 거예요?

재경 태종이 형님은 고 양순용 상쇠님 말씀을 많이 하셨어요. 한풀 선배님 특히 고 이성주 선생님과 최상길 형님도 제가 뵙지 못했던 필봉농악 전 상쇠 양순용 선생님에 대한 여러 가지 추억들과 판굿 가락에 대한 내용들도 많이 이야기해 주셨어요.

춘영 필봉굿 외에 다른 음악들을 따로 배운 적이 있나요? 예를 들어 다른 유파의 소고를 배웠다든지, 단소나 피리를 배웠다든지 그런 경험은 있나요?

재경 이전에는 따로 배우지는 않았지만, 최근에 원광디지털대학교 전통공연예술학과에 3학년으로 편입해서 2016년에 졸업했어요.

춘영 그래요? 처음 듣는 이야기네요. 입학하게 된 이유와 인상 깊었던 수업 내용이 있었다면?

재경 제가 한 풍물패의 상쇠이기도 하고, 또 한국 전통 타악에 대한 전반적인 공부를 해 보고 싶었어요. 아무도 모르게 편입했어요. 1년 정도 지나서 한풀 회원들한테 얘기했죠. 그 학습한 것을 위주로 우리 패 사람들과 나누어 보고 싶기도 하고, 또 상쇠 역할을 이해하는데 도움이 될까 해서 입학했죠. 디지털대학교어서 실질적으로 연주나 실습을 위주로 하지 않았지만, 한국 전통 타악에 대한 전반적인 공부를 할 수 있어서 매우 좋았습니다.

춘영 인상적인 교수님이나 공부한 내용이 있었다면? 소리도 배우고, 장단도 배우고, 이론도 있었잖아요?

재경 과목 중에 김동원 교수님의 '전통타악지도론'이라는 과목이 있는데요, 그 강의는 상쇠로서 혹은 강사들이 지도자로서 알아야 되는 내용, 전통 타악과 장단, 호흡, 타법 등에 대한 내용이었는데, 너무나 상세하고 알기 쉽게 강의하셔서 상쇠를 하는데 정말 많은 도움이 되었습니다. 풍물굿 강습을 하는 이들에게 정말 좋은 내용이었습니다. 상당히 유용했죠. 한풀에서도 강습할 때 많이 써 먹었던 것 같아요.

춘영 필봉농악 판제와 연관해서 필봉농악의 매력은 어떤 것이 있을까요?

재경 필봉굿을 하는 많은 사람들이 공감하겠지만 굿판에 참여한 모두가 주체가 되도록 판을 만듭니다. 관객들도 수동적으로 보기만 하는 굿이 아니잖아요? 공연자와 관객이 함께 어우러져서 놀고 즐길 수 있는 형태의 가장 이상적인 굿이라고 생각합니다. 사물놀이는 기능적으로 어려운 가락들이 많잖아요? 제가 느끼기에 필봉굿 가락은 어느 정도만 학습하면 충분히 함께 즐길 수 있는 가락들이 많습니다. 또 필봉농악에서 "내고 달고 맺고 풀고" 하는 형식의 미는 모두 함께 즐길 수 있도록 하는 매력이 깃들어 있는 것 같아요. 씩씩한 뒷굿 형태도 좋고요.

춘영 본인이 가장 좋아하는 굿거리는 무엇이 있을까요? 예를 들어 호허굿, 채굿 그리고 좋아하는 장단은 무엇일까요?

재경 제가 좋아하는 장단은 꼭 하나만 해야 하나요?

춘영 아뇨, 편하게 말씀하세요.

재경 일단 '반풍류'하고, 그다음에 이어지는 '빠른갠지갱'이 좋아요. 구조가 안팎 엮음으로 두 개의 각인 반풍류가 외장단 하나로 합쳐지면서 빨라지고 고조되어 가는 느낌…. 당연히 자연스럽게 휘모리로 넘어가는 그 흐름도 마찬가지이고요.

춘영 그렇다면 특히 좋아하는 굿이나 굿거리는 어떤 게 있나요?

재경 제가 좋아하는 굿거리는 '풍류굿'과 '가진 영산'이에요. 풍류굿은 어려워요. 일단 풍류굿은 단순하고 쉬운 것 같기도 하면서 상쇠로서 잘 끌어내기가 참 어렵거든요. 아까 말했듯이 내고, 달고, 맺고, 풀고의 형태로 되어 있잖아요? 그 느낌을 천천히 잘 끌어올리면 그만큼 재밌고, 관객들이 환호하는 게 좋아서 제가 제일 좋아하는 굿입니다. 가진 영산이 좋은 이유는, 제가 아무래도 상쇠이다 보니까 상쇠랑 이하 쇠들이 주고받는 형태가 매력적이어서 좋아해요. 재밌고 흥겹잖아요?

춘영 명칭에 대한 질문입니다. 한풀이라는 단체 혹은 민재경이라는 굿쟁이가 하고 있는 행위의 명칭을 보통 무어라고 하나요? 예를 들어 '풍물굿'이라고 한다, '굿을 친다' 아니면 '농악'이라고 한다?

재경 가장 많이는 '굿 친다'라고 표현합니다. 예를 들어서 "우리 풍물굿 치자." 이렇게는 안 하는 것 같아요. "야, 어디 굿 친대, 구경 가자." 아니면 공간에서 30분이라도 굿 치고 난 뒤에 "야, 아까 굿 칠 때 말이야…." 이런 식으로 표현하죠.

춘영 농악이라는 말은 쓰나요?

재경 농악이라는 말은 안 씁니다. 일상생활에서 "농악한다"고는 안 하는 것 같아요.

춘영 일반인들이 봤을 때, 우리가 하는 것에 대해서 대중들은 "농악한다", "사물놀이 한다." 이렇게 표현을 많이 하는 것 같은데, 이런 것들에 대한 생각은 어떠세요?

재경 그 부분에 대해서 사실 얘기가 많잖아요? 저는 그냥 단순하게 생각하고 싶어요. 일단 저는 한풀과 같이 도시에서 풍물굿을 하는 사람이지만, 그것을 모르는 사람이 보통 "사물놀이 한다." 그러죠. 사물놀이라는 말에 크게 반감을 가지고 싶지 않아요. 어쨌든 근원이었던 우리 풍물굿을 78년에 공연화하여 정착시키고, 글로벌화하고, 많은 대중 앞에 내놓았기 때문에 어쩔 수 없이 사물놀이라고 부르죠. '많은 대중에게 대표 격으로 불리는 것이다.'라고 이해하고 넘어가는 편이에요. 반대하거나 쓰지 말아야 된다고 생각하지 않아요. 우리도 '풍물굿패 한풀'이라고 쓰잖아요? 그래서 풍물, 풍악, 풍류를 즐기는 물건이 풍물이니까 그렇게 자연스럽게 부를 수도 있다, 특별하게 부정적으로 생각하지는 않아요.

꽹과리의 타법과 성음

춘영 자, 이제 미학적이고 예술적인 주제로 넘어갑니다. 본인이 추구하는 꽹과리의 성음이나 타법의 노하우가 있나요?

재경 어려운 질문인데요, 그냥 단순하게 제가 생각하는 꽹과리라는 악기의 매력을 말해 볼게요.

춘영 예, 좋아요. 아무거나 좋아요.

재경 '내가 치는 게 왜 하필 꽹과리일까? 왜 나는 꽹과리재비일까?'라고 문득 생각했던 적이 있어요. 상쇠 될라고? 그건 아닌 거 같고, 일단 꽹과리는 작은 악기잖아요? 근데 소리도 크고, 높은 음을 내고, 여운도 굉장히 길고, 날카롭고, 예민하고…. 어디서든 꽹과리 하나만 치면 정말 소리가 크고 시끄럽잖아요? 하지만 그 높고 예민한 소리도 강약을 조절하고 소리를 잘 다듬어 치면 모든 악기들을 리드할 수 있듯이, 잘 만들어서 좋은 음악으로 만들어 나갈 수 있는 게 매력이고, 그래서 제가 그 매력에 계속 꽹과리를 치는 것이 아닌가 생각해요.

춘영 재밌고 의미 있는 표현이네요. 꽹과리의 좋은 소리에 빠져 있다…. 저도 비슷한데, 상쇠라는 역할을 넘어서 꽹과리 자체에 빠져 있다….

재경 예. 다음은 타법인데 꽹과리를 잘 치려면 채를 쥐는 오른손의 타법도 중요하지만, 왼손의 막음쇠가 정말 중요한 것 같아요. 왼손 막음쇠의 소리를 중시하지 않고 꽹과리를 치는 사람도 적지 않은 것 같아요. 쇠잽이 중에 막음쇠를 간과하는 사람들이 꽤 많아요.

춘영 꽹과리 성음이 막혀 있는 소리들이 있어요. 초보자들이나 일반인이 막 다루는 것 같은 답답한 소리가 있죠.

재경 예, 맞아요. 꽹과리 악기 자체의 성음이 아주 좋지 않을지라도 막음쇠로 보완되는 경우도 있거든요. 막음쇠가 정말 중요해요.

춘영 그렇다면 과연 어떻게 해야 합니까? 왼손으로 막음쇠하는 상쇠님의 노하우가 있다면?

재경 많이 쳐 봐야죠, 어떻게 하겠어요. 기본적인 많은 연습이 필요해요. 열고 닫는 연습을 반복적으로 하는 거죠. 예를 들어서 "갱~ 갱~ 갱~ 갱~"을 친다고 가정했을 때 다음 "갱~"이 오기 전에 확실히 막음을 한 번 해 주고 다시 "갱~"을 쳐 주는 연습이 필요하다고 생각해요. 속도가 빨라지든 느려지든…. 그래야 정확히 명확하게 구분된 소리를 낼 수 있다. 이렇게 생각합니다. 저는 혼자 시끄럽게 연습을 꽤 많이 했던 것 같아요. 예를 들어서 "깽~~" 하고 길게 내는 연습, "깽." 하고 짧게 내는 연습, 이것저것 각 장단별로 많이 연습하면 늘 수밖에 없는 것 같아요. 솔직히 제가 필봉굿만 경험했으니까 다른 지역의 타법이나 성음을 다 이해하지는 못해요. 제가 경험한 것만 갖고 얘기한 거예요.

춘영 필봉굿에서 휘모리 맺을 때 "갠 지 갠 지 갠지 갱, 깽~" 하면서 맺으면서 마무리하잖아요? 길게 한 굿거리를 끝내고 필봉굿 양진성 관장님이나 호인 형이 "깽~" 하고 맺는 소리를 들으면 진짜 멋있지….

상쇠의 역할과 덕목

춘영 다음 질문입니다. 우리가 선배에게 배우고 현장에서 느끼는 풍물굿 상쇠에게 필요한 덕목이 있잖아요? 어떤 것들이 있을까요?

재경 상쇠의 덕목, 그거 여기저기 많지 않나요? 상쇠의 덕목 관련해서 여기저기 인터넷에 많이 나와 있던 것 같아요. 예를 들어서 연희자 측면에서의 덕목, 지휘자 측면에서의 덕목, 상담자로서의 덕목 이런 것들이 있잖아요?

춘영 말씀하신 세 가지 연주 능력과 리더십 모두 동감하고요. 그런데 특이하게 상담자의 덕목이 흥미롭네요.

재경 상담자의 덕목은 상쇠가 각 치배의 상태를 잘 알고 그 사람들과 항상 교류하면서 내 것을 나눠주고 공유하는 것이 중요하다고 생각해요. 제 생각을 한 가지 덧붙이자면 예전부터 '상쇠는 절대적이고 권위적이다.'라고 얘기하지만, 저는 현재의 상쇠는 자기 자신을 낮출 줄 아는 포용력이 덕목으로 필요하다고 생각해요. '내가 상쇠다. 나는 절대적이다. 나를 믿고 무조건 전부 다 따라야 한다.'는 마음을 가지고 굿에 임하게 되면, 요즘에는 오히려 반감을 느끼는 치배도 있을 수 있어요. 현재나 앞으로의 상쇠는 일반 치배들과 같이 낮은 자리에서 포용하고 소통하면서 마음을 낮게 가져가야 할 것 같습니다. 그래야 도시 속 굿판에서 관객이랑 어울리며 판을 살려 가는 상쇠가 될 수 있을 것입니다.

춘영 알겠습니다. 필봉굿의 구음은 어떤 식으로 합니까? 반풍류 - 갠지갱 - 휘모리, 세 장단 구음을 좀 들려주세요.

재경 반풍류는 "개갱 개갱 갠 지개 개캥!"으로도 하지만 실제로는 "다당 다당 당그라 다당, 당 다웃다당 당그라 다당"을 더 많이 하는 것 같고, 갠지갱은 그냥 "갠 지갱 갠 지갱 갠 지갱 갠 지갱…" 휘모리는 "갠 지갠 지갠 지갠 지…" 이렇게 합니다.

춘영 그렇다면 반풍류에서 "개갱 개갱 갠지개 개갱!" 하고 "다당 다당 당그다 다당!"이라고 다르게 구음 하는 것은 왜 그런 거예요?

재경 저 같은 경우는 발음하기 더 편해서요. 입에 더 잘 붙고 표현하기가 더 부드러워서 좋은 것 같아요. 저는 강습할 때 칠판에 쓰는 건 '개갱 개갱 갠지갱 개갱'이라고 쓰고 구음할 때는 '다당 다당 당그다 다당'이라고 구음 낼 때가 많아요.

춘영 지역마다 구음이 달라서 "캐캔 캐캔" 또는 "채챈 채챈" 그리고 "그랑 그랑" 이렇게 여러 가지로 쓰더라고요. 구음의 중요성에 대해서 생각해 보신 적이 있나요?

재경 물론 중요하죠. 상쇠로서 가장 중요한 것은 구음을 잘하고, 내가 내는 구음의 맛을 꽹과리로 충분히 낼 줄 알아야 된다고 생각해요.

필봉굿 상쇠의 부포놀음, 전립질

춘영 풍물굿 예술 양식에서 다른 것들이 아주 많긴 한데, 그중에서 풍물굿의 머리쓰개 전립 이야기를 못했어요. 전립은 전 세계에 머리를 돌리는 이 희한한 전통문화가 없거든요. 이 전립, 부들상모를 돌릴 때 느낌은 어때요? 전립을 돌리는 의미가 무엇이라고 생각하고 있는지…?

재경 우리는 꽹과리도 치고 동시에 또 전립을 돌리잖아요? 춤하고 악기를 한꺼번에 하는 거죠. 그 행위 자체는 물론 본인도 굉장히 즐겁지만, 보는 사람의 즐거움을 한껏 더 이끌어 낼 수 있다는 장점이 있는 것 같아요. 특히 외국인들이 좋아하고 신나서 들썩이고 흥을 낼 때 더 뿌듯합니다. 기본적으로 이런 윗놀음, 전립질, 부포놀음에 대해서 너무나 긍정적이고 더 잘하고 싶은데 연습할 시간이 없네요.

춘영 근데 전립질은 누구한테 배우셨어요?

재경 특별히 누구한테 배웠다 한 사람은 없는 것 같아요.

춘영 대단하네요? 그냥 현장 굿판에서 보고 배웠네요.

재경 잠깐 선배들이 알려주긴 했었지만, 특별히 시간을 내서 자세하게 배웠던 적은 없었어요. 제 첫 전립과 부포털, 진자랑 정자도 태종이 형이 만들어 주셨거든요. 형에게 기본 외사와 몸을 너무 많이 쓰지 말라는 정도는 배웠었어요. 제가 많이 안 배워서 잘 못 돌리나 봐요.

춘영 아니에요. 상쇠님 돌리는 느낌 엄청 좋아요. 그런데 본인이 스스로 터득했다?

재경 정말 신기한 게 뭐냐면? 제가 설명을 잘 못하는 게 그냥 저절로 잘 되는 거 있잖아요? 오랜 기간 해 왔기 때문에 발놀음 이렇게 하면서 꽹과리 이렇게 처야지 하는 게 아니라, 뇌에서 탁 쏘면 돌아가는 느낌이 있잖아요? 대부분 필봉굿 치는 사람들, 꽹과리 치는 사람들이 그런 것 같던데….

춘영 정말 잘 돌아갈 때 가락의 느낌이 좋고, 특히 "갠지갱" 같은 경우가 전립질 느낌이 좋죠.

재경 맞아요. 갠지갱에서 전립질을 할 때 편하고 좋아요.

춘영 휘모리 할 때 몇 바퀴 돌려요?

재경 휘모리 할 때는 세 번 돌려요. 다 세 번 돌리잖아요? 처음에는 어려웠는데 해 보니까 세 번이 되더라고요. 신기하잖아요?

춘영 아주 빠른 4박자인데 세 바퀴 돌리는 게 재밌죠. 좀 특이해서 언급을 했습니다.

풍물굿패 한풀의 미래와 전망

춘영 굿패 한풀과 풍물굿의 미래 이야기를 해 보겠습니다. 풍물굿 활동이나, 한풀에서 활동하면서 어려운 점은 무언가요?

재경 저는 사실 크게 어려운 게 없었어요. 다만 사람들이 모이는 조직은 대개 마찬가지이겠지만, 사회 동호회의 성격상 의견 차이나 갈등에서 오는 어려움이 크고요, 그 의견 차이나 갈등을 해소하는 것이 어렵죠. 동호회라는 성격상 각자 생업이 있다 보니 갑자기 행사나 굿 칠 일이 있을 때 사람 모으기가 쉽지 않아요. 연락도 많이 해야 되고, 설득도 해야 하고…. 사람 모으기 어려운 게 전부죠. 마음을 많이 써야 돼요.

춘영 21세기에도 풍물이 살아 있을 수 있는 힘이 무엇일까요? 임실군 필봉마을에서 필봉농악이 생긴 거잖아요? 그런데 본래 고향에서 뚝 떨어져서 종로 한복판에서 88년도부터 30년 동안 한풀이 지속이 되고 있다는 건 문화적으로, 사회적으로 굉장히 의미가 있는 거죠. 그런 풍물의 생명력이 뭘까요?

재경 저는 직업이 아닌 동호회 성격으로 하고 있어요. 또한 우리 한풀의 일반 회원들은 "나는 굿 치고 즐기는 것이 너무 좋아. 굿 칠 때 행복해. 스트레스가 풀려" 이런 마음으로 활동해요. 저도 그중에 한 사람이고요. 하지만, 우리가 말하는 풍물굿이 필봉마을에서든 서울에서든 '풍물굿이 잘 나가고 있는지?'는 항상 고민해야 돼요. '이 풍물굿 형태가 진짜 올바른 형태인가?' '우리의 굿 환경에서 어떻게 변화시키고 각색해야 할까?'라는 질문을 품고, 꾸준히 해법을 찾고, 노력하고, 고민하는 사람들도 함께 항상 그 안에 있기 때문에 이 모임과 풍물굿이 지속되는 것 같아요. 춘영이 형도 그중 중요한 한 사람이시죠. 이런 사람이 있어요. "내가 하는 굿이 정통굿이다." 이렇게 말하거나 혹은 "내가 이상으로 바라는 굿을 한 번이라도 쳐 봤으면 좋겠다." 이렇게 말하는 사람들이 있어요. 하지만 '올바른 풍물굿이 무엇인가?'란 물음의 정답은 없는 것 같아요. 마을이든 도시든 풍물공동체 안에는 갈등도 내재해 있고, 끈끈한 우정과 사랑도 있고, 음악도 있고 이런 것들이 사람들과의 꾸준한 공동체적인 풍물굿 행위의 묘미가 아닐까, 이런 묘미가 있으니까 한풀과 같은 풍물굿 단체가 계속 살아 있지 않을까 생각해요.

춘영 풍물굿쟁이로 또는 한 단체 상쇠 입장에서, 풍물굿이 도시에서 앞으로 발전하게 될까, 아니면 사라질 것인가? 어떻게 생각하세요?

재경 사라지지는 않을 것 같아요. 아까 말했듯이 갈등이 있고 나눔이 있고, 사랑과 우정이 있고, 음악이 있는 공동체가 있는 풍물굿이라면 쉽게 없어지지는 않을 같아요. 항상 긍정적입니다.

춘영 그렇다면, 한풀의 전망은 어떻게 될까요? 현실적으로 최근에는 한풀에 강습생이나 신입회원이 많이 들어오지 않잖아요?

재경 예, 그렇긴 해요. 그런데 쉽게 사라지지는 않을 거예요. 회원들이 젊으니까 긍정적으로 보고 있습니다.

춘영 가정에서는 민재경 상쇠의 활동을 어떻게 바라보고 있어요?

재경 적당히 관심을 보이고 있어요. "하지 말아라"는 아닌데 전폭적인 지원하고 있지는 않습니다. 한풀 공연할 때 가족들이 가끔 오기도 해요.

춘영 개인 민재경이 풍물굿과 연관해서 이 시대에 대한 생각, 이 시대를 바라보는 어떤 관점이 있을까요?

재경 저는 솔직히 네거티브한 관점이 별로 없어요. 작년에 대통령을 탄핵하고 새로 뽑는 걸 인정하는 일반적인 시민 수준인 것 같아요. 그런 면에서 시대 인식 자체에서 신념을 표출하거나 그러지는 않아요.

춘영 한풀이 올해 30주년인데 감회가 어떤가요? 한풀에 대한 바람이 있다면?

재경 한풀의 지난 30년을 생각해 보면, 물론 저는 그중 한 20년 가까이만 있었지만, 어려울 때도 있었지만 꾸준히 한풀을 사랑한 사람들이 너무나 많았기에 매년 잘 이어져온 것 같아요. 앞으로의 30년을 본다면 그래도 우려가 되는 것이 있죠. '세대와 세대, 다리와 다리를 이어주는 중요한 리더의 세대교체가 잘 되었으면 좋겠다.'는 마음이 가장 커요. 현재의 운영진이 생업과 개인 사정으로 나오지 못하게 될 경우도 있잖아요? 배턴을 잘 이어받을 수 있는 걸출한 리더와 상쇠가 많이 나왔으면 좋겠어요. 그래도 우리 한풀을 사랑하고 전통음악과 풍물굿, 공동체 문화를 좋아하는 사람들이 많기에 항상 긍정적인 생각을 하고 있어요.

춘영 끝으로 말하지 못했거나 저한테 하고 싶은 말이 있을까요?

재경 일단 21세기 상쇠론이라고 하면, 상쇠들의 생각이나 지향해야 할 것을 정리해 나가시는 거죠? 많은 풍물굿에 관심 있는 사람이나 상쇠님들이 형님이 정리한 글을 보고 다시 한 번 풍물에 대해 생각해 보고, 또 풍물굿의 힘과 기운을 많이 얻을 수 있는 책이 되면 좋겠습니다.

춘영 네, 감사합니다. 오늘은 여기까지, 끝~!

7. 부천 풍물굿패 타락
상쇠 구자호

일시 : 2018년 7월 6일

장소 : 국립극장 내 조용한 카페

면담자 : 구자호(남, 40대 중반, 부천)

풍물굿패 '타락' 상쇠, 부천민예총, 성공회대 국제문화연구학과 박사 수료, 전 정의당 문화예술위원회, 전 필봉농악 부천전수관 기획실장

면담의도 및 상황 : 부천에 젊고 탄탄한 사회 풍물패가 있으니 갓 10년 넘은 풍물굿패 '타락'이다. 서울, 수도권에서 필봉풍물굿판이 벌어지면 한 켠에 돗자리 깔고 술과 안주를 마련하여 치배와 관객들을 대접하니 제대로 풍물굿을 즐기는 사람들이다. 미국산 소고기 파동, 박근혜 국정농단 광화문 촛불집회 때도 부천에서 장구, 북, 징, 꽹과리 들고 와 광장 풍물로 함께 어울렸다. 게릴라 풍물패처럼 여기저기 수시로 보여 소수정예인가 보다 생각했지만, 따라서 놀러 간 모꼬지와 정기공연을 보니 만만찮은 내공을 지닌 풍물굿쟁이들이다. 구자호는 풍물굿패 '타락'의 최초 제안자, 창립 멤버이자 처음부터 지금까지 상쇠다. "도시에서 살아있는 마을굿"을 기치로 여러 해 준비하여 문을 열고 건강한 생활문화, 생활 풍물굿 공동체를 만들어 왔다. 왜 도시에서 마을굿이고 풍물굿인가? 말보다 실천을 보여 준 '타락'과 구자호의 풍물굿 역사가 궁금하였고 이를 세상에 소개하고 싶었다. 90년대 초 전교조 교사와 운동권 대학생의 영향으로 고등학교 운동을 풍물굿과 함께 시작하였고, 그런 인생의 방향을 지금까지 틀어 본 적 없는 듯이 보인다. 구자호 굿쟁이는 회사 내 노동조합 풍물패도 만들어 운영했고, 회사를 나와서는 '타락'을 만들어 명실상부 부천 지역의 풍물굿을 선도하고 있다. '타락'이라는 공간은, 풍물굿 공동체는 모두가 주인이고 주체라는 생각을 실천하고 시대와 지역의 문제에 대하여 눈 감지 않고 목소리를 내고 있다. 정기공연에서는 최근 몇 년동안 도둑잽이굿을 창작하여 살아있는 풍물굿판을 만들어 가고 있다. 이 모든 타락 풍물굿 문화의 핵심에 서 있는 구자호 상쇠의 따끈하고 진솔한 이야기를 소개한다.

고등학교 학생운동에서 풍물굿쟁이로

춘영 스물세 번째 풍물굿 상쇠 인터뷰를 진행합니다. 7월 6일, 아주 어렵게 만났습니다. 먼저 풍물굿을 중심으로 본인 소개를 부탁드립니다.

자호 저는 경기도 부천지역에서 활동하는 풍물굿패 타락, 두드릴 타(打)에, 즐거울 락(樂) '타락' 상쇠입니다. 타락이 만들어진 게 2007년이었으니까 10년 넘게 상쇠를 하고 있는 구자호입니다.

춘영 풍물과 연관해서 활동하고 계시는 것도 소개를 해 주세요.

자호 부천에 민예총이 있고 그 안에 민족굿위원회가 있고, 그 활동도 같이 하고 있어.

춘영 풍물굿패 타락의 활동과 구자호라는 풍물굿쟁이 활동을 저도 옆에서 10년 동안 줄기차고 힘차게 발전해 온 걸 지켜봤습니다. 구자호라는 풍물굿쟁이도 정말 열정적으로 많은 활동을 부천, 인천 지역에서 하고 있는데요. 제가 풍물굿 상쇠로 모신 것은 상쇠로서 경험한 내용과 더불어서 타락의 활동 내용들을 다른 분들, 다른 지역에 소개하고 싶어서입니다. 먼저 구자호는 어떻게 풍물과 인연을 맺게 되었나요?

자호 내가 인천 부평에서 태어나서 자랐는데 어렸을 때는 사실 풍물을 전혀 몰랐고, 초등학교 운동회 때 차전놀이에서 풍물 치는 걸 잠깐 본 정도. 그러다가 고등학교 들어가서 고등학생 운동을 하면서 풍물을 직접 접했어. 고등학교 1학년 11월 '학생의 날' 행사를 인하대에서 했어. 그 행사 중에 인하대 학생들이 풍물을 치면서 대동놀이를 했어. 그때 뭔가 와서 팍 박혔지. 지금도 생생하게 기억나는 게, 인하대 학생들이 하얀 민복만 입고 풍물도 치고 고등

2015년 8월 18일 필봉마을굿축제 전통연희경연대회 중 풍물굿패 타락의 노래굿

학생들을 몇 백 명을 데리고 강강술래랑 다양한 대동놀이를 했어. 대문놀이도 하고 기와밟기도 했는데 그때 그 인상이 너무 깊게 남아서 '아, 나도 저걸 좀 배워야겠다.' 생각을 했지. 나는 고등학교 때 역사연구동아리를 했는데, 풍물패가 있었지만 11월이니까 동아리에 새로 들어갈 순 없었어. 그런데 그때 지역 KSCM(한국기독고등학교운동연합)이라는 단체에서 고교생 대상 풍물강습회를 열었어. 거기서 처음으로 장구를 쳤어. 고교 1학년 봄방학 때 우리 학교 앞에 있는 여고에 학습 모임을 하던 친구가 있었는데, 자기네 학교 친구들과 풍물패를 만들려고 강습을 받는다고 그래서 나도 껴서 배우게 됐지.

춘영 여기서 '학습'이라는 건 일반적으로 학교 공부를 하는 학습이 아니라 운동권 동아리의 학습이라는 얘기죠?

자호 그렇지. 그래서 고교 1학년 때 11월에 처음으로 풍물을 배운 거지. 그때 인천 지역에는, 정확한 이름은 기억이 안 나지만 학교마다 운동하는 모임들이 연합체로 하나 있었고, 매년 여름, 겨울 방학마다 고등학생들을 대상으로 문화학교를 했어. 풍물반, 탈반, 노래반, 연극반 등 여러 가지 반이 있었고 나는 항상 풍물반을 했어. 고 3때부터는 강사를 했고. 그렇게 가르치면서 계속 풍물을 했는데, 내가 고등학교 졸업을 못했어. 데모를 하다 잘려 가지고….

춘영 연합체 모임을 이끌던 상위 단체나 인물이 있었나요? 아니면 완전하게 자생적이고, 자발적으로 고등학생들 중심으로 했나요?

자호 공식적으로는 자생적인 모임인데, 나 같은 경우에는 아까 말한 학습 모임을 지도하는 인하대학교 선배가 있었던 거지.

춘영 연합체가 공식적으로는 고등학생 중심이지만 여러 가지 도움을 받는 구조인 거네요?

자호 공개적인 조직은 KSCM, YMCA이고, 여기에 고등학생이 아닌 일반인 활동가가 지도도 하고 지원도 하는 그런 구조….

춘영 어쨌든 고등학교 졸업을 못한 것은 학생운동 때문에….

자호 그렇지. 문화학교는 전교조 인천지부랑 같이 했고 고교생들이 다 준비하는데 전교조 외의 사회단체에서는 장소나 강사 부분을 도와줬어.

춘영 외곽 지원이구나.

청년 활동가 사회풍물굿을 꿈꾸다

자호 그 문화학교를 계속하다가 스무 살 때 동기들이 모여서 '청소년생활문화마당 내일'이란 단체를 만들었어. 졸업을 했으니 고등학생운동을 직접 할 수는 없고, 고등학생들을 지원하는 운동을 하자는 취지였지.

춘영　고등학생 운동 지원이 그 단체 가장 중요한 사업이었나요?

자호　그래. 이름은 '청소년생활문화마당'이라고 했는데 실제로는 고등학생 운동 지원 단체였고, 아까 말했던 문화학교를 우리가 주최, 주관했어.

춘영　몇 명이 활동한 거예요?

자호　그 단체를 만든 인원은 10명 정도?

춘영　아 많네요. 동기들끼리?

구자호　동기들이 주축이 됐는데, 지역 사회단체에서 도움을 많이 줬어. 단체 대표는 신부님이 하셨고.

춘영　굉장히 열정적이셨네요. 따끈하고 건강한 청춘의 이야기예요.

자호　어떻게 보면 나는 이 '청소년생활문화마당 내일'에서 본격적으로 풍물 활동을 시작한 거지. 여기서는 내가 아예 전통문화 관련 기획도 하고 강사도 하고 여름, 겨울마다 문화학교 풍물반 교사를 했는데, 당시 고등학생들이 풍물반에만 5-60명이 모였어. 다른 반은 많아야 20명이었는데…. 초창기에는 2주씩 하다가 나중에는 힘들어서 일주일로 줄였는데 마지막 날 항상 축제를 해. 수업 들은 모든 학생들이 공연을 하는데 많이 참여하면 300명 정도 모여서 각 부문 공연을 하고 대동놀이까지 해. 그래서 풍물반은 판굿 공연을 하고 대동놀이 진행을 했지. 그러니까 내가 고 1때 인하대에서 학생의 날에 경험했던 대동놀이를 계속 진행했던 거지. 그렇게 청소년단체 활동을 하면서 풍물을 한 게 93년부터 98년도까지 이어졌어. 그리고 99년에 잠깐 다른 일을 하다가 2000년에 노동운동을 하겠다고 부천으로 왔어. 취직을 하고 부천에서 활동하는데, 그때는 '발해'라는 사회패를 만들어 활동을 했어. '발해' 주도자도 7-8명쯤 된 것 같은데 그건 인천 지역에서 활동하는 사회 풍물패였지. 그런데 구성원들이 멀리 가게 되서 자연스럽게 해체가 돼. 2000년대 초반에 다른 회사에 들어갔는데, 그 회사에서도 풍물패를 또 만들었어. 그때 부천에서 풍물 공간을 운영하는 형을 만났어. 그 형이랑 술 먹다가 "우리 마을굿 하는 풍물패를 부천에서 만들어 보자." 하는 이야기가 나왔고 이름도 그날 바로 지었어. "'타락'이라고 하자." 이런 이야기가 나온 게 2002~3인쯤데, 당장 만들지는 못하고 그때 나는 노동현장에서 풍물패를 꾸려서 노조풍물패 활동을 주로 했지.

춘영 직장에서의 합법적인 노동조합 풍물패로 넘어가네요.

자호 그렇지. 노동조합 내 풍물패. 회사에 들어가자마자 내가 만들었지. 지금도 있는 조합인데, 당시 한국노총 소속이었고 뜻이 있는 몇 명이 모여 선거를 해서 이겼지. 우리가 집권을 한 다음에 풍물패를 만들고 연습공간도 만들었지.

춘영 그거는 어떤 정파로서 일을 한 건지 인맥으로서 된 건지?

자호 정파로 얘기하면 우리는 소위 민주노총하고 가까운 거고, 기존 노조는 한국노총 소속이었지. 우리가 노조위원장을 잡고 내가 교육선전부장을 했는데 그때 풍물패도 만들고 그 노조풍물패 활동에 집중했지.

춘영 어쨌든 '타락'은 나중에 지역의 마을굿패가 되는 거고, 거기는 작업장이니까 노동 현장인 거잖아요?

자호 그래서 현장 풍물패 활동을 몇 년 하다가 타락을 다시 해야겠다, 직장을 다니면서도 늘 잊지 않고 있었지.

춘영 직장 다니면서도? 풍물굿쟁이로 두 가지를 꿈 꾼 거네요.

자호 '타락'을 만들어야겠다고 항상 생각하다가, 2007년 여름에 강화도 산마을고등학교라는 대안학교 기숙사를 빌려서 2박 3일 합숙을 5명이 했어. 당시 부천지역에서 타락을 만들자고 했던 형, 동네 학교 선생님인데 풍물을 꽤 오래 했던 사람, 그리고 현장 풍물패에서 더 풍물을 하고 싶은 사람, 나 이렇게 다섯 명….

부천 풍물굿패 타락을 만들다

춘영 2007년 여름에 5명으로 풍물굿패 '타락'을 시작했다는 거죠?

자호 강화도 워크샵을 하면서 타락을 결성한 거지. 우리가 애초에 이야기했던 건 "마을굿을 하자."는 거야. 근데 그때 모였던 사람들이 각자 생각하는 굿의 상이 많이 달랐던 것 같아. 마을굿을 하자고 했는데 주로 사물놀이나 웃다리 했던 사람들이 모여 있었고 이때까지만 해도 나는 사물놀이만 했었지. 그리고 같이 술 마셨던 형은 진주삼천포농악 이수자였는데 부천에 올라와서 웃다리농악을 하다가 그 패하고 잘 안 맞아서 혼자 나와서 공간을 운영하고 있었고, 여기에 교사 한명, 우리 회사 사람들이 결합했지. "지역의 마을굿을 하자" 이런 취지로 타락을 결성하고 그때부터 일주일에 한 번씩 모여서 연습을 계속하면서 사람이 조금씩 늘어나는데, 풍물을 잊지 못하고 함께 풍물을 할 수 있는 곳을 찾아 헤매던 사람들이 2008년 초쯤에 더 들어와. 너도 알만한 류선화, 송숙진 씨, 지금 같이 장구 치는 두 사람이 들어왔고 그때까지만 해도 연습은 주로 사물놀이를 했어. 사물놀이 강사는 삼천포 이수자였던 형이 선생으로 와서 하는 거지. 그런데 얼마 지나서 그 형과 우리가 사물놀이와 마을 풍물굿 사이에서 갈등이 생겨서 헤어졌지. "남은 사람들끼리 제대로 된 마을굿을 하자."라고 뜻을 모아서 마을굿의 전형이 잘 남아 있다고 하는 필봉농악을 배우기로 했어. 그때는 우리 중 한 사람만 필봉농악을 잠깐 해봤고, 나머지는 접해 본 적이 없었지. 강사는 내가 사물놀이 가르치던 제자의 남편인 최남동, 필봉 남원전수관에서 조교하던 분을 선생으로 모셨어. 내가 전교조 부천지부 초등교사들 사물놀이 수업을 했었는데, 자기 남편이 필봉농악 이수자라고 하는 거야. 타락이 필봉농악을 처음 접한 게 2008년 가을이야. 그렇게 최남동 선생님께 1년 정도 배우고 우리끼리 연습하면서 2010년에 처음으로 자체 공연을 했는데 이게 지역에서 센세이션을 일으켰어. 부천지역 풍물패가 다들 사물놀이만 하고 있었는데 우리가 처음 필봉농악 판굿을 배워서 공연을 한 거야. 공연 안에 스토리도 있고 굿의 흐름을 가지고 연출을 해서 공연을 올렸는데, 그걸 보러온 지역의 풍물패들이 다들 깜짝 놀랐던 거지. 치배들이 잘하기도 했고 이야기도 재미있었고 관객들이 좋아해서 지역 사람들이 타락에 관심을 가지기 시작했지. 그 공연을 했을 땐 회원이 9명이 있었는데 공연을 하고 나서 회원이 열 명 넘게 늘었어. 2011년 두 번째 공연 할 때는 20명이 넘게 굿을 쳤으니까.

춘영 회원이 늘어나고 풍물패가 제 모습을 갖춰 갔네요.

자호 그렇게 타락이 지역에서 자리를 잡고 활동을 한 것이고, 그때부터 새로 들어오는 회원들에게 "우리는 부천에서 마을굿을 하는 단체고 사물놀이 하는 단체가 아니다." 마을굿을 강조해서 이야기하지. 사물놀이를 지양한다고 했더니 지난번에 어느 회의 자리에 갔는데, 이찬영 씨가 그 이야기를 하더라고 "사물놀이도 하나의 장르다. 왜 그런 식으로 이야기하느냐?" 이렇게 이야기하는데 나는 사물놀이를 부정적으로 본다기보다는 사물놀이가 가지고 있는 부정적인 측면이 분명히 있잖아? 어쨌든 사물놀이만 하게 됐을 때, 부정적인 측면이 사물놀이는 공연하려면 기능이나 실력이 비슷한 사람들끼리 할 수밖에 없는 장르인 거잖아? 기능이 비슷한 사람들 네다섯 명이 모여야 공연으로 표현될 수 있는 거지. 나는 마을굿이라고 하면 공동체적인, 생활 속에서 하는 예술, 굿의 측면을 강조해서 보는데, 사물놀이 동아리는 사람들을 끌어안고 모아내기보다는 배척하는 모습들을 굉장히 많이 봤어. 그것 때문에 모임이 깨지기도 하고, 사람들이 갈등하다 탈퇴하고…. 우리가 사물놀이만 해야 한다는 정체성이 명확하면 사물놀이를 하겠지만 마을굿을 지향하고 생활굿을 지향한다면 그러지 말아야 된다고 생각해서 타락 초창기에는 사물놀이를 가르치지도 않고 하지도 않았어. 주로 필봉굿을 중심으로 했지.

춘영　필봉농악 전수는 언제 처음 갔어요?

자호　2010년대 초중반에 양진성 관장이 매월 한 번씩 하는 사회패 모임이 있었어.

춘영　그때 명수 형이나, 신석이 형이나 서울 지역의 최지호도 갔어요.

자호　맞아. 주로 대구하고 광주에서 많이 왔고, 여수의 준호 형님, 순천의 김명수 이런 분들이 기억나는데 타락에서는 나 혼자 참여했지.

춘영　공식적으로 타락에서 전수를 간 적은 없다?

자호　그래서 부천에서는 타락이 10년 넘게 필봉굿 하는 단체로 자리매김을 했고 매년 봄, 가을로 지역에서 필봉 판굿을 쳤지. 그때부터 지역에 굿을 해야 할 일이 있을 때 우리가 나가서 굿을 쳤지. 예를 들면 노동절 행사나 사회 참여적인 굿들을 타락이 앞장서서 했고, 2014년도에 세월호 참사 때는 풍물로 뭔가를 하지는 않았고 지역예술인들과 함께 추모 문화제 열었어. 2015년 1주기 추모제 때는 지역의 풍물패를 다 모았지. "부천 지역 풍물패가 모여서 추모합굿을 하자." 타락에서 제안하고 모아서 추모합굿을 했지. 그때 한 200명 정도, 동아리 수로는 20개가 넘었던 것 같은데 아무튼 지역에 풍물한다는 단체는 다 모였어. 그래서 4월 15일 안중근공원에서 추모합굿을 처음 쳤는데, 이 행사가 지역 예술판에서 센세이션을 일으켰던 거지. '아, 저렇게 풍물패 200명이 모여서 합굿을 하는구나.' 지역에서는 처음 있는 일은 아니고 한 30년 만에 있는, 그러니까 80년대 후반까지 그런 분위기가 지역에 있었는데 풍물패들이 이런 판을 벌이는 게 몇 십 년 만이었던 거지. 그렇게 지역 예술가들과 시민사회단체들도 깜짝 놀란 일이 2015년에 있었고 그 이후로 매년 풍물패 합굿을 하고 있어. 그 힘으로 서울에서 했던 2018년 3.1천북행사에 부천 풍물패가 많이 올라 간 거야.

춘영 그런 활동이나 흐름 속에서 2016, 2017년 촛불집회에도 타락이 여러 번 참여를 했잖아요?

자호 사실 2008년 소고기 수입 반대 촛불집회 때도 타락이 여러 번 서울로 올라가서 굿을 쳤어. 우리가 토요일마다 모임을 하는데, "이제 모임은 잠깐 쉬고 촛불집회 가자." 해서 악기 들고 서울로 가서 풍물로 판도 벌이고 놀았지.

평생 풍물굿쟁이와 사회운동 · 정치운동

춘영 지금 현재 구자호라는 사람이 풍물굿을 거의 전업으로 하고 있잖아요? '전통문화나 풍물굿을 평생 해야겠다, 직업적으로 하겠다.'라는 생각은 구체적으로 언제 하신 거예요?

자호 처음 고등학교 때 풍물을 할 때는 직업을 해야겠다고 생각은 안 했어. 청소년단체 활동을 하면서는 그 고민을 진짜 많이 했어. '후배들 가르치고 하는데 그러려면 풍물굿 기능을 잘 해야 된다.' 주변을 보니까 이걸로 생계를 해결하시는 분들도 있었어. 분명하게 생계 관련해서는 아니어도 '고등학교나 동아리 활동처럼 하면 안 되겠다. 어쨌든 풍물은 좀 더 전문적으로 해야겠다.'는 걸 20대 초반부터 느꼈는데, 그때 나를 가르칠 만한 사람이 지역에 몇 분 안 계셨어. 어떤 선배들을 겨우 만났는데, 인천에 박헌규 형님이라고 한울림 김덕수 선생님과 함께 사물놀이 했던 분을 만났어. 사물놀이 1.5세대라고 해야 하나? 그런 선배들을 선생님으로 모셔서 1주일 동안 섬에 공간을 빌려서 합숙훈련을 했어. 지금 생각하면 전수관에 들어가서 했으면 편했을 텐데 그땐 그런 생각을 안 했던 거야. 몰랐던 거지. 그래서 그냥 같이 배울 사람들과 돈 모아서 강사 모셔다가 배우고….

춘영 그렇게 보면 93-94년경에는 인천에 필봉농악이 많이 알려지지는 않았던 것 같아요.

자호 그리고 내가 잘못된 인식이 있었던 게, 나를 가르쳤던 선생들이 대부분 좌도를 별로 안 좋아했던 것 같아. 당시에는 사물놀이가 기준이었던 거지. 우도, 웃다리 가락이 다 사물놀이로 만들어졌는데 좌도 가락은 없잖아? 좌도 굿은 재미가 없다는 식으로 이야기한 거야. 그래서 좌도를 할 생각은 안 했고, 어떻게 보면 바탕이 처음에 했던 우도 판굿이나 사물놀이 판제를 중심으로 학습했던 거지.

춘영 그래서 풍물을 인생의 길로, 전업으로 해야겠다고 생각한 게 언제죠?

자호 그런 식으로 배우기도 하고 잔치마당에서 잠깐 배우기도 했고, 인천 노동자 풍물패 더늠도 알기는 했지만 교류는 안 했어. 그런 곳을 보면서 나도 운동을 해야 한다는 생각이 더 강했기 때문에 운동과 풍물굿 사이에서 고민을 많이 했지. 운동이 중심이고 거기에 풍물굿을 활용하는 방식이어서 기능적인 면에 신경을 많이 쓰지 못하고 1년에 한번 정도 합숙훈련으로 만족했지. 일상적인 연습은 잘 못하고 '이걸 직업으로 해볼까?' 고민을 하면서 청소년단체 활동을 쭉 했던 거지. 근데 그때도 중요한 건 '죽을 때까지 풍물을 해야겠다.'고 생각했어. 그래서 내가 회사 들어가고 노동현장에 들어가서 제일 먼저 한 일이 풍물패 만든 거고 어딜 가든 풍물패를 조직했던 것 같아.

춘영 아주 영향력 있는 선생이 있거나 그런 건 아닌데 굿쟁이 구자호가 지역에서 독자적으로 풍물 활동을 하는 게 독특한 것 같습니다. 자발성이나 에너지 그런 부분들이 강하게 느껴지고, 타락이 부천 지역에서 하는 많은 활동이 스스로 자발적으로 끌어간다는 점에서 독특하고 고유한 사례인 것 같습니다.

자호 그때 청소년 단체에서 주로 했던 게 고등학생 교육하고 공연시키고 그걸 기획, 연출하고 이런 것들이었지. 실제로 내가 공연한 적은 거의 없었어. 그런 활동을 하다가 '발해'라는 풍물패를 만들면서 직접 굿을 치고 싶은 욕구가 강해지더라고…. 거기도 사회패였는데 사물놀이만 한 것에 아쉬움이 있었지.

춘영 아쉽다는 게 구체적으로 뭐가 아쉬웠던 거죠?

자호 마을굿의 원형을 공부도 하고 싶다는 생각만 많이 한 것 같아. 기능을 학습한다고 그런 걸 찾지도 못했지. 운동이 인생의 큰 축으로 있었고 발해라는 풍물패도 시민단체 소속 동아리였기 때문에 내 생각대로 하는 데 한계가 있었지.

춘영 그 시민단체 이름이 뭐예요?

자호 그때는 '인천시민문화센터'였고 지금은 '인천문화바람'이라고 바뀌었지. 그러다 그게 해체되고, 나는 직장에서 노조 풍물패를 만들었지.

춘영 거긴 언제 들어간 거죠?

자호 직장은 2000년에 들어가서 2010년까지 10년. 거기 현장 활동 하면서 최남동 선생을 만난 계기가 된 교사 풍물패 수업도 하고, 지역에서 통일행사, 통일문화제 만들어서 굿도 치고 여러 활동을 했지.

춘영 끊임없이 지역에서 일을 한 거잖아요?

자호 지역문화운동을 한 거지. 나는 풍물이 바탕이었던 거고 지역 문화 활동을 하는 사람들하고 같이 교류도 하고 판도 벌인 거지.

춘영 2010년에 직장은 왜 그만두신 거예요?

자호 당시 현실 정치를 하고 싶은 마음에 회사를 그만 둔 거야.

춘영 직업 정치? 혹시 어떤 선거에 뛰어든 건가요?

자호 2010년에 지방선거 끝나고 나서 민주노동당이 시의원을 배출하거든…. 정의당이 부천시 의원을 배출하고 원내정당으로 활동을 해야 해서 유급 활동가를 더 뽑았어. 그 전에 한 명이었는데 내가 들어가면서 2명이 월급 받는 직업 정치인이 된 거지. 민주노동당 부천시위원회 사무국장으로 일했어.

춘영 갑자기 정치인이 됐네요. 그럼 그 역할이 지금까지 유효한 거예요?

자호 지금은 부천오정지역위원회 위원장이지. 그리고 정의당 중앙당 문예위원장이고…. 근데 사실 사무국장하면서 월급이 적었어. 전 직장에서 받던 월급보다 확 줄어들면서 강습을 더 많이 하게 됐지. 직장을 다닐 때는 저녁에만 강습할 수 있었는데, 건수가 늘면서 강습이 또 경제 활동의 한 축이 된 거지.

타락의 상쇠로 굿패의 역사를 그리다

춘영 지금은 활동이 자연스럽게 풍물굿과 정치 두 방향으로 진행 중이군요. 이제 타락의 상쇠에 대한 이야기로 넘어가겠습니다. 풍물굿패 타락의 상쇠는 언제, 어떻게 되었나요?

자호 일단 내 성향이 쇠재비가 딱 맞는 것 같아. 고등학교 때부터 항상 꽹과리를 잡았고 고등학교 몇 백 명 판굿을 치고 대동놀이를 해도 상쇠를 했고 현장 풍물패에서도 내가 가르쳐서 했기 때문에 당연히 상쇠를 했지. 타락을 하면서도 내가 상쇠 뽑기도 안 하고 상쇠가 됐어. 모여서 굿을 만들고 각자 잡고 싶은 악기를 슬금슬금 잡게 되잖아? 난 당연히 쇠를 잡고 다른 사람들은 주로 장구를 잡고 나를 따라하고 나를 쳐다보는 분위기였지. 또 필봉농악을 하면서 최남동 선생님이 필봉농악에서 상쇠의 중요성을 강조하시면서 "뭘 배울 것인지 정해라." 하셔서 "난 당연히 쇠를 한다." 그랬지. 그때 자연스럽게 회원들이 "당신이 상쇠를 해야겠네." 하는 분위기가 되어서 상쇠를 하게 돼서, 아직도 하고 있지.

춘영 올해 물려줬지만 회장도 10년 동안 했잖아요?

자호 회장은 초창기에 조직 만들고 당연히 하게 됐지. 하면서 내가 워낙 활동량이 많으니까 사람들이 "나를 넘어서기 힘들다는 부담감도 많았다"고 그래. 나는 그만 하겠다고 해도 대안이 없다 보니 10년 이 다 됐지. 타락 10주년이 되면서 나도 너무 버겁고 조직이 커지다 보니 사람들이 동아리 운영도 나만 바라보는 형태로는 안 되겠는 거야. 굿뿐만이 아니라 지역 활동까지 하다 보니까 내가 너무 바쁜 거야. '역할 분담을 해야겠다.' 싶어서 아까 말한 핵심적인 회원들에게 이야기했지. "이젠 좀 돌아가면서 역할을 나누었으면 좋겠다." 그러면 "굿 측면은 상쇠가 해 왔던 대로 하고, 동아리 운영에 관해서는 아예 이사진을 꾸려서 하자."고 했지. 그때까진 회장과 총무 둘이서 이끌던 체계였는데 젊은 친구들까지 포함 이사 10명을 정해서 이사회에서 운영하는 방식으로 가기로 한 거지. 대외적으로는 회장이고 내적으로는 이사장이야. 장기적으로는 사단법인으로 가려는 고민도 있고, 지금은 이런 체계로 가고 있어.

춘영 지역에서 타락의 1년 활동은 대체로 어떻게 진행되나요? 타락이라는 풍물패가 우리 사회에서 2018년 현재 지역에서든 생활 속에서든 어떤 역할을 하고 있고 회원들이 어떤 것을 누리고 있는지…. 타락의 연중 활동을 외부 공연뿐만 아니라 동아리 내 행사까지 포함해서….

자호 타락 초창기에는 정기공연밖에 없었고, 하나하나 늘었는데 초창기에는 정기공연 봄굿, 그것만 하다가 가을굿도 하게 되고, MT도 가게 되고, 연말에는 송년회도 하고, 1월 1일 해맞이굿도 있고, 정기적으로 하는 건 그 정도. 그런데 타락이 만들어 진 게 합숙을 통해서였기 때문에 매년 여름에 합숙은 꼭 하고 있지.

춘영 합숙이랑 MT랑 다른 거예요? 그럼 합숙은 전수 개념이네?

자호 그렇지. 합숙은 꼭 하자고 해서 초창기에는 매번 합숙을 갔는데, 연습은 안 되고 MT가 되어 버리는 경우가 많았지. 그래서 이제 합숙을 가면 미리 프로그램을 짜는데, 가자마자 일단 술을 마셔. 술 마시다가 "악기나 칠까?" 하면 악기 치다가 "배고프다." 그러면 밥 먹고, 술 먹다가 악기 치다가 이렇게 합숙이 진행되지. 그래도 사람들이 너무 좋아했어. 그런 거잖아? 풍물이란 것 자체가 기능이 중요하지만 관계가 맺어지지 않으면 같이 굿 치기가 너무 힘들잖아? 사실 타락 역사에는 안 좋은 일도 있었는데, 예를 들면 심한 건 아니지만, 성폭력 사건이 있었어.

춘영 풍물은 관계가 불편한 사람들끼리 굿을 치기엔 퍽퍽하고 어렵죠?

자호 우리 회원들 안에서가 아니고 우리 회원 중 한 명이 내가 아는 사람과 성폭력 사태가 있었던 걸 알게 된 거야. 그러니까 그 사람하고 도저히 굿을 같이 못 치는 거지. 그래서 얘길 했지. "굿을 같이 못 치겠다"고. 그동안 친하게 잘 지내던 사람인데, 결국 그 사람은 나갔어. 그리고 타락에 신입회원들이 배우러 오잖아? 그때 우리가 얘기가 "여기는 풍물 학원이 아니다. 풍물 동호회고 풍물굿을 함께 하는 사람들이다. 그래서 혼자 배우는 것에 그치면 안 된다. 풍물을 하려면 누군가와 함께 해야 하는데 그런 노력을 하셔야 된다. 그러려면 수업 시간에만 오시지 말고 다른 정기 모임에도 참여하시고 회원 활동을 하는 게 풍물을 배우는 것이다."라는 거지. 우리는 회원 간의 관계가 중요하다고 생각하기 때문에 모꼬지를 꼭 가. 사실 사람들이 제일 즐거워하는 시간이 모꼬지하고 송년회야. 송년회는 그냥 술 먹고 노는 게 아니라, 작년에는 '2017 타락 어워즈'라는 프로그램을 했어. 작년에 한 마당극 중에 우수 활동 회원 시상도 하고, 선물교환도 하고 그렇게 회원들과의 관계 중심 사업을 꾸준히 진행하고 있지. 굿으로는 해맞이굿하고 봄, 가을굿 정기굿이 중요하고. 해맞이굿은 매년 1월 1일 부천 원미산에 몇 백 명이 모이는 데, 거기에서 우리가 해맞이굿을 치는 거야. 지역에서의 중요한 활동이지.

춘영 해맞이굿 준비는 언제부터 하는 거예요?

자호 그 전날부터 아예 밤을 새는 경우도 있고, 올해는 새벽 5시에 모여서 악기를 챙겨 가서 했어. 해맞이굿을 하고 봄 정기공연, 가을 정기공연을 했는데 작년부터 봄굿을 안 쳤어. 왜냐면, 작년이 타락 10주년이어서 '10주년 굿'을 크게 치자고 해서 가을에 했지. 그 전에도 도둑잽이굿을 치긴 했는데, 그게 마을굿을 하자고 해서 시작했지만, 전통 마을굿을 배웠다기보단 필봉농악 판제를 배우는 거야. 사실 옛날 '필봉에서 쳤던 마을굿을 도심 한복판에서 의미를 살려서 칠 수 있나?' 의문이 들고 '부천에서 마을굿을 치려면 어떻게 쳐야 할까?' 고민을 많이 했지.

춘영 네 중요한 얘기라고 봅니다. 도시에서의 마을굿에 대한 고민인 거죠. 이제 우리의 이야기를 하고 싶다?

자호 그래서 2016년, 17년에 도둑잽이굿 형태를 써 먹었지. 도둑잽이굿 내용이 이런 거야. 내가 살던 동네에 조그마한 공터가 하나 있었는데 그 공터를 중심으로 주민 간에 갈등이 있었어. 어떤 주민들은 "거기를 주차장으로 만들자." 어떤 주민들은 "어린이공원으로 만들자." 이 갈등이 진짜 심각했어. 주민들이 싸우고 난리가 아니었는데 서로 양보해서 반씩 주차장과 어린이공원을 만드는 그 과정에 나도 있었거든. '이 사건을 한번 굿으로 풀어봐야겠다.' 당시에 실제 주민들의 인터뷰도 따고 대본도 만들고 해서 동네에 공간을 빌려서 판굿 치고 도둑잽이굿까지 했어. 그런데 왔던 사람들이 우는 거야. 자기 이야기를 앞에서 하는걸 보면서 동네 주민들이 울고 뒷풀이 하면서 그 과정에 대한 이야기도 나누고 되게 좋았거든. 그때 다시 한번 느꼈지. '도시에서 마을굿을 한다는 것이 뭔가?' 단초를 잡은 것 같아. 도시에서도 마을굿을 하려면 마을 개념이 존재해야 하는데, 옛날처럼 같이 농사짓는 사람들, 이런 건 없잖아? '도시에서의 공동체가 뭘까?'라는 고민이 평소에 많았는데, 재작년에는 그 갈등을 잘 잡았다는 생각이 들었어. 공원과 주차장이 탄생한 과정에서 갈등과 화해의 과정을 잘 담았던 것 같아. 굿을 쳤던 우리도 뿌듯했고 그걸 보고 함께 했던 동네 주민들도 너무 좋아했어. 그러면서 "일단 도둑잽이굿을 계속하자." 결론이 그거였어. 작년에도 도둑잽이굿을 하는데 작년에는 특히 촛불집회 과정이 있었잖아? 그 과정을 고스란히 담았지. '절대 상쇠를 찾아라'라는 제목으로 했던 건데, 이 '타락 마을에 차기 상쇠를 어떻게 정할 것이냐?' 하면서 촛불집회 과정을 담아냈는데, 준비하면서 회원들은 촛불집회도 함께했기 때문에 의미가 좋았고 본 사람들이 좋아하더라고…. 우리는 사실 걱정이 많았거든, 우리가 굿은 치지만 마당극을 제대로 한 게 두 번째였는데 관객들 평가가 좋았어.

춘영 저도 봤잖아요? 진지하고도 재미있게, 설득력 있으면서도 곱씹어보게 되는 장면이 많았어요. 전문성과는 다른 생활 예술? 타락 회원들이 즐기면서 재밌게 잘 했어요.

자호 그래서 회원들이 정말 뿌듯해하고 지역에서 앵콜 공연도 했어. 촛불집회 1주년 기념 지역문화제를 할 때 우리 마당극을 앵콜 공연을 했지. 사실 마당극 자체는 새롭지는 않았지만 '굿을 치면서 도둑잽이굿을 담아보자'라는 게 컸어. 올해도 준비하는데, 부천에 전해져 내려오는 설화가 있어. 내용이 민중들이 새로운 지도자를 기다리다가 아기장수가 태어났는데 지배 세력에 의해서 아기장수가 죽은 거야. 그래서 미완의 지도자가 된 건데, 그 내용을 가져와서 현대에 시민들이 바라는 지도자는 어떤 모습일까? 이런 이야기를 담아보려고 준비하고 있어.

춘영 타락의 연중 주요한 활동들을 이야기 하고 있습니다. 지역에서 의미있는 활동을 주도적으로 하는 것으로 보이고, 풍물굿 내용이 진지하면서도 새롭게 지역의 이야기를 담아내려는 것은 일반 전문단체에서도 어려워요. 특히 무형문화재 단체나 전문 단체들도 이런 걸 못 하거나 안 하거든요. 그래서 구자호 상쇠와 타락의 활동이 의미가 있지 않나 해요?

자호 그래서 우리가 초창기에 굿 공부 모임도 하고 책도 읽었는데, 그것을 못하다가 올해 다시 시작하기로 했어. 공부라는 게 악기를 치는 것도 공부지만 그것만이 아니라 '굿이란 무엇인가?' 그리고 '어떤 굿을 쳐야 하는가?'를 고민하는 거지. "필봉농악을 한다고 해도 그 판제를 그대로 하는 게 절대 다는 아니다."라는 지점에서 이야기하는 거야.

구자호 굿쟁이 풍물굿의 세계를 형성하다

춘영 내 지역에서의 풍물굿, 도시에서의 풍물굿 문제의식에 깊이 공감합니다. 그래서 타락의 활동이 잘 이해되는 것 같습니다. 다음 주제입니다. 풍물굿의 학습에 있어서 상쇠님의 인생에서 영향을 미친 선생님이 있다면? 이런 이야기들과 실천이 어떻게 나왔는지가 궁금합니다. 혹은 영향 받은 책이나, 개인적인 계기들이 있다면?

자호 나는 시대적인 게 되게 컸던 것 같아. 운동의 도구로 풍물을 접했고 그렇게 해 왔기 때문에 그냥 풍물 한번 신나게 치는 것, 지금은 좀 바뀌어서 그것도 의미가 있다고 생각하는데, 옛날에는 '그것만 해서 되겠냐? 풍물이 민중들과 함께, 사람들과 함께 뭔가 의미를 남기고 이런 역할을 해야 한다.' 하는 게 강해서 내가 사물놀이를 부정적으로 보게 된 거야. 사물놀이는 사람들을 개별화한다고 본 거야. 또 사람들을 경쟁시키고…. 휘모리 조금 빨리 치는 것이 경쟁이 되고, 거기서 우월감을 느끼고, 공연할 때 그것을 기준으로 너는 이거 하지 말고, 나는 이거 하고 이렇게 나누는 게 너무 싫었어. '풍물굿은, 마을굿은 마을사람들을 묶어 주고 모아내는 역할을 했다는데 내가 지금 접하는 풍물은 왜 이 모양일까?' 이런 고민이 어렸을 때부터 있었던 거지.

춘영 그것에 대한 안타까움을 실천해 내고 있는 거잖아요? 부정적인 데서 창조적, 발전적으로 실현해 나가는 과정이잖아요?

자호 그렇지. 그리고 내가 이것저것 책이나 자료도 많이 보고 그랬던 것 같은데, 구체적으로 떠오르는 건 없어. 자료 보고 고민을 하면서 조금 쌓였을 것 같긴 한데…. 그리고 기능, 기술적인 선생님들은 박헌규 형님 있고, 그리고 양진성 관장님이 있지. 꾸준히 배운 건 아니고 우리 고등학교 선배들하고 같이 합숙 들어가서 배운 거였기 때문에, 진짜 내 스승이다 이런 건 없었는데, 필봉 양진성 관장님 경우에는 어떻게 보면 첫 스승이지. 몇 년 동안 꾸준히 내려가서 배웠으니까.

춘영 몇 년 동안 꾸준히 배웠죠. 양진성 관장에게 배운 건 어떤 게 있나요? 가락이나 정신이나?

자호 가락을 하나하나 배운 거지. 판제는 최남동 선생이 다 가르치고 갔고.

춘영 풍물굿이라는 우리가 하는 활동에 명칭이 여러 개가 있잖아요? 매구, 농악, 사물놀이, 풍물굿, 두레 등 다양한 명칭이 있는데, 본인의 활동에 부합하는 명칭이 있나요?

자호 나는 '풍물굿'으로 쓰려고 하지. 내가 처음 풍물을 접했을 때도 사물놀이를 하면서 "풍물굿패를 만들자", "풍물굿 치자"라고 얘기했어. 처음에는 이해가 안 됐지. 공부를 하다보니까 '풍물굿'이라는 말은 사실 70~80년 역사 속에서 생겨난 말이고 이제까지 이야기해 온 공동체성, 관계성 이런 것들을 담고 있는 말이잖아? 무형문화재 제도나 사물놀이나 이런 흐름에 대항해서 만들어낸 양식을 풍물굿이라고 명명했던 것을 내가 알게 모르게 흡수한 거지. 지금도 그렇게 해야 한다고 생각하는데, '농악'이란 말은 비판적으로 보긴 하는데 돌이킬 수 없는 대세가 된 것 같아. 일단 농악이 무형문화재나 유네스코에 등재되기도 했고 이걸 돌이킬 수는 없는 것 같아. 나는 제도가 좀 바뀌어서 '옛날에 지역에서 쓰던 말들을 살려서 무형문화재에 등재하면 안 되나?' 하는 아쉬움이 들더라고. 그냥 농악으로 통일하지 말고 학술적으로 연구해서 찾아내고, 현재 사회에서 하는 건 '풍물굿'이라는 표현으로 더 대중화시키고 정착시키면 좋겠고, 그 안에서 '생활굿'이라는 개념을 확대를 해나가면 어떨까 하는 생각이야.

춘영 원래 이름을 썼으면 좋겠다, 꼭 통칭할 필요는 없다, '풍물굿'이라는 말이 지속가능한 대안을 가지고 있고 우리 활동을 포함하기 때문에 그런 명칭을 썼으면 좋겠다는 거네요. 다른 차원에서 '굿'이라는 단어가 이 도시나 현대 시점과는 맞습니까? 어떻습니까?

자호 아주 대중적인 용어는 아닌데 계속 써야 된다고 봐. 이번에 문화재단에 신청서 낼 때도 의도적으로 '굿 공부'라는 표현을 사용했고, 우리 지역 풍물패들 모여서 1년에 한번 합굿 치는데, 거기 신청서에도 '생활굿', '풍물굿', '의례굿'이란 표현을 썼어. 심사평이 "생활굿이라는 표현이 좋다."라는 반응도 나왔어. 아직 내가 넓게 접촉한 것은 아니라서 모르겠지만 그걸 비판적으로 보는 사람은 많지 않은 것 같아.

춘영 좋은 평가가 많아요? 의외인데요? 제 주변으로는 비판적인 분들이 많은데…. 제가 왜 21세기 상쇠론을 싸움이라고 했냐면 '농악과의 싸움이고 사물놀이와의 싸움이다, 기능 일면에서 관계로 가야 되지 않나? 담론이나 이런 내용들을 후배들한테 제시해야 하지 않나?' 하는 거예요. 그래서 이 작업을 하는 거예요.

자호 그러니까 나는 학술 연구자로서 풍물굿을 '관계미학'으로 해석을 잘 해보고 싶다는 생각도 들어. 박사학위 논문에서 그런 걸 하려고 준비 중인데,

사실 지금 풍물굿이 할 수 있는 역할 중에 사회적인 굿을 치는 것 말고는 '생활 속에서 관계성 회복' 이것이 가장 중요한 가치일 거라고 나는 생각해.

춘영 좋은 말씀이네요. 관계성의 회복.

자호 풍물굿의 중요한 장점 중 하나가 바로 그 점이야. 생활예술이라고 표현되는 다양한 장르 속에서, 풍물굿만큼 관계성 회복을 잘 시켜주는 매체가 드물어. 기타, 피아노는 개인 악기잖아? 합주도 여러 명이 치는 것뿐이지 꼭 합주해야 하는 것은 아니지. 그렇지만 풍물은 반드시 함께해야 하는 거고, 함께하는 것과 개인적인 재능들이 잘 조화된 판이 아름다운 거지. 풍물굿이야말로 지금 이 신자유주의 시대의 개별화되고 파편화되고 경쟁에 찌든 사람들의 관계 회복에 기여할 수 있는 장르야.

회원이 함께 만들어가는 생활풍물굿

춘영 이런 부분이 풍물굿이 가진 우리 삶의 대안적인 요소라는 거잖아요? 사례를 들어 자세하게 이야기 해주세요. '신자유주의 시대에, 도시에서 오히려 풍물굿이 의미 있는 매체로서, 예술 양식으로서 파급력이 있다.' 그런 판단이 저랑 공통적인 것 같아요. 그런 것을 언제 느꼈는지, 구체적으로 어떤 내용인지 이야기해 주신다면?

자호 비교할 수밖에 없는데 다른 장르, 예를 들어 기타, 피아노, 드럼 같은 건 생활 속에서 취미로 한다고 해도 학원에 가서 배울 수 있어. '타락'만 해도 풍물을 같이 하려면 사람들이 힘을 모으게 되는 거야. 공간 하나만 예를 들어도 연습 공간을 만들어야 되니까 사람들이 십시일반해서 보증금 만들고 방음 공사도 같이 하고, 이런 것이 다른 장르하고 전혀 다른 매커니즘 속에서 만들어진다는 거지. 다른 장르는 한 강사가 학원을 차리고 그 공간을 사용하는 거지. 거기엔 관리자가 따로 있고 사용자가 따로 있지. 공간 유지, 관리, 강습을 하며 비용을 받는 사람이 있고 다른 사람들은 비용을 지불하고 사용만 하는 건데, 공간 철학 자체가 다른 거야. 풍물굿 공간은 협동의 정신이 녹아 있지. 요즘 유행하는 협동조합의 정신이 우리는 본래부터 갖춰져 있는 거지. 타락도 그렇게 만들어져서, 청소도 돌아가면서 하고 모두가 공간의 주인이 되는 거지. 사람들이 직장이나 경쟁사회 속에서 느끼지 못했던, 깨지고 흩어졌던 주인의식, 자주성이 이 공간에 오면 생기는 거지.

춘영 풍물을 하는 이 공간에 오면, 풍물굿을 하는 사람들과 관계를 맺으면, 없던 게 생긴다는 거죠? 완전히 없던 건 아닌데 이 사회 속에서 깨졌던 공동체성이나 주인의식이 생긴다, 좋습니다.

자호 부천시에서 생활문화동호회에게 공간을 많이 빌려 줘. 그런데 그 동아리는 오래 못 가지. 공간 빌려서 쓸 때는 좋지만 공간을 받지 못하면 동호회가 없어지고 말지. 타락의 경우에는 그럴 일이 없지. 우리 공간이니까 절대 없어질 리가 없는 거지. 혹시 사라진 단체들은 우리 같은 공간철학이 없는 건 아닐까? 자기 공간이 없는 단체가 없어지지 않았을까?

춘영 공간 철학, 우리 공간 재밌습니다. 풍물굿의 새로운 가치와 의미인데요?

자호 타락은 굿을 할 때마다 매년 주제를 정하거든. 주제를 정하다 보면 사람들이 서로 얘기를 해. 2013년인가 우리가 한참 젊을 때, 우리보다 나이 많은 노총각이 있었어. 이야기를 하다 보니까 올해 주제를 결혼 이야기로 하자는 거야. 그렇게 주제가 정해지니까 레파토리가 쉽게 나오는 거야. 중간에 사랑가도 부르고 그 과정에서 서로의 삶에 대해서 이야기 하는데, 자신들의 이야기를 하게 되니까 서로의 생각이나 삶을 바라보게 돼. 그런 내용이 생활굿에 표현된다고 생각해. 전문가들 굿 속에서는 찾기 힘든 부분이지 않을까?

너무 단정 짓나?

춘영 아니에요. 맞을 거예요. 맞아요.

자호 그렇게 구성원들의 삶을 반영해서 이야기하면서 굿을 준비하고 칠 때 치유되거나 삶의 희망과 용기를 가지게 되는 게 분명히 있어. 아니라면 사람들이 생활 속에서 힘든 와중에 굿을 치러 나올 이유가 없지. 그래서 생활 풍물굿을 지향해야 한다고 하는 거야.

춘영 이것을 주도적으로 하는 건, 우선은 풍물굿을 하려고 모인 거잖아요? 조직을 운영하는 것은 대표가 한다 해도 사람들과 예술적인 것들을 만들어 가는 건 상쇠잖아요? 상쇠가 지휘자처럼 기획, 연출도 하고 판도 만들어 가는데, 타락에서 평소 연습할 때나 판에서 임하는 자세와 가락을 어떻게 엮어 가는지?

자호 일단 사물놀이로 처음 접했기 때문에 엄청난 속도감을 즐기는 편이었는데, 요즘은 천천히 치자는 이야기를 많이 해. 우리가 경쟁하려고 모인 게 아니기 때문에 놀고 즐겨야 하는데 배우러 왔을 때 사물놀이를 배우고 온 사람들의 공통적인 특징이 장단이 익숙해지면 빨리 몰아가려는 습관이 있어. 서서 판을 만들면 그 속도가 불가능하지. 나는 상쇠로 판을 이끌어가는 사람으로서 계속 "릴렉스 하자. 놀 수 있는 판을 만들자."고 강조해. 사실 초창기에는 그렇게 못 했어. 필봉 갱지갱이 빠른삼채 정도 될 텐데 왜 이렇게 느리게 칠까 이해하기 어려웠는데, 이제 필봉농악을 하면서 느낀 게 '갱지갱이 빠른 장단이 아니구나.'를 느꼈고 휘모리가 삼분박인데 그 박을 끝까지 지키고 가려는 이유를 알겠어. 휘모리의 출렁출렁한 느낌을 지키려고 하는 노력을 하고 느림의 미학 이런 이야기를 하고 있지. 또 나는 가르칠 때 '필봉농악은 이렇게 치기도 하지만 당신이 바꿔서 쳐 보고 싶다면 인정을 하겠다. 다양한 방법으로 쳐보고 싶을 때 표현해 보라.'고 이야기하는데, 어떤 분들은 절대적인 것처럼 이야기하는 분들이 있더라고. 그건 아닌 것 같아.

춘영 형이 제일 좋아하는 장단은?

자호 나는 오채질굿이 좋고, 호허굿도 좋아해.

춘영 왜 좋은 것 같아요?

자호 사물놀이는 우도 오채질굿을 쳤는데, 내가 접해 본 오채질굿하고 속도
감과 느낌이 너무 다른 거야. 필봉농악의 오채질굿은 처음 접할 때 느낌이 좋
았어. 그래서 우리는 오채질굿을 자주 쳐. 처음에는 외마치질굿만 알았는데
오채질굿을 접하고 자주 치려고 하지. 그리고 호허굿은 구성미가 있잖아? 그
런 다채로움도 좋고 신기한 거야. '이런 장단을 어떻게 만들었을까?' 싶은 거
지. "덩덩 호호" 10박자로 배웠는데 요즘에는 3분박 느낌으로 치더라고…. 나
는 옛날에 배웠던 처음의 그 느낌이 좋은 거지. 본호허굿 마지막 줄에 늘려
주는 부분이 있잖아? 정해져 있지 않아서 그런 지점들이 좋은 거지.

춘영 꽹과리 성음에 대해서 고민해 봤어요?

자호 내가 아직 그런 깊이가 없어서…. 사실 최남동 선생님한데 처음 필
봉농악을 배울 때 처음 가져와서 친 꽹과리가 있어. 그 소리가 너무 좋았거
든…. 보통 꽹과리를 숫쇠와 암쇠를 나누는데 전에 알던 소리랑 다른 느낌의
소리가 나는 거야. 흔히 표현하는 옥구슬 굴러가는 소리가 아직도 기억나.
선생님께 물어보니까 '되게 오래 길들인 쇠'라는 거야. 타법이나 기술로 내는
소리보다 정말 많이 쳐서 잘 길들여진 쇠로 치는 소리, 이것을 지향하는 것
같아.

춘영 저도 꽹과리나 장구 길들여 가는 그 맛을 좋아하거든요. 많이 칠수록
소리가 나랑 맞아 가지….

자호 장구는 좀 다른 게, 통이 고정되어 있잖아? 가죽은 계속 갈지만 꽹과리
는 하나로 계속 가는 거기 때문에 그 소리를 만들어 가는 과정, 이것에 대한

즐거움?

춘영 즐거움 이상이지. 꽹과리가 사물이지만 '나랑 맞춰 가면서 반응하는구나!' 생명체와 대화하는 것 같은 그게 진짜 좋지.

자호 나는 그 전까지 그걸 잘 몰랐거든….

춘영 그러다 꽹과리를 누구한테 빌려 줬는데 깨 가지고 오면 진짜 가슴이 아프지.

자호 그렇지. 꽹과리는 누구한테 빌려 주는 거 아니지.

도시 풍물굿 상쇠의 덕목과 미래 전망

춘영 미래적인 의미에서 상쇠의 덕목 세 가지를 든다면? 전통의 맥락이 아니라 도시에서 풍물판을 벌이는 입장에서, 어떤 쪽으로 개발을 하고, 어떤 판을 벌려야 하는지와 연관되는 문제예요.

자호 풍물굿 상쇠는 이 세상을 잘 알아야 해. 고리를 무는 건데, 지금의 풍물굿은 생활굿이 되어야 하는데, 우리 생활을 규정하고 삶을 규정하는 게 우리 사회의 구조잖아? 이 사회를 모르면서 생활굿을 제대로 칠 수 없겠지. 사회를 잘 알아야 지금 도시공동체에서 관계를 회복하는 생활굿을 이끌 수 있다고 봐. 두 번째는 사람들을 잘 알아야 해. 셋째는 풍물굿 상쇠는 연출가가 되어야 한다는 거야. 기획을 포함한 연출 능력이 반드시 필요해. 물론 다른 장르도 연출가의 역할이 중요한데, 풍물에서는 연출과 상쇠의 교집합이 크기 때문에 연출 능력이 분명히 있어야 돼. 그렇지 않으면 풍물굿을 기획하고 연출하면서 사람과 사회를 엮어서 나가기가 힘들지. 내가 셋 중에 좀 부족한 건 사람들과의 관계야. 내가 원칙적이긴 한데 사람들을 넓게 포용하지 못하는 면이 좀 있어.

2020년 10월 풍물극 아기장수 바위전 시즌 3 상사화 공연 중(풍물굿패 타락 제 11회 정기공연, 부천 소극장)

춘영 형이 인생에 있어서 잊을 수 없는, 인상적인 굿판이 있다면?

자호 첫 번째는 고 1 때 인하대에서 열었던 '학생의 날' 놀이판이야. 인하대에서 나를 처음 풍물의 길로 이끌어준 대동굿판이지. 그리고 2008년이었나? 촛불집회 과정에 전경하고 대치하는 뒤쪽에서 막 굿을 치는데 나이가 있는 여자분 한 분이 한참을 보다가, 풍물 하는 분은 아닌 것 같았는데, 그분이 우리 굿판에 들어와서 너무 자연스럽게 어울려 노는 거야. 내가 상쇠였는데 많은 굿을 쳤지만 굿판이 너무 즐거워서 사람들이 어울려 노는 것을 오랜만에 느꼈고 그만큼 행복해 하는 표정을 본 적이 없는 것 같아. 그날 그분의 그 눈빛, 그걸 만들어 냈던 판이 8명이었나? 인원도 적었어. 그분이 흥겨워서 같이 놀면서 그 눈빛을 나한테 주는데 그 굿판, 그 배경과 그분의 눈빛이 지금도 기억에 생생해.

춘영 그게 이 시대의 풍경, 아니 인생의 무대거든요. 삶의 최전선….

자호 광장의 상황 속에서 그 눈빛. 그리고 2015년 합굿도 기억에 남지. 4.16 세월호 1주기 추모 합굿. 지역에서 내가 처음으로 수많은 사람들과 함께 의미 있는 굿을 친 날이야.

춘영 형이 바라보는 지금 사회는 어떤 사회이고 시대인가? 정당 활동을 하는 것과 연관해서도 이야기해도 돼요.

자호 사람들이 현대를 신자유주의 시대라고 이야기 해. 여기에 경제적이고 정치적인 엄청난 의미가 있는데, 결론적으로 이 사회가 사람을 사람답지 않게 만드는 힘이 너무 강해. 지금 난민 이슈도 그렇고 혐오 살인사건, 소수자 혐오 문제 같은 게 사람을 사람으로 보지 않는 대표적인 사례야. 그래서 신영복 선생님 책에 '여름 감옥'이라는 표현을 쓰는데 겨울에는 감옥에서 옆에 있는 사람이 좋은데, 여름에는 죽이고 싶을 만큼 밉다는 거야. 그럴 정도로 옆에 있는 사람들을 밉게 만드는 게 우리 사회라는 거지. 생각해 보면 그 사람이 미운 이유는 잘못해서가 아니고 감옥 시스템이 문제인데, 우리는 옆에 있는 사람을 미워하지. 우리를 여름감옥에 가둔 이 사회를 볼 줄 알아야 하는데, 옆 사람만 미워하는 모습이 문제라고 생각하면서 사회를 봐야 해. 그런 안목, 그런 마음….

춘영 정치 성향이 좀 다르더라도 시대의식은 비슷한 것 같아요. 그런 부분이 건전하고 건강한 문제의식이라고 생각합니다. 그런 문제의식의 실천이 촛불혁명이었다고 생각되는데, 타락이 촛불집회에 많이 나왔어요. 형이 보기에 촛불시민혁명 이전과 이후 사회를 바라보는 관점이나 기류가 바뀌었을까요? 촛불시민혁명이 어떤 역사적 의미와 가치가 있는지, 또 그 이후에 어떤 바람이 생겼는지…?

자호 이번 촛불혁명은 내가 말했던 그것까지를 포괄할 수 있는 행동은 아니었어. 그런데 최소한 박근혜 대통령 같은 합리적이지 못한 그런 세력들을 세상의 전면에서 퇴출시키는 계기는 됐지. 한발 더 나아가야 하는 것은 이 사회의 다양한 소수자를 존중하고, 큰 구조적인 문제를 변화시켜 나가야 하지 않을까?

춘영 이게 좋은 계기이고 정상화의 시작이지 않을까 하는…?

자호 정치적인 구조만 봐도 대통령 얼굴은 바뀌었지만 실제 지역으로 내려와 보면 민주당 정치인들은 하나도 안 바뀌었거든. 성향과 모습과 세력과 기득권이 그대로야. 우리 대통령 얼굴이 바뀌었으니 대단한 일이 일어날 거라 생각하는데, 실제로 근본적으로 바뀌려면 아래부터, 아래가 바뀌어야 해. 지금은 대통령 하나 바뀐 것뿐이지.

춘영 그렇죠. 그래서 어떤 방향으로, 어떻게 나갈 것이냐 하는 측면에서 풍물 하는 사람들의 활동이 의미가 있는 거고 예술과 굿 활동을 통해서 관계회복을 하는 거고….

자호 그런 의미에서 풍물굿이 굉장히 중요한 역할을 할 수 있지.

춘영 무형문화재 제도 안에 있는 단체들은 이런 시대를 바라보고 대응하는 역할은 못 한다고 봐요. 시간이 없어서 더 말하기 힘들고 앞으로 보완을 할지 모르겠지만 저와 형의 문제의식은 같은 것 같아요.

자호 나는 무형문화재라는 제도권에 있는 사람들하고 터놓고 이야기해 보면 좋겠어. 무형문화재가 생긴 배경은 어쨌든 정치적인 부분이 크잖아? 박정희 이후로 국론을 하나로 모아내기 위해서 전통문화를 살려야할 것 같은데, 그냥 막 살리면 안 될 것 같고, 하나씩 당근을 준 건데…. 기본적으로 전통문화를 살리고 보존하려는 원칙은 맞는데, 그 방법이 뭘까? 지금 그 제도를 완전히 부정할 수 없지만, 현재 상태에서 어떻게 조화롭게 만들어갈 것인지 이야기를 많이 해야 할 것 같아.

춘영 형은 박사학위 논문 준비 과정이나 현장에서도, 얘기를 많이 해야 할 것 같아요. 그게 형이 갈 길인 것 같아요. 학계 쪽도 관계하고, 정치 쪽에서도 이야기하고, 정의당에서 문화예술위원장을 맡고 있으니까…. 그런 것을 충분히 활용해서 보수 정당과 구별되는 문화예술의 비전, 또 원래 우리가 가지고 있던 것에서 출발해서 새로운 것을 정책으로 만들어 가는 것이 필요하겠죠.

자호 그게 필요하지.

춘영 타락의 앞날에, 그리고 구자호 상쇠님의 앞날에 충분히 역사적인 일들이 많을 것 같습니다. 오늘 여기까지 하겠습니다. 얼쑤~!

8. 춘천 뒤뚜루농악
상쇠 한춘녀

일시 : 2018년 7월 21일

장소 : 모자이크어린이집 원장실

면담자 : 한춘녀(여, 60대, 춘천)

세명대 경영행정복지대학원, 전통문화전공, (사)한국국악협회강원도지회장, 『춘천향토농악자료집』1, 2권 발간, 강원문화예술 국악부문 도지사상(2012), 제23회 강원 전국국악경연대회 농악부문 대상(2020)

면담 의도 및 상황 : 2016년 당진 기지시줄다리기 축제의 일환으로 전국농악경연대회가 있었고, 참가 단체로 춘천뒤뚜루농악을 처음 접하게 되었다. 고깔이 정말 다채롭고 예뻤는데 강원도 풍물 가락에서 느껴지던 마을굿, 두레굿의 순박함이 인상적이었다. 물론 굿이 끝나자마자 다가가 상쇠와 여러 어르신들께 풍물굿 연구자라 소개도 하고 인사도 주고받았던 기억이 있다. 얼마 뒤 춘천뒤뚜루농악이 소개된 『춘천향토농악자료집』이 우편으로 배달되었다. 한춘녀 상쇠의 조사연구집으로 춘천 지역의 어르신 풍물굿쟁이에 대한 인터뷰와 여러 마을의 풍물굿 판제가 정리되어 있었다. 이후 일년에 몇 차례씩 춘천을 오가며 춘천뒤뚜루농악도 보고 상쇠님과 춘천의 풍물굿에 대한 대화도 나누게 되었다. 일단 풍물굿은 느지막이 시작하였지만 열정적으로 단체를 이끌고 부단히 굿판을 벌이는 모습에 한춘녀 상쇠에게 존경의 마음이 생겼다. 어린이집을 운영하며 아이들에게 우리 음악을 가르쳐야 한다며 시작한 풍물굿이 이제 자신의 인생이자 소명이 되었다. 풍물굿 연구에서 강원 지역 풍물굿은 강릉농악에 관한 논문과 책자 몇 편이 전부인데, 춘천에 많은 마을 풍물굿이 성행했으며 영동풍물굿과 대비되는 영서풍물굿이 존재하고 있다는 점을 밝히고 있다. 춘천농악에 대한 두 권의 저서를 낸 연구자답게 시원시원하고도 상세하게 답변이 이어졌고, 미처 생각지 못했던 풍물굿과 민속예술 전반에 대한 해박한 정보와 지식을 풀어내 주셨다. 춘천뒤뚜루농악은 역사가 오래이면서 마을굿의 전통을 이어가고 있다는 분명한 의식에 더해 향후 풍물굿의 미래에 대해서도 의견을 주셨다. 마을굿으로서, 공동체 문화로서 춘천뒤뚜루농악이 젊은 세대에 더 많이 알려지고 대중화되리라 기대해본다.

교육자이자, 연행자인 한춘녀 상쇠

춘영 우선 춘천 뒤뚜루농악과 관련해서 상쇠님 소개를 부탁드립니다.

춘녀 저는 춘천뒤뚜루농악보존회 농악단장 한춘녀입니다. 춘천뒤뚜루농악 보존회는 춘천의 본산인 뒷편의 후평동 마을농악을 지키는 단체로서, 우리는 일제강점기 때인 1939년 경춘철도 개통식 기념으로 농악경연대회가 열렸는데, 당시 춘천 뒤뚜루농악 상쇠였던 고옥봉 상쇠가 증리에 초빙되서 상쇠로 이끌고 나가서 우수상을 받은 고옥봉제 농악을 보존하고 있습니다. 또 정월 대보름 달맞이굿과 술렁수 싸움놀이라는 민속놀이를 보존 전승하고 있습니다. 지금은 돌아가셨지만 고옥봉 농악놀이를 지도해주신 강갑수 선생님의 비나리 고사반도 보존하고 있습니다. 저희 춘천 뒤뚜루농악은 1994년도에 춘천 석사 3지구 아파트 노인정에서 어르신들이 4명의 발의에 의해서 결성이 되었고요, 뒤뚜루농악 단체명은 그 이후에 생겼습니다.

춘영 단장이면 거기 대표이신 건가요?

춘녀 아니에요. 대표는 따로 있습니다. 저는 전 회장이고 지금은 저 다음으로 김창수 보존회장님이 계십니다.

춘영 그럼 지금은 상쇠이시고요?

춘녀 네, 저는 춘천뒤뚜루농악 상쇠입니다.

춘영 춘천 뒤뚜루농악 한춘녀 상쇠님과 진행을 하도록 하겠습니다. 풍물은 언제, 어떻게 접하게 되었어요?

춘녀 먼저 사물놀이는 제가 30대 후반에 서울에 잠깐 살 때 동사무소 사물놀이 반에서 접했고, 농악을 접한 건 2006년 겨울이에요. 사실 농악을 하려

2018년 제4회 영동 · 영서 마을농악 한마당큰잔치 중 상쇠놀음

고 했던 건 아니고, 제가 어린이집을 했기 때문에 우리 아이들이 꽹과리나 장구를 보면 외국 악기처럼 너무 생경하게 생각해서 '어린이집 아이들한테 우리 음악을 가르쳐야 되겠다.' 이런 생각으로 시작했어요. 그런데 직업인이다 보니까 낮에는 배울 곳이 없었어요. 일과 끝나고 배울 수 있는 농악단체가 우두농악이 있었어요. 거기만 밤에 강습을 했어요. 거기 들어가서 농악을 배운 게 계기가 됐죠. 아이들한테 우리 걸 가르친다는 소박한 생각으로 시작했고, 그때부터 관심을 가지게 되었죠.

춘영　아까 말한 단체가 우두농악인가요?

춘녀　지금은 뒤뚜루농악이지만 처음엔 우두농악에서 배웠죠.

춘영　우두라는 말은 무슨 뜻인가요?

춘녀　우두는 지명이에요. 춘천 소양교 건너편에 있는 마을입니다.

춘영　그럼 우두농악이랑 뒤뚜루농악은 어떤 상관관계가 있나요?

춘녀　제가 우두농악에 배우러 갔을 때 거기에 신재봉 선생님이 계셨어요. 신재봉 선생님은 뒤뚜루농악 도통수이셨는데 전문 강사로 오셨어요. 그분이 농악을 거기서 지도하셨는데 신재봉 선생님과 연을 맺게 되었고요. 신재봉 선생님이 우두농악을 가르치면서 2008년도 강원민속예술경연대회에 나갈 때 대동 천렵놀이를 지도하셨어요. 2008년에 제가 우두농악 회장을 하고 있었습니다.

춘영　그때 종목 이름이요?

춘녀　우두대동천렵놀이. 천렵은 강에서 물고기 잡는 거죠. 여기는 물이 많은 데니까….

춘영　천렵? 강에서 물고기 잡고 매운탕 끓여 먹으며 한참 노는 거잖아요? 또 다른 내용이 있나요?

춘녀　춘천에는 물이 많잖아요? 우두산을 감돌아서 흐르는 개천이 옛날에는 그렇게 깊지 않았대요. 여기 사람들은 똥고기라 그런데요. 그걸 잡아서 솥을 걸어서 어르신들 모셔다가 하루 놀았어요. 저 아래 지역으로 치면 호미씻이 같은 건데, 그렇게 농사철 다 끝나면 놀았대요. 여기는 호미씻이라 하지 않고 천렵놀이 겸 백중놀이 겸해서 마을 어른들 모시고 노는 거죠.

춘영　농사를 끝내고 고기 잡고 한 번 노는 날이네요. 어쨌든 지역 색이나 지역문화에 기반한 놀이였네요. 그런데 2008년도 강원민속예술경연대회가 작은 대회가 아니에요.

춘녀　문화원에 가서 "우두농악에서 나가겠다."고 했더니 그때 다행히 문화원장님이 허락을 하셔서 저랑 신재봉 선생님이랑 우두농악 박찬옥 상쇠님이랑 협력해서 차금석 단장님과 함께 나갔어요. 당시 강원도 고성에서 열렸어요. 이 놀이를 준비하면서 지역 농악 가락이 무엇인지 고민도 하고, 지역 농악에 관심을 가지게 된 게 이때죠. 정말 지역 가락이고, 지역 놀이라는 데에 그때부터 관심을 가졌어요. 농악뿐만 아니라 농악이 대동된 세시풍속에 관심을 가지게 된 거죠. 조사 다니게 된 계기가 그거였던 것 같아요.

춘영 신재봉 선생님이 도통수라고 했는데, 도통수란 게 어떤 거죠?

춘녀 저도 도통수라는 게 참 궁금했어요. 당신이 어째서 도통수라 하셨는지 생전에는 못 여쭤 봤고요, 사전을 찾아 봤는데 국어사전에는 이 말이 없어요. 알고 보니까 군사적인 용어였던 거 같아요. 이순신 장군이 수군들 지휘할 때 도통수였나 그래요. 이순신 얘기가 나올 때 좌군도통수라고, 도통수는 정확한 말이 아닌 것 같고 비슷한 말이 있었던 것 같아요.

춘영 혹시 역할이 잡색인가요?

춘녀 아닙니다. 도통수는 농악단을 이끄는 대장이에요. 이분이 상쇠이자 지도자셨어요. 고옥봉 선생님이 돌아가시고 그다음에 오신 뒤뚜루의 2대 상쇠죠. 선생님이 2012년 8월에 돌아가셨는데, 선생님이 위암 판정을 받았을 때 제가 신재봉 선생님 자리를 이어받았죠.

춘천 뒤뚜루농악의 유래와 발자취

춘영 제가 춘천에 있는 풍물패 현황을 잘 몰라요. 소양강풍물패, 우두풍물패, 뒤뚜루농악 외에도 상쇠님이 조사한 바에 따르면 다양한 풍물패 여러 상쇠가 있던 것 같은데, 일단 뒤뚜루농악을 중심으로 하면서 춘천농악 전체적인 부분도 이야기해 주시기 바랍니다. 뒤뚜루농악은 언제, 어떤 계기로 누구 주도로 만들어졌나요?

춘녀 뒤뚜루농악은 1994년에 발의자가 네 명 있었다고 그래요. 당시 석사 3지구 영구임대아파트가 있었어요. 통장님이 주영흡이었는데 노인정에서 어르신들이 매일 고스톱이나 하시니까 노인회 한명서 회장님하고 의논을 해서 "고스톱은 자라나는 세대들 보기에 그렇다. 우리가 전해 내려오는 농악 같은 걸 해 보자." 말씀을 하셔서 주영흡 어르신, 회장이신 한명서, 다른 두 분이랑 함께 네 분이 처음 발의했다고 합니다. 지금도 노인정은 그대로 있어요.

춘영 노인정 이름이?

춘녀 돌하고 모레가 많아서 석사동 3지구 노인정입니다. 그 노인정이 그대로 있어요. 거기서 시작했는데 처음에 악기가 없잖아요? 일단 악기는 춘천 우시장 근처에서 안 쓰는 농악기가 있다는 얘기를 듣고 농악기를 얻어다 놨데요. 농악을 하려고 보니까 당시 상쇠 하시던 분도 있지만 지도 할 정도 실력은 아니었나 봐요. 그런데 한명서 회장님이 뒤뚜루농악 명인 고옥봉 어르신이 있다는 얘기를 듣고 찾아가셨대요. 결국 한 회장님이, 어느 날 그 고옥봉 어르신을 모시고 왔대요. 당시 연세가 80세 안팎은 돼 보였다고 해요. 94년, 95년도쯤이죠. 그런데 그분이 "나는 몸이 늙고 지병도 있다." 하시면서 사양을 하셨대요. 어르신들이 "그냥 놀이 삼아 가르쳐 주시오." 사정을 해서 모시고 농악 지도를 받기 시작했고, 그때 농악 가락과 몇 개의 진풀이를 배웠는데 1년을 채 못 넘기시고 그분이 돌아가셨어요. 돌아가시고 얼마 안 돼서 연습하는 날 모였는데 신재봉 선생님이 마침 그곳에 이사를 오셔서 농악기 소리가 나니까 거기를 가셨나 봐요. 일 년도 안 되게 지도 받았으니까 어른들이 제대로 못 쳤겠죠. 신재봉 선생님이 처음 와서 농악에 대한 얘기를 하는 걸 듣다가 주영흡 어르신이랑 노인회장님이 "당신이 농악을 아는 것 같으니까 우리를 지도해 주시오." 해서 신재봉 선생님이 고옥봉 어르신 뒤를 이어 도통수가 되신 거예요. 고옥봉 어르신 때는 그 명칭은 없었고요. 신재봉 선생님은 당시만 해도 많이 배우신 분이셨어요. 동국대에선가 법학을 전공하신 분이고요, 총명하신 분이셨어요. 대학생 때까지만 해도 홍천 천석꾼 집 자제분이셨대요. 대학 때 서울로 유학을 보냈는데 이분이 단소인가 피리를 배우려고 지금 한국국악원인가요, 옛날에 인사동에 작은 단체가 있었대요. 거기에 그분이 피리, 단소를 배우러 갔는데 꽹과리 치시는 분이 있어서 얼떨결에 농악을 배우게 된 거예요. 그분 성함도 들었는데, 쇠 명인은 없다고 그러잖아요? 그 선생님은 명인이시고 하시는 말씀이 '12채 36가락'이란 말씀도 하셨대요. 이분한테 쇠를 배우고 방학이 돼서 홍천에 가서 마을 농악판에 참여했는데 집안 어르신들이 엄청 걱정해서 제대로 못했다고 하셨어요. 그때만 해도 머슴이나 마름이나 소작인들이 농악을 했기 때문에 이 어르신이 대학생 때는 지주집 자식이고 공부하라고 법대생이라고 서울 유학을 했는데 마을에서 농악을 함께하니 그럴 만도 했겠죠. 아무튼 대학생 때 했던 그걸 가지고 이분이 춘천 뒤뚜루농악을 정리하셨어요. 뒤뚜루농악 지도를 하시면서 어디서 도통수란 말씀을 듣고 그 말을 쓰게 되었는지 모르겠고요, 신재봉 선생님이 정리한 것으로는 도통수로 되어 있어요. 아마 군사적인 용어였던 것 같아요.

춘영 뒤뚜루농악 2대 상쇠로 신재봉 선생님이 이끌면서 중흥이 되는 거네요.

춘녀 예, 뒤뚜루농악이 뿌리내리는 것은 신재봉 선생님 역할이 컸어요.

춘영 신재봉 선생님이 얼마 동안이나 하셨나요?

춘녀 이분이 1996년부터 관여했고, 2012년도까지 하셨으니까 한 16년? 굉장히 오래 하셨죠.

춘영 16년이네요.

춘녀 오래 하셨습니다. 제가 보기에는 고옥봉 선생님 농악은 군사농악인데 신재봉 선생님도 본인이 도통수라는 명칭을 가졌다면 농악이 군사적인 것이라는 생각을 하신 것은 아닐까 하는데, 생전에 여쭤보지 못한 말이긴 해요.

뒤뚜루농악보존회의 한 해 살이

춘영 뒤뚜루농악보존회의 교육활동, 공연활동, 회원 화합활동 등 1년간 주요 활동이 어떤 게 있나요? 단체 성격을 이해하기 위해서 여쭤봅니다.

춘녀 연례 활동 말씀하시는 거죠? 정월대보름 행사로 한해를 시작해요. 지신밟기 형태도 있고, 2, 3년 전에는 정월대보름 달맞이를 했고, 달맞이 놀이하고 같이 하는 술령수 놀이가 있어요. 술령수 놀이는 전국에 하는 곳은 몇 군데 없는 것 같아요. 강원도에서는 홍천에서도 한 것 같은데, 술령수 놀이를 아세요?

춘영 저는 처음 들어봅니다.

춘녀 순령인데 어르신들이 발음하기 좋아서 '술령수'라고 했대요.

춘영 그 놀이는 어떻게 하는 건가요?

춘녀 술령이라는 게 웃다리농악에 있나요? "술령수~" 하는 거 있잖아요? 그거하고 맥락이 비슷한데 군대에서 전령 같은 거라고 해요. 속설에 있어서 정월 대보름 때 제일 먼저 달을 보는 사람은 소원을 이뤄준다고 해요. 달을 먼저 보려면 산에 올라가잖아요? 마을 앞산에 가서 달을 제일 먼저 보고 달한테 축원하는 거잖아요? 그거 하고 달집태우기를 해요. 우리 어르신들은 산에 올라가서 놀기도 했는데 산이 있거나 달맞이 하는 동네는 산 위에 평지가 좀 있잖아요? 전날에 먼저 가서 솔가지나 나뭇가지로 황톳불이라고 하는 불을 피워요. 다른 지역에서 황덕굿이라고도 하잖아요?

춘영 전라도에서 하는 달집 태우기와 유사한데요?

춘녀 아마 그럴 거예요. 그렇게 불놀이를 하는데, 나뭇가지로 미리 그걸 쌓아 놓는데요. 그 놀이 다 끝나고 심심하니까 저 앞산에서도 같이 놀잖아요? 그러면 여기서 "술령수~~" 이러면서 횃불을 들면 "우리 한 번 붙어볼래?" 이러는 거예요. 저쪽이 세가 비슷하면 같이 맞받고, "저 동네는 워낙 쎄." 이러면서 같이 맞장구를 안 치면 싸울 수가 없잖아요? 안 하고 그냥 내려와요. 이 얘기를 고증하신 분이 중리의 강갑수 어르신인데, 중리하고 팔미리라는 동네가 산봉우리가 서로 마주보게 되어 있나 봐요. 이 술령수 놀이는 여기만이 아니라 춘천에 몇 군데 있습니다.

춘영 그러면 술령수놀이가 횃불을 가지고 하는 싸움놀이인가요?

춘녀 네 싸움놀이에요. 여기가 대개 산이잖아요? 동네와 동네는 지형적으로 개천이 흐르게 되거나 대부분 논바닥이거나 시골 경계는 그렇잖아요? 산 위에서 싸우는 게 아니라 "싸우자!" 그러면 내려오는 거예요. 내려와서 개천을 사이에 두고 싸우고 논이나 들판이 있으면 들판에서 싸우는데, 이게 나름대로 전략이 있어요. 석전놀이로 돌 던지기도 했지만 이기고 지는 거는 쇠재비가 쇠를 뺏기는 쪽이 지는 거예요. 장구는 뺏겨도 돌려준대요. 그런데 상쇠의 쇠는 상징성이 있기 때문에 상쇠의 쇠는 안 돌려 준답니다. 굉장히 인도적인 놀이였던 거 같아요. 그런데 석전놀이도 했대요. 석전으로 싸우다 보면 다치기도 하잖아요?

춘영 두 마을이 경계를 왔다 갔다 하면서 과격하지만 핵심은 꽹과리를 뺏는 거구나?

춘녀 옛날에 농기까지 들고 달맞이하지는 않았을 거고요. 농악을 치면서 들어가니까 다른 악기보다는 옛날에도 상쇠가 상징적인 인물이었기 때문인지 상쇠의 꽹과리를 뺏기는 쪽이 지는 거라고 그래요.

춘영 지금 뒤뚜루농악이 1월에 하는 정월대보름 놀이 말씀을 듣고 있습니다. 지신밟기도 하고 술령수 놀이도 한 적이 있나요?

춘녀 술령수 놀이는 한 번 했는데 이거를 하기가 힘들어요. 일단 불놀이기 때문에 안전 문제가 있고요. 이런 민속을 재현하는데 단체에서 자비로 놀기에는 규모가 커요. 그런데 문화, 전통놀이는 문화 지원 사업에서 정월에 하는 민속놀이, 전통놀이는 지원받기가 시기적으로 불가능해요.

춘영 2월 이후에 예산이 들어가니까?

춘녀 세시풍속이 정월에 많은데 세시풍속이 사라지는 게 안타깝죠. 춘천 문화재단에도 두 번이나 말했어요. 이거 "지원 시기를 달리 해 달라." 세시풍속은 정월에 제일 많은데 문화재단에서 신경을 써 달라고….

춘영 전체적으로 3월부터 집행이 되니까 정월 행사는 지원이….

춘녀 집행이 늦으니, 물론 세시풍속이 사라지고 없어지기도 하지만, 이걸 누가 자비로 해서 재현을 하겠어요? 이런 어려움이 있습니다.

춘영 일 년 동안의 뒤뚜루농악의 주요 활동 이야기를 하고 있는데, 정월 이후에는 어떤 활동을 하시나요?

춘녀 마을 농악단들이 춘천에서 점점 쇠퇴하니까 재작년에 사단법인체를 만들기 시작했어요. 그래서 작년 7월에 '춘천마을농악풍물연합회'라고 해서 7개 단체가 풍물연합회로 활동하고 있어요.

춘영 앞에 춘천이 붙나요?

춘녀 맞아요. 춘천마을농악풍물연합회. 올해도 풍년기원굿이라고 해서 4월에 연합회 소속 패들이 함께 굿을 했고요, 저희가 가을에 풍년감사굿을 할 거예요. 그다음에 영동영서전통농악 교류 사업이 있어요. 올해 제 4회째인데 영동 2개, 영서 2개 해서 올해는 영동의 동해망상농악하고 평창둔전평농악이 오고, 영서에서는 저희랑 원주부론농악이 옵니다.

춘영 행사는 언제 하나요?

춘녀 10월 27일에 합니다. 그리고 연말 발표회를 합니다. 뒤뚜루농악 단독 발표회를 하고, 소양강문화제 때도 공연합니다. 춘천문화원에서 주최 주관하는 행사에요.

춘영 뒤뚜루농악보존회 회원들의 연령대와 회원들의 성격을 보면 전문단체
인가요, 아니면 일반 동호인 단체인가요?

춘녀 저희가 전문단체로 지정이 됐는데, 회원들이 전문적·전업적으로 활
동하는 건 아니고 도에서 지정한 전문단체입니다. 지역 전통농악을 보존하
고 농악에 동반되는 민속놀이도 보존합니다. 농악으로 지역사회에 기여하는
거죠.

한춘녀 상쇠의 풍물굿 학습

춘영 농악을 중심으로 하되 여러 민속놀이를 같이 한다? 상쇠님이 춘천농악
조사를 하면서 민속놀이를 재현하거나 놀 수 있는 토대는 되는 것 같아요. 그
런 부분이 특장점일 수 있다는 생각이 듭니다. 주제를 상쇠 쪽으로 넘어가서
상쇠님의 풍물굿 학습에 대해서 여쭤 보겠습니다. 사물놀이도 약간 하셨고
2006년에 우두농악에서 시작을 해서 춘천뒤뚜루농악까지 하고 계는데, 여기
까지 오는 동안 영향 받은 분들은 어떤 분들이 있고, 어떻게 학습을 하셨나
요?

춘녀 제가 학습한 것은 취미 생활로 서울에 있을 때 동사무소 사물놀이 프
로그램으로 장구를 배운 게 첫 출발이죠. 그다음 2005년에 어린이집을 시작
하면서 애들한테 가르쳐 주려고 농악을 시작했어요. 그때 우두농악으로 동
네에 상쇠 박찬옥 선생님이 계셨는데, 그분한테 꽹과리랑 농악에 대해서 배
웠고요, 또 당시 뒤뚜루농악 도통수이신 신재봉 선생님이 노인 복지 프로그
램의 농악 전문 강사로 오셔서, 두 분께 동시에 배웠죠. 2008년도 강원민속예
술경연대회 사업을 맡으면서 지역 농악과 가락 놀이 형태는 어떤 것들이 있
는지 폭넓게 관심을 갖기 시작했어요. 그때까지는 동네 어르신들한테만 배

우니까 체계적으로 못 가르치시잖아요? 그래서 '좀 더 체계적인 공부를 하면 좋겠다.' 해서 노수환 선생님이 계신 마루채를 가게 됐어요. 제가 그때 숙명 여대 유아교육과 대학원 과정을 이수 중에 있었어요. 저녁 시간이 남아서 노수환 선생님 마루채에 가서 영남 사물을 배웠어요. 그때 노수환 선생님께 짧지만 사물놀이를 체계적으로 처음 배웠어요. 그리고 노수환 선생님께는 풍물을 하는 사람의 마음 자세 그런 값진 거를 배웠던 것 같아요. 선생님께 배운 것 중에 가장 기억에 남는 게 농악 단체에서 제 역할이 있었기 때문에 선생님이 이런 말씀을 하셨어요. "가면 잘 가시라고 인사하고 오면 어서 오시라고 해야 된다." 그 얘기가 인상적이었어요. 제가 회장 할 때나 단체의 중임을 맡은 입장에서는 큰 교훈이 됐던 거 같아요. "풍물을 하면서 매너리즘에 빠지지 말고 늘 정신이 깨어 있어라." 자칫 오래하다 숙련이 되면 재미가 없어진다네요. 기계적으로 하게 되고⋯. "풍물을 할 때 의식이 늘 깨어 있어야 된다"는 걸 가르치신 것 같아요. 노수환 선생님께 풍물을 할 때의 마음가짐을 배운 거죠.

춘영 풍물하면서 마음가짐이나 기능을 비교적 체계적으로 배우셨다?

춘녀 네, 노수환 선생님께 처음 체계적으로 배웠습니다. 풍물단을 하다 보니까, 농악을 하려면 상모도 할 수 있어야겠다 생각을 하고 있었어요. 당시 달성다사농악 여름 연수에서 상모전수를 하더라고요. 우리 회원이 세 명이 같이 가서 배웠죠. 경북 성주 어디 학교에서 했는데 판굿, 진풀이 중에 반죽진이라는 게 특이해서 기억에 남아요. 그때 상모 일주일 단위로 배웠어요.

춘영 춘천 뒤뚜루농악 혹은 이 지역 풍물에 원래 상모가 있었나요?

춘녀 예, 있었습니다.

춘영 보통 다른 지역에 보면 소고 종류가 고깔 소고와 채상소고가 있어요. 이 지역에서도 고깔소고와 채상소고 다 있었다고 할 수 있죠?

춘녀　뒤뚜루농악의 상모는 총채에 피지가 달려 있어요. 이 지역에서는, 어르신들 말씀이 이 상모 이름이 탑처럼 생겨서 '탑상'이라고 해요. 저희는 솔이라고 하는 잔종이를 붙여요. 마을에 따라서는 고깔도 썼고요.

춘영　소고재비들은 원래 상모를 썼나요, 고깔을 썼나요?

춘녀　어느 때를 이야기하느냐에 따라 좀 다른 것 같아요. 제가 조사 다녀 보면 지금 90세 넘은 어르신들은 소고잽이, 버꾸잽이 따로 구별이 있지 않았다고 말씀해요. 다 버꾸잽이들 아니면 돌모잽이라고 했습니다. 상모가 돈다고 해서. 다 소고하면서 상을 같이 쳤어요. 그게 해방 이전이고요. 50년대 해방되고 나서 광복절 기념농악 경연대회 이후에 하신 분들은 상모를 친 사람도 있고, 안 치고 소고만 쳤다는 분들도 있었는데 그건 비교적 근간에 있었던 얘기예요. 옛날 어르신들은 다 돌모를 돌렸습니다. 버꾸잽이들이 다 상을 돌렸어요.

춘영　어쨌든 채상모인 '돌모재비'가 일반적이었다는 거죠?

춘녀　예. 상모 전통이 세고 열두발상모도 있었답니다.

춘영　네, 열두발상모도 있고요. 머리에 쓰고 돌리는 게 세 가지 형태네요?

춘녀　열두발상모, 탑상, 돌모잽이. 돌모잽이가 버꾸잽이잖아요? 상쇠가 지휘용으로 상을 쳤고, 상모가 생긴 거는 다 똑같아요. 이 돌모잽이들이 피지가 더 길었을 뿐이죠. 상모를 부를 때 탑상이라고 하고 피지의 길이만 상쇠는 짧았고 다른 데서 말하는 채상잽이들은 피지가 길었어요.

춘영　상쇠가 쓰는 것과 버구잽이가 쓰는 게 완전히 같은 형태에요?

춘녀　다 같아요. 그런데 피지가 두 개에요. 상모잽이들은 신식 말로 피지가 발끝까지 내려왔다고 그래요. 상쇠는 좀 짧게 하고. 피지는 제가 보기에는 두 가닥이었던 거 같습니다. 두 가닥이 각각 암수인 거예요. 다른 데 상모를 보면 피지가 다 제비꼬리 모양인데 저희는 암이 있고 수가 있습니다. 우리 강갑수 선생님 농악에 암수 개념이 있다고 강조하셨는데 농악 안에 암수 개념이 분명했어요.

춘영 지금 학습한 거 여쭤보다가 상모 학습 이야기까지 나누고 있습니다.

춘녀 상모 학습 다음에 신재봉 선생님 뒤를 이어서 제가 뒤뚜루농악보존회 회장이자 상쇠가 됐을 때, 지역 농악 알아보려고 발로 뛰기도 했지만, 그걸로 모자라서 춘천 관내 농악인 사랑방 모임을 개최했어요.

춘영 언제부터죠?

춘녀 13년도예요. 농악인 사랑방 모임을 개최하려면 어르신들을 초대를 해야 되기 때문에 탐방을 하다가 강갑수라는 어르신을 만나게 됐어요. 증리의 어르신 소개로. 그때 별버꾸, 지금으로 치면 끝버꾸죠, 따로 논다고 '별버꾸'라고 하는데, 어르신이 공연 때 쇠를 안 쳤지만 열넷, 열다섯 살이었기 때문에 자기는 별버꾸를 했고, 고옥봉이란 분한테 쇠하고 상모를 배웠고, 그 농악놀이의 형태도 많이 기억을 하시고, 진놀이도 많이 기억을 하셨어요. 그 어르신을 2013년 4월, 5월경에 만나서 2016년도 9월쯤 돌아가시기 전까지 춘천 뒤뚜루농악보존회에서 2년 넘게 고증 지도를 받았습니다. 저는 개인적으로 채록도 하고 따로 쇠도 배우고 그랬어요.

춘영 그러니까 춘천 뒤뚜루농악의 판제가 고옥봉 상쇠님 대에 정립이 된 거네요?

춘녀 그분은 진놀이 12개가 있다고 했는데 제가 2년 넘게 채록해 보니까 선생님이 처음부터 끝까지 말씀에 변동이 없는 부분만 전승하고 있습니다. 돌아가시기 전에 "9진은 이랬다. 10진은 이랬다." 이 내용은 사실은 저희가 전승은 안 하고 있어요. 왜냐면 작고하신 분도 자신이 없게 하신 말씀이기 때문에, 그동안에 고증 받으면서 처음과 끝이 변함없이 분명하게 기억하신 부분만 보존하고 있어요. 그래서 우리는 지역 어르신의 가락과 타법을 쓰고 있습니다.

춘영 '한춘녀 상쇠님 개인의 타법, 장단과 진놀이 등은 춘천 뒤뚜루농악의 정통적인 농악을 전승하고 있다.' 그렇게 정리를 해도 되죠?

춘녀 예, 제가 만든 가락, 제가 만든 진놀이는 없습니다.

춘영 이 외에 상쇠님의 풍물세계나 예술세계를 만드는 데 영향을 준 사람이 있나요? 반드시 언급해야 되는 인물이나 사건이 있다면?

춘녀 제가 영향을 많이 받은 분은 강갑수 선생님이에요. 엄밀하게 따지면 누구의 영향을 절대적으로 받았다고 할 분은 없어요. 그냥 알게 모르게 다 영향 받았고 강갑수 선생님 가락, 놀이는 그분 영향을 받을 수밖에 없지만 차곡차곡 길을 밟지 않았기 때문에 누구에게 절대적으로 영향 받은 것 같진 않아요. 제가 좋아서, 궁금해서 나름대로 연구하고 조사를 다니기 시작했기 때문에 제가 가지고 있는 기질, 성향적인 게 더 크네요. 제가 굿쟁이라고 할 만큼 아직 일가를 아직 이루지 못했기 때문에 답하기가 어렵네요.

춘영 제가 전국적으로 면담을 하다 보니까 상쇠가 된 다양한 과정이 있어요. 현재 춘천 뒤뚜루농악의 상쇠가 되시던 과정을 말씀해 주세요.

춘녀 처음에 우두농악 회장이 되면서 자연스럽게 쇠를 치게 됐어요. 저도 아이를 가르친다는 목적이 있었기 때문에 장구도 하고 북도 하고 쇠도 다 했어요. 처음 풍물패에서 쇠를 접한 사람이 저랑 한 명이 더 있었어요. 그런데 제가 나중에 소양강 풍물패 주축이 돼서 이끌다 보니까 자연스럽게 상쇠를 잡게 되었구요. 나중에 신재봉 선생님 단체하고 우리 소양강 풍물패가 각자 회의를 해서 합치기로 했고 선생님께서 얼마 뒤에 돌아가셨어요. 마지막으로 풍물패를 합치겠노라고 말씀 드리러 갔을 때, 선생님이 침상에 누우셔서 "뒤뚜루 농악을 잘 부탁한다."고 말씀하셨고 다른 사람들한테 "여기 한춘녀를 잘 도와줘라." 하셔서 상쇠가 저한테 넘어 온 거예요.

춘영   옛날 마을 굿패에서는 거의 전 상쇠가 다음 상쇠를 지목을 하는 경우가 많아요. 상쇠가 상쇠를 알아본다고, 지목을 하면 다른 사람들이 인정을 하는 거예요. 여기도 그런 범주에서 이해할 수 있겠네요.

춘녀   예, 신재봉 상쇠님은 이 뒤뚜루 농악에 대해 고민을 많이 하셨어요. 당신이 농악이라 그러면 "농악만큼은 내가 고무줄이다." 그랬어요. 법대도 나오셨지만 농악에 대한 열정이 대단하셨어요. 당신이 돌아가시게 되면서 고민을 많이 하셨어요. 저는 계속 선생님께 농악을 배우고 있었고 신재봉 선생님께는 제가 제자였죠.

춘천 지역과 마을 농악 현장을 조사, 정리하다

춘영   한춘녀 상쇠님의 정말 의미 있는 활동은 춘천 지역에서 풍물하는 어르신과 단체들을 조사, 정리해서 결과물을 책자로 2권이나 냈습니다. 상쇠님께 처음 책을 받자마자 정말 대단하다는 생각을 했습니다. 그 부분을 좀 이야기해 보겠습니다. 상쇠님이 자발적으로 마음을 내서 이런 작업을 해 오셨기 때문에, 상쇠님의 예술세계와 춘천 뒤뚜루농악이 완성되어 가는 중요한 활동이라고 생각합니다. 춘천 지역 농악을 조사 연구하게 된 계기는 무엇일까요?

춘녀   2008년도에 우두 대동천럽놀이부터 관심을 가지기 시작했습니다. 저 자신은 농악 관련 내력이 깊지 않지만, 강원민속예술경연대회는 향토적이고 고유하고 지역마다 특색이 뚜렷한 경연대회라고 생각을 했어요. 그래서 이 동네는 어떤 농악 가락을 쳤을까? 어떤 놀이를 했을까? 순수한 마음에서 호기심을 가지기 시작했고요, 스스로 관련 서적을 보면서 공부하다 보니까 영서지방 농악하고 영동지방 농악은 굉장히 다르더라고요. '영서농악이 웃다리에 포함된다는 게 무리한 분류구나.' 이런 생각이 들었어요. 경기도가 영서하고 가깝기는 하지만 경기 웃다리농악과 강원 영서농악은 엄격히 다릅니다. 춘천지역 농악을 조사해 보니까 가락 빠르기나 삼채 가락에 잔가락이 더 있느냐 덜 있느냐만 다르지 영서농악이라고 할 수 있는 공통 부분들이 많았어요. 또 평창 둔전평은 강릉에 가까운 영서잖아요? 평창은 영서입니다. 저희 신재봉 선생님이 강릉농악보존회에서 하는 3, 4회 쇠 명인전에 가셨어요. 제가 선생님 모시고 가서 강원도 상쇠들이 쇠 치는 걸 봤습니다. 영동농악하고 영서농악이 엄연히 차이가 있다는 걸 봤어요. 그래서 영서농악을 하나로 묶을 수 있는 정체성이 있지 않을까 생각했어요. 책에서도 영서지방은 경기 웃다리농악 범주에 넣을 건 아니라는 생각을 밝혔죠. 개인적인 호기심 때문이지만 양구 쇠명인 조돈성 어르신도 찾아뵙고 채록을 했어요. 화천 신영균 상쇠, 지금도 목도 소리 하시는 원로 어르신이 쇠 치는 것도 채록했고, 원주 부론농악 어르신들 노시는 것도 채록했어요. 결과적으로 원주, 횡성, 춘천, 양구, 화천까지는 대동소이한 것 같아요. 조사 결과 제 생각이 그래요. 그런데 경기 웃다리농악 평택 대회를 나가 보니까 제가 알고 있는 그런 가락을 치지 않더라는 거죠. 놀이 형태는 거기가 발달했지만, 이 영서지방에서 치던 가락하고 경기 웃다리 가락은 엄연히 달라요. 서로 영향은 주고받았겠지만 경기 웃다리농악과 강원 영서지방 농악은 다르다. 그래서 영서농악의 정체성을 밝혀내고 싶다는 희망이 있어요.

춘영 강원도 농악은 크게 영동농악과 영서농악으로 분류할 수 있다, 학술적으로 너무 연구가 안 돼서 오해가 있다, 그래서 앞으로 더 연구해 봐야겠다는 생각이 드네요.

춘녀 김원호 선생님한테도 얘기했어요. 그분은 책을 잘 내시니까, "기회가 되면 영서농악 정체성을 밝히는 데 선생님이 하면 옆에서 거들겠습니다." 그랬더니 "선생님이 하세요." 하고 저한테 미루고 저는 역량이 부족한 상황이거든요. '영서농악 정체성을 웃다리농악에 포함시킬 일은 아니다.' 하는 걸 언젠가는 누구든 밝혀 주면 좋겠습니다.

춘영 현재까지 춘천 지역 농악 조사 연구를 하게 된 계기와 과정 이야기를 계속 나누고 있습니다.

춘녀 제 개인적 기질이 뭘 하면 대충하지 않는 성격이에요. 근거도 있어야 되고 자신감을 가지고 무슨 일이든 해야 된다고 생각해요. 그래야 하는 사람도 더 열심히 하고 동기부여가 되잖아요? 그런 기질이 있어요. 제가 안타까웠던 게 어르신들이 사물놀이나 농악을 하면 같이 섞이고 춤을 출 정도의 신명을 같이 내야 되거든요. 어르신들이 전문가들 공연을 보면 박수를 치기는 하는데, 얼굴에 신명이 없고 합류를 못하세요. 어른들이 "우리가 옛날에 듣던 가락은 아니여." 이렇게 말씀하세요. 그 얘기는 어르신들이 기억하는 신명이나 가락하고 정서는 지금 공연하고 많이 다르다는 얘기거든요. 옛날 어르신들이 같이 노시면 좋잖아요? 제가 지역 가락을 더 열심히 찾고 전승하려고 했던 거는 농악의 향수는 노년층에게 있는데 어르신들이 함께 놀았으면 좋겠다는 거죠. 신토불이는 음식만이 아니에요. 같은 농악이라도 전라도에서 놀았던 걸 춘천에 와서 논다고 이 지역 농악이 되는 건 아니잖아요? 사람들이 그 지역에서 오랜 시간에 걸치면서 그 동네 정서가 됐던 거예요. 신토불이는 음악에도 신토불이가 있다. 저는 그렇게 생각해요.

춘영 언어가 그렇듯이….

춘녀 우리도 강릉에 가면 강릉 말을 쓰잖아요? 분명 여기에 신토불이 농악이 있었을 텐데…. 제 기질도 있고 동기가 있어서, 나름대로 체계를 잡고 "이게 여기 농악이야." 하는 근거가 필요했죠.

춘영 이런 상쇠님의 조사 연구 결과에 오늘 이야기하고 싶은 내용이 많이 녹아 들어가 있어요. 타법은 웃다리와 다른 타법, 강릉농악과 다른 타법을 할 것이고 판제는 어떤 가락이 있을까? 이 지역에 완전히 없었던 것은 아니지만, 어르신 기억 속에 있던 것을 1994년 이후 지속적으로 재구성하고 있는 과정이잖아요?

춘녀　재구성이라고 할 수는 없을 것 같아요.

춘영　어쨌든 굉장히 적극적인 활동이고 주체적인 활동이라는 거죠.

춘녀　맞아요. 저희는 적극적이고 주체적이죠.

춘영　열매의 씨가 100년 뒤에도 어떤 환경이나 조건이 될 때 다시 싹이 터서 나무가 자라고 꽃이 피잖아요? 어르신들 기억 속에 있는 생각의 씨를 알맞은 환경과 상황을 조성해서 꽃 피운다, 상쇠님 활동하시는 걸 그렇게 표현할 수 있을 거 같아요.

춘녀　저는 이렇게 생각해요. 저는 농악이 됐든 뭐가 됐든, 개인이든 단체든 믿는 마음에서 힘이 나온다고 생각해요. 어르신들이 오랜 세월 동안 세세한 건 기억을 못 할 수도 있고 기억이 잘못 될 수도 있어요. 우리가 '어르신이 이렇게 놀았다더라.'하고 2년 동안 채록한 결과들을 공통적인 부분만 정리했잖아요? 처음부터 끝까지 기억이 같다고 할 수는 없어요. 사람이기 때문에 어르신이 보탤 수도 뺄 수도 있어요. 그래도 "이건 그때 놀았던 가락이 확실한 것 같아." 하고 말씀하시는 걸 믿는 마음에서 출발하는 거잖아요? 오늘 믿었다고 오늘 힘이 생기는 게 아니라, 그 어르신들이 '이렇게 놀았나 봐.' 하고 믿는 마음에서 우리가 지켜온 시간이 길면 길수록 그 안에서 보존의 힘이 생긴다고 생각해요. 저는 믿는 마음이라고 생각해요. 믿는 데서부터 출발해서 우리가 지켜 나가면서 사람들이 여기에 힘을 합하는 원동력이 되지 않을까 생각하는 거죠.

춘영　상쇠이고 대표로서 대내외적인 책임감이 클 텐데, 그 점에 잘 대처해서 이 일을 주도하시는 거라 봐요. 믿는 마음에서 힘이 생긴다는 말씀도 좋은 말씀입니다. 조사한 결과를 얘기 하려면 한참 더 있겠지만, 결론적으로 춘천의 전통 마을이나 어르신들 조사를 다 했다고 볼 수 있나요?

춘녀 춘천에서 옛날에 농악이 활발했던 마을은 어느 정도는 다 다녔다고 생각해요. 어쨌든 다녀 보면 옛 농악에 대해서, 여기서 옛 농악은 50년 이전 일제강점기 때를 말해요, 알고 있는 분들은 다 돌아가셨다는 거죠. 어떤 마을 가면 열두발상모 돌린 분 혼자 살아 계시거나, 장구잽이 한 분만 계시거나 말쇠(끝쇠)했던 분이 있거나 이 정도지, 한 마을에 농악 판제를 다 할 수 있는 어르신이 다 남아 있는 경우는 없었어요.

춘천 뒤뚜루농악의 판제와 가락

춘영 춘천 뒤뚜루농악에서 연행하는 판제를 설명해 주세요.

춘녀 간단히 말하면, 춘천에 고옥봉 상쇠 판제 빼고는 일제강점기 때 판굿이라고 부를 만한 것은 별로 없었다는 거죠. 저희가 찾아낸 부분 안에서만 얘기하는 거예요. 거의 마을마다 두레패가 농사지으러 드나들 때 치는 농악 정도였고, 일제강점기 때도 경연대회가 있었다니까 대회에서 간단한 을자진, 달팽이진 몇 개의 진으로 당시 소박한 대형으로 옷을 챙겨 입고 놀았을 거라는 거죠. 그리고 지신밟기는 세시풍속으로 많이 했어요. 어르신들 말씀이 대회할 때 빼 놓고는 정월 대보름 지신 밟을 때 복색이나 농기나 상모꾼들 제대로 갖추고 놀았다고 말씀하세요. 그 외 농악의 용도는 두레농악이었던 것 같습니다.

춘영 당산제, 성황당, 성황굿처럼 이런 형태의 마을 신앙에 대한 기억들도 있나요?

춘녀 사실은 당산굿이란 말도 고창의 농악책을 보면서 봤죠. 전라도 지역에서는 '당산, 당산굿'이라고 부르는데, 강원도 쪽은 거의 서낭이지 성황이라고 도 안 불렀어요. 어르신들 말씀은 성황은 임금이나 나라에서 관여했을 때 성 황이라고 불렀고, 보통 마을 입구에 돌무더기, 나무, 당집을 서민들이 거의 서낭이라고 했다고 해요. 그 서낭굿을 성대하게 했다는 말을 어르신들께 들 어본 적이 없어요. 서낭은 지신을 밟을 때, 서낭신을 받을 때나, 밖으로 경연 대회를 나갈 때 이럴 때 서낭을 하지 서낭굿을 따로 크게 했다는 말은 못 들 었어요. 여기 춘천은 산신제 따로 거리제 따로 지내잖아요?

춘영 산신제와 거리제를 따로 한다고요?

춘녀 동네마다 산신제와 거리제를 따로 지내요. 여기는 산이 많기 때문에 산신제에 농악이 대동된 마을은 없는 것 같아요. 제가 들은 바로는 "산에 제 사 지낼 때는 여자도 할머니만 술을 담그네." 이런 얘기를 했던 거 같아요. 서낭에서 따로 서낭제를 지내면서 농악이 대동된 것은 그냥 거리제에요. 옛 날에 버스 생기고 택시 생기면서 사람들이 더 죽고 전염병이 돌고 그랬잖아 요? 전염병이겠죠? 전통적인 동네 입구마다 서낭들이 있었기 때문에 전염병 을 막고 그랬겠죠. 거리제라는 이름하에 서낭 앞에서 놀기는 했어도, 서낭굿 을 당산굿처럼 크게 지낸 것 같지 않아요. 저희 강갑수 선생님, 우리 어르신 들은 가서 "서낭님, 서낭님 우리 동네 서낭님!" 그냥 간단히 치고 지나가는 정 도였답니다.

춘영 뒤뚜루농악을 아까 군사굿이라고 했나요? 진굿이라고 표현했나요? 옛 어르신들이 말씀하셨던 춘천농악의 정체성은 뭘까요?

춘녀 저희는 지금 현재 고옥봉 농악놀이를 지키고 있기 때문에 뒤뚜루농 악 성격만 얘기하면 군사적인 용어들이 맞습니다. 신재봉 선생님이 도통수 라는 직함을 쓴 것도 그렇고, 그 위 고옥봉 상쇠 외에 강갑수 선생님도 저한 테 이렇게 말씀하셨어요. 일제 시대 때 춘천농고를 다니셨는데, 그때 한국인 선생이 딱 한 분 계셨는데 농악반이 있었답니다. 그때 그 선생님이 말씀하셨대요. "너네들 농악이 어떻게 생겼는지 알아?" 우리처럼 "농사짓기 힘들어서..." 학생들이 대답했는데, 그게 아니라 옛날부터 지방 향리, 관료들이 토색질을 하면...

춘영 토색질이 뭐죠?

춘녀 뺏고 세금 수탈하는 거요. 어르신이 토색질이라고 표현했는데, 토색질을 하면 농민들이 거기에 항거하기 위해서 농악을 했다.

춘영 저항을 표현하는 방식으로 농악을 썼다?

춘녀 네, 이 분이 또 말씀하시길 홍천에 동학농민군이 전멸한 서석이라는 데가 있어요. 동학란 때도 농악이 쓰였다는 걸 어르신이 알고 계시더라고요. 우리도 동학 때 전멸한 곳을 가보자, 동학에도 농악이 쓰였다, 해서 그곳을 찾아가 보기로 했죠. 선생님은 예전에 증리에서 두레패 활동도 했던 분이에요. 두레도 했지만 이분 머릿속에 농악은 진풀이 위주의 농악이고, 일제 때 춘천농고에서 한국 선생님께 그렇게 배웠고, 동학란에도 농악이 쓰였다 해서, 진풀이 위주의 농악을 했기 때문에, 당신은 '농악이 군사농악이다.'라고 철저하게 믿고 계셨어요. 그래서 저희 고옥봉 농악놀이는 다 진풀이 위주예요. 진은 군사 용어잖아요? 선생님은 팔자 모양의 진놀이도 있었다고 한 걸 보면 학익진이었던 것 같아요.

춘영 학익진이 이순신 장군 때 쓰였고, 진이라는 게 군사적인 표현이죠.

춘녀 선생님도 그렇게 믿었고, 그런데 제가 조사 다닌 동네를 가 보면, 춘천 사암리나 상걸리, 일제 때부터 농악이 성했던 곳을 가 봐도 지금 살아 계신 어르신들이 이런 생각을 안 가지고 계세요. 농사짓는 두레농악, 모심는 흉내를 상모꾼들이 냈다 그러면 강릉 쪽에서 상쇠를 모셔 와서 배웠다든지, 저 영동에서 농사짓는 흉내를 조금 냈다면서 그분들은 두레 쪽에 가까운 생각을 가지고 계세요. 우리 뒤뚜루농악은 그게 아니고 군사농악이라는 생각을 처음부터 했어요. 1대 상쇠 고옥봉 선생님, 2대 신재봉 도통수, 그다음 주영흡 어르신이라고 뒤뚜루농악 발기한 분이 있는데 이 분도 군사 농악이라고 믿고 있어요.

춘영 '춘천 뒤뚜루농악은 진풀이 위주의 군사농악이고 춘천도 농촌이니까 두레 형태의 농악도 있었다.' 이렇게 정리가 되겠네요. 혹시 무당이나 무굿과 연관된 농악 이야기도 들으셨나요?

춘녀 춘천 지역에서 무당과 연계된 것은 못 들은 것 같아요. 어르신들이 가물면 강가로 가서 나뭇가지를 꺾어다가 물에 나뭇가지를 흘려요. 그러면서 거꾸로 놓고 농악을 두드리고 그랬대요. 이게 미신이랄까요? 민간신앙으로 이건 있네요. 제가 그분께 들은 것 중에, 환자가 병이 들면 박에 구멍을 뚫어서 병이 든 그거를 그 안에 가둬 놓고 신문지를 발라서 퇴치하는 그런 내용을 채록한 게 있어요. 또 가락 중에 '버들잎 춤가락'이 있어요. "왜 버들잎춤가락이라고 그래요?" 선생님께 물어봤더니, 장마가 지면 비가 그만 오라고 치는 가락이라고 그래요. 개울 옆에 수양버들나무가 있잖아요? 장마에 수양버들 가지가 물에 떠내려가면서 버들잎이 춤추는 가락이에요. 그걸 치면 비가 멈춘다 그래서 버들잎 춤가락이라고 있습니다.

춘영 비난리가 났는데 비가 멈추라고 염원하면서 치는 가락이네요.

춘녀 멈추라는 마음으로 치는 가락이라고 들었어요.

춘영 버들잎춤가락을 구음으로 들려주세요.

춘녀 제가 정리하기로는, 선생님이 하는 구음은 그때그때 다르기도 해요. "캔두라갱 캔두라캥, 캔두라 캔두라 캔두라캥" 저는 이렇게 구음을 하는데 선생님은 "캔두캐캥 캔두캐캥, 캔두캐 캔두캐 캔두캐캥" 아주 투박하게 해요. 이게 장마 홍수에 캔두라캥 캔두라캥 하면서 버들잎이 춤추면서 까부는

가락 같아요. 선생님이 버들잎 춤가락은 좀 헷갈려 하셨어요. 재밌는 가락이에요. 우리는 '삼채' 이런 말은 쓰지도 않았어요.

춘영　그런 어떤 바람이나 기원의 형태를 가진 가락이 있네요. 전체적으로 춘천농악의 형태가 어떤지, 영동과 다르고 웃다리와 구별되는 춘천에만 있는 것들은 무엇인지를 듣고 있습니다.

춘녀　선생님은 가락들을 거의 구음으로 가르쳐 주셨어요. 술령수 놀이에 술령수 가락이 있어요. 이것도 구음으로 가르쳐 주셨어요. "이겼다 졌다, 밀어라 밀어." 이건 "캔두캐 캔캐 캔두캐 캐캐" 빨리 쳐야 돼요. "이겼다 졌다 밀어라 밀어, 이겼다 졌다 밀어라 밀어" 쌍방 간에 미지기나 교환진 할 때 여기서는, 가새진이라고 하는 걸 치는데 이걸 술령수 가락이라고 했어요. 이분은 뭐든지 군사적으로 풀이하셨기 때문에….

춘영　아까 달맞이 가락도 있다고 하셨는데 다시 한 번 보여주세요.

춘녀　달맞이 길가락은 달맞이 하러 산에 올라갈 때 "달 따러 가세, 별 따러 가세…." 이렇게 해요.

춘영　장단이나 명칭을 보면 진풀이뿐만 아니라 술령수 가락이랑 달맞이 길가락은 민속놀이잖아요? 아까 '버들잎 춤가락'도 비가 멈췄으면 한다는 바람이 담겨 있어서 그런지 굉장히 풍성하다는 인상을 받습니다. 이 장단과 이 가락은 연주의 목적이 명확하잖아요? 다른 경우 '자진모리' 그러면 정체성이 없어요. 빠르기 개념, 음악적인 것만 있지. 여기는 장단과 가락 이름을 들으면 왜 하는지 아는 거잖아요? 춘천뒤뚜루농악에 이런 재밌는 가락들이 있네요.

춘녀　옛것을 하면서 "이건 시대에 안 맞네." 아니면 "우리한테 안 맞네." 그건 그다음 얘기고 일단 내 것을 지키다 보면 뭘 어떻게 해야 되는지는 우리 안에서 스스로 나오게 되는 것 같아요.

풍물굿 명칭의 문제

춘영 국가적으로는 우리가 하는 이런 모든 행위를 농악이란 이름으로 통칭해요. 많은 연구자들은 '풍물굿'이라고 학술적으로 정리를 했어요. 전통적으로 이 지역에서 이런 모든 행위를 뭐라고 했나요?

춘녀 춘천 지역에서 이걸 실제로 했던 사람들은 '농악'이라고 하는 경우가 거의 없어요. '농상패', '농상기패' 이렇게 말 했습니다. 농상이란 말을 저도 춘천에서 처음 들었는데요, 좀 찾아봤어요. 예전에 농업과 잠업이 중요했잖아요? 농업과 잠업을 관장하는 기관이 있었던 것 같아요. 춘천에 잠업공장, 잠사가 있었어요. 농업과 잠업이 유명하다 보니까, 농상(農桑)에서 상(桑) 자가 뽕나무 상 자를 쓰는 것 같더라구요. 그래서 춘천 옛 어른들은 농악패라고 안 하고 농상패, 농상기패라고 해요. 풍물이란 명칭을 쓴 적은 없구요. 오히려 농상기나 굿이라는 말은 쓰셨더라고요. 굿은 전라도만 쓰지 않나 생각했는데, 강갑수 선생님도 굿패, 굿이란 얘기도 하셨어요. 사람들이 많이 모여서 노는 걸 굿이라고 얘기하시더라고요. 저는 농악이 일제 때 나온 말이라고 알고 있는데, 저는 말의 발생이 어떻든 쓰는 사람이 자연스럽고 편해야 되기 때문에 농악이란 말에 거부감이 없어요. 농사짓는 사람들 음악이 농악이라고 했다고 말이 안 되나요? 강원도 사람들은 풍물이란 말보다 농악이란 말이 제일 편해요. 굿이라는 말도 좀 어색하고….

춘영 농악은 통칭이잖아요? 사실은 지신밟기도 농악이고, 걸립도 농악이고, 두레굿도 농악이고, 판굿도 농악인데 춘천에 각각 개별칭들이 있지는 않나 하는 거예요? 지금 통칭이 아니라 옛날 어르신들 기억에서 하는 이 활동의 이름들이 있지 않을까? "나는 연예인이야", "나는 연극인이야", "우리는 노래하는 가수야." 이런 식으로요.

춘녀   그렇게 따로 부르지는 않았어요. 여기는 농악이라고는 안 부르고 다 농상기패라고 불렀어요.

춘영   아까 서낭굿이란 말이 있었다고 하셨잖아요?

춘녀   굿이라는 말은 아니고, 어르신들이 서낭 앞에 가서 서낭에 인사한다는 말도 안 하고 "서낭을 놀려드린다." 그래요. 서낭을 즐겁게 해 드린다는 뜻인가 봐요. 어르신들은 그렇게 표현합니다. 심지어 강갑수 선생님 말씀에 의하면, 서낭이 남자신인데, 유명한 바람둥이라네요. 그래서 그 앞을 지나갈 때 "서낭은 침만 먹고 사네." 이래서 침을 세 번을 뱉었대요. 또 믿는 사람들이 서낭에 단이 있으면 음식을 두고 가면 거지들이 그걸 먹기도 하고 동전도 집어가고 이랬다고 해요. 당시만 해도 서낭이 신이기는 하지만 일제강점기 이후에는 존경의 대상이라기보다는 믿는 사람은 믿었고, 신을 인격화해서 바람둥이라고 보기도 했는데, 침도 뱉었다면 존경하는 신한테 침을 뱉지는 않잖아요? 어르신들은 서낭에 대한 다양한 태도를 보였던 것 같아요.

춘영   다른 지역에서는 농사지으면서 치는 풍물에 "두레 나간다." 이런 표현을 썼어요. 그것을 하는 행위를 춘천에서는 어떻게 표현했을까? 두레를 나가면서 풍물 하는 것에 대한 명칭이 있나요?

춘녀   여기는 두레라는 말을 안 썼던 것 같아요. 여기 동네 사람들이 두레라는 말을 썼다는 건 못 들었어요. 우리는 표준말로 쓸 뿐이에요. 어르신들은 그냥 농사를 짓기 위해서 주변 사람들이 이 집 농사, 저 집 모심기 이래서 모이면 두레라고 안 했어요. 우두에는 '향계'가 있었대요. 향계 안에 농상기패가 있었다고 그래요. 증리에는 '농우계'가 있었대요. 농사짓기 위해서 모인 사람들 안에 농상기패, 농악대는 당연히 따라 가는 거에요. 들녘에 나갈 때 "두레 나간다" 이런 말은 안 했던 것 같은데요.

춘영   아까 '화둥이'에 대해서 소개해 주시고 더 연구했으면 좋겠다고 말씀하섰는데, 그게 다른 지역에서는 뒷치배라는 말도 쓰고 잡색이란 말을 많이 해요. 여기서는 잡색이란 말을 쓰나요?

춘녀 안 써요. 어르신들은 잡색이라는 말을 몰라요.

춘영 잡색이란 말을 안 쓰지만 악기를 들지 않은 여러 명이 있잖아요? 아까 뒤뚜루농악에서도 화둥이, 대포수랑 몇 명 그런 역할이 있잖아요? 가장해서 꾸며서 인물이나 캐릭터를 만든 사람들을 뭐라고 해요?

춘녀 선생님께 정확한 말씀을 못 들었어요. 제가 잡색들이라고 먼저 말 하니까 그 말을 배워서 잡색이라고 했지, 우두머리 옛 어른들은 "화뎅이야." 이렇게 말씀하셨고, 선생님은 처음에 잡색이란 말은 안 했고 농악단이 꾸려지면 볼거리, 웃음거리, 재미거리를 주는 사람이 그냥 당연히 생겨서 사람이 여유가 있으면 그 동네에서 할 사람이 있으면 몇 사람이 추가되는 정도였어요. 왜냐면 지신밟을 때 징을 들어도 큰 걸 든다고 그러잖아요? 쌀이나 곡식을 받아야 되니까. 그리고 어르신들한테 들은 건 연행하는 농상기패가 따로 있었고, 화주나 판주나 이런 사람들로 철저하게 이원제였던 것 같아요. 실제로 상쇠도 높은 사람이 아니었어요. 운영체제가 따로 있는데 이 사람들을 여기서는 판주라고 불러요. 이 사람이 악기 관리, 재정 관리를 하고 마을에서 먹고 살 만한 지주집이고 창고가 있어서 농악기 보관하는 사람들이죠. 아침에 오는 사람들을 해장국이라도 끓여줄 수 있는 사람들이 운영을 맡아요. 지금 저는 단장이라서 농악단에 대한 건 제가 하지만 전체적인 건 회장이 하잖아요? 운영 체계하고 꽹과리 치는 농악 체계는 분명히 이원화가 되어 있던 것 같아요.

춘영 풍물굿에 군사적인 요소가 있는 것처럼 조직을 운영하는 사람이 있고 악기 치는 사람이 있잖아요? 두레 같은 경우도 좌상이라든지 그런 역할들이 있어요. 두레, 향계 조직 안에서 보면 일하는 사람들의 노동 체계, 운영 체계가 있고, 한쪽에선 공연하는 체계가 있어요. 사실 두레는 공연이 아니라 일하려고 반주를 하는 거잖아요? 독특한 우리 문화라고 할 수 있죠. 그런 부분들이 원형적인 거죠. 여기서 잡색이 공연체계 안으로 완전히 일원화되는 것은 농악경연대회 때문이라고 할 수 있죠.

춘녀 맞습니다.

춘영 소중한 말씀을 듣고 이런 맥락을 이야기 나눌 수 있는 게 반갑습니다. 그래서 화등이라고 하는 볼거리, 웃음거리, 재미거리를 주는 사람들이 현재 춘천 뒤뚜루농악에는 어떤 역할이나 인물이 있나요?

춘녀 고옥봉 상쇠가 우승할 때, 선생님은 잡색이란 말을 안 하셨어요. 옛날에는 절밥 먹는 사람 '중'이 있었고요. 그다음에 '대감'이 있었어요. 또 '화등이'가 있고 이렇게 잡색이라고 부를 수 있는 세 사람 정도 기억하시더라고요. 그 밖에 상모 치던 '무등애'가 있었어요.

춘영 무등애? 발음을 정확하게 해 주시면?

춘녀 어깨에 올라가는 무등애, 애기 무동, 화등이도 하댕이, 화댕이 그랬어요. 무등애는 어린 친구들이 올라갔겠죠. 그 정도였는데 잡색 하시는 분들은 필요에 따라서 더 늘리기도 합니다. 왜냐면 어르신들이 연세가 드시면 악기를 못 쳐요. 진놀이가 있어서 빨리빨리 가야 되는데, 어르신들이 악기를 못 치면 소외될까봐 잡색을 새로 만들어서 색시 역도, 각설이도 해야 어르신들이 함께 놀 수 있습니다.

춘영 볼거리, 재미거리를 가지고 있는 잡색 역할이 풍물 문화에서 더 활성화됐으면 좋겠나는 이유는?

춘녀 저는 보존회 회원들이 다 주인공이 되었으면 좋겠어요. 공연을 할 때 자기 신명이나 자기 역량이 다 표출되고 다 주체, 주인공이 되면 그게 최상일 것 같아요. 저희가 군사농악 진놀이 위주고 몸도 뛰어다니다 보니까 본의 아니게 그분들 원하는 걸 다 할 수가 없어요. 자기 동기부여가 충분해야 주인공도 되잖아요? 장구 치고 싶은데 북을 쳐야 되는 한계가 와요. 저는 회원들이 열외되는 바 없이 타고난 재능대로 주인공이 돼서 자기 신명풀이를 공연 안에서 했으면 좋겠어요. 그런데 현실은 제한점이 있어요.

춘영 모두가 주인이 되었으면 좋겠다…. 상쇠님의 그 아우르는 굿의 마음이 참 좋은 것 같습니다. 사람마다 팔 길이도 다르고 체력도 다르고 성격도 다른데, 그것들이 다 두루 발현되려면 역할이 나눠져야 된다, 풍물이 그만큼 포용력이 있고 유연하니까 가능하지 않을까 싶어요.

춘녀 관객도 들어올 수 있는 여유를 가졌으면 좋겠어요.

상쇠의 악기 꽹과리와 구음

춘영 꽹과리가 악기일 수도 있고 아닐 수도 있는데, 악기 아닌 춤의 도구나 연극의 소품이나 상징성들이 있잖아요? 상쇠님은 꽹과리라는 악기를 보면 어떤 생각이 드세요?

춘녀 꽹과리 하면 뭐가 떠오르나, 이런 구체적인 질문은 처음인데요, 꽹과리 하니까 달이 떠올랐어요.

춘영 제가 질문 드리는 의도는 상쇠가 꽹과리라는 악기나 물건을 대부분 좋아하더라고요. 상쇠님에게 꽹과리는 어떤 의미들이 있을까…?

춘녀 처음 농악을 접했을 때는 꽹과리 소리가 참 듣기 싫었어요. 실제로 앉아서 연습하다 보면 졸리운 거예요. 손은 "갠지~ 갠지~" 가락을 치고 있으면서도 졸리는 거예요. '내 몸이 꽹과리 소리를 싫어해서 몸이 방어하는구나.' 이런 생각까지 했어요. 꽹과리를 치는 시끄러운 상황에서는 보통 잘 수가 없잖아요? 어느 날 제가 자고 있는 걸 발견했어요. '나는 기질상 꽹과리를 배척

2019년 제5회 영동·영서 마을농악 한마당 큰잔치 중 무동놀이

을 하는구나.' 이런 생각을 했어요. 일단 단체의 상쇠 역을 맡다 보니까 책임
감이 생겨서 그냥 꽹과리를 쳤어요. 시작할 때는 잘 몰랐는데 나중에 선생님
들이 "꽹과리는 치는 게 아니고 다스리는 거다." 이런 얘기를 해 주셨어요.
공부가 좀 되니까 '꽹과리는 치는 게 아니라 내 속의 신명을 가지고 꽹과리를
쳐야 되겠다.' 그제서야 깨달아지는 게 있었죠.

춘영 꽹과리가 여러 상황상 익숙해진 거고, 지금 말씀하신 내용은 연주라든
지 청각적인 감각을 넘어선 거잖아요?

춘녀 필요에 의해서 극복했나 봐요. 음악적인 자원이 아니라…. 꽹과리라는
악기에 익숙해지고 배워 가는 중이죠.

춘영 이제 꽹과리 성음이나 타법에 대한 이야기를 여쭤보겠습니다.

춘녀 꽹과리 성음이요?

춘영 상쇠님이 치고 있는 춘천뒤뚜루 농악의 꽹과리 성음에 대해서 어르신들이 "이렇게 쳐야 된다." 이런 말씀이 있었나요? 아니면 상쇠님이 좋아하는 꽹과리 성음을 있나요?

춘녀 선생님들의 꽹과리 타법은 구음으로 배워서 구음 소리가 나도록 치는 거예요. 농악은 구음대로 쳐야 그 가락 맛이 나더라고요. 꽹과리로 "갠~지갠" 치면 '지'가 사물놀이에서는 앞꾸임음이잖아요? 제가 춘천에서 어르신에게 배운 건 "갠지~갠"이에요. '지'가 펴지면서 엄밀하게 '지'가 뒤꾸밈음으로 들어가는 거예요. 이건 선택의 문제인 줄 알지만 타법의 차이가 있다는 걸 이해하는 데 한참 걸렸어요. 저는 어르신들이 가르쳐준 구음에 가까운 소리를 내려고 노력을 해요. "갠~ 지갱"이 아니고 우리는 "캔두캐 캔두캐" 이런 구음에 따라 치는데 어떻게 막음을 하면 '두' 소리가 잘 들리나 유의하고 있어요. 여기 어르신들이 좋아하는 꽹과리 소리는 맑은 소리가 아니고, 상쇠의 쇠는 무겁지 않고 얇고 거의 양철소리 "빠그작 빠그작" 소리가 나는 걸 치시더라고요. 박찬옥 선생님은 그런 쇠를 좋아하셨고, 신재봉 선생님은 오히려 맑은 소리를 좋아하셨어요. 같은 쇠를 가지고도 소리가 다 다르잖아요?

춘영 꽹과리 소리의 다양성이 있어서 저는 다양한 상쇠의 말씀을 존중하면서 질문을 하고 기록하고 있습니다. 어쨌든 다른 지역에서는 "갠~지갱"에서 '지'가 앞꾸밈음처럼 되는데, 춘천 뒤뚜루농악은 "캔두캐"로 해서 한 음 한 음이 정확하게 음가를 가진다. 그렇게 이해가 됩니다.

춘녀 저도 알아차리는 데 시간이 많이 걸렸는데 이런 차이죠. "갠~ 지갠"을 사물놀이에서 치면 뒤에서 "지갠" 소리를 내잖아요? 저희는 선생님께 꽹과리 배울 때 "갠" 칠 때 "지" 소리가 나와야 되요. 타법이 이 지역 어른들은 "갠지~갠"이에요. "캔두 ~캔"이요. 캔을 칠 때 '두'는 내가 노력 안 해도 나오는 소리에요. '지갠'을 같이 치는 건 주로 사물놀이에서 '그랑'하고 같은 거죠. 농악은 박아서 치기 때문에 '갠' 칠 때 벌써 '지갠'이 따라붙어야 돼요.

춘영 네, 꽹과리 타법은 주로 박아서 친다는 느낌입니다.

춘녀 박아서 치고, '지'가 앞꾸밈이 아니라 '캔'만 치면 '두'가 가서 붙는다. 그 타법의 차이가 있어요.

춘영 이런 타법을 내는 것은 정말 옛 형태에요. 전라남도 섬 지역에 가면 박아 치면서 정타, 직타 타법 이런 느낌이 많이 나거든요. 표면적으로 더 세련된 소리는 웃다리나 전라 우도 지역에서 치고, 춘천에서 치는 타법은 좌도나 전라도 섬 지역에서 치는 타법이랑 비슷해요. 춘천에서 이런 성음을 내는 것은 왜 그럴까요?

춘녀 그분들도 왜 그렇게 쳐야 되는지 모르고 쳤을 거에요. 저도 잘 모르고 그런 차이를 잘 모르겠는데, 사물놀이 먼저 접한 선생님들은 이 농악 타법으로 "캔두캐" 이렇게 치면 상모돌리기가 더 힘들다 그래요. "캔 지갠" 이렇게 하면 추동이 생기니까 상모돌리기가 좋다고 해요. 미묘한 차이까지는 잘 모르겠는데 사물놀이나 상모치기는 몰라도, 사람들 신명을 돋우는 건 우리 농악에서 치는 꽹과리 소리가 더 신이 나는 것 같거든요. 놀기에는 농악 가락이 더 좋아요.

춘영 상모 짓을 같이 하는 '갠 지갱'은 시각적, 공연적으로 보기에는 좋지만, 보는 것이 아니라 서로 신명을 내고 함께 어울리는 데는 "캔두캐" 같은 성음과 타법이 신명을 내기에 좋다는 말씀…?

춘녀 그래야 이 "캔"을 치면 "두라"가 나오면서 일타에 세 소리가 나야 빨리 치거든요. "캔 지갠"으로 치는 분들은 빨리 치는데 힘들 거에요.

춘영 "갠 지갱"과 "캔두캐"를 비교하면서 성음이나 타법을 보면 강원도 지역이 비슷한 거 같아요. 춘천 지역의 타법이 강릉농악이나 평창 둔전평농악이랑 비슷해요.

춘녀 예, 강원도 지역에 비슷한 가락이 많아요.

춘영 강원도 강릉농악에서도 웃다리농악에서 치는 길군악칠채를 쳐요. 그런데 성음, 타법, 박자의 느낌이 많이 달라요.

춘녀 우리 춘천도 강릉하고 웃다리하고 확연하게 달라요. 제 구음으로 해볼게요. "캔두라깽 캔두라깽 캔두라캔두라 캔두라캥 캐캥 두라갱두라갱깨 캐캥 깨." 굉장히 어려워요. 뒤에 열다섯 박 구조가 어려워요.

춘영 어쨌든 춘천 뒤뚜루농악에서 쓰는 타법과 성음이 웃다리농악, 사물놀이에서 하는 거랑 다르다…. 주로 쓰는 꽹과리 구음은 "캔두라캐, 캔두라캐" 거의 이렇게 한다고요?

춘녀 "캔두캐캥, 캔두캐캥" 선생님은 이렇게 하시는데, 발음하기 힘드니까 저는 "캔두라", "캔두라캥"으로는 바꿔서 편하게 발음합니다.

춘영 경상북도에도 이런 구음이 많아요. "캔 추" 이런 것도 있어요.

춘녀 선생님이 하신 구음 중에 여기만 있는 게 "캐갠두 구깨구" 이런 가락도 있고 "캔두라 구깨구"가 있어요. 여기서 '쏘시개'라 부르는 삼채 가락이에요. "캔두라 캔두라 캔두라캐캥, 캐캔두 구깨구 캔두라캐캥" 그다음에 "캔두라 캔두라 캔두라캐캥, 캔두라 구깨구 캔두라캐캥…." '구깨구'라는 건 막는 소리에요. 막는 소리가 옛날에도 있던 게 신기하죠.

춘영 지금 사물놀이에 막는 소리는 별로 없는데, 풍물굿에서는 제의적인 굿이나 특별 용도 장단으로 많이 쓰입니다. 지방마다 보면 지금보다 훨씬 많았던 것 같아요. 구음이 지역 정체성이나 고유성을 드러내거든요.

춘녀 여기도 굉장히 많아요.

춘영 춘천 뒤뚜루농악에서 상모짓은 어떤 사위들이 있나요?

춘녀 옛날에 상쇠가 상모를 쓰는 경우가 많지는 않았지만 상모를 쓰기는 했어요. 상수재비는 상모를 지시용, 신호용으로 썼다고 그래요. 50년대 이전 상쇠가 치는 상은 '꼭두상'이 있어요. 다른 지역이랑 이름이 다른데 여기 사람들은 '짝지'라고 해서 오른쪽 두 번, 왼쪽 두 번 치는 사위가 있어요. 주로 이걸 많이 했어요. 빠른 이동이나 특별히 진놀이를 할 때는 외사를 주로 했어요. 결국 외사, 양사, 상쇠만 꼭두상 정도 쳤어요. 그런데 서서도 치고 앉아서도 쳤다고 해요.

춘영 앉아서도 쳤다는 게 뭐죠?

춘녀 앉을상이요. 앉아서도 상 쳤어요. '절구댕이놀이' 같은 건 50년~70년대 대회 나간 상모꾼들이 했다고 하고, 상모꾼들이 지그재그로 왔다 갔다 하는 걸 달거리라고 여기는 말해요. 강갑수 선생님 표현에 따르면 앉아서 좌우로 왔다갔다고 했어요. 상모꾼들 용도가 요즘 말로 상모꾼들을 척후병? 선발대? 이런 역할로 생각하셨어요. 먼저 가서 척후병으로 잠복하는 이런 의미로 말씀하셨어요. "상모꾼들이 앉아서 올라갔네." "앉아서 좌우로 돌았네." 이렇게 말해요. 어려운 상은 안 쳤지만 분명히 상모놀이가 있었어요. 다른 지역에서 하는 양사, 번개상을 치는 부분들은 없었던 것 같아요.

상쇠의 역할과 덕목

춘영 풍물굿에서 상쇠의 역할과 덕목에 관한 이야기로 넘어가겠습니다. 상쇠는 꽹과리를 치면서 가락을 넘기고 전체를 지휘하기도 합니다. 춘천 뒤뚜루농악에서 상쇠의 역할을 말씀해 주신다면?

춘녀 그 판을 잘 이끌 책무가 있어요. 일단 상쇠는 마당에서 절대 권한이 있어야 되요. 주변 사람들이 이래라 저래라 그러는 걸 싫어해요. 고유권한이 있다고 생각해요. 그리고 상쇠의 덕목은….

춘영 상쇠 덕목을 세 가지로 들어주세요.

춘녀 우선은 '사람 됨됨이'가 첫째. 사람 됨됨이가 돼야 사람이 따르잖아요? 두 번째는 '재능'이요. 끝으로 재능 못지않게 '리더십'이 있어야 된다고 생각 해요. 좋은 사람도 많고 재능이 있는 사람도 많지만 한 단체를 끌고갈 수 있 느냐 없느냐는 결국 리더십이 작용하는 것 같아요.

춘영 인성이 듬직하고 풍성해야 사람이 모이고 회원들 간 신뢰가 쌓이죠. 두 번째 재능을 말씀하셨는데 어떤 재능을 말씀하시는 건가요?

춘녀 상쇠로서의 역량이겠죠.

춘영 "꽹과리를 잘 친다. 소리를 잘 한다." 예능적인 능력을 말하겠죠?

춘녀 맞아요. 예능적인 능력.

춘영 한춘녀 상쇠님이 2010년 대 이후 작업하신 것들은 어떤 절실한 마음으 로 하셨잖아요? 상쇠는 이 시대를 보거나 지역을 보거나 이 사회 속에서 어 떤 안목이 있어야 되지 않나? 상쇠의 덕목에서 공연적인 맥락이 아니라 다른 차원은 없을까요?

춘녀 제가 단체의 장이기도 하고 상쇠이기도 한데 회원들한테 하는 말이 있 어요. 일단 제일 앞에 서는 사람에게 가장 중요한 건, 하다못해 철새도 앞서 나가는 새가 있잖아요? 방향성을 정하는 게 굉장히 중요한 것 같아요. 맨 앞 에 선 사람의 중요한 책무는 방향을 잘 잡는 거다. 회장은 아무나 할 수 있고 상쇠도 재능만 있으면 할 수 있지만 단체를 이끈다는 건 정기공연 같은 게 아 니다. 똑같은 걸 매번 정기적으로 하는 게 아니란 거지. 상황에 따라서 적절 하게 운영할 수 있는 거, 큰 마당에서 연습하다가 마당이 작으면 실제 상황에 서도 그걸 끌어갈 수 있는 역량이 있어야 돼요. 단체가 나아가고 오래 지속 이 되려면 우리가 이래야 살아남겠다 하는 전략이 있어야 되고, 사람을 단합 하려면 어떻게 해야 한다든지 방법을 제시하고 방향 정하는 게 가장 중요한 책무에요. 쇠를 더 잘 치고 더 못 치는 건 아무것도 아니에요. 저는 늦게 농악을 시작했어요. 저보다 농악을 먼저 한 분도 있어요. 그분들이 재주로 치면 저보다 훨씬 나아요. 결국은 재능이 사람을 우선하지 않는다는 거죠. 그래서 시대적 상황이나 처해진 상황을 개선하거나, 바꾸거나 이런 안목이 있는 사람이나 단체가 조금이라도 나아질 수 있다고 생각해요.

춘영 사례를 들어서 잘 말씀해 주신 것 같아요. 상쇠님은 이 풍물굿이 좋으니까 열정적으로 하시는 거잖아요? 상쇠님이 정말 좋았던 공연판, 정말 인상적이어서 잊을 수 없던 굿판을 좀 들려주세요.

춘녀 제일 감동적이었던 건 우리가 사랑방모임을 해서 각 마을 원로 어르신들 모신 적이 있어요. 시골 어르신들은 나서길 싫어하세요. 그분들을 오시라고 해서 막걸리도 대접하고 했어요. 옛날에는 농악이 대접받는 장르도 아니었잖아요? 뒤로 빼던 어른들이 사랑방모임을 하면서 당신들 농악 소개도 하고 발표도 하고 원로들이랑 같이 치고 대동한마당을 했어요. 그럴 때 어르신들이 참 즐거워하셨는데, 그분들 얼굴에서 기쁜 빛을 봤을 때 저도 최고로 뿌듯한 일이었어요. 그다음 뒤뚜루농악 상쇠의 농악놀이 재현 작업이 얼추 됐을 때 당진 기지시줄다리기 농악경연대회에 갔어요. 다른 팀에 비해서 역량이 떨어졌지만, 어쨌든 춘천 뒤뚜루 마을농악 깃발 들고 뜻을 세워서 "우리도 전국적으로 이런 데 참여하고 우리 걸 알릴 수 있다."는 게 마음이 감동적이었어요. 그때 처음 전국대회 나갔을 때 깜냥이 돼서 나간 건 아니고, 거기서 초청해서 나갔는데 어쨌든 전국대회에 평균 60세 넘은 어르신들이 어떤 지원도 없이 우리 의지를 가지고 나간다는 게 좋았어요.

춘영 뒤누부농악처럼 다른 단체들도 대회 많이 나가요. 전국에 농악경연대회가 정말 많아요. 농악경연대회, 대회풍물굿 문화에 대해서는 평소에 어떤 생각을 가지고 계세요?

춘녀 저희는 평택 대회 한 번 나가고, 당진에 두 번 나갔어요. 대회에는 상을 받기 위해서 나갔다기보다는 그런 대회 참가가 동기부여가 됐을 때 우리가 열심히 해서 기량이 나아질 수 있어요. 제 뜻은 상을 기대했다기보다는 우리 단체가 그런 계기가 없으면 그냥 동네 경로당 농악이 되고 말아요. 사실은 그런 목적이 더 컸어요. 대회 나갈 때 제가 개인적으로 사재를 털어서 가는 경우도 많았어요. 그런데 전국대회도 나가고 초청 공연도 하면서 프로페셔널한 자긍심도 심어주고 이렇기 때문에 기량도 나아지고 학술대회도 하게 되는 거지, 그렇지 않으면 문화재 심사까지 가지도 못했어요. 농악이 전국적으로, 지역적으로 획일화된 것도 있구나!' 이런 것도 느꼈고요, '연희화되다 보니까 고유성이나 다양성이 희박해지는구나.' 하는 걸 우리 같은 사람도 잘 알겠더라고요.

춘영　경험적으로 대회를 잘 활용해서 회원들에게 동기부여도 하고 내부 결속도 하고….

춘녀　저만 알면 되는 게 아니라 다 같이 알아야 되는 거 같아요. "우리 춘천 뒤뚜루농악은 고유한 게 있어." 암만 얘기해도 본인들이 가서 '우리 농악은 특색이 있네!' 스스로 보니까 느끼고 판단하고 가치를 알게 돼요. 우리가 대회에 안 나갔으면 모르는 거예요. 대회 나가서 상을 못 받아서 아쉬운 것도 있지만 저는 속으로 다 같이 봤기 때문에 가치를 알게 되고 기량도 늘고…. 회원들한테 말하지 않는 이런 의도도 있어요.

춘영　다른 풍물굿 단체는 전수교육을 많이 하고 있어요. 춘천 뒤뚜루농악 전수교육은 어떻게 진행되고 있나요?

춘녀　일단 지금 우리 치배들이 누구에게 전수교육 할 만한 기량까지는 아니고요, 현재 한림대 풍물하는 친구가 두 명이 있어요. 한 명은 우리가 '전수 장학생'이라고 지정해서 있어요.

춘영　어떤 식으로 운영하는 거예요? 전수 장학생 지정 과정이나 운영 방식이 따로 있나요?

춘녀 구체적으로 말은 안 했지만 그 학생이 의지가 있고 이야기가 되면 한 학기에 얼마 정도는 장학금을 지급할 계획은 있습니다.

춘영 그 전에는 없었지만 그런 로드맵이 있고, 앞으로는 그럴 계획이다?

춘녀 젊은 사람들이 영입돼야 하는데, 저희가 무형문화재 지정이 되어야 된다는 게, 만일 그게 안 되면 젊은 피가 수혈이 안 되고 그러다 말잖아요? 그 친구들이 들어올 수 있는 근거가 있어야 되잖아요? 그래서 지정을 받으려고 애쓰는 거예요.

춘영 예. 현 단계에서 전수교육을 생각하기는 어렵지만 전수장학생을 두고 하나하나 쌓아 나가고 있다.

춘녀 예. 젊은 장구잽이 한 명이 있고, 그 친구가 이걸 좋아해요.

풍물굿의 미래와 전망

춘영 이제 마지막 주제입니다. 농악, 풍물굿인으로서 풍물굿의 미래를 어떻게 전망하시나요? 긍정적으로 보시는지, 부정적으로 보시는지?

춘녀 결론적으로 말하면 마을농악단의 미래는 부정적으로 보고 있어요. 지금 젊은 친구들이 대학에서 타악 전공을 한 전문 연희자들이기 때문에 기량 면에서 월등하잖아요? 또 현대의 온갖 매체들이 재밌고 화려한 것을 추구하잖아요? 마을 농악을 지원해야 될 시청이나 재단 공무원들은 전문가들이 아니기 때문에 현상적으로만 봐요. 공연을 보면 "저기는 잘 하네. 잘 돌리네. 더 화려하네." 이런 수준으로 보기 때문에 마을농악은 그야말로 아마추어들로 보는 거죠. 이런 수준으로만 바라보는 한계가 있어요. 사람이 못 생기면 못 생긴 대로 존재 가치가 있는 것처럼 마을농악은 마을농악대로 가치를 구현하고 있는데 사람들은 절대가치로 보지 않아요. 특히 무형문화를 지원하는 행정기관에서 마을농악은 어른들 취미생활, 소일거리쯤으로 봐요. 젊은 전공자들은 화려하고 기능이 좋으니까 지원을 많이 하고 관심을 더 가지고…. 마을농악이 수십 년, 수백 년 내려온 것을 기량이 안 된다는 잣대로 그 사람들은 가치를 매기는 거잖아요? 이 문화예술 쪽에 철학도 있고 그 정서를 아는 사람들이 꼭 행정기관에 들어갔으면 좋겠어요. 제가 농악을 하면서 농악이 자연도태 되지 않을까 하는 걱정하는 이유는, 농악이 농사짓기 위해서 만들어졌다는 관점이 있는데, 지금은 농경사회가 아니잖아요? 지금은 농악의 용도가 바뀌고 있어요. 마을농악을 하는 사람들은 홍보행사, 식전행사, 길놀이에 나가는 쪽으로 용도가 바뀌고 있죠. 시대가 변하면서 자연스럽게 농악 용도가 변한 것처럼 농악 하는 사람들이 이 시대를 거스를 수는 없어요. 지정된 단체는 이미 정형화돼서 보존을 한다고 해도, 지정 받지 못한 마을농악단들은 자립이나 존속의 문제가 있기 때문에 시대에 발 맞춰서 가야 돼요. 길놀이나 식전행사나 인원동원이라고 한다면 우리가 더 효과적으로 그쪽으로 농악을 활용할 수 있는 방안을 농악 단체 안에서 고민해야 돼요. 어떤 행사인가 성격도 알아야 되고 행사에 도움도 되고, 길놀이를 가면 누가 봐도 "저 길놀이 봐라" 할 정도로 우리 안에서 고민하고 작품화하고 필요한 부분들을 추가하고, 그래야 마을농악으로 존속이 될 것 같아요. '옛날에 이렇게 놀았어.' 이런 단순한 생각으로는 살아남기 어려워요. 제가 농악단 회장 경험으로 보면 농악단이 농사짓지 않아서 없어지는 게 아니라, 대동놀이가 힘들어서 없어져요. 그게 답일 것 같아요. 옛날에는 장유유서든 어쨌든 어른을 공경하고 밑에 사람들이 따르고 그 안에 내부 질서가 있었어요. 저는 농악 하는 어르신들이 폄훼되는 걸 보면 굉장히 안타까워요. 어르신들이 체계적으로 배운 것도 아니고 당연히 대학에서 배운 것도 아니니까 체계적으로 가르치지도 못

하고 잘 못 치는 것도 당연하지만, 농악을 먼저 했기 때문에 현재 우리가 할 수 있는 거잖아요? 밑거름이 됐던 사람들이에요. 그분들에 대한 존경이 없으면 결국 이 판 전체가 허물어져요. 또 지금은 다들 고학력이고 농악단에 오는 사람들도 정년퇴직하고 자식 다 키운 사람들이 농악단에 들어와요. 다 자기 분야에서 몇 십 년씩 하고 농악에 들어와요. 그러다 보니까 3개월 한 사람이나 3년 한 사람이나 30년 한 사람이나 위계질서가 없어요. 잘 안 받아들여져요. 자기주장이 확실하고 배운 게 많고 다 '왕년에 뭐 했어.' 이런 것들이 있어서 농악으로 대동놀이를 한다는 게 힘들어요. 농악을 이끄는 사람 입장에서는 그래요. 그래서 농악을 지키기 위해 동분서주 헌신하던 사람이 어느 날 손을 놓으면 그 마을농악은 없어져요.

춘영 많은 말씀을 해 주셨는데 아주 공감이 갑니다. 혹시 이 작업을 하고 있는 제게 해 주실 말씀이 있을까요?

춘녀 처음에는 이런 작업을 왜 하실까, 상당히 궁금했어요. 이렇게 인터뷰를 하면서 '참 의미 있는 일을 하고 있다'는 생각이 들어요. 미래지향적인 고민들은 다들 하고 있을 텐데, 이런 작업을 직접 돌아다니면서 하는 사람이 없잖아요? 각 농악을 소개하는 시대를 지나서 이 풍물굿을 어떻게 미래지향적으로 만들어 갈 것인가 고민하는 것을 행동으로 옮긴다는 점에서 행동하는 지성으로 보고 있습니다. 응원합니다.

춘영 감사합니다. 오늘 여기까지 하겠습니다. 고생하셨습니다.

9. 서울 풍물패 터울림 상쇠 김용범

일시 : 2018년 11월 21일

장소 : 서울 발산역 근처 찻집

면담자 : 김용범(남, 50대 중반, 서울)

사단법인 터울림 이사 및 상쇠, 사단법인 나라풍물굿 이사 및 사업본부장, 전 풍물패 터울림 대표, 전 서울지역풍물단체협의회 의장, 전 서울민예총 사무국장

면담 의도 및 상황 : 90년대 터울림 가을굿(정기공연)은 풍물굿쟁이들의 로망이자 모범이었다. 99년 한양대학교 운동장에서 펼쳐진 터울림굿에 놀러가 마지막에 거대한 대나무 달집이 타오르며 끝없이 원을 그리고 노는 모습은 평생 잊을 수 없을 것이다. 2001년에는 개인 자격으로 터울림 여름 전수에 따라 간 적도 있고 수많은 집회 풍물굿에서 터울림 선배들과 아스팔트 길굿, 난장굿을 벌려 놀았다. 전국의 상쇠를 만나고 드디어 25번째 마지막으로 서울에서 터울림의 김용범 상쇠를 만났다. 김용범은 2001년 여름 전수 때부터 친해졌는데, 내가 아는 한 풍물굿쟁이 중 가장 술을 잘 마시면서 주사와 뒤끝이 없는 양반이다. 굿판과 뒤풀이에서 두루 사람을 챙기고 이야기를 들어주는 마음이 열린 따뜻한 굿쟁이다. 비교적 일찍 터울림에 들어와 젊음을 보냈는데 터울림에서 기예능(연행 능력)에 대한 중요성과 학습은 김용범 상쇠와 더불어 시작된 것으로 보인다. 90년 대 후반 서울의 일반 풍물패들이 잘 알지 못하던 경상도의 김천 빗내농악, 청도 차산농악, 구미 무을농악까지 전수를 다닌 것을 보면 풍물굿에 대한 열린 사고방식과 학습에 대한 열정을 느낄 수 있다. 전라도 풍물굿과 경상도 풍물굿을 이렇게 다양하게 전수받고 학습한 단체는 터울림이 독보적일 것이다. 이 많은 지역과 단체의 풍물굿을 몸에 담아 풀어내는 그의 꽹과리 소리는 모나지 않아 푸근하면서도 놀기 편하다. 터울림 하면 빼놓을 수 없는 굿이 30년을 훌쩍 넘기는 불광시장 지신밟기다. 불광시장의 몇몇 가게 사장님들은 정월 보름이면 터울림을 마음으로 기다리고, 터울림 굿을 통해 일년 복을 빌고 가게의 번창을 기원한다. 2019년 터울림 지신밟기에 참여하여 영상 기록을 하였는데 김용범 상쇠를 포함한 3명의 상쇠가 그렇게 멋져 보일 수가 없었다. 3명의 상쇠가 가게마다 번갈아가며 고사덕담도 하고 춤도 추고 노래도 부르는데 무당이 따로 없이 굿을 잘 치러 사장님들의 간절한 염원들을 잘 풀어내더라. 명실상부한 풍물굿 운동의 종가집 터울림과 김용범 상쇠의 이야기를 소개한다.

풍물굿 운동의 종갓집 풍물패 터울림

춘영 오늘은 21세기 상쇠 프로젝트 스물 다섯번 째 마지막 인터뷰입니다. 어렵게 날짜를 잡았습니다. 풍물패 터울림 김용범 상쇠님 모시고 이야기 듣습니다. 역사가 오래 되어서 명확히 따질 수 있을지 모르겠지만, 김용범 상쇠님이 터울림의 몇 대 상쇠이신가요?

용범 애매하긴 한데, 터울림이 상쇠를 정식으로 넘겨주는 체제가 아니라서, 그냥 순서대로 보면 오○○, 박○○ 선배가 그만두고 터울림 상쇠라고 이야기했던 사람들이 유○○, 이○○, 그다음 이 나니까, 다섯 번째 상쇠네.

춘영 상쇠를 언제부터 하셨어요?

용범 터울림 상쇠로는 2007년경부터 했지.

춘영 풍물굿 중심으로 본인 소개를 하는 게 편하시겠어요, 터울림이라는 단체 소개를 하는 게 이야기가 좀 더 자연스러울까요?

용범 내 소개보다는 터울림 중심으로 하는 게 나을 것 같아. 사람들이 이야기하기를 터울림은 풍물굿 운동의 종갓집, 큰집이다, 이렇게 많이들 얘기하지. 풍물 운동 초창기에 서울대 두레 선배들이 터울림 만들면서 강습소로 시작했지. 지금의 터울림 위상은 우리가 원해서일 수도 있고 아니면, 시대가 요구한 것일 수도 있어. 그렇게 자연스럽게 풍물 운동의 중심에 서게 됐지. 출발부터 지금까지 선배들이 풍물운동, 풍물굿의 역할을 고민하긴 했지만 실제 구성원들이 풍물패 터울림이란 이름으로 실천하기 시작한 것은 불광동 터울림으로 이전하면서부터야. 몇 가지 축으로 이야기할 수 있지만 풍물굿 운동을 자기 중심으로 삼고 '굿'이라는 화두를 사회운동 속에서 자리매김하

2011년 신묘년 터울림 정월대보름 지신밟기 중 상쇠 재담(은평구 불광시장)

면서 풍물패 터울림의 역할, 위치도 만들어 왔고, 그러면서 자의 반 타의 반
으로 큰 역할을 해 왔다고 생각해. 그래서 지금은 사회적 약자들과 연대하는
풍물공동체라는 타이틀도 갖고 있고, 한편으로는 그것이 터울림이 굿을 굿
답게 실천할 수 있는 계기가 됐을 수 있는데, 현장에서 같이 해 가면서 어느
한쪽으로 편향되지 않고 굿다운 판을 끊임없이 마련하고 쌓아 가면서 지금
의 터울림으로 자리 잡았다고 생각해. 구성원들 안에서는 사실 여러 가지의
갈등이 있어. 왜냐면 터울림의 위치나 요구받는 것에 대해 새로 들어오는 사
람들은 고민이 별로 없어. 그럼에도 불구하고 현재까지 터울림이 역할을 해
야 된다고 하는 것에는 결국은 동의해서 가는 부분이지. 물론 그 힘들이 좀
떨어지긴 하지만, 크게 보면 굿은 실천하면서 만들어가는 거니까, 그런데 터

울림에서 굿의 이론을 정리해 놓은 건 없어.

춘영   그런 가치관이나 서로 간의 의견 차이는 후반에 이야기할게요.

용범   그런 이론은 없지만 실천 속에서 분명히 만들어 온 게 있는 거지.

춘영   30주년이 된 지 꽤 지났는데, 84년에 만들어졌고 불광동으로 옮겨서 본격적으로 한 것은 언제부터죠?

용범   86년도. 84년도 서대문 홍제동에서 처음 만들었는데, 그때는 풍물교습소였어. 그 시기가 전두환 때니까 풍물패 이름을 달고 뭔가를 하는 거에 탄압이 심하던 시기였어. 그래서 '풍물교습소 터울림'이라는 이름으로 시작했던 것 같고, 그 선배들이 서울대 농대 출신인데, 처음에는 강습으로 시작을 한 거지. 그때만 해도 풍물을 배우려는 수요는 되게 많았어.

춘영   풍물의 대중화 이런 거에 연관된 거 아닌가?

용범   그렇지.

풍물굿쟁이 김용범 터울림에 들어오다

춘영   상쇠님은 풍물굿을 언제 시작했고 터울림에는 언제 들어가셨어요?

용범   내가 인하대 출신인데 대학 들어가기 전에는 풍물을 몰랐어. 대학 입학해서도 동아리에 바로 들어가진 않았지. 너무 순진했던 거야. "동아리에 바로 들어갈 수 없다."고 신입생들이 동아리로 바로 들어가는 걸 막았던 것 같은데 그대로 믿은 거지. 그런데 대학 본관 운동장 잔디밭에서 탈춤패들이 보여서 노는 거야. 그게 보기에 정말 좋았는데 배울 곳이 없었어. 그러나가, 처음 풍물을 배운 건 한성대야. 아는 후배가 "형 우리 학교에서 풍물 강습을 한대요." 해서 한성대에 가서 몇 번 강습을 받았어. 그때가 스물 한두 살 때야. 그러다가 휴학도 하고 또 복학해서 2학년 나이에 동아리를 못 들어가고 찾아간 게 명동성당청년회야. 그 당시 명동성당에 가톨릭민속연구회(가민연)가 있었어. 거기서 명동성당청년회를 대상으로 강습을 한 거야. 거기서 내가 조금 체계적으로 배웠지. 그런데 조성만 열사 일이 있고 나서 이후에 성당에서 청년회를 해체하려고 탄압을 해 오기도 하고, 시대상황이 변하면서 결국 명동성당청년회가 발전적인 해체를 해. 예전에는 합법공간이 없으니까 진보적인 종교단체내에서 활동을 했는데, 87년 6월 항쟁 이후 88년부터 합법공간이 많아지면서 다 흩어진 거야. 정해진 기간의 풍물강습이 끝나는 즈음 사부가 터울림을 추천해 줬어. 그게 89년도 대학교 3학년 때야. 그때 터울림 찾아가서 강습 받고 회원이 됐는데, 사실 처음에는 풍물을 안 가르쳐 주는 거야. 왠지 모르겠는데 가르쳐 주는 사람이 없었어. 그렇게 대면대면 지내는데 나를 집행부로 끌어들였어. 그때 터울림 운영 방식이나 분위기가 운동 조직이야. 터울림이 풍물패가 아닌 운동하는 단체의 조직구조였던 거야. 중앙위원회, 집행부, 그리고 소모임 형태….

춘영 민주노총 생기기 이전 조직이니까….

용범 터울림은 당시에 문화운동 단체, 노동자문화운동 단체, 이런 조직에 속해서 연대 활동을 했어.

춘영 활동가? 문화예술, 문예 활동가로 풀린 거네요.

용범 주로 집행부 활동을 하면서 회원들과 함께 집회 다니고, 그러면서 터울림에서 풍물을 치는데, 당시에는 체계적으로 풍물을 가르치지는 않았어. 90년대 후반, 90년대 초반까지…. 그래서 나도 터울림에서 풍물을 체계적으로 배운 사람은 아니야. 당시 회원들은 다 비슷할 거야. 전수라는 것을 그전에는 상근자들만 다녔는데 '회원도 전수를 다니자.' 해서 전수 다니기 시작한 게 91년에 김천 빗내농악이 처음이야. 그런데 당시 김천 빗내농악도 지금 같은 체계적인 전수가 없을 때야. 회원들도 전수 다니면서 체계적으로 배우게 되고, 소모임 안에서 상쇠를 하게 되는 거야. 소모임에서 상쇠를 하게 된 게 남원 좌도굿 전수 다녀오고 좌도 모임을 만들던 97-98년경이야. 터울림에는 꽹과리치는 사람이 별로 없었어. 가끔 내가 상쇠할 일이 생기는 거야. 그래서 날뫼북춤 반주도 내가 하고 그러다가 다음 상쇠 넘기기 바로 전에 상쇠가 서울풍협(서울풍물단체협의회) 활동에 주력한다고 터울림을 그만두게 되었어. 상쇠를 받아줄 사람이 없으니까 나를 찾아와서 서로 약속을 한 거지. "형이 상쇠를 하셨으면 좋겠다. 내가 대포수는 하겠다." 내가 어려워하는 걸 자기가 도와주겠다, 이 말이야. 그게 2006년이야.

춘영 그러니까 상쇠가 된 건 이전 상쇠가 지목을 한 경우다, 중간 과정이 있었네요?

용범 없었지. 터울림이 조직 체계안에 상쇠, 상장구를 정하는 과정이 없었어. 일상적인 공연, 지신밟기, 가을굿(정기공연)을 하게 되면서 자연스럽게 안착을 하는 거지.

춘영 터울림의 가을굿이 굉장히 의미 있는 도시에서의 마을굿, 현재의 풍물굿 이런 양식을 고민한 결과이고, 끊임없이 실천해 나가는 과정으로서 모범적인 전형으로서의 굿이라고 외부에서도 내부에서도 판단을 하거든요. 저도 굉장히 열광했죠. 터울림의 굿 이야기로 주제를 옮겨 갈게요. 터울림 가을굿의 위상을 정의한다면요?

용범 '가을굿'으로 알려져 있고 공식적인 명칭은 '대동풍물판굿'이지. 이것을 어느 해에 홍보팀이 가을에 하니까 가을굿이라고 이름을 달았는데 다른 단체에서도 사용하게 되면서 가을굿이 널리 써져나가는 계기가 되었지.

춘영 터울림의 초창기 판제에 대해서 말씀해 주세요.

용범 나는 앞은 잘 몰라. 오영호 선배가 두레에서 배웠던 것들이 온 것 같고, 그다음부터는 방승환 사부가 많은 것을 전수하기 시작해서 크게 영향을 미치지. 민속촌제 우도판굿이 우리 판제야. 이후 내 이전 상쇠가 상쇠를 하면서 조금 바뀌. 좀 쉽게 바뀌. 쉬운 방향으로, 잘 치는 것보다 노는 게 중요하다 해서 단순하게 바뀌어서, 가락에 얽매이지 말고 판 안에서 잘 놀아보자, 그런 기조로 쭉 이어져 왔지.

춘영 터울림 대동풍물판굿으로 봤을 때, 이전 방승환 선생님의 민속촌제 판굿은 기능 중심의 화려한 판제와 분위기였다고 하면, 그 당시에 만들어 간 판굿은 굿에 대한 학습, 논의들이 나오고 발전하는 과정 속에서 나온 결과로 보이거든요. 공연이나 기능보다 굿이라는 측면으로 확장되거나 발전적으로 간 게 아닌가…?

용범 96년에 지금 가을굿의 양식으로 완전히 전환된 거야. 터울림 가을굿이 형성되면서 우리가 대중들을 어떻게 만나고, 어떻게 영향을 미칠지 고민을 계속한 거야. 기능적으로 잘 치는 것보다 판에서 잘 노는 게 중요하다는 입장이 되면서, 그런 측면이 생겼어. 내가 상쇠하기 전에 터울림 내부적으로 기능을 체계적으로 가르치는 문화가 없었어. 알아서 배우는 거야. 굿 치는 거에 열정 있는 사람들이나 따로 전수를 가기도 하지만, 나머지는 모일 때 풍물 한 번 치고 그게 다야. 그런데, 그러면서도 터울림 굿이 에너지가 있어. 기운이 있어. 치는 거에 쑥 빠져들고 판으로 끌어들이고 그런 건 잘해. 기량으로 승부하는 게 아니라 굿 치는 사람들이 다 같이 어울리게 하는 게 터울림이 잘하는 것 중 하나야. 나는 터울림 에너지의 핵심은 잘 치는 몇 명이 중심이 아니라 같이하는 굿이라고 봐. 그런 걸 잘 보여주는 게 터울림의 날뫼북춤이야. 다른 패가 날뫼북춤 노는 것과 다르게 에너지와 기운이 넘쳐. 기량적 측면에서 뛰어나지 않아도 편만에서 치배들이 어울려서 집단신명을 만들어 내는 거야.

풍물패 터울림의 한 해 살이

춘영　형님이 상쇠 맡은 이후 14년이 넘었는데 터울림의 1년 활동을 간략히 말해 주세요. 정례적인 것, 대표적인 것만 말씀해 주세요.

용범　이전보다는 활동력이 떨어진 건 사실이고, 초반에 회원 전체가 참여하는 행사가 열 가지 정도였다면 지금은 서너 개로 줄어들었어. 연간사업은 봄에 지신밟기, 여름에 전수, 가을에 가을굿 하고 겨울에 송년굿에 총회로 이어지지. 이게 모든 회원들이 참여하는 굿이고, 일상적으로 공연사업, 내부적인 강습과 의뢰 받아서 하는 강습, 예전에는 기획 강습도 했지. 지금은 하고 있지 않지만 태평소랑 민요 기획 강습을 했지. 그리고 장구모임, 쇠모임, 북모임 치배별 연습 모임, 그리고 지역 사업, 회의도 나가지.

춘영　지금은 어디에 중점이 있다기보다는 다양한 사업을 계속하는 거죠?

용범　터울림 역사가 오래 되다 보니까, 하던 사업을 계속 이어가는 거지.

춘영　형은 개인적으로 풍물굿을 지금까지 30년 넘게 하고 있는 이유는 뭐에요? 개인적일 수도 있고 터울림과 연계해서 이야기할 수도 있고….

용범　운동이라는 걸 했을 때 전업인지 아닌지는 중요하지 않다고 생각해. 터울림 초창기 때부터 나는 풍물 치는 사람보다는 활동하는 사람이었어. 한 해 두 해 지나면서 터울림에 깊숙이 발을 담그게 되고, 그러면서 자연스럽게 터울림이 내가 된 거지. 그 속에서 내가 하고자 했던 운동의 과제와 터울림을 통해서 만난 풍물굿, 굿하는 내 삶과 30년간 몸담아 온 풍물굿과 운동이 나에게서 끝나는 게 아니라 이후 우리 사회에 어떻게 올곧게 자리 잡고 좋은 영향을 미치는 훌륭한 기준으로 남을 것인가 고민하는 거지. 풍물굿 운동이 현재는 잘 안 되고 있어. 풍물굿 운동 최전성기에서 떨어지는 시점에 내가 상쇠를 해서, 그런 것에 민감하거나 필요성이랑 절실함이 있지. '왜 굿 치고 사느냐부터 시작해서 단순하게 풍물이 예술이냐 취미냐, 이렇게만 작용하는 게 아니라 한 시대를 풍물이 선도하기도 했고, 많은 활동가들이 풍물을 배웠고, 풍물패를 통해서 조직을 했고, 노동조합을 만들고 활동가들을 만들었던 것처럼, '풍물이 현대인의 삶에 지대한 영향을 미칠 수 있다'고 생각하는 사람이야.

춘영 믿음인가요? 믿음을 넘어선 건가요?

용범 믿음보다는 그래야 된다고 생각하는 사람이야. 그랬으면 좋겠다….

춘영 믿음과 현실적인 거 사이에 있는 것 같은데요?

용범 풍물굿이 우리 사회에 긍정적으로 작용할 거라는 확신이 있지. 현재 우리 사회가 풍물굿이라고 하면 미신이라는 종교적인 거 아니면, 데모 풍물이라는 왜곡된 인식이 있어. 그러나 풍물이 내 삶에 반영되거나 내 삶을 규정하게 하는 것이야말로, 이걸 치는 행위뿐만 아니라 이제까지 터울림이 하려고 했던 전체가 아닐까? 그게 도시인들의 공동체 문제랑 굿을 통해서 만나고자 하는 문제랑 부딪치고 작용하는 풍물굿의 본령 같은 게 아닐까? 근데 터울림에서는 이게 끊임없는 충돌해. 사람들은 그냥 풍물을 배우러 와. 근데 굿 얘기를 하거나 정치 이야기를 하면 싫어하지. 그럼에도 불구하고 터울림이 이렇게 하는 거에 대해 그 헌신성을 이해하는 사람들이 있어. 예를 들어 이번에 블랙리스트 문제로 국회에서 청와대까지 행진할 때 '우리 상쇠 고생하는데 함께 해 줘야지.'하면서 힘든 과정에 함께 해주는 거야. 그렇게 공동체 분위기를 만드는 사람들이 생겨. 고맙기도 하고 가능성이 있다는 거지. 인간적 면모로서의 가능성이 있고, 굿 치는 사람들의 인간성이, 그리고 풍물이라는 매개가 그 사람들과 나를 아주 가깝게 연결해 줄 수 있다는 가능성….

춘영 예, 정신적으로도 사회적으로도 연결해 주죠. 풍물굿도 다양한 영역을 포함하지만 음악, 무용, 연극 등 예술 영역이 있잖아요? 그 이야기로 넘어갈게요. 형님은 음악적, 예술적인 부분에 마음을 많이 쓰세요?

용범 터울림의 특성일 수 있는데, 나는 최소한 풍물패를 이끄는 많은 사람들이 권력을 구성원에게 줘야 한다고 생각해. 예전에는 같은 공동체 안에서 다 잘해야 했지만, 지금은 내가 이끌지 않으면 나를 따르는 사람이 없으니까 그런 기능적인 측면을 더 많이 고민해야지. 어떤 조직의 상쇠가 있어. 근데 밑에 사람이 더 잘해. 그래도 상쇠가 훨씬 중요해. 왜냐? 상쇠가 전체를 끌고 가는 게 있는 거야. 지금은 풍물이 프리랜서화 돼 가고 있지. 물론 각자의 생계를 누가 책임져 주지 못하니까 그럴 순 있지만, 그러다 보니 풍물굿이 개인화되거나 특정인물 중심으로 공연화되니까 우리가 얘기하는 판을 못 보는 거지. 우리 주변에 굿판이 어디 있어? 굿판 꾸리는 게 어려워지니 명인전 형식을 빌려 쉽게 가는 거야. 우리 주변에 굿판이 없어졌어. 한편으로는 풍물굿의 전체 기량을 쌓아가거나 올려가는 거는 맞다고 생각하는데, 2013년에 팔도 풍물굿쟁이전을 보면서 명확하게 드러난 게 기능, 테크닉으로는 저쪽을 못 따라간다는 거. 그러면 우리는 우리의, 굿의 특성이라는 것들로 보여준 게 있느냐? 몇몇 사람들 빼고는 저쪽에서 하는 것들을 여기서도 하는 거야.

춘영 애매한 상황이죠.

용범 그렇잖아? 기량으로 잘하는 것은 어릴 때부터 해 온 애들이 정말 잘해. 그런데 옛날 선생님들 명인전 할 때, 선생님 밑에 있는 젊은 친구들이 훨씬 잘하지? 그런데 왜 나이 많은 선생님들 모시고 명인전을 할까? 나는 이걸 제대로 읽어야 된다고 생각해. 굿 치는 이 행위가 무당 행위라고 내가 그랬잖아? 우리는 이 공동체가 같이 살 수 있는 굿을 치는 구조를 만들어 가는 게 맞다고 생각해. 그런데 쉽지 않아. 사기를 중심에 놓고 가는 사람들이 낳아시기 때문이야. 물론 안 그런 사람들이 있지. 근데 이걸 벗어난 사람들은 굿이 필요 없거든. 그래서 개인전 하는 거야. 설장구를 하거나 개인놀음 만들고, 3, 4, 5인이 하는 판제 만들거나 그러다 보면 이런 게 중요하지가 않게 되는 거야.

춘영 본말이 전도가 된 거죠.

용범 그러니까 지난번 부평 풍물대축제에서 만났을 때, 이런 고민을 하는 사람들은 터울림 가을굿 같은 굿판을 해야 한다고 하는 거야. 왜냐하면 그런 판이 있어야 뭐가 되지. 그런 판을 만들어 가는 사람들이 힘들긴 하지만, 굿 치는 사람들의 심성은 어쨌든 그 길로 가는 거지.

춘영 터울림 가을굿 같은 굿판이 최근에는 정말 안 보이는 것 같아요.

용범 나는 풍물굿쟁이가 예술적인 수준은 필요하고 잘 해야 한다고 생각해. 이쪽에 있는 사람들이 흔히 이야기하는 사물놀이나 농악 계열보다는 잘해야 된다고 생각해. 이거로 일가를 이뤄야 된다고 생각해. 근데 한편으로는 그걸 타고나야 한다고 생각해. 사물놀이 그렇게 날고 기는 젊은 친구들 많은데도 그걸 누가 인정해 주냐면 대중이 인정해 주는 거야.

굿, 예술, 풍물굿

춘영 형이 생각하는 굿은 뭐예요? 형님이 계속 굿이라는 말씀을 많이 하셔서 의미를 여쭤봅니다.

용범 나는 굿은 우리를 잘 살게 하는 거라고 생각해. 내가 즐겁구나, 아픔을 잊게 하는구나, 우리 공동체끼리 함께 어떤 문제를 돌파해 가는구나…. 나는 그런 게 굿이라고 생각해. 기운, 에너지를 만들고, 그걸 주재하는 것이 풍물 패의 역할이고, 그렇게 굿의 주재자가 되는 거야…. 그걸 끌어가는 상쇠가 일 종의 무당이라는 거지. 무당이 그걸로 신과 인간의 매개자 역할도 하지만 결국은 무당의 굿도 현재 사는 사람들이 잘 살게 하기 위해서 하는 거야. 무당 굿보다 훨씬 더 현실 세계에 와 있는 풍물굿은 훨씬 더 강하게 그 역할을 해야 하는 거지. 굿의 핵심은 내가 즐겁고, 편하고, 힘든 것을 이겨내고, 새로운 뭔가를 해낼 수 있는 힘을 만들어주는 거지. 그게 굿이라고 생각해. 터울림이 지신밟기와 가을굿을 정성스럽게 준비하는 이유도 거기에 있다고 봐. 정성이 있고 그 정성으로 그 사람과 내가 교감하고 그 속에서 힘을 얻고….

춘영 미래 전망을 중심으로 이야기해 보면, "굿이나 굿문화가 앞으로 실질적으로 실효성 있는 기능을 한다." 이렇게 보는 거잖아요? 그럼 왜 그런가? 형은 그것을 어떻게 실천적으로 만들어 가고 있는가? 저는 형님의 실천이나 살아가는 걸 보면, 놀고 일하고 활동하는 거 전체가 일체화된 것으로 보이고, 터울림이랑 형님이 일체화된 것 같아서요.

용범 그게 예전에 운동이 활성화되어 있던 시기에 터울림이 사회운동 진영에서 했던 역할이라고 생각해. 투쟁으로 사람들에게 힘을 주기도 하고 집회를 가든 투쟁 현장에서 굿을 하든 지금은 굿을 치는 개념이 달라졌는데, 발빠르게 적용하지 못했던 것이 있지. 그게 뭐냐면, 예술의 차원과 굿으로서의 기능 문제는 약간 다를 수 있는데, 예술적 기능으로는 사실 한계가 있잖아? 이건 내가 물어보고 싶어. 사물놀이가 다른 걸 시도하다 결국 답은 사물놀이라고 생각하고, 풍물이 이것저것 시도하다가 다시 결론은 풍물이라고 생각하는 거, 연행 양식으로 보면 그게 의문이야.

춘영 저는 예술이라는 것이 너무 순수예술 중심으로 가다 보니까 참여예술이나 사회를 바꾸는 역할이 많이 거세되었다고 생각해요. 예술이 정말 현실, 실상을 바라보게 하는 본래의 역할을 해야 하는데 그러지 못하고 있다는 거죠. 우리를 둘러싼 현실의 모순을 더 가려 버리는 쪽으로 예술의 방향이 정해진 지 오래됐어요. 그러나 인류 역사 속에서 굿과 예술이 본질적으로 같은 역할을 한다는 게 진실이 아닐까요?

용범 그렇지. 예술이 치유의 역할이 있지.

춘영 치유 역할을 포함해서, 개인이 아닌 공동체의 일원으로서의 관점에서 바라보고 인간 존재의 실상을 자연의 일부라는 관점에서 깨우쳐 나갈 수 있고 정치, 사회, 문화적인 망상을 깨뜨려 나갈 수 있도록 하는 것이 예술의 본래 역할이라는 거죠. 지금은 예술가라고 하면 자본에 종속되어 있지 사회를 이끌어가는 게 아니잖아요? 어쨌든 저는 본질적인 측면에서 국가 예술을 굳이 다르게 보고 싶지는 않지만, 현재로서는 인류 역사의 맥락의 근본적인 예술로서 굿이나 많은 부분이 한편으로 소위 순수예술이나 고급예술, 다른 한편으로 대중예술에 밀리는 게 현실이죠.

용범 춤이나 무용을 한 번 생각해 보자고. 그 원형은 바뀌지 않고 계속 돼. 클래식도 그 모습을 바꾸지 않고 계속 연주돼. 그런데 풍물은 퓨전도 하고 이렇게 하다가 다시 저렇게 가는 식으로 변화무쌍해. 그것이 그렇게 기능하거나 작용하는 이유가 있어. 예를 들면 클래식이 사람들이 잘 안 듣는다고 해서 갑자기 팝을 넣고 스타일을 변경시켜서 창작한 적도 있겠지. 그런데 어느 시점이 되면 다시 클래식이야. 원래 가고자 하는 길로 간다고…. 무용도 그래. 옛날보다는 지금이 기술적으로 더 잘하지. 그래도 옛날이랑 똑같이 가고 있어. 그냥 무용이야. 이것저것 시도를 하지만…. 풍물도 마찬가지야. 우리가 주목해서 봐야 될 지점이 있어. 사물놀이는 아주 잘 만들어졌잖아? 그래서 사물놀이가 막 성장해 오다가 어느 순간 한계에 봉착하면서 난타 같은, 퓨전을 하기 시작했어. 그런데 지금 보면 계속되는 게, 정착한 게 하나도 없잖아? 그러니까 다시 풍물로 오고, 다시 사물놀이로 오고 있어. 지금 하는 애들은 다시 사물놀이 배워. 난타 배우지 않아. 난타는 이제 재미가 없어. 나는 이 분야에 일가를 이루고 싶은 사람들은 '굿의 본질에 집중해야 하지 않을까' 하는 거야. 사물놀이하는 사람조차도 최초의 사물놀이를 뛰어 넘을 수 없어.

춘영 맞아요. 양식이 완벽하게 나왔고, 그때 멤버들을 넘을 수가 없어요.

용범 그런 거잖아? 사물놀이는 그 이전 포장 걸립 농악과 여성농악단 시절의 경험을 녹여 내서, 시대에 맞게 만들었던 거야. 사물놀이는 그걸 캐치해서 잘 만든 거야. 나는 예술적인 고민을 하는 사람들이 여기에서 출발해야 한다고 보는 거지. 퓨전으로 흐를 게 아니라….

춘영 예, 저도 생각이 같습니다. 저도 20세기 상쇠론이 아니라 21세기 풍물굿 상쇠론이라서….

용범 그래서 나는 터울림이 훨씬 더 이 길을 잘 가고 있다고 보는데, 우리는 터울림 가을굿 같은, 지금 시대의 굿판들을 잘 만들어 가는 게 터울림의 몫이라고 생각해.

박근혜 촛불집회 풍물굿판에 대한 소회

춘영 촛불집회에 터울림이 많이 나왔잖아요? 박근혜 하야집회에 왜 나왔어요? 촛불집회 한정시켜서 얘기해 주세요. 그다음 질문은 촛불집회에서 풍물굿 진영이 2차 집회부터 쭉 나왔잖아요? 풍물굿 진영의 활동을 어떻게 평가하고 가치와 의미를 부여하는지? 또 그 소회가 어떤지?

용범 뒤에 것부터 이야기하면, 우리 풍물굿 운동 진영이 사회에서 어떻게 역할을 했는지 인식하고 있었기 때문에 자연적으로 나왔다고 생각해. 누가 불러서가 아니라. 풍물은 그 시대에 현장에서 굿을 치고 현장에서 사람들을 만나면서 굿을 칠 때 그 힘을 제대로 발휘했던 역사가 있지. 이를테면 지신밟기 때 굿 치고, 무슨 일이 있을 때 굿 쳤던 게 뭐냐면 그 사람들의 삶의 고비에서 그 굿이 필요할 때, 거기에 응답해서 그 역할을 한 거야. 촛불집회도 시대적인 당위로서, 풍물굿의 자리가 만들어졌지.

춘영 풍물굿이 놓일 자리에 우리가 갔다?

용범 시대와 당시 촛불 광장의 사람들이 풍물굿을 필요로 했고, 그리고 우리가 빠지지 않고 응답해서 역할을 했다는 거야. 풍물굿쟁이는 오랫동안 그렇게 살아왔던 사람들이고, 운동이라는 개념이 없어도 나오고 싶었을 거야. 더욱이 촛불집회에 나와서 내 행위로서 참여하는 데에 더욱 소중함을 느꼈을 수도 있지. 그런 맥락에서 4.16연대 이후에 풍물을 매개로 광장으로 나왔던 것도 마찬가지. 어쨌든 필봉굿이나 문화재 단체 사람들이 그런데 나와서 하기는 쉽지 않잖아? 그런데 80년대 굿 쳤던 사람들은 풍물이 그런 역할을 해야 한다는 공감대는 다 있었단 말이야. 터울림 사람들에게 그런 이야기를 많이 하는데, 초반에는 이해를 잘 못하지만 이렇게 같이 현장에서 굿 치다 보면 "너무 좋다!" 그래. 왜 좋으냐고 물으면, 그런 기운들을 느껴도 다른 데에 공연 가면 그냥 쳐다보기만 한다는 거야. 그런데 현장에서 굿을 치면 내 안에서 기운들이 스멀스멀 올라오고 사람들이 연대하고 호응하는 걸 그대로 느끼는 거야. 그리고 은연중에 굿은 사회적인 운동 세력과 연대해야 한다는 사명의식 같은 게 있지. 그래서 그곳에서 굿을 치면 얼마나 좋냐? 기운도 에너지도 좋지 않냐? 어르신 형님들도 그런 분위기야.

춘영 참여한 회원들이 그걸 느낀다는 거잖아요?

용범 그렇지. 의외로 많이들 나와. 나나 운동권 출신들처럼 당연히 나온다는 게 아니라, 박근혜가 너무 싫어서 나왔을 수도 있지만, '내가 여기에 뭐라도 힘을 보탰으면 좋겠어. 근데 나는 풍물 치는 사람이야.' 그래서 이 풍물로 힘을 보태고 싶은 사람들이 의외로 많은 거지.

춘영 촛불집회를 참여한 것에 대한 형의 생각은 '모두가 애썼다?'

용범 그렇지. 풍물이 당연히 그런 일을 해야 한다고 생각해. 그 이전에 광우병 사태 때도 그랬으니까…. 약간 다른 이야기지만 나는 풍물뿐만이 아니라 여러 장르의 예술 하는 사람들이 거기 나와서 집회를 바꾸면 좋겠어. 앉아서

2014년 10월 19일, 30주년 기념 터울림 가을굿 중 대동놀이(은평구 은평초등학교)

무대 보고 재미없는 집회를 하는 게 아니라, 유럽에서 얘기하는 광장의 문화를 만들자 이거야. 우리 풍물패도 모여 다니는 게 아니라, 여기저기 곳곳에서 굿 치고, 사람들 이야기 듣고, 내 이야기 하고 광장의 한 사람 한 사람을 주체로 만들어 가는 그런 역할을 풍물패가 많이 했으면 해. 오케스트라도 하고 춤도 추고 연극도 하고 미술도 하고 하기는 했지. 박근혜 촛불집회 시기에 예술가들이 더 많았더라면 세계사적인 일로서 더 의미가 증폭되지 않았겠나 하는 생각을 했어.

춘영　의외로 다양한 예술가들이 참여했어요. 그런데 퇴진행동에서 주최하는 중앙무대가 워낙 셌어요.

용범　맞아. 그러나 풍물도 곳곳에서 원을 만들어서 우리 자리를 만들어 나갔지. 그때 사람들이 풍물을 그렇게 좋아한다는 걸 새삼 느꼈어.

춘영 사람들이 무지 좋아했죠. 엄청 좋아했어요.

용범 풍물 아니면 어떻게 그런 걸 해 낼 수 있을까? 현장에서 굿 치는 사람들이었기 때문에 그런 분위기를 만들 수 있고 그런 에너지를 만들 수 있었지.

풍물굿의 미래를 준비하는 나라풍물굿위원회

춘영 나라풍물굿위원회에서 2019년 3.1백주년 만북울림을 준비하고 있잖아요? 나라풍물굿위원회 소개를 해 주세요.

용범 그거는 '나라에서 큰 굿 칠 일이 있으니까 큰 판 한번 만들자.' 하는 공감대 위에서 시작됐지. 박근혜 촛불집회 때부터 출발하는 거지. 6.10항쟁이나 그 전에도 물론 큰 굿을 친 경험이 있어. 또 '천년의 설장구', '아리랑축제' 같은 것도 있잖아? 크게 풍물굿 하는 게 있긴 했지만, '나라의 큰 사안을 놓고 나라 차원으로 같이 의견을 모으고 기운을 모아서 굿판을 통해서 그걸 만들어 가자. 기운을 만들고 새로운 에너지를 전환하거나 이런 역할을 하자.' 한 게 중요한 한 축이야. 나는 그거보다는 '이걸 통해서 풍물굿 진영을 재정비하고 담론을 만들어 가면서, 제2의 풍물문화운동으로 가자. 풍물굿을 우리끼리만 하는 것이 아니라, 일반 대중 속에 자리 잡을 수 있는 굿으로 만들어 가야된다.' 하는 편이었지. 그래서 일반인들이 아주 쉽게, 흥미롭게 따라 할 수 있는…. 굿이 지금 우리 사회에서 살아 움직이고, 대중 속에서 뿌리내리고, 예전 80, 90년대 풍물굿 부흥 시대를 지금 재현할 수 있을 것인가를 화두로 이야기하는 것에 관심이 컸지. 나는 그걸 해야 한다고 생각해서 풍물굿연대, 나라풍물굿 조직위원회에 참여하게 된 거야. 지금 사실 고민은 나는 집행위원장이기 때문에 잘 하는 것도 중요하지만 훨씬 더 중요한 것은 운동 진영이 크게 새로운 패러다임과 기운을 만들어가는 일이라고 생각해. 여기 상임운영

위에 모이는 사람들이 그런 역할을 하는 사람이라고 봐. 그런데 여태까지는 개별적으로 해 온 측면이 많았지. 이것을 넘어서서 봐야 해. 그런 역할을 나나라풍물굿조직위원회가 해야 돼.

춘영 제가 느끼기에 형님이 촛불이나 블랙리스트 때도 그렇고 경제생활을 하면서도 상당히 자발적으로 활동하시는 게 인상적이거든요. 우리 오래 만났잖아요? 풍물굿패 터울림이 아니라 상쇠가 스스로 만들어 가는 것도 옛날엔 있었어요. 한 유능한 상쇠가 있으면 마을도 바뀌고 굿패도 흥하고 했어요. 변하는 사회 상황 속에서 이 시대의 상쇠의 역할이랄까 덕목은 뭐라고 할 수 있을까요?

용범 나는 다른 곳은 모르겠어. 터울림에서만 활동했잖아? 서울에서, 터울림 내부에서만 활동을 해서 일반적인 이야기를 하긴 어렵지. 터울림에서는 대외활동보다 회원들이랑 생활하는 게 중심이었단 말이야. 가끔 서울풍협이나 집회 나가지, 바깥에서 누굴 만난 적이 거의 없어. 그 와중에 상쇠도 몇 년 하다가 2010년도 넘어서면서 이런저런 역할을 하는데, 상쇠로만 보면 다른 곳은 보통 상쇠는 곧 대표, 선생님 이런 구조인데, 터울림은 굿패가 가고자 하는 큰 흐름들을 만들어가는 사람이야. 내용 면이나 의식면으로….

춘영 풍물 부문만이 아니라 조직과 단체의 방향성을 결정하는….

용범 어떤 굿을, 어디에서 쳐야 하는지를 고민·결정하고, 내적으로는 이것을 해 내기 위한 내부 동력을 만드는 것, 그것을 끌고 가기 위해서 자기 노력도 하는…. 지금 터울림의 상쇠는 올라운드플레이어 느낌이야. 철학적으로 그 깊이의 높낮이를 떠나서 이 사회를 바라보는 대안까지도 포함해서 그걸 다 가지고 있어야 상쇠로서의 역할을 할 수 있는 게 현재 터울림의 상쇠 아닐까? 그러다 보니 너무 어려운 거고….

춘영 김용범이라는 개인이 꿈꾸는 세상은 어떤 것이에요?

용범　우리 터울림 내 구성원들은 운동권에서 시작해서 어떤 경우는 박사모까지 있어. 여기서 내가 강조하는 게 뭐냐면, 일단은 "서로가 대화가 되어야 된다."는 거야. 터울림에서 항상 필요한 건 "나만이 아니라, 내가 속해 있는 이 사회와 공동체를 봐야 하고, 이 공동체가 어떤 방향과 어떤 길로 가야 되는지를 봐야 된다. 그 속에서 우리가 같이 할 수 있는 건 같이한다. 그리고 같이하는 것 속에서 풍물패 터울림이 해야 되는 건 함께해야 한다. 그게 굿이다."라고 이야기하지.

춘영　마지막 질문인데요. 터울림의 지향과 현재의 어려움은?

용범　터울림이 현재 어려운 것은 늙었다는 거야. 오래된 조직은 대부분 이 문제를 다 가지고 있어. 변화를 해야 하는 시기에 변화하지 못해. 그래서 해법은 굿이라고 이야기하지만 사실 쉽지 않지. 우리가 어렵다 힘들다고 생각하는 것들을 다시 해 가야 한다고 생각해. 터울림이 오래된 조직이다 보니까 귀찮아서 안 하기 시작하는 거야. 그리고 대화도 안 해. 그냥 안다고 생각하는 거야.

춘영　꼭 부부랑 같은 거네요.

용범　그럼에도 불구하고 얘기를 해야 하는 위치에 있는 사람들은 얘기를 해. 서로가 소통할 필요가 있거든….

춘영　이게 현재 터울림의 상황이자 어려움이라는 거죠?

용범　그렇지. 그 전에는 새롭게 들어오는 사람들의 기운으로 그것을 돌파해 나갔지. 그런데 최근에는 새로운 사람들이 형님, 누님들로 다 바뀌었어.

춘영　저항을 불러일으키는 거지. 동력이 아니라….

용범　나는 나이 많다고 해서 다 늙었다고 생각하지 않거든. 나이 많은 사람 중에도 젊은 사람이 있어. 그래서 내가 끌고 가는 게 아니라 얘기를 하면서 만들어 가는 주체나 동력으로 스스로 세워서 가 봐야겠다는 생각을 해. 그리고 또 하나는 내가 터울림에서 상쇠를 제일 오래 했어. 내가 잘나서가 아니라 이어서 할 사람이 없어. 위에는 쌓이고 쌓이는데, 아래로 이어갈 사람이 없어. 그런 것들을 만들어 가는 게 과제이지.

평생 풍물판에 남고 싶은 굿쟁이 김용범

춘영 김용범이라는 개인 혹은 터울림의 상쇠의 10년, 20년 뒤 모습을 생각을 한다면?

용범 개인적인 바람은 터울림이 아니더라도 여전히 풍물 치는 영역에 있었으면 좋겠다는 거야. 굿을 치든 안 치든…. 나는 상쇠가 아니더라도 굿 치던 사람들끼리 모여서 굿 치고 있는 영역에 살아 있었으면 좋겠어. 10년 이후까지…. 사람들에게 농담 삼아 '평생 굿 치고 사는 사람이면 좋겠다. 그런대로 없어지지 않고 남아 있고 싶다.'고 말하지.

춘영 예. 그 바람이 이뤄지기를 바라고, 또 믿습니다. 이제 마지막 질문입니다. 21세기 풍물굿 상쇠 터울림 김용범 상쇠랑 인터뷰를 하고 있는데 21세기 풍물굿 상쇠론에 대해 하고 싶은 말이 있다면?

용범 나는 상쇠로서가 아니라 풍물 치는 굿쟁이로서 만들거나 해 보고 싶은 것 중의 하나가 뭐냐면, 풍물 치고 살던 사람들이 나중에 나이 들어서 같이 굿 칠 수 있는 구조를 만드는 거야. 그런 사람들이 모여서 치는 굿판도 있으면 좋겠어. 지금 개인으로 활동하는 굿쟁이들이 많잖아? 조직이 아니라 이 사람들로 만들어진 굿판도 해 봤으면 좋겠고, 굿 치던 사람들이 여기를 정리한다고 끝나는 게 아니라 어디든 남았으면 좋겠어. 그래야지 저변도 인구도 넓어지겠지. 여전히 안타까운 것은 터울림도 마찬가지지만 판굿이나 굿 이야기하는 문화가 없어졌어.

춘영 예, 풍물굿에 대해서 얘기 잘 안하죠.

용범 그런 문화가 없어졌어. 풍물굿 운동이 활성화되던 시기에는 단체들의 자료와 책도 나오고 입장도 나오고, 그것을 통해서 토론하거나 공연하는 게 있었는데, 그것이 점점 없어지는 가장 큰 이유는 역시 개인화 풍조야. 개인화 되면서, 풍물굿이 어떻게 가야 하느냐에 대한 이야기가 이어지지 않고 그냥 개인 문제로 흘러가. '내가 어떻게 잘 쳐야 하는지….' 여기에 훨씬 더 관심이 가 있는 거야. 이러다 보니까 풍물굿 운동 진영이 발전하기보다는 그냥 유지하는 데 그치지. 차라리 사물놀이, 농악 진영은 정치라도 잘해. 그러니까 무형문재화도 만들고 판을 막 키워 가잖아? 이쪽 진영은 그런 것도 없어. 우리는 정치력도 없어. 그럼 뭘 잘 해야 해?

춘영 굿 본연의 것들을 계속 자각하고 실천해 나가야죠.

용범 조춘영은 연구하는 사람이지? 나는 지금이야말로 연구자와 실행하는 사람들이 밤새도록 논쟁해야 한다고 생각해. 나는 풍물을 버려 놓은 사람들이 연구자라고 생각해. 풍물을 다 꿰맞추어 놨잖아? 내가 치는 굿과 내용에 대해서 연구자들하고 싸우고 판 만들고 해야 돼. 우리가 대중들을 만나면서 같이 하면서 만든 거야. 터울림이 대중들을 안 만나고 터울림 굿판만 했으면 지금이 없는 거지. 터울림이 계속 대중 사업하면서 굿판에 사람이 오게 하고, 그 사람들을 만나서 굿하고 하면서, 이 사람들이 굿에 대해서 자각하거나 깨우친 거야. '와, 이게 굿이었구나!' 그다음에 "우리는 이게 굿이다."라고 이야기할 수 있었던 거야. 난 연구자들이 연행하는 사람들과 접촉을 활성화하고 활발하게 해야 한다고 생각해. 그래야 풍물굿이 발전하고 풍물굿 진영이 발전할 수 있는 거지.

춘영 제 생각을 이야기하자면 촛불집회나 21세기 상쇠론의 경우도 그렇고, 저는 풍물굿 연구자라기보다도 풍물굿 담론가라고 소개해요. 그 이유는 풍물굿이 대안적인 문화로 이 시대의 대중들과 함께 자리매김할 수 있도록 실천하는 실천가로서의 풍물 담론가라고 생각해요. 그래서 현장에 있는 상쇠들을 만나는 거고, 앞으론 잡색들도 만날 거고 다양한 풍물굿 현장의 사람들을 만날 거예요. 저는 연구자 입장에서 현장에 다가가려고 노력하는 거예요.

용범 너는 연행자였기 때문에 이 일이 가능했다고 봐. 왜 굿쟁이도 공부를 하고 연구자와 싸워야 하냐면, 자기가 하려고 하는 풍물 행위의 근거와 내용을 지켜나가야 하는 거야. 굿쟁이는 연행도 하고 기획도 하고 다 해야 돼. 상쇠는 기획자잖아? 힘들긴 하지만 지금의 상쇠는 그런 것까지 요구받는다고 생각해. 예전처럼 부포 잘 돌리고 멋지게 하는 건 기본이고 지금은 이 풍물패들을 어떻게 잘 끌고 갈지, 어떻게 하면 먹여 살리고, "나를 따라라, 저기 길이 보인다."고 소리 칠 수 있고…. 지금 활동하는 대다수 상쇠들의 어려움일 거야. 그 정도 고민을 안 할 수가 없거든. 내가 일을 따로 해도 터울림에서 일부분이라도 이렇게 하지 않으면 사람들이 따라오지 않는 거야. '나는 꽹과리만 들고 상쇠만 할래!' 이거 가지고는 절대 안 돼. 한편으론 판도 짜야 하고 기획도 하고, 어떤 사람은 연출 역량도 있어야 하고, 그림도 그려야 되고…. 그게 어떻게 보면 지금 풍물패들의 공통적인 어려움인 건데 어쨌든 현실적으로 요구받고 있다는 거지.

춘영 예, 공감 또 공감입니다. 고생하셨습니다.

10. 광주 오월풍물단 상쇠 김태훈

일시 : 2018년 07월 21일

장소 : 문화공간 뜨락

면담자 : 김태훈(남, 50대 중반, 광주)

사)우리문화예술원 이사장, 전통문화예술단 굴림 대표, 3.1 백주년 만북울림 총상쇠, 25주년 518전야제 총연출, 전 오월풍물단 총상쇠, 전 남원시립농악단 상쇠

면담 의도 및 상황 : 2000년대 전라도 굿판의 대선배, 특히 영광마을굿판 "청년명인전"에서 좌도굿 부들부포놀음을 멋들어지게 그려내던 상쇠가 김태훈이다. 김태훈 상쇠와 대화하다 보면 자주 나오는 풍물굿 장단 이론 중 "3진박" 개념은 흥미로우면서도 핵심을 짚은 대목이 많다. 어린 굿쟁이 눈엔 이론과 실기를 겸비하고 끝내주게 굿판을 돌리는 상쇠, 감히 말도 붙이기 어려운 스타 상쇠였다. 인터뷰를 하면서 상세하게 알게 되었지만 광주 지역에 필봉풍물굿을 알리고 확산시킨 장본인이기도 하다. 80년대 중후반 광주내 대학은 물론 종교단체, 일반 회사, 노동조합 풍물패에서 필봉풍물굿을 가르쳤다고 한다. 광주 지역에서는 대학 풍물굿 1세대라 불릴만 하다. 광주는 5.18민주항쟁으로 이해되는 역사의 현장으로 매년 이를 기념하고 있고 풍물굿패들도 길놀이와 전야제 판을 벌여 왔다. 초창기에는 대학풍물패와 사회패들이 온 광주시내를 돌며 난장을 트고 금남로에 모여 광문협을 중심으로 대동굿을 벌였고 2005년부터는 전야제를 여는 대형 길놀이를 '오월풍물굿'이라 명명하였다. 이 주체를 개별 단체가 아니라 '오월풍물단'이라 공식 명명하였다. 공식적으로 이름을 만들고 5.18기념행사의 공식 풍물굿판을 기획, 연출하고 초대 총상쇠로 지금까지 대부분의 판을 이끌어왔다. (사)우리문화예술원을 설립하여 도시에서의 마을굿, 생활공동체 문화 확산을 위해 애쓰고 있다. 풍물굿만으로는 바뀌어가는 사람들의 문화취향을 채울 수 없다고 판단, 공간에서는 각종 소모임과 교육프로그램, 작은 축제 등을 운영하고 있다. 또한 최근 무등산권 풍물굿을 발굴하여 규모와 내용을 갖춘 풍물굿단체로 만들어 가고 있다. 2019년 3.1운동 100주년 만북울림의 총상쇠를 맡아 광화문을 풍물굿 소리로 진동했던 기억도 잊을 수 없다. 크나 큰 규모의 굿판이나 시대와 역사를 담아내는 굿판도 이끌어내지만 공간에서 지역과 마을의 공동체성을 살려내는 실천들이 그의 존재를, 그의 신명을 더욱 빛나게 만든다고 확신한다.

김태훈 굿쟁이 풍물굿과 마을공동체 활동

춘영 광주에 김태훈 상쇠님 인터뷰입니다. 오늘 이야기를 어떻게 풀어 가면 좋을까요? 오늘 우리의 풍물에서 현안과 쟁점이라면?

태훈 풍물굿의 가능성이나 아니면 이후에 어떻게 발전할 것인가에 관한 논점은 여러 갈래가 있을 것 같아. 우선 상쇠 활동을 전업으로 하는 경우 주로 뭘 해서 먹고살며, 그걸 풍물 속에서 어떻게 녹여내는지가 중요하겠지. 지금 전업 상쇠는 풍물 관련 공연을 하거나 사람들을 가르치는 것이 주 생업이 잖아? 그런데 풍물굿의 미래를 생각할 때는 다른 측면, 즉 예술적, 교육적 차원도 살펴야 해. 예술적이라면 풍물 관련 공연일 거고 또 교육에서도 학교든 개인 교습이든 예술적인 면이 중요하고 많은 영향을 미치지. 그런데 풍물 자체의 가능성을 고민한다면 삶 속에서, 현장에서, 생활 속에서 어떻게 뿌리내리고 있는가 하는 점을 봐야 해. 마을 공동체, 마을굿 개념이 현대 사회, 특히 도시 공간에서 어떻게 뿌리 내리고 어떤 형태로 자리 잡고 발전해 갈 것인가 하는 고민이 또 중요한 축이지.

춘영 예, 맞습니다.

태훈 풍물의 가치에 대해서 우리 스스로는 근거나 이유가 있지. 우리 민족이 풍물굿을 할 때의 신명이나 풍물이 생겨난 바탕이나 사고방식, 철학을 제시할 수 있고, 요즘 식으로 하면 풍물의 인문학적인 가치도 중요하지. 또 마을 내지는 공동체에서 생활 문화와 풍물이 어떻게 결합돼 있고, 사람들이 어떻게 엮이고 관계가 형성돼서 생활 속에 풍물굿이 자리를 잡고 있는가? 다양한 생활의 국면들이 풍물에 녹아들어 간 의미들 그리고 인문학적, 철학적, 미

2018년 5월 17일 '5.18전야제 오월풍물굿' 오월풍물단 상쇠, 길놀이(광주 금남로)

학적인 것, 또 풍물의 예술적 작품성이나 가능성 들을 이야기할 수 있을 것 같아.

춘영 풍물굿은 공연 예술의 측면이랑 교육적 측면 이외에 전통 맥락에서 현장, 삶, 생활, 마을이라는 토대 위에서 볼 수도 있죠. 생활과 연계된 음악과 노래와 춤, 극적인 양식, 종교적인 의식 등 그야말로 총체적이고 다양한 문화들을 포함하고 있어요. 저는 그런 면을 정리하고 싶은 거예요. 요즘 전통 연희과를 나온 친구들, 국악과에서 타악 전공한 친구들은 전문적인 기능을 갖추고 다양한 풍물굿 현장에 들어가 있어요. 그 친구들은 풍물을 주로 공연 예술적 측면이나 교육 측면 두 가지 관점에 치우쳐서 바라봅니다. 그런데 풍물굿이 기원이나 의미, 범위 그리고 대안 문화라는 면에서 봤을 때 훨씬 더 넓은 지평과 토대 속에서 발전해 왔는데, 그걸 되찾아야 한다고 생각하는 거죠.

제가 너무 앞서 나갔는데, 다시 순서를 앞으로 돌려서, 오늘 인터뷰하는 김태훈 상쇠님은 현재 풍물굿패 '굴림' 상쇠이고 또 광주 '5월풍물단' 상쇠도 맡고 계십니다. 좀더 자세한 소개를 본인으로부터 듣겠습니다.

태훈 이름은 김태훈이고, 현재 나이는 54세인가? 전남대에서 풍물 좀 치다가 원불교학생회에서 활동했어. 그러다 87년도 전남대 각 단대에 문화패가 만들어질 때 그 문화패들을 지도하고, 풍물패로 자리 잡게 했어. 그 뒤에 국악과에 입학하고 동시에 놀이패신명에서 상쇠를 하면서 창작도 하고 공연도 하고 연출도 했어. 그러면서 계속 풍물 관련 연구나 교육 활동을 했고, 오랫동안 죽 상쇠였지. 제일 처음 상쇠를 한 게 원불교풍물패. 거기서 처음에는 북을 배워야 된다고 해서 북을 치다가, 전 상쇠가 갑자기 나가면서 다음 상쇠로 나를 지목하고 사라져 버렸어. 그래서 겨우 배운 장구가락들을 비벼가지고 꽹과리 가락을 만들어서 혼자 연습했지. 그러면서 탈패나 주변에 풍물 치는 사람들을 기웃거리면서 아주 초보적으로 상쇠 역할을 했어. 전남대의 많은 단대 문화패를 가르치고 87년도에 최초로 대형 창작풍물굿판을 벌였어. 그때도 상쇠를 했지.

춘영 전남대학교 풍물패와 풍물굿 운동의 시작이네요.

태훈 90년대 초까지 신명 활동을 하다가 94년도에 풍물놀이패 '굴림'이란 단체를 만들었어. 나중에 이름을 '전통문화예술단 굴림'으로 바꾸고 다양한 활동을 하면서 지금까지 오게 됐지. 그리고 10년 전에 다양한 문화 장르를 함께하는 전문문화예술 단체로 '사단법인 우리문화예술원'을 만들어서 이사장 직을 맡고 있어.

춘영 우리문화예술원이기도 한 이 공간 '뜨락'은 어떤 공간인가요?

태훈 이 뜨락은 '사단법인 우리문화예술원' 건물인데, 1층을 '문화공간 뜨락'이라는 공유공간으로 만들어 놓아서 주민이나 여러 시민들 특히 문화예술인들이 편하게 들러서 차도 마시고, 이야기도 하고, 다양한 모임이 이루어지고 있어. 공통 관심사를 가진 사람들이 모여서 학습 프로그램이나 작은음악회도 진행하는 복합공간이지. 또 내가 '5월풍물단' 상쇠도 여러번 맡았지. 광주 5.18전야제에서는 풍물패가 길놀이로 전야제 문을 여는데, 25주년 때에 내가 전야제 총연출을 맡으면서 의미를 담아 이름을 붙였지. 한 개인이나 단체 이름으로가 아니라 5.18행사위원회 차원의 '5월풍물단'이라는 이름으로 '5월풍물굿'을 치자고 해서 만들어졌지.

춘영   예. 듣기만 해도 숨 가쁠 만큼 많은 활동 속에서 오늘의 김태훈 상쇠가 있다는 걸 알겠어요. 우리문화예술원이나 뜨락에서 최근 4년~ 5년 정도 주로 활동하시고 있는 내용을 소개해 주세요.

태훈   최근에는 마을 활동 중심으로 하고 있어. 광주 지산동, 산수동, 동명동 일대에 자리 잡은 게 20년이 넘어. 이쪽이 광주시하고 무등산이 연결되는 지역이라서 이곳에 무등산권 문화, 무등산 농악을 되살리고 정착시키면 좋겠다는 바람으로 자리를 잡았지. 여기에서 주로 마을 문화, 마을 공동체 이런 걸 만들어 가고 있어. '무진농악단'이라는 풍물패도 꾸렸는데, 그 외에 사람들이 관심 있는 다양한 분야의 동아리를 만들고, 음악회도 하고, 장터도 열고 마을지킴이 활동도 하고 있어.

춘영   지금까지 '우리문화예술원' 혹은 '문화공간 뜨락'을 중심으로 활동을 하고 계시다는 말씀이죠? 그리고 풍물이 큰 틀에서는 굿문화, 마을공동체문화와 연관되기 때문에 형님의 신념 안에서는 이 활동들이 다 일관된다고 이해됩니다. 풍물만 갖고는 현재의 도시 중심 사회에서 공동체 운동을 꾸리기가 어려우니까, 사람들이 좋아하는 장르나 문화 활동을 할 수 있는 '공유공간'을 만든 게 반가우면서도 흥미로운 것 같아요. 사람들이 와서 놀고, 차를 마시고, 문화를 느끼고 풀고 가는 그런 공간인 거죠. 제가 여러 번 와서 회원들도 만나 보니까 잘 알겠어요.

태훈 풍물은 안 하고 맨날 딴 거 한다고 굿쟁들이 생각할 수도 있는데, 10년 전부터 이런 작업을 할 수 밖에 없었어. 전문 공연단으로 굴림을 처음에 만들 때는 풍물을 직업으로 해서 먹고 살 수 있어야 된다, 전문 풍물팀이 필요하다, 그래서 굴림을 만들었는데 그게 쉽지 않았고, 근근이 먹고 살았지. 사업성도 있고 먹고 살려면 이벤트성 공연으로 가야 되는데, 우리는 항상 중심에 뒀던 것이 풍물굿이었거든. 사물놀이 공연은 안 하고, 풍물굿 공연을 주로 하니까 경제성이 떨어지는 거지. 그러다가 지역에서 특히 마을에서 마을굿을 복원을 하려면 먼저 마을공동체가 살아야 된다는 것을 깨달았지. 생활 영역에서 공동체가 복원이 돼야 마을굿이 되는데 도시 공간에서 공동체의 복원이란 게 너무 어려운 일이잖아? 지역 공동체에서 작은 규모 모임은 만들 수 있지만 한 마을이 예전 같은 공동체적인 형태로 복원된다는 것은 쉬운 일이 아니야. 그러다가 완전한 정도는 아니어도 사람들 간에 어떤 관계가 형성될 수 있는 기본 틀이 필요하다는 데 생각이 미친 거지. 그래서 우리가 몇 개의 주민 동아리들을 만들고 거기를 전폭 지원하면서 그 동아리들이 서로 살아나고 서로 주인이 되도록 엮어 온 거야. 먼저 함께 모여서 뭔가를 할 수 있는 꺼리로 준비했던 게 음악회야. 또 생활문화공동체, 예를 들어 건강한 웰빙의 삶을 살 수 있는 환경을 생각하는 미생물공동체라든지 이런저런 생활문화 활동이 요즘 유행하는 '마을만들기사업', '도시재생' 이런 사업과 비슷한 형태라고 보면 돼. 풍물굿, 마을굿 복원을 향해서 가다 보니 이런 저런 것이 필요하고 결국은 마을만들기사업을 하고 있는 상황이지. 도시재생 전문가들이 와서 "뜨락의 활동이 다양하고 자발적이어서 도시재생의 교과서와 같은 일들을 하고 있다."면서 놀라곤 했지.

김태훈 굿쟁이의 풍물굿 학습

춘영 어쨌든 굿쟁이로서 김태훈의 신념과 바람을 구현하려다 보니까 현실적으로 여기까지 오게 된 거잖아요? 가장 밑바탕에는 굿쟁이로서, 상쇠로서 풍물굿을 학습해 오신 삶이 깔려 있다고 봅니다. 풍물굿을 누구에게 어떻게 처음 배우셨어요? 그때 인상적인 것은 무엇이었죠?

태훈 처음 배울 때는 아무것도 모르고 선배가 "북을 해라." 해서 북을 받아 가지고, 1채, 2채, 3채 앞에서 치는 대로 따라하는 거지 뭐. 또 다른 가락들도 5분 정도 앞에서 보여주고 우리 후배들이 몇 번 반복해서 해 보고는 끝이야. 선배들이 없으면 혼자 연습을 했지. 어깨너머로 진도북춤 추는 것도 보고 혼자 쳐 본 기억은 있는데, 꽹과리를 따로 배우질 않았어. 여기저기 돌아다니고 사람들 만나고 이야기하면서 내 스스로 연습을 계속 했지. 당시에 탈패에서 꽹과리 좀 잘 친다는 사람들이 치는 것도 비교해 보고, 또 다른 데 비교해 보면서 혼자 공부했어.

춘영 여기저기 다니면서 눈여겨보고 눈썰미로 습득했다는 거죠?

태훈 비디오나 녹음 자료도 초기에는 많이 봤지. 그러다가 필봉 양순용 선생님 댁에서 한 열흘 머물면서 풍물을 제대로 배우게 됐지.

춘영 그때가 몇 년도예요?

태훈 그때가 87년이었을까? 그 전에 이미 광주에서는 대학교 단과대마다 풍물 소모임을 만들어서 내가 가르치고 다니던 참이었지. 그러다가 임실 필봉굿을 전남대에 이식시키려고 작정하고 양순용 선생님을 찾아간 거야. 전남대 풍물패들을 가르치는데 그 당시는 화순 한천가락, 영광가락, 무안가락도 좀 섞여서, 짬뽕으로 흘러 내려오는 가락을 모아서 가르쳤어. 그러다가 '한 지역 풍물굿을 제대로 전수 받아서 퍼뜨려야만 대학 풍물이 발전하겠다.' 판단하고 필봉농악을 선택하게 된 거지. 그래서 양순용 선생님 댁에서 열흘간 먹고 자고 하면서 풍물굿을 배웠지. 그 후로는 계속 왔다 갔다 하면서 한 거고. 또 한참 나중 일인데, 남원 금지에서 계시던 전설적인 분이 있어. '옛날에 개꼬리상모를 정말로 잘했다는 분이 계시다.' 하는 사람들 입소문을 듣고 그걸 배우려고 여러 과정을 거쳐서 남원으로 모셨지. 남원에서 그분에게 영산부포를 배우는데, 이분이 옛날 가락이 많아. 그래서 따로 여쭤보고 이야기를 풀어냈더니 한 판이 나오는 거야. '아, 이거 판이 장난 아니다.' 싶어서 우리 굴림 식구들을 남원으로 데리고 다니면서 남원굿 한 판을 받아냈어. 그래서 남원농악이 다시 세상에 나왔어. 남원농악 상쇠로 전국농악경연대회에 나가 온통 대상을 받았어. 그리고 문화재 지정이 됐어. 나는 나중에 후배에게 넘기고 광주에서 무등산굿을 지키고 있지.

춘영 채상을 처음 배운 그 시기는 20대 때인가요?

태훈 채상 소고는 전주의 홍유봉 할아버지한테 배웠어. 그때가 94년. 그분이 전주농고 농악반 지도를 하면서 채상을 가르쳤던 분이고, 우리나라의 농악반의 원로라고 할 수 있는 분이야. 홍유봉 할아버지가 말씀하신 바로는 정인삼 선생님이 젊으실 때 학교 소사였다고 그래. 그분이 농악반에 관심 갖고 좋아라고 그래서 학생들하고 같이 채상을 본인한테 배웠다고 하시더라고….

춘영 풍물을 처음 접했을 때 무식하게 공부를 했다 그랬잖아요? 대학교에서 처음으로 풍물을 접한 건가요? 아니면 어릴 적 마을에서 풍물굿을 본 적은 없나요?

태훈 대학 1학년 들어간 순간부터라고 봐야지. 내가 태어나기는 해남에서 태어났는데 시골에서 굿을 치는 것은 거의 못 봤어. 거기서 태어나기만 했지 거의 광주에서 살았으니까.

춘영 풍물굿과 연관해서 어떤 인문학적인 영향을 받은 사람이 있잖아요? 중요하게 형님의 굿 정신, 철학, 미학 이런 부분에 영향을 주신 분이 있다면?

태훈 지금 내 생각의 가장 밑바탕은 원불교경전인 것 같아. 본래 우리 집안이 다 교회 집안인데, 고등학교 다닐 때 우연히 원불교를 접하게 됐어. 원불교의 은혜사상과 철학적 바탕, 그리고 그 이후 청소년 시기에 접했던 물리학이나 양자역학 관련된 책들, 동양철학, 그리고 우리의 상고사 이야기들이 내 생각의 바탕을 형성하고 있지. 그 위에 또 유물론적인 사고도 얹혀졌고…. 그리고 그 위에 마지막으로 풍물굿이 정점으로 있는 거지.

전남대 학생운동의 변화, 광주 풍물굿 운동의 태동

춘영 풍물굿, 인문사회과학 학습을 주체적이고 자발적으로 해 오신 것이 아주 인상적이에요. 80년대 중반 이후로 사물놀이랑 풍물굿이 시대를 풍미했잖아요? 그 흐름을 타고 전남대, 조선대나 광주 지역에 풍물굿을 퍼뜨리는 데 기여했다고 이해가 됩니다. 광주지역의 풍물굿 부흥을 형성하는 데에 큰 역할을 하셨는데, 처음에 어떤 계기를 통해서 그런 활동을 시작하게 됐나요?

태훈 처음에는 책임감이었지. 우리 단체 상쇠가 군대 가면서 나를 상쇠로 지목하고 가 버렸어. 할 수 없이 내가 그 팀을 이끌고 책임져야 될 입장인데, 그때는 상쇠가 무조건 대장이야. 안 해 본 상쇠를 하려니까 나름대로 고민하고 연구하고 연습도 혼자 하고 그랬지. 그러다가 전남대에 단대마다 풍물패를 만들고, 예술대학 국악과에 또 시험 봐서 입학하면서 본격적으로 이 길로 나서게 된 거지.

춘영 그건 시차 간격이 2, 3년 정도 되나요? 아까 말씀하신 대로 80년대 말부터 90년대 넘어가면서 국악과를 다시 들어갔다는 거잖아요?

태훈 87년 1월에 국악과를 입학했어.

춘영 시차가 있진 않네요. 일단은 책임감으로부터 시작이 됐다, 시대적인 흐름과 운동에 대한 사명감이 있었는데, 당시에는 풍물 하는 사람이 많지 않아서, 김태훈 상쇠님이 풍물을 일찍 접했기 때문에 민들레 홀씨처럼 퍼뜨릴 수 있는, 그래야 하는 상황이었다, 이렇게 정리가 되네요.

태훈 87년 1월에 전남대에서는 각 단대마다 문화패를 건설하게 돼. 전대 학생운동이 언더서클 중심 활동에서 학회 학생회 중심 활동으로 바뀌는 것과 관련이 있지. 86년에서 87년 넘어가면서….

춘영 언더서클이라는 게 뭐죠?

태훈 학생운동을 공개적으로 하는 게 아니라, 비공개적으로, 비합법적으로, 우리 입장에서 보면 독립운동 하듯이 활동하는 거지. 그러니까 86년까지는 대부분 운동권 학생이 언더에서 각개전투로도 활동하고 여러 언더서클의 핵심이 모여서 의논도 하면서 운동을 진행하던 시기였어.

춘영 당시 선배들 이야기 들어보면, 86~87년 시국이나 흐름 속에서 그 언더서클 부분이 전국 대학에서 비슷하게 전개된 것 같아요.

태훈 그렇지. 그런데 언더 그룹이 학과에서 활동을 안 하던 사람들이어서 학과로 다시 가려니까 뭔가 매개가 필요했는데 그게 문화패였지. 그래 87년 1월에 단대마다 85, 86학번들을 중심으로 탈춤이나 풍물, 민요, 공동체 같은 걸 가르쳤어. 87년 신입생 들어온 후로 그 학번들은 거의 학생회나 다른 쪽에서 활동하고, 87학번 중심으로 문화패가 굴러가게 되지. 1월에 그 작업을 주로 했던 사람이 있어 84학번이었는데 그는 탈춤을 가르쳤고, 나는 풍물을 가르쳤지. 그러다 그는 한달 후 다른 일을 맡아 가고, 나는 계속 지도하며 단대문화패를 풍물 중심으로 정착시켰지. 그리고 나도 87년 6.29직전 군대를 갔어.

춘영 학생운동 흐름 속에서 단대마다 문화패, 풍물패가 생겼고, 그 와중에 전남대 풍물굿 영역은 형이 주로 풍물강습을 하고, 공연도 하고 신입생 조직

2007년 정월대보름 마당밟이 중 고사와 덕담하는
상쇠(굴림 공간 앞)

관리도 했다는 거잖아요?

태훈 실질적으로 처음에만 서클에 있는 사람들이 신입생을 모았고, 모집된 순간부터는 모든 관리까지 내가 다 했지. 조직 운영하고, 각 단대마다 돌아다니면서 연습시키고, 신입생들 더 받아들이고, 계속 조직을 키우고…. 그 문화패가 신입생 환영회 굿도 벌였지. 87년 1월부터 불과 몇 달 사이에 그 문화패들을 다 모아가지고 5월에 있는 전대 용봉대동제 때 몇 번 놀았어. 처음에 하는 길놀이가 있고, 마지막 폐막 길놀이가 있고, 중간에 하는 길놀이들이 몇 개 있어. 그리고 중간에 종합운동장에서 큰 민속놀이를 할 때 또 풍물이 들어가. 이런 걸 그 전에는 다 탈패에서 했어. 그런데 그때부터 학교에 풍물 관련된 것은 거의 나한테 맡기게 됐지. 그러다 내가 군대 가면서 구심점이 없어지니까 학내 풍물패 연합체를 구성을 하자 해서 단대문화패연합회, 단문연이 생겼어. 그게 나중에 단대풍물패로 가서 단풍연이 되지. 그 과정에서 계속 풍물패들을 지도하면서 '필봉을 이식시키자, 그리고 나는 더 깊게 풍물에 대한 연구 쪽으로 가야겠다.'고 생각한 거지.

춘영 그게 88년 넘어갈 때 겨울인가 봐요?

태훈 88년에는 나도 풍물 연습하고 연구하고 막 이러던 시기였고, 88년 말경에 그 이론들이 형성이 됐어. 88년도부터 내가 가르치는 방식이 달라진 거지. 계속 방식이 달라졌고, 그래서 88년 말에 제대하기 전부터 '놀이패 신명'

에 스카우트이 돼 버렸어. 신명은 전문 마당극패인데 그 팀 풍물강사로 신입단원들 풍물을 내가 다 가르쳤어. 풍물을 가르치는데 새로운 방식을 도입했고, 효과가 아주 좋아서 광주 전역으로 퍼졌어. 그때쯤에 풍물의 철학이나 중요한 원리들을 발견한 거지. 기존에 없었던 내용들을 그때 처음으로 시작해서 확산시켜 간 거지.

좌도 필봉풍물굿을 광주에 퍼뜨리다

태훈 당시에는 무대공연화된 사물놀이라든지 우도굿이 성행한 시대라서 본래의 굿에 대한 아쉬움이 좌도굿에 대한 애정으로 간 거라고 볼 수 있어. 그래서 필봉농악 전도사처럼 사방에 좌도굿을 가르치는 활동을 나도 모르게 하게 된 거지. 87년 말부터 90년대 초까지는 거의 필봉농악 전도사 활동을 했어.

춘영 이론도 밝고 강습도 잘 하고, 현장을 알다 보니까 자연스럽게 필봉굿 전도사가 되신 것 같아요. 그런데 결정적으로 필봉 풍물굿을 선택하게 된 계기나 이유가 있나요?

태훈 전남대에서 풍물을 필봉굿으로 선택하게 된 게 87, 88년 즈음이야. '전대에다 어떤 풍물을 심을 것인가?' 하는 문제의식을 갖고 87년 여름에 전라도 몇 군데를 돌았어. 영광, 무안, 화순도 다니고 명인 굿쟁이도 만나보고, 당시 구할 수 있는 자료를 총망라해서 고민을 했지. 그런데 광주는 지역상으로 우도 지역이라는 거라. 그래서 처음에는 전대에도 우도 풍물을 하면 좋겠다고 생각하고 우도굿 중심으로 찾았지. 그런데 전라남도 뒤졌을 때, 다 변해 버렸더라고. 옛날에 쳤던 우도굿은 없는 거야. 고민 끝에 결국 필봉농악으로 결정한 거지. 이유는 '그나마 변형이 좀 덜 됐다.'고 판단한 거야. 변형이 덜

되었고 가락이 흥도 있고 힘도 있고, 이런 게 대학생한테 맞겠다 생각한 거지. '탈춤부흥운동이 일어나고 풍물이 주목 받게 된 이유가 뭘까? 그 부분에 부합해야 한다.'고 판단을 했고, 여러 사람이 모여 대규모로 힘차게 기운을 펼 수 있는 역동성, 에너지라고 할까? 대학생들이 치기에 딱 어울리겠다고 판단했던 거지. 그래서 광주전남 지역에 나를 통해서 최초로 필봉농악이 들어온 거야.

춘영 필봉 좌도굿이 힘차고 남성적이죠. 또 마을굿 전통이 남아 있어서 당시 공동체 문화를 찾는 흐름과 맞는 측면도 있고, 그래서 그때 필봉굿이 광주, 전라를 넘어 전국 대학으로 퍼지기도 했어요.

태훈 전대, 조대 그리고 광주의 많은 사회단체, 종교단체에서 필봉농악을 가르쳤어. YWCA 따울림 민속클럽, 어름굿패라고 YMCA 민속클럽 있었는데 거기도 필봉농악을 했어. 그 전에는 한천농악이랑 다른 농악도 하고 탈춤 많이 했는데, 이때 필봉농악으로 바꼈지. 대한불교학생연합회, 대불련이 있는데 그네들에게도 필봉농악을 가르치고, 전대에 있는 종교연합서클, 원불교학생회, 불교학생회, YMCA, YWCA, 카톨릭연구회, 증산도우회 이런 종교서클들이 모인 종교연합의 삼사십 명에게 필봉농악을 가르쳤어. 그리고 서강전문대생을 가르치면서 전문대에도 필봉농악이 퍼지고, 노동현장에 직장인 풍물패도 당시 신명에서 강습을 나가고 있었는데, 몇 군데 하던 것이 내가 들어가면서 풍물강습도 엄청 늘어나고 전부 필봉을 가르치게 됐어. 내가 강사들한테 필봉가락을 가르치고 훈련시켜가지고 나가서 강습을 하니, 필봉농악이 쫙 퍼져 버린 거야. 하남공단이나 저쪽 공장들, 언론사 노조들도 전부 필봉농악을 했지. 그리고 교사 모임, 전교조 생기기 전의 전교협 3차 총회 때 내가 가서 공연하고 그 자리에서 모집을 하고 풍물을 가르쳤어. 그래서 생긴 팀이 교사문화제 솟대야.

춘영 광주에서 필봉굿을 안 한 곳이 없는 것 같네요. 천천히 말씀하세요.

태훈 선배들이 "저놈, 어떤 놈이냐?" 그러는 상황이 됐지. 88년 말에 문화패들이 모여서 '광주민중문화운동협의회' 광문협이 결성됐어. 나는 학교를 졸업하고 사회활동으로 이전해 가는 과정에서 광문연으로 이전을 했지. 내가 들어간 이유는 풍물이 대중적으로 확산되어 가는 상황에 이를 이끌어 갈 전문 풍물패를 건설하고 싶었어. 당시는 풍물이 하나의 장르로 인정을 못 받을 때였어. 풍물만 치는 것은 상상할 수 없던 때였지. 마당극에서도 길놀이로 풍물을 치고 옆에서 반주해 주는 때지. 그때 내가 전문 풍물패가 필요하다고 주장하고, 풍물이 풍물이라는 장르로 자리잡아야하고 그러기 위해서는 전문성의 근거를 확보해야 한다고 떠들도 다녔는데, 선배들은 이해가 안 되는 거지. 풍물 운동을 하는 전문패를 꾸리겠다고 선배들하고 한 달 이상 논쟁을 하다가 1년을 유보했어. 그러다 놀이패 신명에 상쇠가 없으니까 김태훈을 상쇠로 보내 달라고 조직적인 요청이 들어왔어. 그래서 신명에 1년만 있을 계획으로 합류했는데, 들어간 순간 그 활동에 내가 휩쓸려 버린 거지. 강습도 하고 창작 작품 만들어서 순회공연을 엄청 많이 다녔어. 그때 '황토바람'이란 작품을 만들면서 기존 마당에서는 볼 수 없는 혼합 박자, 변형 박자, 별별 가락, 장단들을 집어 넣었어. 아무튼 신명 활동을 하면서 나름대로 또 다른 영역의 활동을 개척하다 보니까 4년이 그냥 가 버렸어. 그러자 몸이 못 버티고, 결국 92년도에 병가를 내고 쉬게 되었지. 그 후로 내가 신명에 복귀를 못했어.

광주 오월풍물굿, 그리고 오월풍물단

춘영 엄청난 열정으로 청춘을 불태우셨어요. 풍물굿, 필봉굿으로…. 지금 상쇠를 맡고 있는 '오월풍물단' 이야기로 넘어가겠습니다. 오월풍물단은 언제 만들어졌나요?

태훈 오월풍물단이란 이름은 2005년도부터 쓰기 시작했어. 그때부터 그 이름을 내걸고 '오월풍물굿'을 쳤지. 80년대 말 90년 초에는 광문협을 중심으로 관련 전야제 문화행사를 했지. 90년대 중반부터는 민예총 주관으로 5.18 관련 전야제를 해 왔는데, 내가 광주 풍물패들을 다 모아서 전야제 길놀이를 했어. 오월풍물굿이 인상적인 건 전체 풍물패가 소리를 통일한 다는 거. 500~700명 되는 풍물꾼들이 소리를 맞춰서 치면, 얼마나 장관이겠어?

춘영 오월풍물단 전체가요?

태훈 그 인원이 소리를 맞추는 건 어려운데, 그렇게 굿을 치고 나면 다들 엄청 좋아하지. 그렇게 한번 모여서 탁탁 떨어지게 합을 맞추면, 그 재미를 아는 팀들이 생겨나고 반응도 좋아요. 1년 내내 못 보다가 5월에 만나면 그때만 보고도 반가워하고 판을 치면 그냥 너무 좋아해.

춘영 오월풍물굿 준비는 어떻게 해요? 참여 단체나 준비 과정이요.

태훈 오월풍물굿은 준비할 게 많아. 일단 풍물 치면 밥도 먹어야지, 마셔야지. 장시간 광주 거리를 행진하고 해야 되니까 만장, 고깔, 굿물이랑 악기랑 갖출 것도 많고 복잡한 게 많아.

춘영 참여 단체가 수 십 개가 되고 인원도 많은 걸 봤습니다.

태훈 이번에는 다행히 넓은 5.18 민주광장을 잡았기 때문에 원활했어. 전에는 여기저기 공연 장소 찾으러 다니고, 구석에 팀들 모여가지고 옷 갈아 입는 것도 어렵고, 끝나고 뒷정리할 때도 복잡했어. 모여서 함께 칠 공간이 없으니까 제대로 한 번 맞춰보기도 어려웠는데, 올해는 넓은 공간이 있는 게 대단히 좋았어.

춘영 내년(2019)이 39주년이고 내후년이 40주년인데, 5월풍물굿에 대해서 5월풍물단에서는 어떤 계획이 있으신가요?

태훈 5월풍물단은 광주만의 것이 아니기 때문에, 전국의 굿패, 굿쟁이들이 광주로 모여서 풍물 난장도 열고, 함께 길놀이도 하고, 끝나고 대동합굿도 하고, 진짜 풍물인들의 거대한 신명과 힘을 보여주는 그런 장으로 자리 잡아가면 좋겠어. 옛날 영산 줄당기기 할 때 전국의 굿쟁이들이 거기로 모였는데, 교통비나 뭐 줘서 왔나? 그냥 그 자리에 함께 참여하고 싶어서 다 모여들어 그 엄청난 굿판이 벌어졌는데, 지금 5.18 40주년을 바라보기 때문에 가능하지 않을까? 서서히 "전국의 굿쟁이들이 다 모여 '으샤, 으샤' 해 보자." 하고 있어. 그렇게 광주에서 5.18 때는 그런 굿도 벌어질 수 있겠다, 5.18의 역사적 의미와 민중들의 역동적인 힘에 의해서 가능했던 근원적인 에너지를 보여줄 수 있으면 좋겠다, 하는 거지.

춘영 그런 바람을 오월풍물단의 상쇠로서 계속 지켜나가고 실천하고 계신 것 같습니다. 저도 마음을 모으고 함께하겠습니다.

김태훈 상쇠의 장단이론: 삼진박과 굴림

춘영 다음으로, 장단 이야기를 나누어 보겠습니다. 형님이 정리하신 장단 얘기를 어떻게 풀어야 할까요? 일단 '삼진박'의 핵심이 무엇이고 '분박'이나 '소박' 아닌 '진박' 개념이 무엇인지 설명해 주세요.

태훈 삼진박은 '석 삼(三)' 자에다 십진수, 이진수 할 때 그 '진(進)' 자, 박자 할 때 '박(拍)'으로 '삼분박'과 구분해서 내가 만든 용어야. 삼분박이 어느 박이 몇 조각으로, 몇 개로 문할되는가를 파악하는 개념이라면, 삼진박은 어떤 박이 어떤 구성을 가지고 있는가? 나누어지거나 쌓아 갈 때 삼의 배수로 나뉘지거나 쌓여 간다는 구성의 의미를 말하는 거지. 수치로는 그렇고, 삼진박은 '힘을 쓰고, 충전하며 쉬어 주고, 그다음에 힘쓸 만큼을 굴려 주는' 3단계의 힘의 흐름을 전제하고 있어. 그래서 힘을 쓰고 쉬어 주는 이것을 음양 내지 천지(天地)로 표현하면, 그다음에 굴려 주는 것은 인(人)의 의미를 갖는 거지. 있고-없고, 또는 작용하고 - 쉬어주고, 내지는 플러스-마이너스 이런 상대적인 두 가지의 범주가 있고, 그것이 우주를 구성하는 본질적인 내용이라면 그것을 가능하게 만들어주는 것이 세 번째 굴려 주는 인의 개념인 거지. 천지가 우주라면 그 천지 우주를 다시 탄생시켜 주는 것이 인이라는 거야. 그게 반복될 수 있게 다시 탄생과 재탄생을 반복해서 끊임없이 이어져가는, 그게 장단이라는 거야. 그 한 단계 단계에 대해서 다시 재탄생시켜 주는 것이 바로 호흡이야. 풍물 가락에서, 호흡에서 얼마나 굴려 주느냐에 따라 다음 세상, 다음 우주가 결정되는 거야. 이 굴려 주는 부분이 바로 호흡이야. 그래서 '천지가 우주이고 인이 생명이다.' 했을 때 그게 2 대 1이고 수치로는 그게 장과 단이고, 그래서 장단의 원리, 굴려지는 원리, 이것에 의해서 한국 음악의 리듬 구성이 이루어져 있다고 보는 거야.

춘영 삼분박과 구별을 해서 삼진박이라는 관점에서 장단 하나를 사례를 들어 설명해 주신다면 어떨까요?

태훈 휘모리처럼, "땅 땅 땅 땅" 한 장단이 있더라도, 그 안에 박만 있다면 "하나 둘 하나 둘 셋 넷"이잖아? 첫 번째 하나의 박 안에, 그 아래 층위에 또 하나를 땅 치는 힘을 쓰는 그 부분이 있고, 그만큼 쉬어 주는 부분이 있고, 다음 두 번째 박을 나오게끔 하는 굴려지는 대목이 있을 거라는 거야. 그래서 처음에는 박이었던 것이 그 안에 굴려주는 자리에 소리를 넣으면 "땅 따당 따"라고 해서 하나의 또 굴려지는 부분, 천지인에서 인의 부분에 박이 들어가는 것이 그게 휘모리가 되는 거지.

춘영 꽹과리로 휘모리 장단 구음을 어떻게 해요?

태훈 느린 휘모리가 "잰~지 잰~지 잰~지 잰~지" 하면서 "~지"라는 굴려주는 부분이 짚어지는 것이고, 그래서 2 대 1 비율이 나오지. 일정한 속도였다가 속도가 빨라지면 이 비율이 조금씩 달라지겠지. 가락을 조이고 빨라지면 그 사이들이 점 점 점 짧아지니까 속도가 빨라지면 2 대 1 비율이 안 돼. 깊은 부분인데 시작하는 부분에서부터 박의 속도가 바뀌는 게 아니라 굴려주는 데서 속도가 짧아졌어. 빨라졌기 때문에 굴려 준 만큼 다음 첫 박이 나오거든. 굴려 준 것이 끝이 아니라 굴려지는 게 다시 시작이기 때문에 끊이지 않고 이어져. 그래서 "딴~딴" 하고 끊어지고 "딴~따" 하고 끊어지고 이렇게 가는 게 아니라 "딴~ 따단"의 "따"를 굴려지는 데서 당겨지는 거지. 그렇기 때문에 한 박을 쪼개 놓고 엄밀히 보면 2 대 1이 안 나와 짧아져서 1이 부족하지. 일정한 속도일 때 2 대 1이 되고, 거기에 잔가락이 들어가고 2 대 1 비율 구조에서 앞뒤 자리바꿈, 뒤집어지는 거, 빼 먹는 거 이렇게 다양한 가락이 즉흥적으로 만들어지는 거지. 다양한 삼채가락이나 휘모리장단이나 다 이 삼진박 구조와 2 대 1 구조에서 설명될 수 있어.

춘영 이 장단에 대한 심도 있는 이야기는 다른 기회를 통해서 더 나누기로 하죠. 아무튼 상쇠님의 이 삼진박 개념과 이론을 가지고서 풍물을 포함한 우리 한국 음악 장단이 설명이 된다는 거죠?

태훈 그렇지. 여기에 혼합박이나 이런 것까지 엮어지면 매우 복잡해지지. 특히 엇박들하고 결합되고 순서가 뒤집어지면 좌도굿에서 흔히 말하는 아주 쫀득거리는 영산류의 삼채 가락 맛이 나오지.

꽹과리 성음과 타법

춘영 꽹과리 중심으로 성음과 타법에 대한 주제로 이야기를 나눠볼게요. 형이 좋아하는 꽹과리 성음에 대해서 말씀해 주세요.

태훈　꽹과리를 고를 때 일단 너무 자극적인 소리는 좀 피곤하니까 한쪽으로 빼놓지.

춘영　그런 소리들이 있죠. 너무 높은 소리라든지….

태훈　조금 찰랑거리는 소리를 좋아하지. 근데 어쩔 수 없이 야외에서 상쇠를 해야 되는데 쇠재비들이 많은 속에서 전체 지휘를 하려면 땡땡거리는 소리가 효과적이야. 신호를 줘야 되니까 숫쇠로 좀 깡깡거리는 꽹과리를 쓰면 유리하지. 근데 평소에 칠 때는 찰랑거리는 소리가 듣기 좋고 편하지…. 보통 종소리처럼 땡땡거리는 것을 숫쇠라고 그러잖아?

춘영　찰랑거리는 꽹과리가 비교적 울림이 많은 암쇠라고도 하죠.

태훈　맞아. 그렇게 울림이 두 가지가 있어. 종소리처럼 "땡" 하고 울리는 거하고 "차르르르릉" 이렇게 떨리는 소리하고 숫쇠와 암쇠라고 하지.

춘영　상쇠님은 평소 암쇠를 좋아한다는 거잖아요?

태훈　그렇지. 대부분이 쇠재비가 암쇠를 좋아하는데, 숫쇠가 땡 땡 높은 소리가 끊겨서 신호용으로 쓰기에 유리하지. 근데 가락을 부드럽게 다양한 소리를 연출하고 소리를 가지고 놀기에는 암쇠가 훨씬 낫지.

춘영　전국 대부분의 상쇠가 거의 생각이 비슷해요. 그런데 요즘에는 좋은 소리가 나는 암꽹과리 찾기가 어렵다는 거예요.

태훈　가장 큰 문제가 뭐냐면 꽹과리가 진폭이 짧아. 두 번째가 있는데 소리가 "삐융~" 울어 버리면 안 돼.

춘영　"삐융 삐융"이 어떤 소리죠?

태훈　"깽" 꽹과리를 이렇게 치면 "치융 치융", "삐융 삐융" 이렇게 울어. 중국 경극처럼 현악기 소리가 가볍게 올라갔다 내려가는 거야. 음정이 변한단 말이야. 일정한 음정이 나오는 게 아니라 "찌이이잉~" 이렇게 음이 올라갔다 내려왔다 그래. 꽹과리를 땅 쳤는데 "땡" 소리가 나는 게 아니라 "때~ 앵 때~

앵~" 이런 식으로 울어대면 당연히 안 좋지.

춘영   예, 알겠네요. 경극에서 나오는 올라갔다 내려오는 요상한 소리.

태훈   그 울림은 우리 꽹과리로서는 좀 아닌 거 같고, 진짜 꽹과리를 고를 때 중요한 것은 살살 칠 때하고 세게 쳤을 때 음이 분명히 다르거든…. 꽹과리는 분명히 타악기인데 형태를 보면 끝이 이렇게 안쪽으로 말려져 있단 말이야.

춘영   판 자체도 가운데가 툭 튀어나와 있고요….

태훈   판이 안쪽으로 오므라져 있어. 악기 형태가 그러니까 세게 칠 때 하고 살살 칠 때하고 소리가 달라지는 거야. 소리는 볼륨이 있고 세기가 있어. 볼륨이 있고 벨로시티가 있거든. 볼륨은 소리 음량이야. 벨로시티는 소리의 세기야. 세기는 거칠거나 부드럽거나 이런 걸 말하는 거지. 어떤 악기를 올리면 "둥둥둥둥" "땅" 치면 좀 거친 소리가 나야지. 피아노 소리도 부드럽게 "똥 땡 땡 땡 땡" 하다가 "탁" 치면 "탱" 하면서 처음에 날 때에 고음 성분이 더 많이 나. 그랬다가 본음이 나거든. 이걸 소리의 세기라고 그래. 악기 연구를 하다 보면 타악기가 세게 맞았을 때 나는 소리는 거친 소리가 섞여서 나와. 부드럽게 맞은 소리는 부드러운 본래 그 소리만 나지. 그래서 우리가 소리만 듣고도 세게 때렸는지 부드럽게 때렸는지 예민하게 감지할 수가 있어. 우리 꽹과리는 거기에서 음정이 변해. 더 세게 때리면 음정이 좀 올라가는 경향이 있어.

춘영   소리 내기에 다양한 표현 기법이 있고 악기에 따라 다채로운 색깔을 내는구나! 섬세하게 소리의 여러 가지를 잘 표현해 주신 것 같아요. 그러니까 물체마다 주파수가 있다고 하는데 꽹과리도 고유의 주파수가 있으면서도 안쪽에서 소리들이 간섭하기 때문에 다채로움이 나오는 구조입니다. 또 꽹과리의 판 자체가 가운데는 두껍고 바깥으로 갈수록 얇아지니까 결과적으로 바깥쪽을 칠 때는 높은 소리가 나고 가운데를 칠 때는 더 낮은 소리가 나는 특이한 구조에요. 어찌 됐든 소리가 타격의 세기에 의해서건 위치에 의해서 건 타법이 됐건 다양한 음정, 음색, 음질을 가지죠. 그런데 요즘에 나온 난타 플라스틱 악기들은 그 음폭이 없는 거지. 그러니까 꽹과리 찰랑거리는 소리를 선호하기 때문에 가운데를 치지 않고 가 쪽을 치는 거야. 가를 치면 소리가 찰랑거려. 그래서 꽹과리와 징이 구조가 비슷한데 징은 무게 중심점을 잘 찾아서 쳐야만 좋은 소리가 나고, 꽹과리는 가운데보다는 약간 바깥쪽을 쳐야 부드럽게 울리는 소리가 나지.

춘영 징은 소리 중심을 때려야 징다운 소리가 나고, 꽹과리 막음쇠가 뒤쪽이니까 왼손 손잡이 부분이랑 가운데 사이 어디쯤을 치는 거죠.

태훈 그렇지. 꽹과리끈을 끼우는 두 구멍을 잇는 직선의 가운데 부근을 치지 그러면 왼손 꽹과리하고 오른손 쇠채 위치가 적당히 맞아서 쇠가 흔들려도 안 보고도 칠 수 있는 거지. 가만히 있을 때는 안 보고 치지만 춤을 추고 동작을 하면서는 순간 어떻게 때리냐? 이게 중요해. 딱 중앙에서 내 몸의 중심점에서. 그래서 이 자세 있잖아? 몸이 어깨에서 삼각형을 이루고 중앙 이 자세, 내 몸 무게중심점 이 자리에 무릎이 모아지고, 양손이 가슴 앞에서 꽹과리가 그 위치에 있고 오른손이 와서 타점이 그 자리에서 이루어지는 거지. 이 자리를 벗어나서 치는 경우는 별로 없어. 몸으로 춤을 추고 양손도 춤을 추고 빙빙 돌다가 어느 순간 탁 쳐도 여기서 딱 때리는 거야. 그렇기 때문에 내가 원하는, 가장 정확하게 컨트롤할 수 있는 상태지. 그래서 꽹과리를 칠 때엔 항상 자세와 온몸의 균형을 잃지 않는 걸 강조하고, 손을 이렇게 비틀어 갖고 어깨가 올라가 비뚤어지거나 고개가 틀어지거나 손이 한쪽으로 쏠려 있거나 이런 자세들을 별로 좋아하지 않아. 로보트처럼 멈춰서 치라는 건 아니지. 당연히 춤도 추고 여러 동작을 만들어 가는데 사실은 그냥 움직이는 게 아니라 몸의 중심점을 따라가면서 꽹과리와 함께 움직이는 거지. 살짝 벌어졌다가도 치는 순간에는 중앙으로 와서 자연스럽게 딱 그 상태에서 떨어지고…. 다른 사람이 앞에서 보았을 때도 중심이 잡히면 균형 있게 보이고 소리와 가락이 자연스럽게 흘러가지. 왼손과 오른손이 서로 때리는 위치, 움직이는 가운데 온몸의 균형 이런 것들이 사실은 아름다움과 효율성이 함께 가는 거야. 우주의, 몸의 효율이란 것은 우리가 볼 때 자연미에 가까운 거야. 우리가 생각하는 자연스러움이나 자연미는 사실은 합리적인 아름다움 속에 자연미가 함께 있어. 이 자연미와 반대가 인위적인 거지. 합리적인 것을 자연스럽지 않다고 하면 안 돼. 합리적인 것과 자연스러운 것은 같이 가. 이런 굿을 추구할 때, 실은 자연의 운동 역학적인 원리와 딱 떨어졌을 때 아름다워.

춘영 예, 참 좋습니다. 꽹과리 소리를 완성하는 게 왼손 막음쇠잖아요? 상쇠님의 왼손 막음쇠 노하우가 있으시면 소개해 주세요.

태훈 꽹과리를 칠 때 손목을 쓰지 않는 타법이 중요하다고 생각해. 손목을 이용해서 장구나 꽹과리를 치면 이미 수준이 떨어진다고 봐. 손목을 쓰지 않아도 꽹과리 치는데 별 문제가 없어. 더 엄밀히 말하면 팔뚝으로 치는 게 아니라 몸으로 치기 때문에, 몸 굴신, 굴림을 할 때 반동이 팔을 통해서 채에 전달되고 최종적으로 꽹과리를 때리는 거지. 손으로 치는 건 아니거든…. 전체적으로 핵심 포인트는 몸으로 봐야 돼. 그래서 박수 칠 때도 팔에 힘 빼고 날갯짓한다는 표현을 하긴 하는데, 자기 단전 앞에서 힘 빼고 손뼉을 쳤을 때 팔이 그런 식으로 움직여지거든. 그걸 한 손을 주먹으로 해 보고, 왼손 가만히 놔 두고 오른손만 해 보고, 한 손 없이 해 보고 그러면 끝. 그럼 거기 오른손 주먹에 그대로 채만 잡으면 끝나. 기초반에서 꽹과리 타법 기본연습을 이렇게 시켜. 이게 되면 팔이 이렇게 나갔다가 이대로 이게 후려지지. 후려져야 돼. 힘으로 밀어 치는 게 아니라 후려서 쳐져야 된다고 생각해. 모든 타악기 연주의 기본은 힘으로 밀어 치지 않고 후려친다는 거, 그 이유는 밀었다가 힘을 빼는데 짧은 순간에 힘을 줬다가 빼기에는 물리적으로 어려워. 근데 예를 들어서 북을 뺑 치면 주파수가 120헤르츠, 200헤르츠 가까이 나올 거야. 그 소리는 1초에 200번을 떨어 버린단 말이야. 근데 200분의 1초만 내가 힘을 주고 뺄 수 있나? 안 된다고….

춘영 물리적으로 그 시간보다 더 접촉되어 있는 상태죠.

태훈 그러면 결국 이 울림을 죽여 버리는 거야. 울림을 죽였다가 빼는 거야. 힘을 줘 버리면 그런 현상이 날 수밖에 없어. 힘으로 밀어 버리면 그런 현상이 날 수밖에 없어. 이게 좋은 타법이 될 수가 없는 거지. 그러면 어떤 타법이 좋냐? 가장 큰 힘이 주어지는 순간은 부딪히기 직전이야. 채 끝이 악기에 닿기 직전이 가장 큰 힘이 들어가고 실제로 힘이 닿는 순간은 힘이 제로야. 처음에 하나도 안 줬다가 슥 후려지면서 나중에 막판에 살짝 힘이 들어가면서 부딪히기 직전에 힘이 순간적으로 탁 들어가고는 실제론 닿는 순간에 힘이 없지. 가던 탄력으로 가서 부딪히는 거지. 부딪히는 순간에는 누르는 힘이 제로여야 돼.

춘영 우리가 꽹과리를 칠 때 손목에서 힘의 근원이 나오느냐, 팔뚝에서 힘의 근원이 나오냐, 형님 말대로 힘의 근원은 단전에서 시작되고 호흡과 굴림이 순환하고 반복되면서 퍼져 나가는 거잖아요? 그러다가 마지막 타점 순간에는 오히려 힘이 가장 빠져 있는 상태라는 데 공감합니다.

태훈 또 타법에서 실제로 연습할 때는 내리치지 않고 수평으로 친다는 거지. 핵심은 항아리를 두 팔로 보듬어 안은 동작 있잖아? 약간 볼록한 항아리를 위쪽에서 이렇게 안으면 퐁 빠져 버리잖아? 아래쪽에서 살짝 위로 싸안으면서 보듬어야 항아리가 빠져 버리지 않고 안고 있을 수 있잖아? 그런 것처럼 꽹과리 칠 때에 타법이 무조건 수평이 아니라 아래서 살짝 살아 올라오는 수평을 얘기하는 거지.

춘영 물이 흐르듯이 흐름 속에서 오른손 채를 아래에서 위로 올리면서 휘두른다.

태훈 그게 아주 단순하게 표현하면, 이게 옆으로 수평으로 나갔다가 들어올 때는 이게 나갈 때 어떻게 나가냐 몸에서 어깨가 손을 끌고 나가지. 몸에 의해서 어깨가 이 손을 끌고 나가게 돼. 근데 이게 쓱 나갔다가 몸에서 어깨가 이렇게, 그러니까 이게 살짝 패어지면서 미세하게 살짝 아래서 위로 살아서 치게 돼. 그리고 튕기면 위로 살짝 살짝 위쪽으로 튕기고 그러고 빼. 그랬을 때 위에서 살짝 튕긴 걸 이용해서 살짝 아래로 건드는 잔가락 치기가 용이하지. 그래서 모든 "쨍"은 옆에서 쳐서 수평인데 미세하게 위로 살아 올라가는, 즉 우리가 야구 배트를 휘두를 때 완전 수평으로 안 하고 약간 살짝 뛰어 올라가게 돌을 던지는데 완전 수평으로 던지는 게 아니라 살짝 위로 던졌을 때 더 멀리 가는 것처럼 힘을 쓸 때 약간 살린단 말이지. 그래서 치고 튕길 때 위쪽으로 살짝 살게끔 힘을 주는 거야. "쨍그쨍지쟁지쟁지쟨" 치고 튕길 때만 위쪽으로 살짝 살게끔 힘을 빼 주는 거야 그리고 그렇게 치고 튕기면 여기가 따라 들어가서 이렇게 되면 빠질 때에 얘가 빠지니까 자연스럽게 긁어서 지가 건드려지게 나가서 그런 식이 되는 거지. 이게 가장 정타법이라고 표현을 해. 수평인데 밑에 살짝 살아 올라가는 수평으로 치고, 위로 살짝 챙길 때 위로 뜨면서 튕기는 거지. 그리고 다시 빼서 또 똑 같은 걸 반복하면 쨍을 반복하는 것이고, 그다음에 굴리는 잔가락을 집어넣을 때는 아래로 슬쩍 수그러지지. 쨍과 쟨은 쨍 타법이지만 아래로 살짝 흘린 타법인 거지.

쇠재비의 머리쓰개 부포놀음의 원리

춘영 다음 이야기 주제는 쇠재비의 머리쓰개 부포입니다. 좌도굿 쇠재비는 꽹과리를 치면서도 머리에 부들부포를 쓰고 돌리잖아요? 부포 돌리는 방법이나 원리를 설명해 주세요.

태훈 부포는 채상 원리하고 비슷한데, 부포는 털이 있다 보니까 채상보다 공기 저항이 더 있지. 저항을 이기고 인위적으로 끌고 다녀야 되는 부담이 좀 더 있지. 채상을 돌리는 기본 몸 쓰는 원리로 보면 사람들이 위로 올라갔다가 내려갈 때 물채를 위로 탁 튕겨 갖고 넘기고 또 탁 튕겨 갖고 넘기는 채상을 많이 봤거든. 나는 채상을 홍유봉 할아버지한테 배울 때도 마찬가지였는데, 아래로 툭 떨치는 거지. 아래로 퍽 앉으면 내려가는 그 반동으로 푹신하면서 그 반동으로 살짝 위로 넘어가고, 넘어가면 계속 아래로 툭툭 치는 거지. 기본이 아래로 떨치는 호흡이었어. 근데 편하기는 위로 통통 튕겨 넘기는 건 넘기기만 하면 되니까 편하긴 하더라. 근데 그러면 위로 뜨는 호흡이 돼 버려. 부포도 마찬가지야. 살짝살짝 넘기는 것만 신경 쓰면 되니까 훨씬 편하지. 근데 본래 가락, 장단의 맛과는 뒤집어지게 되고, 몸짓이 뒤집어지면서 우리 가락을 치면 맛이 덜 날 수밖에 없지.

춘영 가락이나 몸짓이 떠서 날라 다니게 되는 거죠. 깊이 있는 호흡의 어떤 굴림이, 내가 몸을 떨어뜨리는 것 같으면서 당연하게 튕기거든요. 인위적으로 동작을 예쁘게만 하고 상이 예쁘게 나오는 것에 너무 획일화가 되어 있어요. 어떤 힘 자체, 내 몸을 떨어뜨리는 거기서 사실은 장단이 나오는 거거든. 저는 물리적인 차원에서 땅으로 떨어질 때와 반동으로 올라갈 때가 있으면서 자연스럽게 상대적인 비율이 생성된다고 봐요. 땅으로 떨어지는 시간이 짧고(단) 올라가는 시간이 길어서(장) 짧고 길다는 시간과 힘의 비율이 생기잖아요? 이게 바로 장단의 비율이고 우리의 장단 자체죠. 어쨌든 여기서 불균등이라는 비율 관계가 나와요. 균등하게 이제 일대일이 나오는 게 아니라 2 대 1로 장단 비율이 채상을 돌리는 운동에서 나와요.

태훈 나도 여기서 굴려지는 원리가 있다고 봐. 굴려지는 원리는 2 대 1의 비율이 그 안에 있는 거고 호흡이 있는 거고 몸을 아래로 굴렸을 때 굴리는 시간이 짧아 쿵 떨어졌다가 천천히 살짝 들었다가 채상은 2 대 1로 돌아가지.

춘영 부포 돌리는 원리에 대해서 형님이 근원적이고 일관되게 통합적인 관점으로 설명을 해 주시는 거 같아요. 전 세계에 악기를 치면서 부포 같은 걸 머리에 쓰고 돌리는 게 어디에도 없다고 그러더라고요. 전체적으로 아랫놀음으로 발걸음 걸으면서, 웃놀음으로 부포 돌리고, 가운데에서 악기를 치는 구조입니다. 총체적으로 이 3단 구조의 원리 같은 걸 좀 더 설명해 주신다면?

태훈 몸은 위 아래로 굴신을 하면서 2 대 1로 움직이고, 거기에 맞춰서 가락이 떨어지면 그 몸짓에 의해서 부포도 돌아가는 거야. 근데 부포가 털이 크고, 저항이 많고, 무게는 가볍고, 끈에다 매달고 대롱대롱 하고 있고, 바람 불어버리면 그 영향을 많이 받아. 그러다 보니 그게 됐다 안 됐다 하고 마음대로 안 될 때가 많지. 작은 외부의 영향에 의해서도 잘 안 되지. 그래서 고개를 쓰거나 인위적으로 몸을 경직되게 쓰게 돼. 내가 부포 연습을 일상적으로 하지 않아. 어쩌다 한 번씩 부포를 쓰고 그러다 보니까 한참 동안은 잘 안 돌아가. 어느 정도 해야 몸이 풀리고 춤사위가 나오지 쉽게 잘 안 돼.

춘영 부포를 쓰고 꽹과리를 치면서 상쇠 춤을 출 때 전체적으로 어떤 마음으로 연행하세요? 현장에서 관객들에게 전달하고 싶은 게 있나요?

태훈 한참 부들상모 놀음을 할 때에는 가락이 흐름을 만들면서 내가 춤을 추고 동작을 하면서 그 안에 내가 빠져 있고 자유롭게 흐느적거리고 노는 느낌들이 있지. 물속에 있는 수초가 물결에 따라서 움직여. 자기가 움직인 게 아니라 물결이 흐르니까 움직여지는 것처럼 어느 공간에 어떤 기운이나 흐름 속에서 내가 움직여지는 듯한 그런 느낌이 들 때는 참 좋지. 더 좋은 것은 그게 내 기운으로 하는 게 아니라 다른 사람들 기운에 의해서 내가 놀아지는 듯한 느낌이 좋지. 이게 상호작용인데 내가 툭 기운을 던지고 사람들이 그곳에서 반응이 일어나면서 어떤 기운이 나한테 확 쏟아져 오고, 그 기운을 타고 노는 걸 내가 아주 좋아해.

춘영 여성농악단 유순자 선생님 부포놀음 하는 걸 보면서 형이 표현한 것과 비슷한 생각을 했어요. 부포 쓰고 있는 자체가 '유영'하는 것 같다. 놀 유(遊), 헤엄칠 영(泳). 물속에서 그냥 자연스럽게 왔다 갔다 하는 거예요. 물리적인 이 공간 속에서 부포가 저절로 논다. 유순자 선생님이 부포를 처음부터 끝까지 쓰고 계셨거든요. 굳이 놀지 않아도 너무 자연스러운 거야. 수초가 물속에 있을 때 어떤 전체적인 흐름 속에서 자연스럽게 놀아지는 거잖아요? 이게 유영(遊泳)이라는 표현인데, 유순자 선생님 부포놀음 보면서 느꼈어요. 부포가 그냥 몸의 일부인 거야.

태훈 내 한 가지 숙제가 바로 부포와 함께 완벽하게 하나가 되는 것이지.

춘영 부포 춤 추면서 바람의 흐름까지도 알아가는 거지.

태훈 그렇게 되어 있을 때가 제일 좋지. 옛날부터 마당극을 하면 앞풀이를 하잖아? 앞풀이를 할 때도 그런 게 있지. 내가 기운을 써가지고 사람들 분위기나 흥을 확 끌어올려 놓고 나와야 돼. 그게 쇠재비의 임무야. 내가 에너지를 엄청나게 쏟게 되고 힘들기도 하지. 그런데 사람들 반응이 어느 정도 만들어지면 내가 기운을 타고 막 끌고 가다가 반응이 오면 내가 힘을 좀 더 빼고 편하게 그 안에서 한번 흐느적이기 시작을 하면 같이 섞어지면서 또 돌아가지.

춘영 그런 걸 기운이나 기세라고 할 수도 있고, 끼라고 할 수도 있고 신이나 신명이라고도 할 수 있죠.

상쇠의 역할과 덕목

태훈 근데 상쇠 이야기는 별로 안 물어 보네. 실제로 상쇠가 판을 이끌고 가려면 어떤 생각을 어떻게 해야 되는지가 중요하잖아?

춘영 예, 이제 핵심 주제로 넘어가죠. 상쇠들에게 가장 중요한 덕목은 어떤 것들이 있을까요?

태훈 꽹과리를 치는 사람들한테, 굿을 치는 사람들한테 꼭 하는 말이 "사람 눈을 봐라. 상쇠의 눈도 보고 옆에서 함께 치는 사람들 서로 눈을 봐라. 눈을 봐야 그 사람 의도나 마음을 파악할 수 있다." 상쇠의 동작이나 호흡 점을 보기만 해도 되지만, 몸과 함께 눈을 봤을 때 전체적인 것을 빨리 파악할 수 있다는 거야. 굿을 치다가 서로 눈을 보면 미소가 나와. 웃음이 나오고 분위기도 화사해지고 입꼬리가 올라가면서 판이 훨씬 좋아지지. 그리고 확실하게 구경하는 사람의 눈을 보고 한번 웃어 줄 때 상대방도 분위기가 달라지고 판에 확 빨려들어 오는 거지. 그런데 치배를 초점이 허공에 맞춰지는 경우가 정말 많아. 눈의 초점이 허공에 맞춰져 있단 소리는 그 사람이 자기 관념 속에 빠져 있단 소리야. 그렇기 때문에 정확히 무언가에 초점이 맞아야 돼. 눈을 감을 수도 있긴 하지. 그리고 하늘을 보며 느낀다고 잠시 그럴 수도 있지. 그런데 초점의 목표점은 항상 다른 사람 눈이었을 때가 제일 좋아. 기왕이면 상쇠 눈을 많이 보고 수장구 눈도 보고 옆에 다른 치배들 눈을 서로 봐 주고, 거기 모인 사람들의 눈을 봐야 해. 또 꽹과리는 가슴으로 쳐야 된다고 생각해. 높이를 이야기하는 거야. 꽹과리를 너무 낮게 들면 소리가 좀 묻히고, 너무 높게 들면 부자연스럽고 불편해. 그래서 가슴 높이에서 치라고 그러는 거야. 그리고 신호를 줄 때에는 눈에 띄게, 귀에 들리게. 눈높이, 귀 높이지. 상대방이 정확하게 파악할 수 있도록 뭔가 말하듯이 높이를 맞추라는 거야.

춘영 어떤 의도나 신호를 전달할 때는 정확하게 표현해라?

태훈 전체 사람들한테 신호가 보이고 들리게 하려면 높이 들어서 눈에 띄게끔, 귀에 들리게끔 해 줄 필요가 있어. 일상적으로 가락을 칠 때는 가슴으로 치는 이런 기본적인 개념들이 상쇠한테 중요하지.

춘영 가슴으로 치라는 말도 의미가 있는데, 눈의 초점이 허공에 있으면 안 된다 이런 부분에 아주 공감을 합니다. 연극의 경우 무대는 현실공간이 아니라 작품 안의 시공간이고 현실이기 때문에 작품에 따라서는 관객하고 눈을 마주치는 경우가 있어도 돼요. 관념으로 있어도 돼. 배우가 이야기를 만들어가야 되니까. 하지만 풍물 같은 경우는 물리적이고 구체적인 이 현장을 기반으로 하고 있거든요.

태훈 특히 마당극이 그렇고, 모든 공연자는 관객의 눈을 봐야 돼.

춘영 맞아요. 사람들과의 눈 맞춤이 중요해요. 공연자가 눈을 어떻게 하고 있는지에 따라서 이 사람이 그 예술 장르를 어떻게 생각하는지 알 수 있죠. 결국은 같이 하고 있는 사람과 무엇을 어떻게 만들 것인가에 대한 기본적인 고민을 해야죠.

태훈 특히 풍물굿 상쇠는 치배들 눈을 잘 봐야 돼. 그리고 상쇠는 사람들을 놀려 줘야 돼. 상쇠는 판을 끌고 가기도 하지만, 판을 받쳐서 다른 사람을 돋보이게 만들어 주기도 하지. 자기가 판을 만들어서 끌어가는 경우도 있는가 하면 또 상쇠가 판을 깔아 주는 게 있다는 거야. 깔아 주면 치배들 각각이 잘 놀아야 돼. 치배들이 맘껏 노는 것을 상쇠가 양념처럼 보태주고 하면서 놀려주는 능력이 있어야 돼.

춘영 치배들이 한참 놀고 나서 관객들도 놀아 봐라 하고 판을 비워 주기도 하잖아? 판 초반에는 채워 가는 거고, 뒤로 갈수록 비워 주는 거잖아? 상쇠는 치배가 됐든 아니면 관객이 됐든 결국은 모든 사람에게 판을 열어주는 역할까지 해야죠.

태훈 그리고 상쇠는 제사장이면서 장군이라고 할까, 단군의 역할을 해 줘야 돼. 제사장으로 상쇠가 굿판 속에서 자기 자신을 비웠을 때 우주의 기운이 그 판으로 자연스럽게 흘러들어 오는 거라. 그런 느낌들을 놓치지 않고 갔을 때 상쇠가 좀 더 차분해지면서 모아지는 그런 거 같고…. 그리고 판에서 치배들은 상쇠를 받쳐주기도 하고 보호도 하고 키워 주기도 해야 돼. 상쇠에게 신뢰를 보내 줘야 돼. 치배들이 이런 역할이 있어. 상쇠는 치배들에 의해서 힘을 받아가는 거지. 치배가 없으면 상쇠가 힘이 없지. 치배들이 신뢰를 줘야만 상쇠가 힘을 가지고 카리스마 있는 상쇠 역할을 할 수가 있지. 그리고 외부의 힘이나 어떤 상황에 의해서 상쇠가 불편하거나 난감한 상황이 벌어질 경우 치배들이 그것을 해결해 줘야 돼. 이런 서로의 역할들이 원활히 이루어져야 판이 되는 거고, 상쇠는 자기 한몸 불살라서 그 판을 살려낼 수 있다는 마음이 있어야 돼. 그런 의미를 갖고 있어야 되고 거기에 대한 자기 각오도 해야 돼. 판에서는 상쇠뿐만 아니라 치배들이 서로 배려하고 서로를 바라봐 주고 살려 줘야 되는 거야. 판은 그런 살림의 공간이지. 서로 살려주려는 마음이 없으면 판은 죽은 공간이 돼 버려. 같이 살아야지 자기 잘났다고 딴 사람을 누르기 시작하면 판을 죽이게 되는 거고, 서로를 죽여서 결국 그 판은 죽은 판이 돼 버려. 서로가 서로를 살리니까 점 점 점 전체가 살아나는 판이 되는 거지. 배려하고 조화를 이루고 서로 호흡을 맞추고 자기가 전체 흐름을 깨트리지 않으려고 노력해야 되고, 상쇠는 모든 구성원들이 섞여지고 같이 흘러갈 수 있게 신경을 써야 돼. 그러한 상황이 되게끔 상쇠는 여러 소선들을 만들어 줘야 되는 거지. 상쇠는 어느 정도 시간 후에 판을 끝내야 된다 하면 거기에 맞춰서 올라가는 흥도 수위조절을 해야지. 상쇠는 한참 후의 상황까지 다 예측해서 그 흐름을 초반부터 짜 줘야 돼. 그 계산이 없으면 상쇠를 제대로 할 수가 없지.

춘영 사실 풍물 판굿이라고 하는 게 정해진 절차와 가락이 있잖아요? 흡사 연극의 시나리오처럼 스토리도 있고 시작과 끝이 있어요. 그런데 풍물은 현장 상황에 따라 변화를 줄 수 있잖아요? 연극적인 대사는 정해진 대로만 해야 되지만, 풍물은 순간순간 공간적인 상황에 따라서 즉흥적으로 판을 만들어 갈 수 있는 유연성이 중요한 장르 특성인 것 같아요.

태훈 그렇지. 그중 상쇠는 전체 연출자이기 때문에 그 어떤 그 상황과 조건에서도 최적의 결과를 만들어 내야 되는 거지. 그래서 본래 계획은 이거였지만, 조건이 바뀌면 거기에 맞춰서 판을 만들어야 되는 거지. 그렇기 때문에 그걸 미리 그걸 만들어 대비를 하고 그 판을 깔아가는 것이 상쇠의 역할이지. 그래서 어렵다고….

춘영 지금까지 상쇠의 덕목을 계속 말씀하셨지만, 형님의 풍물 인생 전체로 봤을 때 상쇠의 덕목, 후배들한테 꼭 이야기해 주고 싶은 상쇠의 덕목 세 가지를 든다면?

태훈 앞에서 말한 거에 들어가 있는 거 같은데, 끝까지 예상을 하고 판을 미리 깔아 줘야 되는 거지. 그니까 모든 치배들의 상태, 그리고 주변 조건들까지 다 포함해서 품어야 돼. 현실적으로 치배가 지쳐서 어떻게 해줬으면 좋겠다고 하면 이 문제를 해결해야 돼. 모든 순간에 벌어지는 상황을 다 받아들이고 그것을 감안해서 마지막까지 길을 내고 해결하고 사람을 놀려야 한다는 거야.

춘영 그게 첫 번째고요.

태훈 상쇠는 "풍물굿 판에 있는 전체가 한 덩어리를 이룬다"라는 것에 다른 가치보다도 우선해야 돼. 하기 싫고 좋고, 기분이 나쁘고 좋고를 떠나서 그 상황에 맞춰서 최대한 하나를 이루는 것을 향해서 끊임없이 가야 돼. 그러기 위해서 계속 호흡을 맞추면서 서로 눈을 보고 몸짓을 하고…. 상쇠는 또 거기에 모여 있는 치배만 신경 쓰면 안 되고 거기 있는 사람들을 같이 품고 가야돼. 원론적으로는 그 공간에 있는 모든 생명체, 사물, 하나의 에너지들 그 공간 자체를 품고 하나로 만들어낼 수 있어야 되겠지. 풍물굿이 그런 의미를 가지고 있고, 그래서 에너지가 있고 바로 그 점에 있어서 하나를 이루는 소리, 하나를 이루는 동작, 하나의 마음 이것이 되었을 때 우리 목적이 달성되는 거야. 이게 막 맞아 떨어질 때 상상도 할 수 없는 엄청난 에너지가 발생하고, 그건 전 우주로 퍼져나간다는 그런 믿음을 가지고 굿을 쳐야 된다는 거야.

춘영 우리는 분명하게 이 '굿'이라는 단어를 계속 물어봐야 된다고 생각해요. 우리는 풍물굿을 중심으로 하지만 이쪽 공부를 해보면 굿이 더 근원적이고 토대라고 생각을 하거든요. 소리굿, 풍물굿, 탈굿, 놀이굿 여러 가지가 있는데 형이 이렇게 지금 이렇게 활동하시는 내용이 저는 굿이라고 보는 거고, 굿을 주도적으로 이끄는 게 무당이자 상쇠다. 저는 이렇게 이해를 하는데, 형님이 생각하는 굿은 뭔가요? 굿이 무얼 할 수 있나요?

태훈 굿은 진짜로 우리를 실현시켜 줘. 진정한 의미의 우리를 실현하고자하는 모든 과정을 굿이라고 보지, 우리는 뭐냐면 우리라는 것은 복수이면서 하나를 지향하는 개념이잖아? 하나이면서 전체인 개념이 우리야.

춘영 낱이면서 온인 거죠. 낱개이면서 전체인 거잖아요?

태훈 그게 우리고 그 우리를 실현시키고자 하는 모든 과정은 다 굿이야. 그래서 풍물을 치면서 의견을 하나로 모아 내잖아? 마을의 중요 대소사를 논의도 하고 굿판을 준비하면서 돈도 추렴하고, 뭔가를 실현하는 이런 모든 과정을 하나의 굿으로 보는 거지. 그리고 무당이 굿을 한다는 건 사람들의 마음이나 염원을 하나로 모아내는 거지. 그래서 굿이야. 심지어는 사람들이 우글우글 모여들어도 '난리굿'이라고 표현하니까 뭔가 모여들고 하나로 뭉쳐지는 과정을 넓게는 굿이라고 표현을 하는 거야.

춘영　아, 좋습니다.

태훈　진정한 의미의 우리를 실현하고자 하는 모든 것을 다 굿이라고 보고 옛날부터 나는 '굿판'이라는 말을 많이 써 왔어.

풍물굿의 미래와 전망

춘영　형님의 생각이나 표현하신 내용들이 많이 이해가 되고 공감이 갑니다. 이제 마지막 주제로 넘어갑니다. 20세기는 마을이 사라지고, 마을공동체가 와해되고, 근대 서구문명이 들어오면서 교육 시스템도 바뀌고 한국 사회가 계속 변해 왔던 과정이거든요. 이런 부분들이 마을굿이나 풍물굿을 받치고 있던 토대 자체가 없어진 것과 같은 거예요. 그런 상황에서 풍물굿쟁이들은 굉장히 적극적으로 주체적으로 대응을 한 분들이고, 80년대 풍물굿 운동이 그런 주체적인 대응의 연장이라고 봅니다. 그런 시대 의식 속에서 굿쟁이들을 풍물굿 실천 활동가라고 저는 보는 거예요. 그러니까 21세기 풍물굿 상쇠라고 했을 때, 저의 문제의식은 세월호 진상규명에도 나가야 되고, 촛불집회도 나가야 되고, 노동 현장에도 있어야 되고, 도시에서 판도 열어야 된다고 봐요. 그런데 풍물 해서 경제생활을 영위를 못하는 것뿐만 아니라, 풍물굿 판여는 자체가 어려운 시기인 거죠. 왜 어려운가? 그러면 그것을 어떻게 뚫을 것인가? 단도직입적으로 풍물굿이 전망이 있나요?

태훈　전망은 있어야 되고, 있을 거라고 생각해. 흔히 우리가 말하는 농악판이 무슨 비전이 있냐? 농악판이 별로 비전은 없어. 풍물굿이 비전 있냐? 그건 가능성이 있다. 또 풍물을 연주하는 그 공연이나 예술 형태가 비전이 있냐? 그것도 쉽지 않아. 그러면 마을굿으로 가면 가능성이 있냐? 한편으로 진짜 마을굿은 정말 어렵지. 그런데 생각을 조금 전환하면 가능하다는 거지. 예로 요즘엔 마을 만들기 사업 많이 하잖아? 관이나 문화예술 하는 사람들의 키워드가 마을이야. 마을 공동체란 말은 별로 안 나오지만 최소한 '마을만들기', '마을문화' 이런 말은 많이 사용되고 있지. 그러면서 관에서도 서구의 공동체 사상, 공동체 관련 생활문화 사례를 가져다가 이식하려고 하지. 이런 걸 보면 생명이 길게 유지되지 못한 경우가 대부분이야. 성공하긴 어렵지. 다만 그렇게 하려고 관심을 갖고 노력하고 그것이 어떤 대세고 흐름이 됐다는 사실이 중요해. 결국 서구 사례보다 본래 우리한테 있던 사례가 더 효과적일 거란 거지. 이것은 안중에도 없고 외국의 사례만 쫓아다니니까 제대로 안 되지. 외국의 사례가 괜찮아 보이거든. 결과물이 예쁘게 포장이 잘돼 보이거든….

춘영 맞아요. 우리 것에 대한 부정적인 선입견이 너무 강해요.

태훈 선입견이 너무 강해서 그 실체를 제대로 못 보고 있어. 그런데 우리 사례가 관심을 못 받을 뿐이지 성공 가능성은 더 높다. 그런 면에서 마을굿 개념을 가져가고 풍물굿의 공동체 문화로 생활문화와 다양한 예술 문화를 잘 융합한다면 도시공간을 포함한 현대 사회에서 새로운 문화가 가능하리라고 보는 거지.

춘영 그런 전체적인 대안을 준비하는데 뭐가 우리를 방해하고 있죠. 공동체가 와해되고 인간이 살 만한 사회도 아니고 제도, 정치, 법률, 경제 도처에 모순이 아직도 많잖아요? 하지만 우리는 풍물굿이라는 문화를 통해서 그래도 내 주변으로는, 내가 있는 공간에서는 함께 살 만한 마음을 나눌 수 있으면 좋겠다. 그런 활농을 지금 우리가 하고 있어요.

태훈 풍물이라는 장르가 처한 상황이 쉽지가 않아. 풍물이 어려운 이유는 요즘 사람들 취향 문제야. 잘 안 맞는 게 사실이지. 사람들의 취향이 계속 변하고 있어. 너무 시끄럽지 않고 편하면서도 이쁘거나 재밌는 거를 찾지. 풍물은 그런 면에서 거슬리는 게 몇 가지 있어. 사람들의 취향을 바꿀 것인가, 아니면 현대인의 취향에 맞게 풍물을 손 볼 것인가? 두 가지 선택지에서 부딪히겠지. 두 가지를 같이 고민해야지. 상황과 조건에 맞는 풍물의 형태를 개발한다든가, 소리가 너무 크지 않은 악기를 개발한다든가…. 그런데 풍물은 소리도 크고 사람들 동작이 잘 다듬어져 있는 경우가 별로 없어. 특별히 잘하는 전업, 전문팀들이나 동작이 멋지고 화려하지. 그런데 그런 경우는 드물어. 우리도 못 치는 드럼 소리는 시끄러워서 못 들어 주잖아? 그것처럼 요즘 대부분 풍물판의 수준이 많이 부족한 게 사실이야. 무슨 영역이든지 그렇지. 바이올린 연주를 못 하면 듣는 사람이 괴롭지. 어떻게 들어? "까앙~ 까앙 ~ 끼잉~ 끼이잉" 소음만 나면 환장하지. 근데 지금 풍물을 그렇게 치고 있단 말이야. 심하게 말하면 90%가 그렇게 치고 있다는 거야. 그러면서 "사람들이 전통을 싫어하네", "전통을 모르네", "재미있어 하지 않네"라고 원망해서는 안 맞지. 풍물이 지금 그러고 있어.

춘영 솔직히 요즘 많은 풍물 수준이 그렇죠. 아주 쓰라린 지적입니다.

태훈 이게 제일 큰 문제인 거 같아. 그런 식으로 풍물에 대한 인식을 나쁘게 만들어 왔지. 바이올린 진짜 못 들어 주는 연주 듣고 나면 또 그런 연주 보러 가겠어? 여기에 현대인들 취향이 달라진 게 겹쳐진 어려운 상황이야. 우리가 변명만 늘어놓고 있을 때가 아니야.

춘영 그 사람들도 풍물 영역에 있는 사람들인 거잖아요? 90% 사람들이 그렇다 하면 풍물 영역 자체가 준비가 안 됐다, 새 시대를 맞이할 준비가 안 됐고 악습을 반복하고 있다….

태훈 아니 두 가지 측면이 있는데, 공연 예술 측면에서 봤을 때 그렇다는 얘기야. 공연예술 차원에서 풍물을 보면 정말 준비가 안 됐어. 다른 면에서 풍물의 굿적인 장점을 활용한 퍼포먼스 면에서 풍물은 여전히 힘을 갖고 있어.

가능성이 없지는 않지. 정말 잘 치지 못하는 사람들 몇 십 명 모여서 판굿을 쳤는데 사람들이 와서 좋다고, 신난다고 봐. 연주 실력은 형편없지만 자기들끼리 뭔가 내용을 가지고 퍼포먼스, 난장이 일어나고 있을 때 사람들이 관심을 갖고 본다는 거지. 외국인들이 풍물판 보면 한참 보고 있다니까… 풍물의 굿적인 부분에서 아직 효력이 있어. 그것에 비해서 예술적 기량 면에서는 많이 부족하다는 거야.

춘영 현실적인 측면에서 보자면 '형님 지적이 정말 섬세하고 날카롭다!' 많이 공감을 합니다. 다른 한 측면에서는 사물놀이가 반향을 일으켰고 사물놀이를 바탕으로 한예종 전통 연희과가 생긴 지 20년 정도 됐어요. 그간 타악, 전통연희 전공 졸업생이 상당히 많이 배출되었고, 이후 전통 연희과가 여러 대학에 많이 생겼습니다.

태훈 전통연희 전공한 젊은 친구들 쪽은 예술적으로 좋아. 젊은 친구들 예술적 역량이 많이 좋아져서 대중들을 공연으로 사로잡기도 하고, 창작도 많이 이루어지고 있지. 이 친구들 문제는 본래 풍물의 맛이라든가 풍물굿 미학이랑 많이 벗어나 있다는 점이야.

춘영 공연예술로서는 사물놀이 연장선상에서 다양화되어 가고 있어요. 한예종 친구들 특히 "the 광대"라든지 몇몇 단체들은 악가무가 다 되고, 재담까지 포함해서 예술적 역량이 좋아요. 또 하나의 측면에서 무형문화재 제도 있잖아요? 국가무형문화재나 지방무형문화재, 여기에 다들 목숨 걸고 있거든요. 이런 제도를 우리가 어떻게 활용할 것인가? 아니면 배척할 것인가? 제도의 한계나 무속한 점은 없는지, 사회석으로 어떻게 바라볼 섯인가 이런 점은 공론화가 안 되고 있습니다. 열매를 따 먹은 분들은 빨대 꽂아서 계속 따 먹고 있고, 배제된 분들은 숟가락만 빨고 있는 양극화된 상황입니다. 어쨌든 무형문화재를 통해서 권위를 인정받고, 동시에 경제적인 지원들이 독점적으로 가고 있다는 겁니다. 경제적 지원, 언론 지원, 사회적 권위, 문화재 권력 독점 등 여러 가지 문제점을 노출하고 있어요. 어떤 분들은 20년 뒤에 이 무형문화재가 없어질 거라고 예측하는 분도 있지만, 최소 5년, 10년은 이대로 갈 거란 말이죠.

태훈 우스운 게, 어떤 현상이 있냐면 무형문화재가 되는 순간 자기 핸디캡이었던 것이 그 사람 '쩨'로 바뀌어. 나쁜 것들이 문화재가 되자마자 개인 스타일이나 장점으로 고정된다는 거야. 그래서 난 무형문화재 이런 제도하고 거리가 아주 먼 사람이고, 그렇게 판을 만들어 왔지.

춘영 "상쇠는 시대를 읽어야 된다." 그런 이야기가 많이 있어요. 시대를 선도하지는 않더라도 시대 감각과 센스가 있는 상쇠들을 만나려고 애 많이 썼죠. 실천적으로 활동하고 왜, 어떤 의미에서 실천하고 있는지 이야기할 수 있는 있는 상쇠를 만났어요. 풍물굿만 고민하는 게 아니라, 시대가 어떻게 흘러가고 있고 결국 어떻게 살 것인가? 사람들과 어떤 문화를 만들어 갈 것인가에 대한 실천적 고민이 풍물굿쟁이들에 필요하지 않을까요?

태훈 굿은 어떻게 살아야 될 것인가에 대한 공부의 장이기도 해. 노는 판이고 잘 놀면서 사는 법을 배우는 거지. 근데 굿판에서 이런 질문이나 고민들이 다 사라져 버렸어. 그 굿을 치면 뭐해? 서로 눈을 보면서 웃고 호흡도 맞춰보고 장단 배가 착 착 착 조화를 이루면서 변화가 일어나고, 그 재미도 느끼면서 춤도 추고 즐길 때가 좋은 거지. 그런 것이 없다면 풍물을 칠 이유가 별로 없지. 그런 즐거움들을 경험한다는 게 중요하지. 일상생활 속에서도 사람들과 이렇게 관계하고 사는 거야. 그러니까 본래 우리 문화에서는 일과 공부가 따로 있지 않아. 놀이 속에 공부가 들어 있고 일이 들어 있는 거지. 풍물에서 일을 배워.

춘영 삶과 굿의 관계, 이런 부분에 저는 아주 공감해요. 그게 핵심이라고 보는 거야. 두드린다고 그게 다 풍물은 아니란 거, 이야기를 잘 펼쳐서 정리해 주신 것 같습니다. 저는 이런 이야기를 이제 막 풍물을 접하고 풍물을 배우는 친구들, 전통 연희하는 후배들에게 전해주고 싶은 거예요. 이런 생각과 의지를 가지고 실천해 온 굿쟁이도 있다는 것을 기록하고 싶은 거죠. 광주에서 이제 마지막 질문을 드립니다. 이 공간 뜨락(우리문화예술원)이나 풍물패 굴림이 지향하는 사회는 어떤 사회인가요? 또 형님이 있는 공간 속에서 '이렇게 살고 싶어. 이렇게 활동하고 싶어.'라고 하는 바람을 이야기 해 주세요.

태훈 지금 너무 불합리한 것이 너무 많아. 사회가 정상을 벗어나 있는 게 너무 많다는 거야. 상식과 기본적 가치가 존중되고 인정되는 사회. 그게 실현된다면 아주 특별한 건 아니어도 모든 게 다 해결되지 않을까? 많은 사람들의 입장에서 대의적인 것을 생각할 수 있는 수준, 대부분의 보통 사람들이 공감할 만한 가치가 전체적으로 보편화되는 사회가 됐으면 좋겠어.

춘영 일반적으로 신념을 가지고 어떤 전망이나 가치 중심으로 살아가기 힘든 사회인 것 같아요. 밥 먹고 살기도 바쁘고 힘들죠. 그렇기 때문에 역설적으로 우리 풍물굿쟁이의 실천이나 풍물굿 활동이 그 자체로 빛을 발하는 것은 아닌가, 그렇게 스스로 위안을 합니다.

태훈 그리고 나는 이 공간에서 다양한 경험들을 나누면서 공감하고 훈훈함을 나누고 재밌게 지내고 싶어. 이제 풍물에서도 뭔가 새로운 걸 만들어내고 세상에 튕겨 나오고 놀랄 만한 굿이, 판들이 생겼으면 좋겠어. 그런 사람들이 함께 있으면 뭔가 끊임없이 만들어지고 서로 튕겨져 나오겠지. 아까 이야기했던 내용을 이해하고 아이디어를 가진 사람하고 같이 부딪치면서 만들어 간다면 재밌겠지. 딱 그런 사람을 만나기가 어려워.

춘영 아직 젊고 의지가 있으니까 어떤 계기가 되면 착 착 앞으로 나갈 수 있지 않을까요? 아니면 어떤 시대가 오도록 '우리가 조건과 상황을 만들고 준비해 나가야 되겠다.' 싶습니다.

태훈　내가 가지고 있는 장점에 새로운 걸 더 가지고 있는 사람을 원하는 게 욕심이긴 하지. 근데 항상 아쉬움은 있지. 내 주변에서 내가 보고 배울 만한 사람을 거의 못 봤어. 특별히 배우고 싶은 사람을 못 봤지. 그게 아쉬움이지.

춘영　사람마다 그릇이 있는데 큰 그릇도 있고 작은 그릇도 있잖아요? 그릇이 있으면 그 위에 밥상도 있고 그러는데, 모든 그릇이나 밥상이 다 채워져 있는 건 아니잖아요? 다 채워져 있는 사람이 있나요? 하나가 채워져 있으면 하나가 부족하고 그렇죠.

태훈　어느 영역이든 뛰어나면 그런 사람이 매력적인 것 같아. 그래서 지금 여기서 다양한 사람들을 만나면서 새로운 경험들을 공유하고 공감하면서 자체를 즐기고 있지.

춘영　충분히 그렇게 보입니다. 우리가 만난 지 20여 년 되는데 혹시 이 작업을 하고 있는 저에게 해 주실 말씀이 있으시면 해 주세요.

태훈　고생하고 있어. 조춘영에게 사람들이 선입견을 갖지 않게끔 기회를 많이 만들어 봐. 사람들은 많이 접하지 않으면 선입견이 생겨. 선입견이 생기면 그렇지 않은 모습을 보여주지 않는 한 그 선입견이 굳어져 버리지. 그래서 다양한 면을 보여줄 필요가 있지. 어느 한 구멍을 파는 것은 중요하고, 그건 내공이고 깊고 수준이야. 그런데 한 우물만 판다는 이미지는 주지 말아야 돼. 다양한 것들을 할 수 있는 능력도 있고, 한 분야에서 정말 깊은 수준이라는 이미지를 동시에 줘야 돼. 뭔가 닫혀 있고 막혀 있다는 인식을 줘서는 안 돼. 또 안 보이는 영역, 그늘진 영역이 별로 없이 고르게 균형 잡혀 있다는 이미지를 가질 필요가 있을 거 같아. 앞으로도 이런 작업을 계속하면서 자신을 특화를 시켜 나간다면 그것도 괜찮은 것 같아.

춘영　지금 현재 저에게 정말 절실하고 필요한 말씀인 거 같아요. 오늘 정말 길게 말씀 많이 나누었습니다.

태훈 어떤 질문을 할 지도 모르고, 준비 없는 상태에서 질문들이 쏟아져서 중구난방이었구만. 질문 하나하나 깊게 이야기해야 할 내용인데 아쉬움이 좀 있네. 다음 기회에 몇 가지만 선택해서 깊은 이야기 해 보자구.

춘영 네. 수고많으셨습니다. 감사합니다.

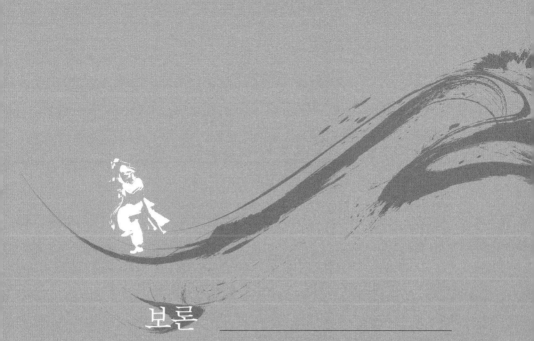

보론

21세기 상쇠 담론과
풍물굿이 놓일 자리

1. 들어가는 말

근대 이전 전통의 마을에서는 대부분의 경우 기층 민중에 의해 풍물굿판이 때때로 벌어졌다. 종교적인 목적에 의해 당산굿, 산신제가 행해졌고 노동의 힘겨움을 덜기 위해 두레패가 풍물을 울렸고, 오락·예술적 기능을 하는 풍물 판굿이 연행되었다. 한편 조선시대 군제와 연관하여 군사적 목적으로 풍물 진법이 훈련되기도 했다.[1] 옛사람들이 보고 즐길 것이 없어서 풍물을 대충 두드리면서 놀았을 거라는 수준의 인식은 잘못된 것이다. 선조들은 주변에서 쉽게 구할 수 있는 나무, 가죽, 쇠 재료로 소박하게 타악기를 만들어 다양한 목적을 가지고 풍물굿을 창조, 발전시켜 왔다. 원초적이고 소박하지만 그 안에 담긴 음악과 춤과 연극과 놀이의 예술적인 내용은 깊고도 방대한 것으로 보인다.

서구문명이 유입되는 시기와 맞물려 일제강점기[2]와 산업화, 도시화의 새마을운동 시기를 거치며 풍물굿을 포함한 대다수 전통문화는 소멸해 왔다. 우리 것은 천한 것이고 들어온 것은 귀한 것이며, 옛것은 버려야 할 것이고 새 것은 찾아서 받아들여야 할 절대적 가치라는 인식이 풍미했다. 마을 기반으로 한 마을굿과 풍물굿이 사라져 간 절대적 이유는 농사짓는 이들이 도시

---

1 성윤선, 「농악과 조선시대 군제와의 관계성」, 동덕여자대학교 박사학위논문, 2010년 참조.
2 일제강점기 중 풍물굿의 변화, 쇠퇴 양상에 대해서는 다음 논문을 참고하라. 손우승, 「일제강점기 풍물의 존재양상과 성격」, 『실천민속학연구』 제9집, 실천민속학회, 2007년.

로 떠나면서 마을공동체가 해체되고, 젊은이들이 서구문명과 서양문화에 경도된 까닭이다.[3] 산업화, 도시화를 넘어 민주화와 경제화의 두 마리 토끼를 잡은 듯이 보이는 현재 대한민국은 과연 사람이 살 만한 사회이며, 인간과 자연이 지속가능하게 어울려 살아갈 수 있는가 하는 위기와 도전에 직면하였다. 2020년 코로나19 바이러스 창궐, 즉 대유행이라는 전 지구적 현상은 이러한 문제제기들이 절실한 지금, 여기 우리의 문제라고 경종을 울린다. 이제 지구 공생체의 일원인 인류 사회가 어느 방향으로 나아가야 하는가? 지금껏 인류가 창조해 온 문화예술 그 가운데 한민족이 창조한 풍물굿 문화는 이 위기의 시기에 어떤 역할을 할 수 있을 것인가?

외람되지만 미래 대안문화로 희망의 씨앗을 풍물굿은 내함(內含)하고 있다고 본 지 오래다. 미래를 맞이하는 현대 사회 속에서 '풍물굿이 놓일 자리'를 고민하였고, 핵심주체이자 실천가로서 전국의 상쇠들을 추적하여 질문을 던졌다. 80년대 대학과 노동운동 현장에서 촉발된 공동체 문화와 풍물굿판은 전혀 새로운 것이 아니었고, 한민족 DNA와 마을 골골에서 흐르던 도도한 생명, 인문 문화의 정수이다. 그렇게 시작한 "풍물굿 재생기"[4]가 한 세대 30년

---

3 20세기 마을굿, 풍물굿의 변화 양상 대한 주요 연구 성과는 다음과 같다; 권은영, 「20세기 풍물굿의 변화 양상에 관한 연구」, 전북대학교 박사학위논문, 2008년; 박혜영, 「감천 유역 마을굿의 전승맥락과 빗내풍물의 변화」, 안동대학교 석사학위논문, 2008년; 권봉관, 「원주 매지풍물의 재맥락화 과정을 통해 본 풍물의 의미 변화」, 안동대학교 석사학위논문, 2010년; 이용식, 「사회변동에 의한 마을굿 농악의 변화양상」, 『한국무속학』 제 31집, 한국무속학회, 2015년.

4 80년대 풍물굿 운동 및 풍물굿 재생기를 주목한 주요 연구는 다음과 같다; 권은영, 앞의 「20세기 풍물굿의 변화 양상에 관한 연구」, 권은영, 「1980년대 이후 고창농악 연행주체에 관한 연구」, 『국어문학』 제55집, 국어문학회, 2013년; 박흥주, 「1980년대 풍물운동에 발현된 굿성 연구」, 『비교민속학』 제50집, 비교민속학회, 2013년; 박흥주, 「1980년대 전반기 서울지역의 풍물운동 계열 작품에 나타난 굿성 연구」, 『실천민속학연구』 제23호, 실천민속학회, 2014년; 정형호, 「20세기 '풍물' 용어의 사회문화적 의미 변화 양상」, 『한국민속학』 66집, 한국민속학회, 2017년; 구자호, 「풍물굿 운동의 당대적 의미와 예술적 실천에 관한 연구」, 성공회대학교 석사학위논문, 2018년.

을 거치며 지속과 종료, 성공과 실패의 갈림길을 마주하고 있다. 민주화와 경제화를 이루고 이른바 '이명박근혜 국정농단' 및 촛불시민 혁명을 지나는 지금 우리 시민은 몰락과 창신의 선택을 지구 공생체들로부터 요청받고 있다. 풍물굿 마당, 판, 쟁이들 속에서 소박하지만 담대하게, 위기지만 희망을 가지고 전국의 상쇠를 찾아 미래 비전과 전망을 물었다. 지구 공생체, 대한민국 사회 속에서 "풍물굿이 놓일 자리가 어디냐"고, "당신은 풍물굿쟁이로 어떤 길을 걸어 왔으며, 어떤 마음으로 여기 서 있냐"고.

2. 현대 풍물굿 상쇠의 역할과 덕목

사물놀이에도 상쇠가 있고, 농악에도 상쇠가 있으며, 풍물굿판에도 상쇠가 있다. 대중적으로는 사물놀이, 농악, 전통연희 연행자와 풍물굿쟁이가 같은 분야의 예술가로 이해되고 있다.

여기에서 '상쇠 담론'은 필연적으로 풍물굿 장르, 풍물굿 문화와의 연장선 상에서 이루어진다.[5] '풍물굿 상쇠론' 연구 이후 사물놀이 상쇠론, 농악 상쇠론이 나올 수도 있고, 오케스트라 지휘자와 비교, 대비할 수도 있을 것이다. 내게는 흥미로운 주제인데, 오케스트라 지휘자와 풍물굿 상쇠를 비교하는 연구는 장르 비교에서 동서양 문화, 철학, 미학 비교로까지 나아갈 수 있을 것이다. 그러나 솔직히 농악 상쇠와 풍물굿 상쇠의 비교는 감당하기 어려운 주제다. 전통 공연 예술 현장에서 사물놀이와 풍물굿은 외형상 구분되지만 농악과 풍물굿은 구분되지 않거나 엄격하게 구분하지 않는다. 풍물굿과 상

---

5 상쇠 담론을 최초로 제기한 노수환 역시 풍물굿과의 연장선상에서 상쇠론을 펼치고 있다. 노수환, 『상쇠로 풀어보는 풍물굿의 미학 상쇠』, 학민사, 2008년 참조.

쇠의 연속성, 연계성을 넘어 굳이 사물놀이, 농악과의 차이를 드러내는 이유는 '굿'이라는 근원적인 총체문화에 대한 오해, 편견, 열등감, 타자화된 계급성 등을 벗어나고자 함이다. 대표적으로 고창농악의 이명훈 상쇠는 굿정신, 굿문화에 대해 다음과 같이 말하고 있다.

> 굿정신, 굿이 뭘까? 왜 어른들은 이걸 쳐 왔고, 나는 그것을 받아서 하고, 또 그걸 후배, 후세에게 물려주려고 노력하고 있을까? 우리 가족이 살아가는 삶의 토대에서 이 굿을 침으로써 일 년 동안 묵었던 액들이나 나쁜 기운을 몰아내고, 새로운 기운을 받아서 한 해 살아갈 힘을 얻는 거예요. 그게 굿의 역할이라고 생각해요. 그리고 김을 맬 때나 모를 심을 때 이 굿소리와 노동요와 함께하면 노동의 힘듦을 덜 수 있게 해 주잖아요? 우리의 삶 곳곳에 굿이 함께 있었다는 거죠. 심지어는 누가 아프면 낫게 해 달라고 굿을 쳤잖아요? 주당매기라고 하는 건, 이게 굿이란 말이에요. 우리 삶에 내 삶에 있는 게 굿이에요.[6]

풍물굿을 이해하는 핵심적인 열쇠말인 "굿문화"를 임재해는 다음과 같이 정의했다. 좀 길지만, 핵심 내용을 포괄하기에 인용한다.[7]

> 나는 세간에서 널리 쓰는 굿이라는 말을 근거로, 무교문화 일반을 일컬을 때는 '굿문화'라 하며 필요에 따라 무교 또는 무속이라는 말을 쓰고 있다. 굿을 해 오며 사는 민중들에게 무교나 무속이라 하면 낯설어도, 굿이라고 하면 전혀 낯설

---

6 조춘영, 앞의 『하늘땅을 열어라, 캥 마주깽 놀아라』, 337~338쪽.
7 임재해, 「굿 문화사 연구의 성철과 역사적 인식지평의 확대」, 『한국무속학』 제11집, 한국무속학회, 2006년, 71쪽, 81쪽.

지 않기 때문이다. 그러므로 굿을 둘러싸고 전승되는 모든 문화 현상을 굿문화라 일컫고자 한다. 굿문화는 통시적으로 단군신화에서부터 현재의 마당굿까지 아우를 수 있을 뿐 아니라 앞으로 만들어지게 될 새로운 민족굿 양식까지 포괄할 수 있다. 그리고 공간적으로 개인굿에서 마을굿, 고을굿, 나라굿까지 민족공동체의 다양한 신명풀이 문화양식들을 모두 감싸 안을 수 있다. … 우리 굿문화 속에는 신들린 무당은 물론 대물린 단골무나 세습무도 참여하지 않는 굿들이 많다. 무당들이 하는 무당굿도 있지만, 풍물잡이들이 하는 풍물굿도 있다. 다시 말하면 무당 없는 공동체굿이 다양하게 있는 것이다. 정월 대보름 전후에 마을 단위로 하는 동신신앙의 마을굿 또는 당산굿에서부터, 집돌이로 지신밟기를 하는 풍물굿, 모내기나 논매기 등 공동노동을 하며 풍물굿을 치는 두레굿, 논매기를 마치고 일꾼들끼리 호미씻이로 하는 풋굿 등은 무당이 하는 굿이 아니다. 두레꾼이자 풍물잡이들이 하는 공동체굿이다. 이런 굿을 하는 사람을 굿패라고 일컫기도 한다. 굳이 말하자면 신들린 강신무나 대물린 세습무에 대하여 신오른 광대무로 변별할 수 있다.

필자는 이 프로젝트에서 굿문화, 굿성, 굿정신이라는 관점을 유지했고 부분적으로 미래 가능성을 비추었다고 생각한다. 그래서 굿이 놓일 자리까지 충분히 궁구할 여유는 없었지만, 굿문화의 연관성 속에서 풍물굿이 생동하고 변통해 온 과정을 이해할 수 있을 것이다.

그러한 차원에서 필자는 가능하면 농악이 아닌 풍물굿이라는 통칭을 쓰고자 한다.[8] 사실 전통적 맥락에서 두레, 풍장, 매구, 풍물, 길립, 길궁, 딩산굿,

---

8   농악과 풍물굿 용어에 대한 논의는 30여 년간 꾸준히 이어져 왔다. 여기서 이에 대한 논의를 상세히 재론하는 것은 합당치 않다고 보아 최근 '농악'이라는 용어가 부적합하다는 취지의 연구를 소

금고, 군고, 진굿, 마당밟이, 지신밟기, 주당맥이, 기절놀이, 술멕이 등 풍물 악기를 들고 하는 행위를 이르는 다양한 명칭이 전국에 산재한다. 행위의 목적과 양식, 그리고 시공간이 다를 뿐 외형은 풍물이라는 악기를 두드리며 행한다는 공통점이 있다. 여기서 표면적인 형식보다는 이면의 내용, 즉 이 총체적인 행위의 의미와 가치를 던져 물은 것이다. 단순한 과거의 전통이라는 가치 너머에 본질적으로 풍물굿 문화, 풍물굿 정신의 미래적 가치와 의미를 함께 묻고 함께 답해 보고자 하였다. 당연히 해당 지역과 마을 및 단체에서 상쇠는 어떤 역할을 하는지 기본적인 것에 대해 물었다. 그리고 풍물굿 연행의 지휘자와 조직 우두머리의 한 사람으로 상쇠에게 필요한 덕목을 물었다. 이 덕목은 전통적인 마을을 떠나 탈맥락화, 재맥락화[9]되고 있는 풍물굿판에서 현재적이고 시대적으로 요청되는 상쇠의 덕목을 물은 것이다. 상쇠의 역할은 과거에서 현재로 이어지는 관점이고, 상쇠의 덕목은 현재에서 미래로 나아가는 관점에 초점이 있다.

〈도표〉 상쇠의 역할과 덕목에 대한 상쇠의 답변들

이름	상쇠의 역할	상쇠의 덕목	비고
김영윤	(1) 연행과 교육 (2) 상쇠는 왕이다	(1) 제왕의 리더십 (2) 소통의 리더십	
김태훈	(1) 사람들과 감정적 교감(융통성과 배려 발휘) (2) 상대의 신명을 최대한 끌어내는 지휘자 (3) 구성원들 간 균형을 잡아주는 균형추		상쇠 모셔오기

개하는 것으로 갈음한다. 정형호, 「농악 용어의 역사적 사용과 20세기 고착화 과정에 대한 고찰」, 『한국민속학』 62집, 한국민속학회, 2015년; 정형호, 「20세기 '풍물' 용어의 사회문화적 의미 변화 양상」, 『한국민속학』 66집, 한국민속학회, 2017년.

9 민속의 탈맥락화, 재맥락화 개념은 한양명에 의해 최초로 제기되었다. "민속의 탈맥락화가 일정한 목적을 위해 민속을 유용함으로써 일어난다면, 재맥락화는 유용의 과정이자 결과로서 민속이 전과 다른 새로운 맥락 속으로 편입되어 전승되는 현상으로 설명된다." 한양명, 「놀이민속의 탈맥락화와 재맥락화: 영산줄다리기의 경우」, 『한국민속학』 제49집, 한국민속학회, 2009년.

최용	(1) 영광 우도에서 상쇠는 부당의 남편 (2) 종교 지도자로 온갖 의례나 마을 애경사를 주관하면서 음악적 지도자	(1) 송교 지도자로서 제의성 담보 (2) 음악, 예술적으로 높은 수준확보 (3) 잘 살아야 함	
김명수	(1) 단체의 우두머리, 리더 (2) 악기 연주자와 교육자 (3) 무당. 하늘과 땅을 연결하고, 인간의 염원을 하늘에 전하는 전달자	(1) 배려심 (2) 사람들과 잘 어울리고 사람에게 신뢰를 받아야 한다.	생활 현장
김인수	(1) 판 운영 능력 (2) 기획, 연출력 (3) 시대적 소명		분단과 통일, 경계를 넘는 문굿
이찬영	(1) 사람들과 소통을 잘해야 한다 (2) 사람을 잘 놀려야 한다 (3) 아우라, 기운이 있어야 한다 (4) 도시 풍물패 상쇠는 지역의 제를 버리고 소통하고 이어주는 역할 해야 (5) 민중들의 삶을 정확히 읽어내는, 시대를 읽는 눈이 필요하다.		노동운동 및 노동자 풍물패
이성호	(1) 치배와 관객들을 잘 놀리고 주인되게 만드는 판의 지휘자 (2) 사람 배치, 사람 신명을 잘 표현할 수 있게 해 줌, 전체를 조화롭게 만듦	(1) 내가 잘난 척하는 게 아니라, 잘 놀기 위해서 친다. (2) 내가 잘 놀고 결국 남들을 놀게 하는 게 상쇠	삶이 굿이고 굿이 곧 삶 / 지역 분권
이명훈	(1) 조직의 운영자 및 기획자 (2) 굿의 연행자 (3) 기량만 좋고 사람들이 모이지 않음		마을농악/고을농악
임인출	(1) 상쇠가 강습, 교육을 많이 해 봐야 한다	(1) 공동체에 헌신 (2) 통찰력과 포용력 (3) 춤, 소리, 재담을 다 잘해서 다 담을 수 있는 그릇이 (4) 내 꽹과리 소리를 낮춰 치배들과 관객들의 마음을 모아낼 수 있게 함	대동놀이 기획, 연출
황순주	(1) 굿을 기획하는 기획자 (2) 굿을 지휘하는 지휘자 (3) 굿을 조직하는 조직 활동가 (4) 펀드매니저 (5) 훌륭한 교사 (6) 마을 민주주의 지도자	현대 도시공동체 풍물패 상쇠는 여러 사람이 역할 분담하는 것이 필요	문화기획자, 도시의 마을공동체
이승철	(1) 기능과 실력이 기본 (2) 조직의 어른이자 지도자 (3) 자기 수양		
박희정	(1) 풍물판 대포수는 감독, 상쇠는 주전 선수 (2) 현장에서 판제 지휘(상쇠는 판의 책임자)	(1) 상대방에게 말을 잘 해야 (2) 상쇠로서 내 생각을 정확히 표현(중심이 잡혀 있어야) (3) 사회의 현실을 파악하려 노력	상쇠대접 상쇠학습
배관호	(1) 상쇠는 권한과 지위가 큼 (2) 구성원 역량 파악해서 치배 구성 (3) 전체적으로 어우러지고 신명을 낼 수 있게 운용	(1) 상쇠는 전통을 지켜 나가되, 전통과 창작을 잘 접목시켜 지도해야 (2) 기본을 잊지 않게 변화에 유연하게 대처	아버지 상쇠, 상모재비로 시작
황길범	(1) 표면상 앞서서 끌고 가는 리더	(1) 열정과 고집, 인내를 품은 어울림 (2) 모든 걸 다 아우르고 끌고 나갈 수 있는 덕을 갖춘 사람 (3) 음악적인 재능이 있어야 함	독실한 기독교인
민재경	(1) 굿의 지휘자 (2) 굿패의 얼굴 (3) 정기 모임 주관 및 신입회원 강습	(1) 연희자와 지휘자 덕목 겸전 (2) 상담자의 덕목(치배 상태를 알고 항상 교류, 서로 마음 공유, 공감) (3) 현대 상쇠는 자신을 낮출 줄 아는 포용력 요구	서울 사회패

구자호	(1) 이 세상을 잘 알아야 (2) 생활굿 - 사람을 잘 알아야 (3) 기획과 연출 능력 필수		고등학생 운동
한춘녀	(1) 상쇠는 마당에서 절대 권한 (2) 중요한 책무는 조직의 방향을 잘 잡아야	(1) 사람 됨됨이 (2) 재능(예술적 역량) (3) 리더십	영유아 풍물교육
김용범	(1) 터울림 상쇠는 굿패가 가고자 하는 방향의 내용과 큰 흐름을 만들어 가는 사람 (2) 끊임없는 내부 동력을 만드는 역할	(1) 사회를 바라보는 안목, 실천 역량 (2) 올라운드 플레이어로 단체 내 역할	
김태훈	(1) 다른 사람을 돋보이게 만들어 주고 놀려주어야 (2) 단군의 역할 즉 제사장, 장군의 역할 (3) 서로 살려주는 마음, 배려하고, 조화하고, 호흡 맞추고, 전체 흐름을 살려 구성원이 잘 섞이고 같이 흘러갈 수 있게 조정 (4) 관객의 눈과 치배의 눈을 보며 마음을 읽는 사람		

다음 그림은 위 도표 안 내용을 토대로 상쇠 역할과 덕목을 주요 열쇠말로 도식화한 것이다. 전국의 다양한 단체에서 활동하는 상쇠에게 질문한 상쇠의 역할과 덕목에 대한 답변은 상당 부분 겹치고 유사한 답변이 많다.

상쇠의 역할과 덕목 열쇠말 도식

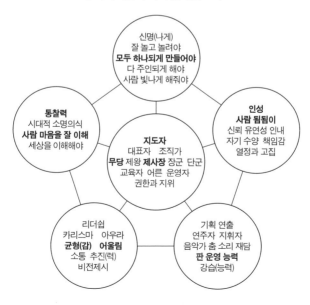

아래에서는 이러한 덕목, 역할들을 각 항목별로 세부적으로 고찰해 본다.

1) 풍물굿 상쇠는 조직, 단체의 지도자다

마을 풍물굿 맥락에서나 현대 도시 풍물굿판에서 모두 통용되는 명제라고 할 수 있다. 특히 현대 풍물굿패의 상쇠는 회원을 조직, 관리하고 모임을 운영하며 강사의 역할까지 겸하는 경우가 대부분이다. 그래서 조직의 어른, 우두머리, 영감, 제왕, 굿패의 얼굴, 지휘자, 리더십, 카리스마 같은 열쇠말이 낯설지 않은 것이다. 풍물굿패의 상쇠는 전쟁터에서 장수가 그러하듯 공연 치배를 구성(편제)하며, 풍물굿판을 지휘하는 책임과 권한을 가지고 있다. 그래서 나이는 어리지만 상쇠라고 한다면 큰어른으로 인정한다는 의미에서 '상쇠 영감', '상쇠 모시기', '상쇠 대접'과 같은 문화와 용어가 현장에서 두루 쓰인다. 음악인류학자 이용식은 마을굿에서 상쇠의 위상을 다음과 같이 포착하였다.

> 마을굿 농악의 전승에 핵심적인 인물은 상쇠이다. 마을 구성원은 1년에 한 번 거행하는 마을굿의 농악 가락을 제대로 전승하기는 쉽지 않다. 대부분의 구성원은 상쇠가 치는 가락을 따라 치면서 마을굿을 진행하기 때문에 상쇠의 위상은 절대적이다. 상쇠는 농악패의 음악적 지도자 역할을 하지만, 1년에 한 번씩 거행하는 마을굿 가락을 온전히 기억하기는 쉽지 않다. 이를 위해 상쇠는 다른 구성원보다도 훨씬 많은 음악적 열의를 갖고 훈련해야 한다. 마을에 걸출한 상쇠가 있으면 나머지 구성원은 상쇠의 가락을 따라 치면서 농악을 연주하는 경우가 대부분이다.[10]

---

10 이용식, 「사회변동에 의한 마을굿 농악의 변화양상」, 위의 『한국민속학』, 167~168쪽.

위와 같이 걸출한 상쇠가 갑자기 이사를 가거나 죽게 되면 마을굿은 상당한 타격을 입을 수밖에 없다. 상쇠가 없어지면 풍물굿패가 없어지는 결과로 이어지는 경우가 많은 데서도, 풍물굿패의 상쇠가 단체의 핵심적인 지도자이자 대표 역할을 한다는 것을 알 수 있다.

현재 풍물굿 단체의 조직 형태가 다양하여 상쇠가 대표로 있는 경우도 있지만 그렇지 않은 경우도 상당하다. 단장, 대표, 보존회장, 이사장, 회장, 터장 등의 이름으로 별도의 운영자나 지도자가 상쇠와 함께 조직을 운영하는 경우도 많다. 어떤 조직의 형태가 이상적이라고 규정할 필요는 없지만, 어느 경우든 상쇠는 단체의 정체성을 이루는 풍물굿패의 실질적인 내용을 채워 나가는 활동의 중추이자 기둥이라고 할 수 있다. 그래서 지도력 즉 리더십과 카리스마가 필요하고 회원들 간 원활한 소통을 이끌어 내는 데 능숙해야 한다.

2) 예술적 역량을 갖춘 공연자 및 지휘자

실제 풍물굿판이 벌어질 때 가락을 넘기고 판을 넘어가며, 굿거리를 짜 나가는 진두지휘자가 상쇠다. 상쇠는 한낱 꽹과리를 연주하는 예능인이거나 한 개인으로서의 존재가 아니라, 판 전체를 보고 판의 시작과 끝맺음을 결정하는 결정권자이며 판의 완급을 조절하는 조율사도 하다. 그래서 상쇠는 하루아침에 뚝딱 만들어지는 것도 아니요, 혼자서 하고 싶다고 되는 직위나 직책이 아니다. 전라도에 "농구"[11]라고 해서 차기 상쇠가 되기 위한 훈련을 하는 잡색이 있고, 지역에서 이름 난 상쇠를 논밭과 집을 제공하면서까지 마을

---

11 "대포리의 상쇠는 어려서부터 훈련을 받는다. 마을의 어린이 중에서 음악적 소질이 있는 어린이를 발굴하여 '농구' 역을 맡겨서 춤을 배우고 상모놀이를 배운다. 농구는 어려서부터 쇠를 비롯하여 제반 연행을 배우고 크면 상쇠가 된다." 위의 『한국민속학』, 168쪽; 송기태, 「마을농악 전승구도 변화와 현실 대응」, 『공연문화연구』 30집, 한국공연문화학회, 2015년 참조.

로 모셔오는 상쇠 모셔오기' 같은 문화도 있다. 걸립굿패가 다른 마을 걸립을 가서 굿을 끝냈을 때 마을의 어른들이 상쇠를 밥상 앞에 모셔 놓고 대접한답시고 냉혹한 평가를 주고받는 '상쇠 대접'도 전라도에서 일반적으로 볼 수 있다. 상쇠 대접은 상쇠의 예술적, 지도자적 역량에 따라 대접이 되기도 하고 푸대접, 죽을 판이 되기도 한다.

기본적으로 상쇠는 가락은 물론 소리와 춤 그리고 재담까지 능수능란하고 구사하는 종합예술인으로서의 역량이 요구된다. 또 혼자만 잘 하는 것이 아니라 굿패 전체의 치배를 살피고 구슬려 최상의 굿판을 이끌어 낼 수 있어야 하고, 궁극에는 관객들까지 잘 놀려 흥과 신명의 대동난장까지 만들어 낼 수 있어야 한다. 굿판에 있는 모든 이들이 충분히 놀고 춤추고 어울려 만족할 수 있게 만들어야 한다. 그래서 상쇠는 소고와 북, 장구, 징을 모두 다룰 수 있어야 하고, 잡색을 맡아 관객들을 놀리는 등 풍물굿패의 모든 치배를 학습하고 경험하는 경우가 많다. 즉 상쇠는 모든 악기 연주를 할 수 있고, 모든 역할의 재능을 두루 겸비하고 있다.

상쇠의 예술적 역량을 키우기 위해 학습한 내용과 방법에 대해서도 질문을 던졌다. 멀리 있는 이름난 선생을 찾아가 소리도 배우고, 춤도 배우고, 다른 악기도 배워 평생 스승으로 모시는 경우도 많다. 상쇠가 되기 위해 전대 상쇠에게 교육도 받지만, 스스로 부족한 부분을 학습하기도 한다. 상쇠를 맡은 초기에는 부족하고 모자라지만 수년간 단체를 이끌며 경험이 쌓이면 판을 만들어 가는 역량 또한 늘어 가기도 한다. 다음은 광주 김태훈 상쇠가 말하는 시취사로서 상쇠의 덕목이나.

쾡과리를 치는 사람들한테, 굿을 치는 사람들한테 꼭 하는 말이 "사람 눈을 봐라. 상쇠의 눈도 보고 옆에서 함께 치는 사람들 서로 눈을 봐라. 눈을 봐야 그 사람 의도나 마음을 파악할 수 있다." 상쇠의 동작이나 호흡 점을 보기만 해도되지만, 몸과 함께 눈을 봤을 때 전체적인 것을 빨리 파악할 수 있다는 거야. 굿을 치다가 서로 눈을 보면 미소가 나와. 그리고 확실하게 구경하는 사람의 눈을 보고 한번 웃어 줄 때 상대방도 분위기가 달라지고 판에 확 빨려들어 오는거지. 또 꽹과리는 가슴으로 쳐야 된다고 생각해. 꽹과리를 너무 낮게 들면 소리가 좀 묻히고, 너무 높게 들면 부자연스럽고 불편해. 그래서 가슴 높이에서치라고 그러는 거야. 그리고 신호를 줄 때에는 눈에 띄게, 귀에 들리게 해야 돼.눈높이, 귀 높이지. 상대방이 정확하게 파악할 수 있도록 뭔가 말하듯이 높이를 맞추라는 거야.[12]

3) 상쇠는 종교 · 신앙의 기능을 하는 사제

풍물굿이 판굿 위주로 공연되고 무대공연화되는 상황에도 풍물굿의 종교, 신앙적 기능은 면면히 이어져 왔고, 이에 대한 본질적 이해가 더욱 요구되고있다. 다수의 상쇠들이 스스로 하고 있는 행위들이 단군, 제사장에 의해 치러지던 의례, 의식으로서의 굿이며 상쇠는 무당이라는 정체성이 분명히 있다고 밝히고 있다.

전통의 마을굿에서 풍물굿으로 치르는 당산굿, 걸립굿, 마당밟이(지신밟기), 뱃굿, 공동체의 바람을 신에게 전달하고 현실 세계에서 풀어내는 종교, 신앙 행위에 다름 아니다. 현대 도시에서 이루어지는 풍물굿의 종교적 특성은 마당밟기, 지신밟기에서 분명하게 드러난다. 풍물패가 있는 동네의 시장이나 상가, 조합원의 영업소 및 자택을 방문해 함께 복을 빌어주고 액을 막는

---

12 본 책자 김태훈 상쇠 면담 중.

다. 일 년 한 해 건강하고 행복하게 잘 살게 해달라고 풍물패의 악기 소리 실어 올린다. 여기서 상쇠는 주도적으로 가락을 내고 소리를 하고 재담을 하며 집안 신들과 집 주인을 놀린다.

먼저 풍물패가 집 앞에 서서 주인을 부르고 문을 열라고 외친다. "주인 주인 문엽쇼, 복 들어강께 문 엽쇼~!" 이 장단에 맞춰 가락을 치고 문이 열리면 들어간다. 영업소에는 들어가자마자 성주신이나 조상신께 문안을 드리고, 집안 곳곳을 돌며 액을 떨치고 만복을 기원한다. "들어가요 들어가요, 만복이 들어가요~!", "쳐 드리세 쳐 드리세, 만복을 쳐드리세~!" 거실이나 마루, 마당 복판에 고사상을 차려 두고 초에 불을 밝혀 주인의 정성을 풍물패들이 북돋아 준다. 상쇠는 사설과 덕담으로 신과 주인을 이어주고, 주인이 기원하는 바를 들어주고, 손을 이끌어 춤도 추게 하며 한참을 놀린다. 중국[13]과 일본,[14] 동남아시아에서도 종교적 목적으로 풍물굿과 유사한 형태의 행위가 인류학에서 보고되고 있다. 이 순간 상쇠는 사제가 되고 무당이 된다. 그 수단과 방법이 풍물굿과 춤과 노래를 통해서 이룬다는 점이 다를 뿐이다. 다음은 우도농악의 최용 상쇠, 순천 두엄자리 김명수 상쇠의 증언이다.

우선 상쇠에게 가장 중요하게 생각하는 건 종교성이에요. 종교 지도자의 역할을 분명하게 해야 될 필요가 있다는 거죠. 믿음치례를 담당하는 자로서 단순히 음악을 연주하고 무형문화재나 전통문화예술을 전승, 보존하는데 앞서서 어쨌든 상쇠니까 종교지도자로서 종교성을 가장 큰 덕목으로 생각해요. 어느 순간

---

13 쑨밍, 「한국농악과 중국 앙가 비교연구」, 단국대학교 박사학위논문, 2019년; 강재욱, 「한국 풍물과 중국앙가의 기능과 연행양상」, 고려대학교 박사학위 논문, 2020년 참조.
14 박전렬, 「걸립의례의 공간구성 - 한국과 일본의 사례를 비교하며」, 『중앙민속학』 제3집, 중앙민속학연구소, 1991년 참조.

잊어버리고 돈벌이에 팔려가는 추세가 있는데 이게 중요하다고 생각해요.[15]

꽹과리는 악기 특성도 내 개인적인 성향에서 봤을 때 상쇠, 꽹과리 치는 사람은 무당이다. 무당이 돼야 된다. 꽹과리 자체가 원초적으로 얘기하자면 광물에서 나온 거고 거기에 천지인이 들어있지. 머리에는 깃털을 달고 우리는 인간의 몸이고 광물인 걸 들고 있잖아요? 그러면 이게 무당이지. 하늘과 땅을 연결시켜 주는 이게 쇠잽이야. 그렇다면 인간의 염원이나 이런 것들을 하늘에 전달해주고 땅에 전달해주는 역할을 한단 말이야. 기본적으로 대그빡에 뭘 쓰고 꽹과리를 들었다면 이런 마음으로 꽹과리를 쳐야 된다. (중략) 종교적인 시각으로 보는 것도 틀린 건 아닌데, 그 굿이라는 게 무당이 굿판을 열고 행위를 하는 이런 거로만 인식이 되 있다는 거죠. 그런데 빨주노초파남보 무지개가 있듯이 굿이라는 건 여러 형태가 있을 거 아니에요? 노는 굿도 있고, 즐기는 굿도 있고, 우는 굿도 있을 것이고….[16]

보는 바와 같이 풍물굿 상쇠들이 스스로 종교 사제와 무당이라고 밝히는 경우가 많아 의외였고 반가웠다. 이러한 자기 인식과 정체성을 기반으로 풍물굿의 굿성을 확대, 강화해 나갈 수 있을 것이다.

4) 시대와 사회를 통찰하고 대안을 실천하다

면담에 답한 다수의 상쇠들은 상쇠를 포함한 굿쟁이의 '시대의식, 사회의식'의 중요성을 강조했다. 특히 상쇠는 시대를 읽는 눈이 있어야 하고 사회

---

15 조춘영, 앞의 『하늘땅을 열어라, 캥 마주깽 놀아라』, 111쪽 최용 상쇠 면담 중.
16 조춘영, 앞의 『하늘땅을 열어라, 캥 마주깽 놀아라』, 144쪽, 154쪽 김명수 상쇠 면담 중.

보론: 21세기 상쇠 담론과 풍물굿이 놓일 자리 | 351

문제에 대한 대안까지 제시할 수 있어야 한다는 덕목을 추가했다. 전통적인 마을에서 상쇠가 어른으로서 공동체의 삶과 생활 속으로 들어가 살피고 헤아리며 구체적인 문제 해결을 도모했다는 사실을 증언하고 있다. 주변 공동체를 넘어 시대와 사회를 향한 열린 시선은 80~90년대 풍물굿쟁이의 기본적인 덕목이자 소양이다. 최근 세월호 참사와 박근혜 국정농단 촛불집회 과정에서 전국의 풍물굿쟁이들이 적극적으로 참여한 것이 대표적인 예다. 몇몇 상쇠의 시대의식과 진단을 다음과 같이 소개한다.

부천 〈타락〉의 구자호 상쇠는 도시에서의 마을굿과 생활풍물굿 기치를 걸고 꿋꿋이 굿판을 벌여온 굿쟁이다. 〈타락〉이라는 풍물패는 회원들 모두가 주인이며 스스로 공간을 청소하고 가꾸는 생활 풍물굿 공동체다. 협동의 정신이 살아있는 풍물굿패다. 그는 이 시대가 신자유주의의 극단화로 사람이 사람답게 살 수 없는 사회라고 진단하고, 일상생활 속에서 '관계성의 회복'이 무엇보다 중요하다고 이야기한다. 풍물굿은 어떤 장르나 문화보다 사람들을 이어주고 그 관계성을 회복하는 탁월한 매체다. 이런 풍물굿 공동체의 분위기 속에서 깨지고 흩어졌던 주인의식과 자주성이 발현된다고 증언한다.[17]

부산 소리결의 김인수 상쇠는 풍물굿쟁이로서 시대의식이 뚜렷하고 강한 추진력과 실천력이 돋보인다. 풍물굿의 맛이 가락을 내고 시간이 흐를수록 쌓여가는 데 있고, 한 걸음 한 걸음 발걸음이 모여 길굿이 이루어진다고 말한다. 그의 시대의식은 한마디로 "사회 내에 있는 여러 차별과 벽과 경계를 넘어서야 한다."는 것이다. 우리는 사실상 국토가 사방이 막혀 있는 섬과 같은 국가로 이에 따라 정신까지 막힌 비정상 국가이다. 남북이 갈라서 분단된 지

---

17 본 책자 구자호 상쇠 면담 중.

70여 년을 지나며 여권이 없으면 바깥 어디로도 나갈 수 없다는 물리적, 정신적 고립이 내면화되었다.

이를 극복하려면 남북 분단과 대립이 종식되고 평화체제로 가야 한다. 사실 이 사회의 벽과 경계는 남북이라는 정치체제뿐 아니라 남녀, 지역, 가진 자와 못 가진 자, 정규직과 비정규직, 이성애자와 동성애자 등 다양하다. 사회 각계각층에 존재하는 무수한 경계를 넘어야 평등하고 사람이 사람다운 사회를 만들어 갈 수 있다. 이러한 시민들이 실질적인 역사의 주체가 될 수 있다. 여기서 풍물굿이 무수한 경계를 넘을 수 있는 방법과 전략과 방향을 제시하고 있다고 그는 보고 있다. 그래서 제시한다. 남과 북의 "분단을 넘는 문굿을 치자." "경계를 넘는 길굿을 치자." "모두 평등으로 하나 되는 거리굿을 치자." 김인수 상쇠는 그 풍물굿판을 만들어 가는 길로 뚜벅뚜벅 걸어가고 있다.[18]

강화열두가락농악의 황길범 상쇠는 독실한 기독교 신자이면서 동시에 강화도 풍물굿 문화를 지켜내며 이끌어가고 있다. 그는 풍물굿을 포함해서 문화예술인들이 직업적으로 생활할 수 있는 제도를 만들어야 하는 시대라고, 최소한 강화에서라도 그런 정책이 실행되도록 하겠다고 강변한다. 강화도는 노인 연령층 특히 할머니들은 많은 반면 젊은이들이 외지로 나가고 줄어들면서 출산율이 날로 떨어지고 있단다. 강화도를 실질적으로 발전시키고 유지해 가려면 젊은이들을 유치하고 살 수 있게 만들어야 하는데, 전국의 문화예술하는 젊은이 유치 전략으로 강화도 내 문화예술가들을 지원하자는 제안이다. 인구 소멸 중인 지역의 군소 지자체에서 실제로 추진해 볼 만한 제안

---

18 조춘영, 앞의 『하늘땅을 열어라, 캥 마주깽 놀아라』, 189-192쪽, 김인수 상쇠 면담 중.

으로, 대한민국 문화예술이 지속적으로 발전 가능한 파격적인 아이디어라고 생각된다. 황길범 상쇠는 교회 권사로 재임 중인데 본인 교회 내 풍물패 관리는 물론 강화도 내 여러 교회에 풍물굿 문화를 전파하고 있다. 풍물굿이 놓일 자리에 교회를 제외할 이유가 없으며, 교회에서 풍물굿을 울리지 말란 법이 없다. 많은 불교 사찰 내에 풍물 동아리가 활동하고 있으며, 석가탄신일 연등행사에 풍물굿 길놀이가 있는 것처럼 크리스마스에도 풍물굿이 울려 퍼질 수 있다는 것이다.[19]

5) 나도 놀고 너도 놀고 우리를 잘 놀려야

많은 상쇠에게서 공통적으로 나오는 상쇠의 역할과 덕목은 풍물굿의 최종적이고 궁극적인 목적이 사람들을 두루 놀리는 것이다. 풍물굿의 상쇠는 치배들을 놀릴 줄 알아야 하고, 판에 있는 모든 이들을 잘 놀릴 수 있어야 한다. 놀리는 일이 무엇인가? 앉아서 공연 보는 이를, 박수만 치고 지나치는 이를, 악기 치고 있는 치배들을 굿판 주변에 있는 모든 이들을 놀릴 수 있어야 한다는 것이다. 다음은 수원 삶터 이성호 상쇠의 증언이다.

> 전 세계 어느 공연, 전통 악기보다 풍물만큼 어울려 노는 게 없어. 함께 어울려 노는 문화가 쿠바나 흑인들도 춤을 추는데, 우리처럼 화려한 동작을 하고 판을 짜면서 판굿처럼 그렇게 춤을 추는 데는 없어. 유일하거든…. 그런데 그렇다고 해서 멋있고 화려하게 보이는 것만 하느냐? 그런 것만도 아니야. 그리고 제일 중요한 건 어울려 논다는 거야. 풍물만큼 어울려 노는 게 없어. 상쇠 덕목에서

---

19 본 책자 황길범 상쇠 면담 중.

내가 가장 강조하는 건 상쇠는, 꽹과리는, 악기는 내가 잘난 척 하는 게 아니라 내가 잘 놀기 위해서 치는 거다, 내가 잘 놀려면 남들을 잘 놀아야 된다, 그래야 같이 잘 논다, 하는 거야. 그래서 남들을 놀게 하는 게 상쇠의 역할이다. 다시 얘기하면 내가 잘 놀아야지. 가장 중요한 건 나다. 내가 잘 놀기 위해서 남들 잘 놀게 해라.[20]

6) 사람 됨됨이가 우선이다

상쇠의 덕목으로 가장 중요하게, 가장 많이 언급되는 품성이 바로 사람 됨됨이 즉 인성이다. 모든 가치와 능력보다 먼저 사람이 되어야 사람들이 모이고 따른다는 것이다. 풍물굿은 혼자서 할 수 없는 공동체, 집단 놀이 문화로서 풍물을 울리는 것만으로 눈길과 발길을 돌려 사람을 모이게 한다. 많은 사람들이 모여 사회를 이루고 관계를 맺어 가다 보면 반드시 크고 작은 갈등과 문제가 발생하기 마련이다. 다음은 춘천뒤뚜루농악의 한춘녀, 고창농악 이명훈 상쇠의 이야기다.

우선은 '사람 됨됨이'가 첫째. 사람 됨됨이가 돼야 사람이 따르잖아요? 두 번째는 '재능'이요. 끝으로 재능 못지않게 '리더십'이 있어야 된다고 생각해요. 좋은 사람도 많고 재능이 있는 사람도 많지만 한 단체를 끌고갈 수 있느냐 없느냐는 결국 리더십이 작용하는 것 같아요.[21]

상쇠를 딱히 내가 정리를 할 수 없지만 저희의 입장에서는 최고의 운영자, 기획

---

20 조춘영, 앞의, 『하늘땅을 열어라, 캠마주깽 놀아라』 285쪽, 291쪽 이성호 상쇠 면담 중.
21 본 책자 한춘녀 상쇠 면담 중.

자, 굿의 연행자로서의 상쇠가 돼야 된다. 삼박자를 갖춰야 된다는 거예요. 왜 냐면 굉장히 중요하거든요. 내가 기량만 있다고 사람들이 모이는 게 아니에요. 그 많은 사람들의 마음을 모아내려면 많은 사람들의 얘기를 들어주고 내 안에 담아내고 또 같이 가기 위해서 사람들과 관계를 잘 맺어야 되고 상처도 받고 상처도 주는 관계가 쫙 이어지는데 그게 더 힘들어요. 사실은 꽹과리만 치고 무대만 서면 이런 힘든 것도 덜 할텐데, 그래서 오늘날 고창농악의 21세기 상쇠는 그런 존재의 상쇠다.[22]

사람들이 꾸준히 모이고 많은 사람들 간 갈등을 잘 풀어나가기 위해서는 자기 헌신과 비움, 유연성과 포용력 등이 필요하다. 상쇠를 하다보면 상처 받는 경우도 있고, 아쉬운 소리도 해야 하고 다른 이를 세워주기도 해야 한다. 이런 여러 덕목들이 결국 사람 됨됨이, 인성으로 귀결하여 상쇠의 필수 덕목으로 꼽은 것 같다. 이런 인성이 없는 상쇠가 단체에 있다면 그 단체는 오래 가기 어려울 것이다.

3. 21세기 풍물굿이 놓일 자리와 과제

80년대 중반 풍물굿 담론에는 "풍물굿은 사회 현상이나 정치와 상관없는 하나의 순수예술이다."라는 의견과 "풍물굿의 뿌리는 두레 정신인데 어떻게 사회구성체와 관련이 없겠나?"라는 두 가지 관점이 공존하였다. 지금도 대개 유사하지만 풍물굿이 순수예술이라는 관점에서 나아가 전통문화이기 때

---

22 조춘영, 앞의 『하늘땅을 열어라, 캥마주깽 놀아라』, 355쪽.

문에 "무형문화재"나 "무형문화유산"[23]으로 지정해 원형을 그대로 보존해야 한다는 관점으로 전환하여 이어지고 있다. 국가무형문화재, 지방무형문화재, 향토문화재에 농악 종목으로 지정되어 활동하는 단체가 전국적으로 40여 개를 훌쩍 넘기고 있다.[24] 최근까지 문화재보호법상 전통문화의 '원형'이 중시되어 문화재 단체들은 전통의 보존이 유일한 가치이자 과제였다.

그러나 80년대 민주화 운동의 거대한 흐름과 대학과 노동조합에서 공동체 문화에 대한 시대적 요청에 의해 전통 마을의 풍물굿이 현대 도시사회로까지 소환되었다. 이후 30여 년 이상 풍물굿은 새로운 환경에서 현재적 가치와 의미를 가지고 부활하여 생생하게 사회 곳곳에서 자리 잡았다. 전통예술 가운데 이렇게 우리 생활 깊숙이 들어와 자리 잡은 문화는 눈 씻고 찾아보아야 할 정도다. 80년대 풍물굿 운동이 진행형인지, 완료형인지 판단하기는 어려

---

23 2014년 유네스코 무형문화유산에 '농악'이 대표목록으로 등재되어 세계적으로 가치와 의미를 인정받고 있다.

24

구분	명칭	비고	명칭	비고
전국의 국가무형문화재, 지방무형문화재 농악 단체	진주삼천포농악	11-1호(중요무형문화재)	옥수농악	대구시 제 3호
	평택농악	11-2호(중요무형문화재)	청도차산농악	경상북도 제 4호
	이리농악	11-3호(중요무형문화재)	구미무을농악	경상북도 제 40호
	강릉농악	11-4호(중요무형문화재)	경산보인농악	경상북도 제 41호
	임실필봉농악	11-5호(중요무형문화재)	갑비고차농악	인천시 제 19호
	구례잔수농악	11-6호(중요무형문화재)	강화용두레질소리	인천시 제 12호
	김천금릉빗내농악	11-7호(중요무형문화재)	부산농악	부산시 제 6호
	남원농악	11-8호(중요무형문화재)	함안화천농악	경상남도 제 13호
	광명농악	경기도 제 20호	부안농악	전라북도 제 7호
	양주농악	경기도 제 46호	정읍농악	전라북도 제 7-2호
	안성남사당풍물놀이	경기도 제 21호	고창농악	전라북도 제 7-6호
	김포통진두레	경기도 제 23호	김제농악	전라북도 제 7-3호
	대전웃다리농악	대전시 제 1호	익산성당포구농악	전라북도 제 7-7호
	청주농악	충청북도 제 1호	진안중평농악	전라북도 제 7-8호
	부여세도두레풍장	충청남도 제 28호	곡성죽동농악	전라남도 제 7호
	제천오티별신제	충청북도 제 8호	우도(영광)농악	전라남도 제 17호
	평창둔전평농악	강원도 제 15호	진도소포걸군농악	전라남도 제 39호
	원주매지농악	강원도 제 18호	화순한천농악	전라남도 제 6호
	동해망상농악	강원도 제 19호	완도장좌리 당제당굿	전라남도 제 28호
	고산농악	대구시 제 1호	고흥 월포농악	전라남도 제 27호
	날뫼북춤	대구시 제 2호	광산농악	광주시 제 8호

우나, '풍물굿'이라는 이름과 정체성을 지향하는 단체와 풍물굿쟁이들은 여전히 현 사회와 시대에 대한 의식, 실천적 활동이 있는 것으로 보인다. 2000년대 들어 이명박정부 당시 미국산 소고기 파동, 박근혜정부에서의 세월호 참사와 국정농단 촛불집회 등에서 풍물굿은 시위의 불길에 기름을 붓는 역할, 바람을 일으켜 사람들을 모으고 광장 판을 벌려 춤추고 노래할 수 있게 놀리는 역할을 수행했다.[25]

오늘날 풍물굿 상쇠의 시대의식과 사회의식은 집회 및 시위에 한정하지 않는다. 거주하며 생활하고 있는 동네와 마을이 곧 풍물굿판을 벌이고 사람을 만날 수 있는 현장이라고 판단한다. 전국 25명의 상쇠들에게 질문하고 답한 풍물굿이 놓일 자리와 시대의식이 단순치도 않고 통일적이지도 않다. 그들이 바라보는 세상과 풍물굿의 미래 전망에 필자의 의견을 더하여 풍물굿의 놓일 자리와 과제에 대해 정리해 보자.

1) 내가 살고 있는 동네, 마을, 지역에서 풍물굿판을 벌여야

풍물굿의 뿌리는 두레와 마을굿에 맞닿아 있다. 농사짓고, 고기 잡고, 자식 낳아 키우고, 종교신앙 생활을 하고 오락예술을 향유하는 토대가 바로 마을이다. 새마을운동을 거쳐 4차 산업혁명을 목전에 둔 지금, 기존의 마을은 깨지고 고령화와 저출산으로 인해 소멸 위험에 처한 지자체가 늘고 있다. 반대급부로 인구가 도시로 유입되고 서울, 수도권의 인구 수가 나머지 지역 인구수를 넘길 정도로 과밀화, 과대 집중화되고 있다. 이러한 급격한 사회변동에도 불구하고 풍물굿은 민들레 홀씨처럼 아스팔트, 아파트 단지 안에서노

---

25 필자는 박근혜 국정농악 촛불시민혁명 광화문 풍물굿에 대한 기록을 단행본으로 정리했다. 조춘영, 『촛불시민혁명 풍물굿에 대한 기록과 담론 새나라로 가는 길굿』, 민속원, 2018.

살아 숨 쉬고 있다. 풍물굿이 공연양식임에도 획일적인 무대로 가지 않고 새로운 공간, 새로운 환경에 적응해 가고 있는 것이다.

다른 공연예술 장르의 공연자들과 비교하여 풍물굿쟁이들은 본인이 살아가는 지역에 뿌리를 내리고자 하는 지향이 강하다. 최소한 그러한 경향성이 있다는 사실이 중요하다. 국가무형문화재, 지방무형문화재의 농악 종목 단체들의 이름에 지역이 붙는 것에 주목할 필요가 있다. 임실필봉농악, 구례잔수농악, 김천금릉빗내농악 등 농악 종목의 정체성을 행정상 동, 리 단위의 지명까지 표기하는 것을 볼 수 있다.

영광의 우도농악보존회에서는 영광 읍면농악경연대회와 '영광 찾아가는 마을굿'을 통해 영광지역의 문화예술적 정체성을 지켜 나가고 있다. 한 마을로 직접 찾아가 당산굿과 대동굿의 마을굿을 벌인 지 20여 년을 넘기고 있다. 영광 내 읍면농악대가 15개 활동하고 있는데 이들에 대한 교육 및 지원을 최용 상쇠의 우도농악보존회가 전담하고 있다.[26] 위와 같이 지역 단위 사업을 하는 단체는 청도차산농악, 진안중평농악, 춘천뒤뚜루농악, 여수삼동매구, 김포들가락연구회, 부평구립풍물단, 수원 삶터, 성남 우리마당과 풍류사랑방, 부천 풍물굿패 타락 등이 있다.

큰 지역 단위보다 작고 구체적인 생활이 이루어지는 동네와 마을에서 풍물굿판을 벌여야 한다는 의견도 상당히 많았다. 도시에도 마을이 있고 동네가 있고 살아가는 주민들의 교류가 있다. 동네와 마을의 주민들은 풍물굿 공연의 대상자가 아니라 함께 풍물굿판에 참여할 수 있는 공동체의 일원이라는 생각이다. 전국 25명 풍물굿 상쇠와의 면담과 20여 년 풍물굿 현장조사를

---

26 조춘영, 앞의 『하늘땅을 열어라, 캥 마주깽 놀아라』, 107~111쪽.

통해 볼 때, 시군이라는 층위보다 낮은 층위에서 마을과 동네를 기반으로 풍물패 활동을 하는 경우가 아주 많았다. 풍물굿패 터울림과 삶터의 경우 30여 년 동네 지신밟기를 이어오고 있다. 터울림은 은평구 불광시장(대조시장)에서 30년 넘게, 삶터는 수원지역 재래시장(남문시장, 구천동시장, 매교상가 등)에서 30여 년 가까이 지신밟기를 펼쳐 왔다.

수원 칠보산자유공동체와 칠보산풍물마당은 한몸의 두 이름으로 보인다. 칠보산자유공동체를 잘 유지하기 위해 풍물패를 만들었고 풍물활동이 칠보산자유공동체 내 공간과 조직과 세대를 이어 주고 엮어 주고 있다. 추석을 기해 벌이는 '추석맞이 강강술래'는 아파트 단지와 가게 거리를 지나 상촌초등학교 운동장에서 어린아이, 어른, 할아버지, 할머니 할 것 없이 손에 손 잡고 강강술래를 놀고 대동난장을 벌인다. 칠보산풍물마당의 황순주 상쇠는 2008년 즈음부터 10년 넘게 매주 토요일 풍물강습 모임을 이어오고 있다. 지자체나 다른 단체의 경제적 지원이 없이 자립, 자생하며 정기 공연도 없고 공연복도 따로 없을 정도로 일상화된 풍물굿패가 칠보산풍물마당이다. 이 사례는 서울 마포구의 '성미산공동체와 성미산풍물패'[27]의 경우처럼 도시에서의 풍물굿과 마을공동체의 모범 사례라 할 수 있다.

광주 오월풍물단의 김태훈 상쇠는 풍물패 굴림과 함께 사)우리문화예술원을 설립하여 마을공동체, 마을 재생 활동을 지속해 왔다. 우리문화예술원은 〈뜨락〉 공간을 마련하여 동네잔치, 전시회, 동호인 소모임, 교육프로그램, 통통예술제, 출판기념회 등 열린 공간에서 마을과 동네의 문화예술이 꽃피는 공동체를 꿈꾸고 실천하고 있다. 이는 풍물굿만으로는 현대의 도시 사

---

27 조춘영, 『촛불시민혁명 풍물굿에 대한 기록과 담론 새나라로 가는 길굿』, 민속원, 2018년, 447~455쪽 참조.

회에서 '공동체'를 재건하기가 어렵다는 판단이 전제된다. 사회의 변화상이 복잡다양하고 빠르게 진행되어 왔고 결과적으로 현대인들의 취향 또한 다양하게 바뀌어가고 있다. 풍물굿쟁이가 풍물굿이란 장르에 갇혀서는 안 되고 열린 마인드로 시대를 보고 동네와 마을주민들의 문화적 욕구를 이해하여야 한다. 부평구는 20년 넘게 부평풍물대축제를 벌여 왔는데, 이 축제의 토대와 뿌리는 부평구동풍물패연합과 부평구립풍물단이다. 인천의 기초자치단체인 남동구, 연수구, 부평구, 계양구, 서구 등 5개 구에서는 구립풍물단이 활동하고 있는 데 의미 있는 사례이다. 인천 더늠의 이찬영 상쇠는 다음과 같이 말한다.

> 시대정신이라는 건 그 장르가 거기 있을 때 의미가 있어야 돼. 또 하나는 이슈가 있는 곳에서 정치적인 건 이미 오래됐어. 이제 거기 너무 매몰되지 말고 풍물을 치는 사람들이 지역 사람, 동네 사람이 돼야 된다는 거야. (풍물굿) 단체는 다 마을로 들어가야 돼. 거기서 마을 내 활동을 더 넓히고, 그 마을굿이 되어야 되는 거지. (내가 사는 동네) 부평구 십정동에서 치는 굿은 십정동굿이야. 좌도, 우도를 넘어서 십정동굿이야. … 지금 시대의식은 우리 공동체나 마을에서 즐길 수 있게 해야 돼. 마을 행사를 할 때도 마을 사람들은 풍물 가지고 안 놀아. 노래방 기계나…. 그래서 풍물 치고 노는 게 정말 즐겁다는 걸 자꾸 보여 줘야지. 공연하는 것도 중요하지만 같이 치고 논다는 개념이야.[28]

도시에서 풍물이라 하더라도 내가 사는 동네, 우리 동네 굿을 치자는 것,

---

28 조춘영, 앞의 『하늘땅을 열어라, 캥마주깽 놀아라』, 241~242쪽.

우리 동네 마당을 비우지 말고 문화와 예술 그리고 풍물굿 소리로 채우자는 것이다.

2) 일상 속에서 생활 풍물, 생활굿을 만들어야

앞선 논의를 자연스럽게 이어갈 또 하나의 주제가 생활예술, 생활문화로서 '생활풍물', '생활굿'이다. 일상생활 속에서 풍물굿이 자연스럽게 이루어져야지 특별하게 전공자들의 무대공연예술로 한정지을 수 없다는 문제의식이다. 삶이 곧 굿이고, 굿이 곧 삶이라고 강변하는 수원 삶터의 이성호 상쇠는 다음과 같이 말한다.

> 우리가 사는 곳, 다시 삶의 현장으로 돌아올 수 있는 길이 열리고 있어. 그래서 지금 굿쟁이가 고민할 게 '전국적으로 한데 모여서 굿 치자.' 이런 거보다도 자기가 사는 지역에서 굿을 어떻게 펼쳐나갈 것인가 하는 거야. 다시 생활 속에서 굿으로 준비할 때다.[29]

일상생활이 곧 삶의 현장이고 삶의 현장에서 풍물굿을 가꾸어 나가야 한다는 것이다. 생활문화, 생활예술 개념은 이제 시대적 화두와 과제가 되고 있다. 이러한 시대적 흐름의 연장선상에서 생활풍물, 생활굿을 만들어 가야 한다는 논의가 많았다. 생활문화는 지역문화의 범주에서 시작하여 2014년 지역문화진흥법의 제정과 더불어 다양한 생활문화정책이 지원, 운영되고 있다.[30]

---

29 조춘영, 앞의 『하늘땅을 열어라, 캥마주깽 놀아라』, 256쪽.
30 정지은, 「지역문화로서 생활문화의 사회적 가치연구」, 홍익대학교대학원 석사학위논문, 2020년;

개인적으로 '일상'과 '생활'이란 열쇠말이 향후 시대적 화두가 될 것이란 예감을 한 경험을 소개한다. 2016년 12월 3일 6차 박근혜 국정농단 광화문 촛불집회에서는 전국에서 모인 풍물굿쟁이들에 의해 '풍물인시국굿판'과 '풍물인시국선언'이 있었다. 그날은 광화문에 170만 명이 모였다고 기록된 날이었다. 풍물인시국선언과 굿판을 마치고 일부 풍물굿쟁이들의 점심을 겸한 뒷풀이가 벌어졌다. 전국에서 모인 굿쟁이와 백만을 훌쩍 넘은 시민들, "이 싸움은 우리가 이겼다."는 예감과 함께 앞으로 우리 굿쟁이들의 할 일은 무엇일까? 바로 '일상'이다. 이 혼란스러운 시국이 정리되면 우리의 소중한 일상의 가치와 의미를 알게 될 것이고, 일상 속에서 건강하고 지속 가능한 사람이 살 만한 사회를 만들어 가야 한다. 그럴 때 우리의 풍물굿이 어떤 역할을 할 것이다. 어렴풋하게 풍물굿 동지들과의 연대감과 미래에 대한 기대감이 '일상'이란 단어로 각인되었다. 코로나19 대유행을 지나고 있는 2020년 이 시점에도 '일상'의 소중함은 더욱 절실하게 느껴진다.

일상과 생활은 다른 말이 아니다. 전통적 맥락에서 풍물굿은 모든 일상생활 현장에서 이루어졌다. 논밭에서, 바닷가 선착장과 배 위에서, 마을 공터에서, 뒷산 당산나무 아래서, 집안 마당에서, 부엌과 장독대, 곳간에서도 풍물굿이 울렸다. 그렇다면 현대 도시 사회의 생활풍물굿은 어떤 모습일까? 여러 형태가 가능하겠지만 한 해 살이 중 계절별, 절기별 민속을 전승 창조해 가는 사례를 소개한다. 성남에서는 임인출 상쇠의 풍류 사랑방과 풍물패 우리마당, 민악 솟대 단체가 모여 연중 절기굿을 이어가고 있다. 해맞이 행사, 정월

정지은, 장응조, 「지역문화 근간으로서 생활문화의 사회적 가치 연구: 수원 고색전통농악보존회 사례를 중심으로」, 『지역과 문화』 제7권 제3호, 한국지역문화학회, 2020년 참조.

대보름굿, 삼월삼짓굿, 단오굿, 8월 백중놀이굿, 도심 속 가을굿[31] 등이다. 수원 삶터에서도 30여 년 가까이 절기 굿을 이어가고 있다. 해맞이굿, 정월대보름 지신밟기와 달집태우기, 호미모둠굿, 호미씻이굿, 가을굿, 동지굿, 해보내기굿[32] 등이다. 절기굿은 우주의 기운을 따라 자연의 계절이 변화해 가는 가운데 일상생활 속에서 마디를 만들어 가는 것이다. 일 년을 예비하고 준비하고, 생활을 이어가며, 연말을 정리하는 데 공동체가 함께 의례로서 풍물굿을 활용할 수 있다.

김원호의 '정화수의례'[33]는 풍물굿은 아니지만 일상 속의 굿문화로서 소개할 만하다. 옛 할머니와 어머니는 새벽마다 장독대에 첫물을 받아 모시고 촛불 밝혀 북두칠성님을 바라보며 치성을 올렸다. '객지 나간 우리 자식들 잘 지내라고, 나라와 사회가 건강하고 평화롭게 해 달라'고 빌고 또 빌었던 개인 의례가 치성이다. 이 치성의 전통을 이어받아 100일 동안 정화수의례를 일상 속에서 실천하는 것이다.

나는 강화도 내 거처에서 우물물 받아놓고 했어요. 근데 이 물이라는 것이 세더라고요. 실제로 몸뿐 아니라 마음이 재생되는 것 같은 그런, 내외상합적인 치료가 되는 것 같았어요. 생명을 상징하고 재생을 상징하는 물의 힘을 느끼겠더라고요. 이 힘을, 생명을 낳아 기르고 세상에 내보내는 모성들만이 알아차릴 수 있고, 그래서 그 감사의 상념과 바람을 스스로 의례화한 것이 정화수인 것 같아요. 새벽에 첫 샘물 받아놓고 별들의 기운을 받아 비손하지요. 대부분 객

---

31 조춘영, 『촛불시민혁명 풍물굿에 대한 기록과 담론 새나라로 가는 길굿』, 민속원, 2018년, 62쪽.
32 풍물굿패 삶터 엮음, 『풍물굿패 삶터 삼십년사』, 시와문학, 2020년, 24~29쪽.
33 조춘영, 『촛불시민혁명 풍물굿에 대한 기록과 담론 새나라로 가는 길굿』, 민속원.

지에 나간 자식들, 즉 낳은 생명들의 안녕을 빕니다. 그다음에 그 자식이 사는 세상이 무탈하기를 비손합니다. '내 새끼 잘되기 위해서라도 세상이 잘 되어야 지.'입니다. 지극히 현실적인 보살 행위이지요. 행위는 늘 새벽에 혼자이지만, 전국 도처에서 오랜 동안 같은 시간에 동시적으로 이루어져 왔습니다. 사실 집 단 의례이지요. 무엇보다 이것은 모성에서 모성으로만 대물림되어 왔습니다. 누가 이끌거나 지휘하거나 요즘 말로 국책 사업도 아닌데, 모성들이 스스로 오 랜 역사를 관통하며 각자의 처소에서 이 의례를 해 왔습니다. 생명을 담지해 본 각자의 모성들의 자발적 일상의례가 각자의 눈에는 보이지 않지만 위력한 연대의 문화로 전승되어 온 것이지요. 단 하나, 생명을 낳아 보았기 때문입니 다. 생명의 근원적인 소중함을 알기 때문이지요.[34]

한민족의 여성들이 일상 속에서 각자 벌여 온 의례에 각별하게 주목하고 있다. 이러한 일상의례, 생활의례를 창조적으로 이어갈 수 있을 것이다. 벌 써 10여 년 정화수 의례를 펼쳐오고 있는 김원호는 우리 가족과 이 사회가 밝 아지고 맑아지고 기운이 날 것이라고 한다. 집 안에서 일상으로 100일간 정 화수 의례를 적극 권해 본다. 이러한 사례처럼 일상 속에서 풍물굿, 굿문화를 새롭게 뿌리내려야 한다.

3) 풍물굿은 사람을 모이게 하고 서로 연결해 준다

코로나19 대유행으로 사람들이 모일 수 없는, 사람들이 모여서는 안 되는 2020년 겨울 현재, 사람 인(人)이라는 한자와 '사람'이라는 우리말이 모여서

---

34 위의 책, 124~125쪽.

사회를 이룬다는 뜻을 내포하고 있으며, 사람이 혼자서는 살 수 없다는 사실을 일깨워주고 있다. 코로나 대유행이 종료되는 시점, 아니 코로나를 극복해 나가는 과정에서 인류는 사람과 사람이 어떻게 모여 살아야 하는지 근원적인 문제에 봉착하고 있다. 인류는 지금껏 사람들이 모여서 생활하고, 조직을 만들고, 더 큰 사회를 구성해 가는 것에 대해 너무나 자연스럽고 당연하여 그 가치와 의미를 돌이켜 사유할 기회가 없었다.

　세계 각국에서 도시로, 나아가 대도시로 사람이 모이는 것은 20세기의 주요 현상이다. 특히 대한민국 역사에서 1960년대 이후 이농과 도시화, 수도권의 초과밀화 현상은 현재진행형이다. 이런 와중에 세계 최대, 최고의 도시 미국 뉴욕에서는 뉴요커들이 외부로 빠져나가고 있다.[35] 도시에서 사람들이 모여 사는 데 많은 장점이 있었다면, 코로나 대유행 이후에는 도시에서의 삶에 의문이 제기될 것이다. 나아가 사람들이 모여 산다는 것, 모여서 인간적 관계를 맺는다는 것의 의미와 가치가 이전과는 다르게 인류 문명 차원에서 더욱 소중하게 다루어질 것이라 전망한다.

　풍물은 기본적으로 사람을 모이게 하고 서로를 연결해 준다. 물론 풍물굿이 현 사회의 미래에 있어서 모든 답을 가지고 있다는 것은 아니다. 그러나 풍물굿이 사람을 모이게 하고 모여서 다양한 사회적 관계를 만들어 주는 매개의 역할을 한다는 것을 새삼 주목해야 한다. 풍물굿이 청각적으로 시끄럽기도 하지만 많은 문화 속에서 사람들의 눈길과 귀를 끄는 데 풍물굿만한 것이 없다.

　도시에서도 어르신들이 서너 명 꽹과리, 장구에 모금함을 늘고 걸립하는

---

35 "올해 3~10월 30만 명 이상 떠난 듯. 코로나19 감염 위험, 경제적 우려, 범죄, 자녀 학교, 환경 등 문제 복합." 〈서울경제〉 '뉴요커가 뉴욕을 떠난다', 2020년 11월 16일 기사.

모습을 간혹 볼 수 있는데 지나는 사람들이 멈춰 흘깃 눈길을 주기도 한다. 공연예술 중 풍물굿은 어느 마당이나 광장에서 벌여도 꽤 많은 사람들이 금세 모여들고 한참 동안 관람하는 경우가 많다. 외국인인 경우는 특히 관심을 가지고 흥미롭게 풍물굿 공연에 빠져든다. 굿쟁이 중에는 꽹과리, 장구 소리가 산 너머나 10리 밖에서 나도 그 소리를 따라 굿판을 찾아간다는 증언이 유독 많다. 전라도 말에 "굿 났다." "굿 보러 간다."고 했을 때 그 굿은 사람들이 모여 무언가 이루어지고 있어 구경거리가 되는 무엇이다. 그래서 홍보행사, 식전행사, 집회, 데모 판에 풍물굿패가 제일 앞서 판을 벌이는 것이다.

현대 도시 중심 사회, 자본주의의 속성이 사람과 사람을 분리시키고 파편화한다는 건 다 알고 있는 사실이고, 2020년 전 세계의 코로나19 바이러스 대유행 국면은 이를 더욱 실체화, 내면화하였다. 바이러스가 활동하는 한 사람들은 모이면 안 되고, 함부로 이동해서도 안 되며, 극한의 자가 격리와 재택근무가 일상화되어 가고 있다. 이제 코로나가 물러갔을 때 사람들을 어떻게 모으고 어떻게 연결시킬 것인가 근원에서부터 다시 생각해야 한다.[36] 온라인을 포함하여 현실세계에서 사람들이 건강하고 지속가능하게 생활하고 문화를 향유할 방향과 방법을 새롭게 모색할 때 풍물굿이 하나의 실마리를 제공할 것이다.

---

36 "울은 울타리, 울인데, 예를 들어 마이 와이프가 아니라 우리 마누라라고 하는 것 자체가 하나의 세계관이다. 아리랑이라고 하는 것을 알, 얼, 올, 울 그런 전체적인 토대에서 본다고 했을 때 나라는 개체가 없다. 그래서 나를 우리로 이해하는, 그런 담론을 좀 연결시켜 보면 우리는 올로 연결되어 있다. 한 올 한 올 끈으로 부분과 전체가 연결되어 있다. 아리아리 아라리가 '알이 알이 알알이'이지 않나? 남성 알과 여성 알이 만나서 알알이로 자녀 1, 2, 3, 4를 낳았다. 알이 부분으로서 하나, 하나가 만나서 전체인 하나를 이룬다. 전체로서 하나 안에 부분으로서 자녀 1, 자녀 2, 자녀 3, 자녀 4가 이어서 태어난다. 가족이라는 울타리가 되는 것이다. 우리 가족. 그래서 전체와 부분이 우리와 올로 이어지는 거다." 우리 민족의 아리랑은 민족이라는 '울'타리를 형성하고 서로를 '올'로 이어주는 역할을 한다는 취지의 필자 강연 내용이다. 2020년 11월 19일, 〈아리랑 감흥의 자기 통치 리듬〉 강연회 중, 2020년 서울문화재단 아리랑 지원 사업.

4) 풍물굿의 굿성과 놀이성을 회복·강화해야

우리의 굿문화는 무굿을 포함하여 춤과 노래 온갖 공연예술과 종교, 신앙 생활을 아우른다. 이 굿에는 반드시 풀어내는 절차와 과정으로서 놀이가 포함되어 '굿놀이'라고도 부른다. '풍물굿'이 풍물이라는 악기로 만들어가는 '굿'의 하위범주에서 이해할 때 굿과 놀이를 포함한다는 건 당연하다. 그래서 풍물굿이 본래의 굿성과 놀이성을 회복하고 강화하는 방향으로 나아가야 한다. 풍물굿의 굿성은 종교성, 영성, 신성(성), 신명이라는 열쇠말과 같은 맥락에서 이해할 수 있고 앞서 전국의 상쇠들이 종교사제로서 상쇠의 역할을 분명하게 인식하고 있는 것과 연장선상에서 볼 수 있다.

풍물굿이 공연예술이라는 측면이 강조가 되고 주로 판굿 위주로 공연이 이루어지는 현실에서 굿성의 자각과 회복은 뿌리로 돌아가 제 모습을 찾아가는 것이다. 현재에도 풍물굿패의 당산굿, 지신밟기, 고사굿, 장례굿, 추모굿 등에서 이러한 굿성이 드러나고 있지만 풍물굿의 현대적인 굿성은 다양하게 개발, 창조되어야 한다. 굿성에 대한 강조는 굿쟁이 김원호, 박흥주에 의해 일찍이 제기되었다. 다음은 풍물굿의 굿성에 대한 김원호의 설명이다.

> 저는 풍물굿은 굿성이 요체이고 그것은 성속일여가 핵심이라고 봅니다. 사람은 세상(俗)에 살면서 끊임없이 존재의 근본(聖)을 물을 수밖에 없습니다. 유한 존재이기 때문입니다. 그래서 현실은 실제로 성과 속이 같이 있는 성속일여의 시간이 됩니다. … 사람은 존재의 근원에 대한 그리움이 늘 있습니다. 일상에서 잊고 살지만, 간혹 느닷없이 환기되는, 실제로 존재하는 그리움입니다. 퇴근하고 지하철 타고 갈 때 우연히 차창에 비친 자기모습을 보고 울컥해질 때가 있어요. 일상을 늘 벗어나고 싶고, 뭔가 달리 살아야겠다는 의지가 생기기도 합니다. 늘 근본에 귀소하고 싶어 합니다. 나는 어디서 왔고, 나는 누구고, 어디로 가는

지. 사실 사람들은 이 테제가 늘 가까이 있는데 바쁘게 살아야 되니까 가끔씩 찌릿하고 접속하는 데 그칩니다. 굿은 더 적극적입니다. 사람의 일에 근본을 호출하여 결합하려 합니다. 성과 속은 세상에서 같이 존재한다, 동전의 양면이다. 그것이 현실, 즉 삶의 리얼리티라고 합니다. 게다가 풍물굿은 신의 말을 인간으로 나르는 것보다는 사람의 언어와 갈망으로 근본의 문을 두드립니다. 저는 이것을 굿성이라고 합니다. 필멸의 고통을 받고 있는 자기 존재의 근원에 대한 갈망, 즉 성스러움 그것이 없으면 사실은 우리 풍물굿은 놀이하는 재미밖에 없어요. 신명이란 것이 그걸 건드려야 돼요. 그래서 신명(神明)이지요. 내 안의 성스러움이 밝아지는 것, 이내 속에서 올라오는 그 무엇하고 조금씩 접속하는 거지.[37]

길게 인용하였지만 풍물굿 미학자로서 간단치 않은 굿성의 본질적인 의미에 대해 잘 풀어낸 말씀이라 소개하였다. 풍물굿이 "뚱땅뚱땅~" 대충 두드려 흥겨움, 즐거움만 만들어 내는 것이 아니라 존재의 근원을 찾아가 신성을 밝혀내는 차원까지 도달한다고, 도달해야 한다고 말하고 있다. 성스러운 존재의 근원을 만났을 때 내 안의 신성성, 성스러움이 밝아지는 것이 바로 신명이다.

풍물굿 연구자이며 자칭 굿전도사인 박흥주는 풍물굿의 굿성 회복에 대한 담론을 주도하고 있다. 그는 1980년대 대학가와 노동조합에서 시작한 풍물굿 확산기에 이미 풍물굿의 굿성이 존재함을 포착하였다. 다른 장르와 다른 풍물굿의 굿성을 다음과 같이 파악하였다.

---

37 조춘영, 앞의 『촛불시민혁명 풍물굿에 대한 기록과 담론 새나라로 가는 길굿』, 116~118쪽.

① 이성적으로 설명되기 이전에 본능적으로 발동하는 어떤 피끓음과 이끌림

② 정을 나누고, 인간적으로 교감하는 것이 더 좋은 정서

③ 만사를 푸지게 하고 나누고자 하는 심성

④ 다른 견해에 대한 차이를 인정하고 공존과 상생을 도모하는 개방성과 포용력

⑤ 그러면서도 현실적인 문제에 봉착하거나 아픔과 대면했을 때 회피하지 않는 실천력[38]

　풍물굿을 한 번이라도 경험한 이라면 위에서 정리한 굿성에 대해 모두 공감할 것이다. 김원호가 본질적인 차원에서 밝혀 내었다면, 박홍주는 풍물굿의 굿성을 표면적이고 현실적으로 이해 가능한 수준에서 풀어내었다고 볼수 있다. 단어와 표현이 다르기는 하지만 풍물굿의 굿성을 많은 상쇠들이 증언하고 있다.[39] 강화열두가락농악의 황길범 상쇠는 기독교인임에도 불구하고 신성성과 영성을 강조하고 풍물굿의 그것과 다르지 않다고 설명하고 있다. 풍물굿의 굿성은 신성성과 연속선상에서 볼 때 인간과 개인 차원을 넘는다. 굿의 세계관은 자연만물에 신이 깃들어 있다는 사유체계다. 당산굿과 지신밟기에서 대상이 바로 자연물과 자연신, 가택신과 조상신 등이다. 코로나 대유행과 급격한 기후위기 상황 속에서 지구, 자연, 생태계와 인간은 지속가능한 미래를 위해 화해하고 협동해야 한다. 풍물굿의 굿성을 회복, 개발해야 하는 이유이다.

　굿성과 더불어 동전의 양면격인 놀이성에도 주목한다. 표면적으로는 풍물

---

38 박홍주, 앞의 「1980년대 풍물굿운동에 발현된 굿성 연구」, 385쪽.

39 풍물굿쟁이 노수환도 그의 단행본에서 풍물굿의 영성, 신성, 제의성 등을 주요 열쇠말로 다루고 있다. 노수환, 앞의 『상쇠로 풀어보는 풍물굿의 미학 상쇠』 참조.

굿의 목적이 사람을 놀리는 것이다. 그래서 사람을 잘 놀리고, 내가 잘 노는 것이 상쇠의 중요한 덕목이라고 모든 상쇠들이 공통적으로 말하고 있다. 놀이하는 인간이 미래형 인간이고 현대 사회에서 '놀이'의 가치와 의미가 강조되는 추세다. 왜 그러한가? 자본주의 체제에서 인간이 서로 소외되고, 극대화된 경쟁사회 속에서 파편화된 개인들은 삶의 의미를 잃어버렸다. 특히 코로나 대유행의 과정에서 국민들은 더욱 봉쇄, 격리, 분리, 개인화된 생활을 이어가고 있다. 언젠가 코로나 대유행이 종료되고 난후 사람들이 더불어 맘껏 놀이하는 모습은 새롭게 다가올 것이다. 그래서 인류 사회에서 놀이의 가치와 의미가 새삼 절실하게 다가올 것이고, 놀이의 방향과 기술에 대한 담론과 실천이 확대될 것으로 예상한다.

놀이라는 문화를 우리는 '풀이' 개념과 연관하여 이해할 수 있다. 일본인 민속학자 가미노치에는 풍물굿 현장에서 '풀이' 문화의 가치와 의미에 주목하였다.[40] 한국의 다양한 굿문화 특히 마을굿에서 풀이의 사고방식과 문화가 작동한다는 것을 포착하였고 현대 풍물굿 전수교육 현장에서 풀이의 문화가 젊은 대학생들에 의해 창조, 계승되고 있다고 밝혔다. 성남 풍류사랑방의 임인출 상쇠는 대동놀이를 이끄는 데 탁월한 굿쟁이이다. 굿판의 대동난장굿도 잘 이끄는 임인출 상쇠의 놀이에 대한 실천을 보자.

자연스럽게 제가 놀이를 이끌어 가는 데 마음이 동했던 것 같아요. 그렇게 하다 보니까 풍물도 상쇠를 하게 되고 앞장서게 되었죠. 마음이 있고 열정이 있

---

40 가미토 치에, 「학생 풍물패와 전수, 그리고 경연대회에서 보이는 굿문화의 전승과 재창조」, 『농악연구의 진전을 위한 젊은 농악연구자들의 학술굿판』 자료집, 남원농악보존회 주최, 2012년; 「'풀이' 문화와 계승 - 언어적 표현의 분석과 풍물굿 현장 조사를 통한 고찰」, 『국악원논문집』 제28집, 국립국악원, 2013년.

으니까 여기저기 행사 때 저한테 그런 요구가 들어와요. 제가 쇠머리대기도 직접 만들어서 했어요. 대동놀이에서 그런 성과가 있다 보니까 임인출 하면 '대동놀이' 하게 된 거죠. 또 대동놀이 할 때는 반드시 풍물이 따라오잖아요? 풍물도 규모 있게 해야 되는 상황이고, 당시 우리 마당 사람들과 함께 풍물도 치고 대동놀이를 이끌면서 고민도 많이 했죠. 차전놀이, 쇠머리대기를 특히 많이 했어요. 줄다리기도 했고 광주고싸움놀이, 기지시줄다리기도 선생님 만나서 배웠고, 영산줄다리기 선생님들도 몇 번 올라오셔서 8.15 광복절 통일 관련 행사를 장충단공원에서 만 명 규모로 했어요. 저는 행사할 때마다 항상 마무리는 대동놀이를 하자고 해요. 대동놀이 할 때 길쌈, 강강술래는 기본이고 그때그때 주제에 맞게 대동놀이가 될 수 있는 걸 찾아서 놀이를 했어요. 그러다 보니까 자연스럽게 놀이와 풍물굿이 어우러지는 규모가 큰 판에서도 많이 서게 됐죠.[41]

보는 바와 같이 풍물굿으로 사람을 모이게 하여 벌일 수 있는 놀이는 정말 많다. 고싸움놀이, 차전놀이, 길쌈놀이, 강강술래, 기(접)놀이, 탈놀이, 북놀이, 잡색놀이 등을 풍물굿과 함께 놀았다. 향후 풍물굿, 굿문화의 콘텐츠를 기반으로 새로운 놀이를 개발, 확산시킬 필요가 있다.

5) 고정된 무대가 아닌 빈 공간, 마당을 찾아 판을 벌여야
풍물굿은 공간적으로는 마을 마당, 논밭, 집 마당, 집 부엌, 창고, 장독대, 길거리, 다리 위 등 생활공간에서 연행되었다. 근대 연예 풍물이 벌어지던 남사당과 여성농악단의 공연공간은 천막을 친 포장걸립의 원형마당이었다. 연

---

41 조춘영, 앞의 『하늘땅을 열어라 캥마주깽 놀아라』, 364~365쪽.

극과 무용이 펼쳐지는 현대 프로시니엄 무대와는 차이가 있다. 풍물굿도 창작 작품이 만들어지고 상설공연장에서 상설공연이 이루어지면서 무대나 극장에서 공연이 이루어지고 있다. 풍물굿의 새로운 양식과 창작품이 개발되면서 공연장소가 다양화되는 추세는 여러 면에서 긍정적이다. 동영상으로 유통되는 풍물굿 공연이 많았던 코로나 유행의 2020년에는 새로운 공연장소와 무대 디자인도 많이 등장하였다.[42] 빈 공간을 찾아 공연 마당으로 삼아 풍물굿판을 벌이자는 말은 극장이나 무대 공간에 국한하지 말고 현대 도시 공간, 주변의 생활공간에서 시민들과 만나고 춤추고 노래하자는 것이다. 풍물굿 양식을 판굿에 한정하지 말고 다양한 장르와 양식과 프로그램을 창조, 개발할 수 있다는 것이다.

진안중평굿의 이승철 상쇠는 풍물굿이 그런 공간을 찾아서 굿을 벌여야 한다고 말한다. "웬만한 도시에 풍물을 할 수 있는 공간, 놀 수 있는 공간이 없어. 이걸 우리가 찾아내야 해. 공간이 없으면 빈 공간으로 가서 우리가 소리를 내야 된다는 거지."[43] 이승철 상쇠와 진안중평굿은 실제 박근혜 국정농단 광화문 촛불집회에 수차례 상경하여 거리굿과 게릴라굿판을 벌였다. 광화문 촛불집회에 참여했던 많은 풍물굿쟁이들은 풍물굿판을 벌였을 때 시민들의 뜨거운 반응과 응원을 잊을 수 없다.

춘영 : (촛불집회에 참여한) 시민들이 관객이잖아요? 일반적인 공연들이 아니고 시민들은 형님의 굿판 어떻게 느낀 것 같아요? 시민들은 굿판 속에서 어떻게

---

42 사)나라풍물굿 주최 '분단을 넘는 거리굿'이 애초에 DMZ 내 파주 통일촌마을에서 공연될 예정이었으나 코로나로 인하여 2020년 10월 29일 부산 일터소극장에서 비대면 동영상 촬영 방식으로 진행되었고, 2020년 수많은 공연들이 같은 방식으로 공연되었다.
43 본서 이승철 면담 내용 중.

느꼈을까요?

승철 : 굿판에 뛰어들었지. 굿판에 가만있지 않고 뛰어들었으니까 마지막까지 따라 온 사람도 있었고 춤을 같이 춘 사람도 있었고, 우리 굿치는 사람한텐 기분이 째지는 것이지. 우리만 덜렁 치고 가는 게 아니라 사람들이 따라오는 거. 따라와서 같이 하는 그런 마음들이 굿치는 사람들은 보람이 되지. 그 사람들은 관객이라고 보기는 그렇고 다 주인이야. 그 마당 전체가 다 주인이야. 어떨 수 없이 그 소리에 끌려 들어왔고 그 소리에 같이 했을 뿐이야. 굿이 좋아서 그랬다기보다는 광장, 마당 자체가 한몸이기 때문에 저절로 형성됐다고 보는 거야. [44]

당시 도로를 가로지르는 길굿, 거리굿이나 광장의 빈 공간을 찾아가 벌이는 게릴라 난장굿을 벌였던 광화문 촛불집회의 풍물굿판은 좋은 모범이 되리라 생각한다. 다음은 광화문광장에서 벌어진 풍물굿 행진 길굿과 거리 난장굿 양식의 가능성을 정리해 보았다.

박근혜 국정농단 촛불집회 풍물굿패의 행진길굿과 거리 난장굿 양식[45]

항목	행진 길굿과 거리 난장굿 내용
횟수, 일자	수시로(80% 이상) 진행 됨
공간, 공간 운용	광화문 광장, 헌재 앞, 총리공간 앞, 청와대 근처, 종로, 보신각, 조계사 등으로 이동하면서 적당한 공간에 판을 벌이면 즉흥적인 거리 난장굿이 이루어 짐
시간 배치 및 운용	- 풍물패(상쇠와 회원들) 자유롭게 이동 코스와 시간을 정해놓고 길굿을 하는 경우도 있음
주체, 인원수	- 거의 모든 풍물패가 길굿 진행 인원수는 3명에서 100여 명까지 유연함
대상 및 범위	길거리의 일반 시민들 길굿은 특별히 대상을 두지 않지만, 퍼레이드성 길굿은 광화문 공간에 있는 시민 모두가 대상이 될 수 있음

---

44 조춘영, 앞의 『촛불시민혁명 풍물굿에 대한 기록과 담론 새나라로 가는 길굿』 370~371쪽.
45 조춘영, 앞의 『촛불시민혁명 풍물굿에 대한 기록과 담론 새나라로 가는 길굿』 38~39쪽.

양식 절차 및 내용	대부분의 판은 즉흥적으로 이루어짐 특정 공간에서 풍물굿을 울리고 다른 공간으로 이동하면서 진행
관객 반응	자유롭게 모인관객들이 공연을 계속 지켜보고, 자유롭게 드나듬. 공연자들이 계속 시민관객의 놀이판 참여를 독려함. - 풍물패가 이동하면 일단 소리가 크기 때문에 눈과 귀로 주목을 한다. 대부분 환호하거나 긍정적 반응을 보이지만, 싫어하는 시민도 있음

한편 풍물굿이 무대에 올려지면 어떤 점에서 한계를 가지는가? 강화열두가락농악의 황길범 상쇠는 풍물굿의 무대화를 다음과 같이 경계한다.

춘영 : 이야기하시는 김에 농악이 무대화가 안 된다는 이유를 조금 더 말씀을 해 주세요.

길범 : 농악이 무대화가 되면 일단은 서로 간에 협동, 대동이 안 돼. 마당에서 농악 판을 벌이면 관객하고 협동하고 어우러지는 게 자연스럽지 않아요? 여기서 지나가면서 꽹과리 치잖아? 그럼 옆에서 보는 사람도 춤추고 놀아요. 서로 빚 있는 사람도 놀고, 서로 미워하는 사람도 놀고…. 그래서 서로 화해도 되고 이런 맛이 있어요. 판이 바뀌면 고정돼 있지 않아서 항상 새로운 거예요. 항상 새로워야 돼. 무대에서 내가 꾸려 나가려면 걱정이라고…. 이번에도 똑같은 거 하면 안 되거든. 그래서 나는 항상 새로워.[46]

빈 공간에서 마당판을 벌였을 때는 현장의 상황에 따라 즉흥적으로 판이 생성되고 관객의 참여에 따라 창발되어 그 공간 안의 모든 이들이 주인이 되어 자유롭게 놀 수 있다. 이러한 즉흥성과 창발성이 극장의 무대 공연에서는 이루어질 수가 없다는 것이다.

---

46 본 책자 황길범 상쇠 면담 중.

6) 풍물굿이 사회와 제도권 내에서 인정받아야

1962년 문화재보호법의 제정과 정책으로 '농악' 종목이 제도적으로 보호받기 시작하여 현재 농악 무형문화재 단체는 40여 개를 넘고 있다. 최근에는 기초 자치단체에서 지정하는 향토문화재로 동두천이담농악, 성남오리뜰농악, 성석진밭두레(농악) 등이 있다. 문화재청 주관 하에 국가무형문화재를 지정하고 있고, 지방무형문화재는 광역자치단체에서 지정하여 최근까지도 꾸준히 늘어나고 있다. 2014년에는 유네스코 인류무형문화유산에 농악이 대표 목록으로 등재되어 국제적으로도 가치를 인정 받았다. 이러한 일련의 무형문화재 정책과 제도에 대해 풍물굿(운동) 진영은 거리를 두고 비교적 비판적인 관점을 견지해 왔다. 그러나 이제 풍물굿 진영을 포함한 농악, 사물놀이 관계자들이 힘을 모아 풍물굿의 제도화, 사회 주류로의 진입을 모색해야 할 때라 판단된다. 최근 전라북도 무형문화재로 지정된 진안중평농악 이승철 상쇠는 이와 관련된 견해를 다음처럼 밝힌다.

필요성 면에서 말하자면, 그런 게(무형문화재-필자주) 아니면 사회적으로 인정을 받지 못하는 아쉬움도 있고 활동하는 데 한계가 있어. 굿 치는 사람들은 알지만, 문화재가 되면 사회적 위상이 달라져. 그래서 하고 싶어 하는 거지. 제도적으로 보장된다는 것 때문에. 인정을 해 준다 그거야. 문화적인 인정, 사회적인 인정, 또 명함이 달라져. 전라도 사람이면 누구나 중평굿이란 이름은 알고, 굿이 좋다는 것도 알아. 그런데 문화재가 아니니까 우리 내부에서 힘이 덜 생기는 건 사실이야. 다른 사람들이 무시하는 것은 아니지만, 우리 스스로가 힘이 약해져. 무형문화재는 어차피 있는 제도니까 (중평굿도 등록이 되도록) 꼭 해야

되겠다고 생각을 하지.[47]

풍물굿 운동에서 촉발된 풍물굿 재생기가 30여 년 경과한 지금 대중의 풍물굿에 대한 부정적 인식은 완화되었고 한류의 영향으로 전통문화에 대한 국내외의 관심이 확대되는 추세이다. 풍물굿이 대중적으로 확산하는 데 긍정적인 신호가 가시화되는 한편 풍물굿 젊은 세대를 포함한 풍물굿 향유 인구가 정체 혹은 감소하고 있다. 기존에는 대표적으로 필봉농악과 고창농악으로 전수를 가는 대학생 풍물 동아리가 많았다. 이제 풍물굿 진영으로 들어오는 젊은 세대가 제한적인 현실인데, 2020년 현재 코로나 대유행으로 인해 농악보존회에서 대학생 풍물패를 전수하지 못하는 실정이다. 수많은 대학생 풍물패를 전수하던 임실필봉농악, 고창농악, 남원농악, 청도차산농악, 영광농악, 진안중평굿 보존회는 이전에 없던 새로운 문제에 봉착하였다. 이는 대학생 풍물 동아리의 소멸로 인해 대학생 출신 풍물굿쟁이의 배출(재생산) 구조가 무너져 버렸으며, 풍물굿 진영은 '젊은 피' 수혈을 위한 새로운 전략을 모색해야 한다. 코로나 대유행으로 사회 전반적인 구조변화가 요청되는바 선제적이고 적극적으로 대처할 필요가 있다.

무형문화재와 유네스코 인류무형문화유산으로 등재된 농악과 농악보존회 단체에 대한 지원은 몇 개 특정 단체에 국한되어 있다. 그리고 무형문화재의 주요한 가치인 원형과 전형은 전통과 과거 패러다임에 갇혀 미래의 대안, 창조 문화로의 가능성을 배제할 수밖에 없다. 결과적으로 풍물굿은, 그리고 풍물굿 진영은 사회와 제도권 내에서 인정받는데 더욱 힘을 쏟아야 할

---

47 본 책자 이슬철 상쇠 면담 중.

것이다. 현실적으로는 지자체 내에 풍물단을 설치, 운영하도록 하는 것이다. 현재 전국적으로는 남원시립농악단, 안성시립 남사당바우덕이풍물단, 정읍시립농악단, 속초시립풍물단, 광명시립농악단, 광주시립광지원농악단, 부안군립농악단, 동두천시립이담농악단, 인천의 부평, 서구, 연수, 계양, 남동 5개 구립풍물단이 운영 중인 것으로 파악된다. 또 서산시립농악단을 창단하자는 제의를 하였다는 동 시의회의 발표가 보도되었다.[48] 나아가 국립풍물단 창립을 생각해 볼만하다. 다른 공연 예술장르는 다 있는데 왜 국가에서 풍물단을 운영할 수 없다는 것인가? 빠른 시일 내 국립풍물단이 설치, 운영되어 국가적 차원에서 풍물굿이 대중화, 세계화될 수 있도록 힘써야 할 것이다. 이와 더불어 초중고등학교 교과서 내에 공식적으로 풍물굿이 들어가서 학생들이 교육 제도 내에서 풍물굿을 교육받는 방향으로 나가야 할 것이다. 교과서에 풍물굿이 공식적으로 들어가야 우리 전통문화예술에 대한 새로운 시각이 다음 세대로 이어질 것이다.

7) 국내 및 해외 풍물굿 연대, 연합 조직 필요

전국에서 풍물굿이 울리는 것을 넘어 북한에도 농악이 전승되고 있는 것을 최근에 확인하였고[49], 중국에서도 조선족을 중심으로 농악(무)이 전승, 발전하고 있는 모습이 알려지고 있다. 중국에 농악무가 국가문화재로 지정되고 북한에서도 농악이 생활풍물과 공연양식으로 전승되고 있다. 그리고 해외 많은 국가에서 사물놀이를 포함한 풍물패 활동이 이루어지고 있다. 이제

---

48 중도일보, 〈서산시립농악단 창단하자!〉, 2020년 12월 17일 기사.
49 김헌선, 「북한측 학자의 농악 인식과 논의 경과 그리고 의의 분석」, 『민속학연구』 제40집, 국립민속박물관, 2017년 참조.

남북 교류를 넘어 해외에 풍물굿을 전파, 확산하는 방안을 구체적으로 현실화해야 한다. 이러한 활동 단체들을 엮어 네트워킹과 연대를 주도할 조직이 필요하다.

남북 해외 풍물굿 단체의 연합, 연대 조직이 만들어지려면 우선 전국 풍물굿/농악 단체 연합, 연대 조직이 필요하다. 최근까지 풍물굿/농악 단체를 독자적으로 대표하는 전국조직은 없었다.[50] 국악협회, 무용협회, 연극협회, 미술협회, 한국예술문화단체총연합회, 한국민족예술단체총연합[51] 등 여러 문화예술장르 단체들이 전국조직을 만들어 이익을 대변하고 관계 활동을 펼치고 있다. 이제 풍물굿/농악 분야도 전국 단위 조직을 만들어야 한다. 여기에 의미있는 소식은 2020년 전국조직을 목표로 "사) 나라풍물굿"이 만들어진 것이다. 아직 전국조직으로 위상이나 내용을 갖추지는 못했지만 풍물굿을 너머 농악과 사물놀이 분야까지 아우르고 북한과 해외 풍물굿 단체까지 포괄하는 조직으로 나가길 기대한다.

현재 세계 속에서 풍물굿 활동이 이루어지는 현황이 여러 자료들을 통해 알려지고 있다. 먼저 중국에서는 우리보다 일찍 유네스코 무형문화유산 목

---

50 전국을 표방하는 농악/풍물굿 조직은 〈국악협회(산하)농악분과〉〈국가무형문화재 6대농악연합회〉〈대한민국농악연합회〉〈한국민예총 산하 굿위원회〉가 기존에 활동하고 있었고 2020년 현재 한국민예총 산하 풍물굿위원회가 설립되었으며 사)나라풍물굿이 창립하였다.

51 한국민예총이 장르별 활동을 하던 초창기에 '굿위원회'가 산하에 있었고, 최근에는 지역 민예총 활동으로 이어오고 있었다. "민예총 내 풍물굿 활동가들은 주로 지역에서 활동을 하다가 2020년 한국민예총 산하에 공식적으로 '풍물굿위원회'를 발족하였다. 〈사)한국민예총 풍물굿준비위원회〉는 2020년 1월에 준비위원회 발족식을 거쳐 2020년 4월 26일 초대 임원으로 이성호 위원장과 경기 하창범 부위원장, 광주 김태훈 부위원장을 선출하고 오송 컨퍼런스에서 창립대회를 했다. 현재 사)강원민예총 풍물굿협회, 사)경기민예총 경기민족굿연합, 사)광주민예총 전통문화예술단 굴림, 사)서울민예총 서울풍물굿위원회, 사)세종민예총 풍물굿위원회, 사)울산민예총 예술 국악위원회, 사)인천민예총 전통예술위원회, 사)전남민예총 풍물위원회, 사)전북민예총 문화마루, 사)제주민예총 전통예술공연개발원 마로, 사)충남민예총 풍물굿위원회가 참여하고 있다." 풍물굿패삶터, 『풍물굿패 삶터의 삼십년사』, 시와문화, 2020년, 146쪽.

록에 조선족의 농악무를 대표목록으로 등재[52]시켰으며, 생활풍물굿으로서의 농악도 존재하는 것으로 밝혀지고 있다.[53] 다음은 연변지역에서 행해지는 농악의 연행 맥락이다.

① 농업로동과 결부하여 연행한다.

② 정월 보름, 단오, 추석, 농부절(백중절), 5.1절, 9.3절, 국경절 같은 명절에 연행한다.

③ 부락제사, 산신 제사를 지낼 때 농악놀이를 한다.

④ 진달래꽃축제, 사과배꽃축제, 두만강문화축제 등 축제 때 연행한다.

⑤ 집짓기를 마치고 락성례를 치를 때 연행한다.

⑥ 결혼잔치, 환갑잔치 같은 마을 경사 때 연행한다.

⑦ 무대에서 농악무를 연행한다.[54]

중국 연변에서 농악/풍물굿의 연행 맥락은 현재 대한민국에서 이루어지

52 〈경향신문〉 '농악무, 중국이 먼저 유네스코 문화유산 등록', 2009년 11월 9일자 기사.
53 최근 중국 조선족 농악무에 대한 연구는 다음과 같다.
  강춘화, 「중국 조선족 농악 연구」, 서울대학교 박사학위논문, 2012년.
  최민호, 「놀이와 춤: 연변 농악의 두 가지 전통」, 『역사민속학』 37집, 한국역사민속학회, 2011년.
  박범길 책임편집, 『중국조선족농악무』, 중국조선족무형문화재총서, 민족출판사, 2014년.
  권봉관, 「내향적 정교화의 두 얼굴: 현 시대 한국 농악과 중국의 농악무」, 『비교민속학』 제54집, 비교민속학회, 2014년.
  조정현, 「한국 풍물굿과 조선족 농악무의 전승양상과 영향관계 비교연구」, 『비교민속학』 제55집, 비교민속학회, 2014년.
  최민호, 「농악의 공연예술화, 그리고 전통으로의 회항: 중국조선족농악무의 전승과 보존」, 『역사민속학』 제47호, 한국역사민속학회, 2015년.
  권봉관, 「유네스코 등재 이후 조선족 농악무의 변화양상 고찰」, 『비교민속학』 제69집, 비교민속학회, 2019년.
54 박범길 책임편집, 『중국조선족농악무』, 중국조선족무형문화재총서, 민족출판사, 2014년, 14~15쪽.

는 맥락과 거의 유사하다. 이를 통해 볼 때 농악/풍물굿이 중국 조선족에게 비교적 일상화된 문화예술이며 농악/풍물굿 단체도 상당수 될 것으로 추측된다.

북한에서도 농악이 공연예술의 형태와 생활풍물굿의 형태로 존재하는 것이 최근 논문[55]과 보도를 통해 알려졌다.

조선중앙TV는 농악이 울리는 가운데 흥겨운 춤판이 벌어지고, 건설일꾼들과 돌격대원들의 열렬한 축하 속에 수해 지역주민들이 새로운 살림집에 입주했다고 소개했습니다.[56]

한 해 농사의 시작인 모내기를 마친 북한의 협동농장. [최영삼/안악군 오곡협동농장 관리위원장 : "동무들 모내기도 끝냈겠다, 오늘 굿판을 벌이고 김매기 전투에 총 떨쳐나섭시다."] 북한 역시 농사철 농민들의 사기를 북돋아 주고 풍년을 빌 때 농악 소리가 울려 퍼집니다.[57]

북한의 공연예술단이 내려와 합주단에 장구를 치며 상모를 돌리는 모습은 방송에 많이 방영되었는데, 생활 현장에서 농악/풍물굿이 소개된 것은 최근이다.

---

55 김채원, 「북한 무용 분야 무형유산의 계승과 그 실재」, 『무형유산』 제 7호, 국립무형유산원, 2019년, 94~95쪽, "농악무로는 2015년 세계문화유산으로 등재된 연백농악무가 대표적이다. 연백평야가 펼쳐진 황해도 지역에서 추어지던 농악무로 마당놀이와 구정놀이로 구성되어 음악과 춤이 일체화된 전통으로 전국 범위에서 추어진 민속예술이다. 농악무는 중앙예술단체, 지방예술단체, 무용소조 등을 망라하고 남북한이 민속예술의 대표로 꼽는 음악무용이기도 하다."
56 〈mbc〉, '[평양 핫라인] 수해복구 성과로 새집들이 강조하는 북한TV', 2020.12.04.
57 〈KBS〉, '[남북 공동문화유산 '같이 함께'] 남·북 함께하는 흥겨운 가락 전통소리 '농악'', 2020.10.24.

논문과 자료를 통해 알려진 세계의 풍물굿 활동은 미국과 일본이 대다수이고 유럽이나 다른 국가의 경우는 '사물노리안'들의 사물놀이 동호 활동이 다소 알려지고 있다. 미국에서는 35~50개[58] 풍물패가, 일본에도 수 십 여개 풍물패[59]가 활발하게 활동하는 것으로 알려지고 있다. 남북 해외 풍물굿 연대, 연합 조직의 필요성은 남북 평화는 물론 세계 인류에 한민족의 역동적이고 고유한 신명문화를 펼쳐나갈 수 있다는 자신감에서 시작한다.

영광의 우도농악보존회는 10년 넘게 노르웨이의 대학과 자매결연을 맺어 교류를 이어오고 있다. 학과는 태권도학과이지만 우도풍물굿을 교육커리큘럼으로 배우고 있으며, 수십 명의 학생이 정기적으로 한국을 방문 우도농악전수관에서 전수를 받는다. 고창농악보존회에서도 공식, 비공식적으로 일본의 전통예술단체들과 교류를 지속하고 있다. 아주 적은 사례이지만 현재 몇몇 보존회가 자체적으로 힘겹게 풍물굿의 해외 전파, 교류 활동을 진행하고 있다. 이를 지자체 차원이나 국가 차원에서 지원하여 더욱 확대할 필요가 있다.

한국민들의 오래된 폐해는 우리 문화를 잘 모르고 무조건 우리 문화를 천시하는 것이다. 반드시 외국에서 인정을 받아야 한국민들이 인정한다. 사실 사물놀이도 초창기에 나온 음반은 모두 외국에서 녹음되었으며, 수많은 해외공연을 통해 세계인에게 인정받은 후 한국에서 대중적으로 퍼지게 된 것이다. 사물놀이가 창조적으로 발전되고 있지 못한 현실에서 그 뿌리가 되는 풍물굿이 세계로 확산할 수 있는 가능성은 충분하다. 태권도는 올림픽의 정

58 권혜련, 「미국에서의 풍물: 그 뿌리와 여정」, 『음악과 문화』 제5호, 세계음악학회, 2001년; 길태숙, 「로스엔젤레스 한인 타운에서의 지신밟기의 의미」, 『열상고전연구』 제25집, 열상고전연구회, 2007년; 이용식, 「풍물굿의 해외 문화이주 현상에 관한 연구-캐나다 토론토의 풍물패 활동을 중심으로」, 『공연문화연구』 제41집, 한국공연문화학회, 2020년 참조.
59 허정주, 「인류무형문화유산으로서 한국 농악/풍물굿의 해외 전파, 전승 양상-일본 현지조사 자료를 중심으로」, 『비교민속학』 제59집, 비교민속학회, 2016년 참조.

식 종목으로 채택되면서 세계에 퍼져나갔고, 특히 미국에서는 초중등학교와 대학에서 전공학과가 생길 정도로 미국사회 깊숙이 들어가 있다. 경쟁을 통해 승자가 나오고 1등이 나오는 스포츠와 달리 풍물굿은 경쟁문화가 아니라 춤추고 노래하게 함으로써 화합을 유도하는 문화다. 풍물굿의 남북해외 연합, 연대 조직을 만들고 네트워킹화 했을 때, 풍물 단체 간 시너지가 발생하고 많은 새로운 에너지가 창출될 것이라 기대한다. 이러한 세계 풍물굿쟁이들과 풍물굿패 간 교류와 '세계 풍물굿 한마당' 같은 행사를 기획해 볼 만한 일이다.

"갈리소 갈리소 구경꾼도 갈리소"

아래 글들은 〈21세기 풍물굿 상쇠론 프로젝트 - 상쇠 인터뷰〉를 진행하며, 전국으로 현장을 찾아다니던 과정을 페이스북에 올린 글들이다. 조사자가 느꼈던 현장답사의 생동감과 감회에 대한 SNS 기록을 풍물굿 역사 차원에서 부록으로 수록한다. (일부 표현 수정, 행 바꿈 등 편집).

[20180204] 21세기 풍물굿 상쇠론. 상쇠는 누구이며 어떤 존재인가? 상쇠는 풍물굿문화의 꽃이다. 20세기 이후 21세기에는 풍물굿이 급격하게 탈맥락, 재맥락화되어 가는 과정이다. 20세기 이전 풍물굿은 마을굿이라는 토대와 맥락에 기반한다. 20세기 후반 이후 여성농악단과 사물놀이, 대학풍물굿운동과 공동체성, 국가지방무형문화재 등을 축으로 명맥을 유지하고 있다. 21세기에 들어와도 풍물굿은 죽지 않고 새로이 재창조되어 깊어지며 넓어지고 있다. 촛불시민혁명 과정에서 풍물굿이 한 역할을 수행했다. 10여 개 대학 전통연희과에서 전공자들이 풍물굿을 공부하고 졸업한다. 무형문화재 지정을 준비하고 있는 지역풍물굿, 토박이풍물굿이 여전히 산재하고 있다. 풍물굿은 이 시대 그리고 21세기를 살아가고 있다. 이러한 풍물굿의 저력과 생명력은 어디서 나오는 것일까? 미리 답을 준비하지는 말자. 아직 굿 담론, 풍물굿 담론, 예술과 전통문화에 대한 인식이 제한되고 왜곡되어 있다. 하지만 풍물굿 연구자, 담론가로서 이 시대 풍물굿 현장을 기록하고 풍물굿쟁이의 소리를 담아야 할 책무와 의지가 뚜렷하다. 다음 세대에게 풍물굿 문화를 이어줄 '다리공덕'이 필요하다. 상쇠는 풍물굿에서 없어서는 안 될 존재이다. 굿을 지휘하고 일구어내는 굿쟁이, 예술가이자 조직의 리더이자 선일꾼이다. 나아가 이 시대, 21세기 풍물굿 상쇠는 더 이상 과거와 전통 패러다임에 묶일 수 없다. 상쇠는 시대를 읽고 예술문화를 말하며 지역

과 생명공생체를 이끌어가야 할 감수성과 역량을 키워야 한다. 전국에 얼마나 많은 상쇠가 있을까? 풍물굿패의 수만큼, 그 이상 활동하겠지. 그렇다면 이 시대, 21세기 상쇠론은 어떻게 담아내고 펼칠 것인가? 역시 현장에서 답을 찾을 수밖에 없다. 그렇다. 세계, 전국 지역, 지방 마을 현장의 상쇠를 찾으러 떠나야겠다. 이 시대, 21세기 상쇠를 찾으러 떠나야겠다. 촛불시민혁명 풍물굿 기록과 담론 작업의 경험과 자신감, 구미무을농악 전수를 다녀오며, 특히 20대 상쇠님을 만나며, 2017년 2월 4일 마음을 먹다. 노트 구입했다. 촛불풍물에 10개 들어갔으니 20개 노트면 되겠지….

[20180328] 21세기 풍물굿 상쇠론-1, 첫 면담. 구미무을농악 상쇠 김영윤. 여기는 구미 도량동.

[20180329] 21세기 풍물굿 상쇠론-2, 청도차산농악 김태훈 상쇠. 여기는 경산 김태훈 상쇠 자택에서.

[20180408] 21세기 풍물굿 상쇠론-3, 나주 굿바람 상쇠 정동찬. 나주서 영광으로 이동 중.

[20180410] 21세기 풍물굿 상쇠론-4, 영광우도농악 상쇠 최용. 11시부터 지금까지 완료.

[20180411] 21세기 풍물굿 상쇠론-5, 전라좌도 진안 중평굿 상쇠 이승철. 진안 전통문화전수관서 면담 대기 중. 아 호남가 좋네~~ 풍물굿 상쇠가는 어떠리오?

[20180419] 21세기 풍물굿 상쇠론-7, 원주 쇠잽이 임승환 굿쟁이 김원호 선배와 함께 1박 2일 잘 놀다. 시절이 좋다.

[20180424] 21세기 풍물굿 상쇠론-8, 여수삼동매구 상쇠 손웅 굿쟁이 면담 준비 중. 전주서 여수로 넘어오다. 21세기 풍물굿 상쇠론 여수삼동매구 손웅 상쇠. 농악, 매구, 두레, 사물놀이, 풍물굿, 풍장, 그리고 굿. 이러한 우리 행위들에 대한 명칭 이야기. 통칭을 꼭 해야 하나? 각 지역에서 쓰는 말들을 살려 써야 하지 않겠나? 좋습니다.

[20180421] 21세기 풍물굿 상쇠론-9, 순천 두엄자리 전 상쇠 김명수. 빨리 끝내

고 '막걸리 묵으루 가즈아!'

[20180425] 21세기 풍물굿 상쇠론-10, 부산 소리결 대표 및 상쇠 김인수. 촛불시민혁명 새나라로 가는 길굿 부산을 달군 굿쟁이. 쇠와 북을 울리는 갱상도 굿쟁이 아이가! 오늘로 10명째 아직 반도 못 왔네~~.

[20180426] 21세기 풍물굿 상쇠론-11. 노동자풍물공간 더늠 상쇠 이찬영. 촛불시민혁명 풍물인시국선언 최초 제안자인 줄 몰랐지? 인천 지역 풍물굿의 터줏대감 더늠의 역사와 미래를 나누자. 지금은 한 시간째 대기 중.

[20180427] 21세기 풍물굿 상쇠론-12, 전 살판 대표 및 상쇠 박희정. 학생풍물 1세대 큰형님, 블랙리스트이자 광화문 촛불시민혁명 풍물굿의 마당쇠, 예술양식으로서 풍물굿의 과거, 현재, 미래를 담아보자! 오늘은 역사적인 날 막걸리에 통일춤 한판 벌릴까

[20180503] 21세기 풍물굿 상쇠론-13, 인천의 구에는 여러 구립풍물단이 있다. 부평풍물대축제가 있는 부평구립풍물단 이명숙 상쇠님. 경기웃다리풍물을 인천이라는 도시풍물로 어떻게 풀어내고 있는지 소개해 보자. 상쇠수업, 상쇠학습, 상쇠교육, 상쇠오디션, 상쇠역할, 상쇠덕목, 상쇠대접. 많은 말씀을 들었네. 전국에 구립, 군립, 시립, 동립, 면립 풍물단이 있으면 좋겠다! 내일은 대구로 간다.

[20180504] 21세기 풍물굿 상쇠론-14, 달성다사농악12차진굿 상쇠 배관호님. 경상도 북잽이하면 배관호. 1:20~ 7:00 숨가쁘게 진행. 진정성 있고 진지한 창조적 실천가로서의 열린 상쇠. 달성다사농악 진짜 내용이 많네. 필기만 25쪽 나왔다. 6개 질굿 장단과 머리쓰개 상모(부포)와 고깔은 정말 특이하다. 풍물굿 담론가 조춘영.

[20180509] 21세기 풍물굿 상쇠론-15, 수원 삶터장 및 상쇠 이성호님. 촛불시민혁명을 함께 헤쳐 왔네. 간단히 시작한다.

[20180510] 21세 풍물굿 상쇠론-16, 고창농악보존회장 및 상쇠 이명훈님. 고창농악의 살아 있는 역사이자 고창문화의 보배. 1:40~ 6:40. 중간중간 업무를 보시며 인터뷰 진행. 끝내고 나니 볼 살이 쪽 빠지셨다. 보석 같은 다양한 굿들의 재

현과 모범적인 전수교육문화 그리고 쉼 없는 굿 정신의 실천. 새벽 5시에 일어나 12시 전수관 도착. 작정을 하고 왔는데 참 많은 고민과 실천의 말씀을 고스란히 담아냈다. 고창풍물굿과 보존회의 무한한 발전을 기원합니다! 매굿, 풍장굿, 벙어리일채, 도도리풍장굿, 칠채질굿, 도둑잽이굿과 일광놀이, 이모질 고깔소고. "전수관, 여기가 하나의 마을이다." "상쇠는 기량만 있다고 사람이 모이는 게 아니다." "읍면동 농악경연대회 17년 마을마다의 다양성을 인정하고 운영하는 주최의 지향과 정신이 중요하다." 고창굿 보러 놀러오세요~~! 청보리밭축제 굿도 좋아요.

[20180514] 21세기 풍물굿 상쇠론-17, 일산 함께누리 ○○○ 상쇠님. 만나러 가요. 고양여성민우회 함께누리 상쇠님. 시대의식은 '여성' '환경' '평화.' 학습한 굿은 필봉, 사물놀이, 군고, 부안. 굿연구소 주최 풍물굿학교 6년 참가와 4년제 군고 수업 졸업. 열정과 노력으로 지금도 학습하는 굿쟁이. 고양 여성민우회, 생협, 공동육아, 대안학교, 전교조 제단체와 연대 그리고 풍물. 늦은 오랜 시간 소중한 마음과 말씀을 담다

[20180516] 21세기 풍물굿 상쇠론-18, 고흥월악당산굿 상쇠 편열우 님. 참 많은 말씀을 들어서 나중에 정리. 노트 필기 너무 많이 들었다.

[20180522] 21세기 풍물굿 상쇠론-19, 강화열두가락, 강화용두레질소리보존회 보유자 및 상쇠님 황길범 님. 11시~ 5시. 이제 굿을 울리자!

[20180528] 21세기 풍물굿 상쇠론-20, 성남 풍류사랑방 일과놀이 대표 임인출 상쇠님. 성남 탄천 모내기 체험과 풍물굿 현장. 17:00~~. 그동안 몰랐던 굿쟁이 이야기가 많네요. 나라풍물굿 이야기는 잠시 쉬고 나서 다시 시작. 풍물굿과 대동놀이, 20세기와 21세기, 도시와 마을, 중앙과 지역, 세대와 아이들. 묘하고도 충실하게 굿판을 일구어 오고 계시네요.

[20180531] 21세기 풍물굿 상쇠론-21, 서울 종로 풍물굿패 한풀 민재경 상쇠님. 88년 창립, 올해 30주년 필봉굿 사회패 한풀. 2000년 이후 한풀 발전과 활성화에 혁혁한 기여를 한 노련하고 잘 생긴 훈남의 청년 상쇠. 서울 도시 종로에서 마을

굿과 두레굿을 실천하다. 아는 사람들은 다 아는 모범적인 굿패 한풀의 살아 있는 역사와 옹골찬 상쇠의 마음 속 푸진 굿 이바구를 풀어내다. 2018년 5월 마지막 날 6:30 시작~~.

[20180602] 21세기 풍물굿 상쇠론-22, 수원 칠보산풍물마당 황순주 상쇠. 90년대 임실필봉농악 전수관 조교이자 장구잽이. 수원 칠보산에서 마을굿과 두레굿을 실천하다. 오전에 풍물 수업하고 어른 회원 5분과 단체면담하다. 형님 집에서 한 숨 자고, 본격적으로 찐허게 단독면담. 노트 25쪽 필기. 아, 일잔하러 가세.

[20180605] 21세기 풍물굿 상쇠론 중간보고. 올초 2월 4일 뜻을 세우고, 한 달 반 기획서 쓰고, 3월 20일 구미 김영윤 상쇠로 시작. 6월 2일 현재 전국 21세기 풍물굿 상쇠 22명 인터뷰 진행했다. 향후 5명 내외 총 30명을 목표로 하고 있다. 아, 이제 힘이 달린다. 오늘 출판사 사장님 미팅을 했다. 우리의 작업 가치를 이해하시고 격려해주셨다. 9월 말, 10월 초까지 녹취하고 논문을 쓰고 원고를 넘기기로 했다. 올해 안에 결과물이 나올까? 앞으로 죽을 맛으로 집중해야 한다. 아직 인터뷰가 끝난 것도 아니다. 충청도, 강원도 상쇠와 여성 상쇠가 비교적 드물다. 이런 상쇠, 저런 상쇠도 해야 하지 않느냐는 의견들이 있다. 알차고 힘차고 담대한 풍물굿 상쇠, 풍물굿 역사 기록에 빼 먹어서는 안 되는 상쇠, 그 21세기 풍물굿 상쇠를 추천해 준다고 다 할 수 있는지도 모르겠다. 앞으로 작업에 많은 도움이 필요할 듯하다. 손놀림으로 타자가 빠른 풍물굿쟁이, 구술 녹취 스크립터 구합니다. 끝까지 집중하고 몰입하자, 얼~~ 쑤~~! 2018년 6월 5일 풍물굿 담론가 조춧영.

[20180706] 21세기 풍물굿 상쇠론-23, 부천 타락 상쇠 구자호. 도시에서의 마을굿 그리고 생활굿, 지역 속으로 파고든 공동체굿, 같은 시대 같은 신명을 이야기했다. 여우락 공연 보느라 쪼메 급하게 끝냈네. 담에 좀더 깊고 넓게 막걸리 마심서 하시게~~.

[20180412] 21세기 풍물굿 상쇠론-6, 광주 노래하는 김태훈 상쇠. 이제 도착. 차 한잔 허시게, 노래 한나 헐게. 화류동풍~~!

[20180715] 21세기 풍물굿 상쇠론-6, 광주 오월풍물단 김태훈 상쇠. 오후 2:10~7:10. 광주문화공간 뜨락, 우리문화예술원 대표님. 올해 상쇠 인터뷰하기 위해 네다섯 번째 방문이다. 지난번엔 이야기하며 새벽 6시에 새해를 맞이하기도 했지. 꽹과리 가락과 부포가 신기에 가까우며 장단 이론 또한 해박하고 깊다. 마음은 깃털처럼 부드럽고 봄햇살마냥 따숩다. 오월 광주의 정신과 굿을 이어가기 위한 사투가 눈물겹다. 원론적이고 근원적으로 물어보고 스스로 답하다. 좋은 말씀을 정말 많이 담았고 공감했다.

[20180721] 21세기 풍물굿 상쇠론-24, 춘천뒤뚜루농악 한춘녀 상쇠님. 11:30~6:10. 영동과 영서로 구분되는 강원도 풍물굿. 강릉과 평창의 굿은 영동농악이라 하는데 영서농악의 실체를 좀처럼 접하기 어려웠던 차에 몇년 전 춘천뒤뚜루농악을 보면서 강원 내륙풍물굿의 대강을 느낄 수 있었다. 이후 몇 달 뒤 춘천 관내 풍물굿 현황과 어르신 풍물굿쟁이들의 증언을 기록한 책자가 집으로 도착했다. 일년 뒤 또 한권의 책자가 도착했다. 늦게 빠져든 풍물이지만 이만한 굿쟁이가 또 있던가? 인터뷰 내내 진정하고 뜨거운 굿 열정을 느꼈다. 아, 우연히? 풍물굿 연구자 1세대 고 유무열 선생님의 자재이신 유재웅 어르신과 점심 식사를 하는 행운이 있었다. 풍물에 미친 여러 사람들의 통합이랄까, 뜨거운 날이지만 든든한 맘으로 나오다, 춘천에 오면 뒤뚜루농악 꼭 한 번 노시길~~! 2018년 7월 21일, 뜨거운 날, 따뜻한 열정!

[20181011] 올해 풍물굿 현장, 굿판 현장에 다녀 온 횟수다. 공연도 현장이지만 인터뷰나 학회, 집회 그리고 제사, 의식을 치루는 곳도 현장이다. 뭐 풍물굿 공부하고 기획하는 것도 나의 현장이라면 일 년 삼백육십육 일이 현장이 아니겠나? 올해는 21세기 풍물굿 상쇠들 인터뷰 하느라 예년의 두 배 이상 현장기록을 했다. 1, 2테라 외장하드가 늘어나는 건 덤이다. 이제 3개월여 남짓 남은 기간 30여 회를 더 채우면 150회가 되는데 욕심을 내 볼까? 아니다. 지금 상쇠 인터뷰 녹취하는데 몇 달이 소요되고 있고 기한이 얼마 남지 않았다. 논문도 써서 원고를 완성해야 한다. '21세기 풍물굿 상쇠론!' 그리고 아주 중요한 〈새나라로 가는

길굿〉 출판기념회 아니 출판기념 열린 잔치굿을 계획하고 있다. 12월 2일 일요일 전국의 촛불 굿쟁이들과 촛불시민혁명을 위한 열린 난장, 축하의 잔치를 준비하고 있다. 늘 새로운 일을 기획하고 준비하는 일은 설레고 두려운 일이다. 또 지금 시작한 일을 끝맺음하는 일도 엄중하고 뿌듯한 일이다. 시작하는 일과 끝내는 일 올해를 깔끔하게 마무리하고 새 기운과 새 시대를 맞이하자~~ 2018년 10월 11일, 성대 근처 산책길에서.

[20181121] 21세기 풍물굿 상쇠론-25, 마지막 면담 터울림 상쇠 김용범. 2018년 11월 21일 오후 7시, 발산역 근처 맛집. 수십 번? 십수 번 전화 통화하고 일정 잡고 가까스로 성사된 면담. 풍물굿 역사에서 절대 빼놓을 수 없는 터울림, 터울림의 우직한 머슴 상쇠 용범 형. 25번째 상쇠 오늘부로 면담은 끝. 힘이 달린 관계로 2018년 21세기 풍물굿 상쇠론 면담의 피날레. 감개가 무량허다. 많은 이야기를 나누기보다 함께 힘을 받는 시간이 되길 기대한다.

[20200226] 21세기 풍물굿 상쇠론 녹취 작업의 맛. 서울 수도권 도시의 상쇠들 이야기도 재밌다. 그리고 풍물굿 진영 선배들의 살아온 굿쟁이 삶도 소개시켜 주고 싶다. 근데 인터뷰하고 작업하면서 느끼는, 특히 녹취 작업, 녹취라는 건 영상을 보면서 그 사람과 내가 또 혼자 대화를 하고 새로운 감정, 느낌, 아이디어, 동지감이 솟아오르는 환희와 절망의 과정이다. 1권보다, 아니 1권과 비교할 순 없다만 재미진다. 여수 손웅, 강화 황길범, 대구 배관호, 춘천 한춘녀 그리고 광주 김태훈…. 일단 말이 많다. 5시간 이상 인터뷰를 했는데 말이 뒤죽박죽이다. 말이 많아 녹취하는데 시간이 오래(많이) 걸린다. 그런데 정감이 간다. 이 분들의 이야기를 어떻게 누가 세상에 내놓겠는가? 이 분들의 풍물굿 실천과 의지를 어떻게 잘 전달할 수 있을까? 알 수 없다. 주사위는 던져졌다. 간다 간다 그냥 간다. 풍물굿쟁이 개인이기도 하지만 21세기 시대의 상쇠라고 생각하기에 그 말씀들을 받아 적어 간다. 세상에 알리기 위해…. 세상에 내놓기 위해 오늘도 산고의 시간을 지내고 있다. 오늘을 기록한다. 20200226 새벽. 광주 김태훈 상쇠 녹취를 하면서.

복들어 가요 문여소, 주인 주인 문여소

등록 1994.7.1 제1-1071
1쇄 발행 2021년 1월 31일

지은이   조춘영
펴낸이   박길수
편집장   소경희
편 집   조영준
관 리   위현정
디자인   이주향
펴낸곳   도서출판 모시는사람들
         03147 서울시 종로구 삼일대로 457(경운동 수운회관) 1207호
전 화   02-735-7173, 02-737-7173 / 팩스 02-730-7173

인 쇄   (주)성광인쇄(031-942-4814)
배 본   문화유통북스(031-937-6100)
홈페이지   http://www.mosinsaram.com/

값은 뒤표지에 있습니다.
ISBN   979-11-6629-022-0   03380

* 잘못된 책은 바꿔 드립니다.
* 이 책의 전부 또는 일부 내용을 재사용하려면 사전에 저작권자와 도서출판
모시는사람들의 동의를 받아야 합니다.

이 도서는 한국출판문화산업진흥원의 '2020년 출판콘텐츠 창작 지원
사업'의 일환으로 국민체육진흥기금을 지원받아 제작되었습니다.